KB168185

HANGIL
GREAT BOOKS
183

영웅숭배론

토머스 칼라일 지음 | 박상익 옮김

한길사

HANGIL
GREAT BOOKS
183

Thomas Carlyle

On Heroes, Hero-Worship and the Heroic in History

Translated by Park Sang-Ik

Published by Hangilsa Publishing Co. Ltd., Korea, 2023.

알리기에리 단테(1265∼1321)
이탈리아의 위대한 시인, 서유럽 문학의 거장. 단테의 대표적인 저서로는
『신곡』이 있는데, 인간의 속세와 영원한 운명을 심오한 그리스도교적 시각으로
그린 위대한 중세 문학작품이다. 칼라일은 『영웅숭배론』에서 단테를
"중세의 종교, 근대 유럽의 종교, 그것의 내적 생명을 음악적으로
구현하기 위해 이 세계에 보내진 사람"이라고 평했다.
중세 사상을 영원한 음악으로 구현한 '중세의 대변인'이라는 것이다.
그림 가운데 붉은 옷을 입고 있는 사람이 단테이다.

마르틴 루터(1483~1546)
독일의 성서학자, 언어학자이자 종교개혁가. 1517년 10월 31일 루터는 가톨릭의
면죄부를 반박하는 95개조 논제를 비텐베르크 성(城) 교회 대문에 못으로 박아
내걸었다. 프로테스탄트 종교개혁은 루터의 이 행동에서 출발되었다.
칼라일은 『영웅숭배론』에서 루터를 우상파괴적인 예언자이자 사람들을
진실로 되돌린 영웅이라고 주장한다. 어떤 시대, 어떤 장소, 어떤 상황에서도
진실로 돌아가 사물의 외관이 아니라 사물 그 자체 위에 서는 것,
그것이 칼라일이 말하는 모든 영웅의 특성이었다.

윌리엄 셰익스피어(1564~1616)

영국의 시인·극작가. 영국이 낳은 국민시인이며 가장 뛰어난 극작가로 손꼽힌다.
16세기 말에서 17세기 초에 씌어진 그의 희곡은 작은 레퍼토리 극단에서
공연되었으며, 그의 작품은 오늘날에도 세계 여러 나라에서 널리 공연되고 있다.
칼라일은『영웅숭배론』에서 셰익스피어를 인도와도 바꿀 수 없는 시인이라고
단언하면서, "유럽의 외적 생명, 즉 기사도, 예절, 유머, 야심, 당시 사람들의
사고방식, 행동 방식, 세계를 관찰하는 실질적인 방법 등을
셰익스피어가 구현해주고 있다"고 말했다.

장-자크 루소(1712~78)

프랑스의 철학자·교육학자·음악가·음악평론가. 그는 이성의 시대를 끝맺고
낭만주의를 탄생시킨 사상을 전개했다. 그의 개혁사상은 음악을 비롯한 여러
예술에 혁신을 가져왔고 사람들의 생활방식에 큰 영향을 미쳤으며,
자녀에 대한 부모의 교육방식에도 변화를 일으켰다. 칼라일은『영웅숭배론』에서
루소를 "광기 속에 피어난 진실의 불꽃"이라고 표현했다. 즉 편협함과
격렬성으로 인해 위축된 영웅이긴 하지만, 영웅의 첫째 조건에 해당하는
특성인 진지성을 가지고 진실에 접근했고 진실을 추구하여 싸웠다는 것이다.
칼라일에 따르면, 루소는 많은 한계에도 불구하고 자기 시대에 대해
예언자의 본분을 다한 영웅이었다.

HANGIL GREAT BOOKS 183

영웅숭배론

토머스 칼라일 지음 | 박상익 옮김

한길사

영웅숭배론

일러두기

1. 이 책의 번역 텍스트로 Thomas Carlyle, *On Heroes, Hero-Worship, and the Heroic in History*, Carl Niemeyer, ed.(Univ. of Nebraska Press, 1966)을 사용했다.

2. 이 책의 모든 각주는 옮긴이가 붙였다.

3. 단행본은 『　　』, 논문은 「　　」 등으로 표기했다.

4. 각 장의 소제목들은 원문에는 없었으나 읽는 이의 편의를 위해 옮긴이가 붙인 것이다. 또한 원문에서 단락이 지나치게 길 경우 읽기에 편하도록 짧게 나누었다.

영웅들로 가득 찬 세계를 꿈꾼 칼라일

박상익 우석대 명예교수·서양사

『영웅숭배론』(*On Heroes, Hero-Worship, and the Heroic in History*)은 토머스 칼라일이 1840년 5월 5일부터 22일까지 런던에서 매주 화·금요일에 행한 여섯 차례의 강연 원고를 이듬해인 1841년에 출간한 책이다. 번역하면 『역사에서의 영웅, 영웅숭배 및 영웅정신』이지만 흔히 『영웅숭배론』으로 줄여 부른다.

『영웅숭배론』은 19세기 서양 출판계 최고의 베스트셀러 중 하나였다. 1841년에 초판 간행된 후 1928년에 이르기까지 영국에서 28판, 미국에서 25판이 간행되었고, 독일어 번역본은 6판이 간행되었다. 칼라일 사후 유럽 각국어로 번역되었는데, 1888년에는 프랑스어, 1892년에는 폴란드어, 1893년과 1932년에는 에스파냐어, 1897년에는 이탈리아어, 1900년에는 헝가리어, 1901년에는 스웨덴어, 1902년에는 네덜란드어, 1903년에는 세르보-크로아티아어, 그리고 1916년에는 덴마크어로 옮겨졌다.

20세기 영국 역사가 트리벨리언(G. M. Trevelyan)은 칼라일이 현대 역사학이 결여하고 있는 '문학적 역사'의 장점을 잘 보여주고 있다고 말한다. 그는 '냉정한 역사서술'로는 종교개혁자 루터를 온전히 이해할 수 없다고 보고, 『영웅숭배론』에 소개된 '루터'를 뛰어난 역사서술 사례로 꼽는다. 그는 역사가의 자질 중 '냉정'의 가치를 지나치게 높이 평가해선 안 되며, 냉철함이 곧 정확성과 신뢰성을 의미하지는 않는다고 지적한다. 폭넓은 지적 이해와 따뜻한 인간적 공감, 그리고 뛰어난 상상력을 지닌 사람만이 역사적 인물에 대해 가장 훌륭한 해석을 제시할 수 있다는 것이다.[1] 『영웅숭배론』은 공감 능력과 역사적 상상력으로 충만한 문학적 역사서술이다.

영웅에 대한 선입견

국어사전은 '영웅'을 '재지(才智)와 무용(武勇)이 몹시 뛰어난 사람'으로 풀이하고 있다. 중국의 무협(武俠) 전통에서 영향을 받았는지 몰라도 우리에게 '영웅'은 전사(戰士)의 이미지가 강하다. '영웅숭배'라는 단어도 마찬가지여서 흔히 '군인 영웅에 대한 맹목적 숭배와 절대적 복종'을 의미하는 것으로 받아들여지고 있다.

그러나 칼라일의 『영웅숭배론』에서는 이런 선입견을 잠시 접어둘 필요가 있다. 칼라일이 말한 '영웅'은 군사적 의미에 국한되지 않기 때문이다. 이 책에 등장하는 11명의 영웅 중에는 나폴레옹과 크롬웰 같은 군사적 영웅이 있다. 그러나 나머지 영웅들은 군사적인 것과는 거리가 한참 멀다. 북유럽 신화의 주인공 오딘, 이슬람교 창시자 마호메트, 종교개혁자인 루터·녹스, 시인인 단테·셰익스피어, 문인인 존슨·루소·번스 등에게서 전사나 군인의 인상을 받을 사람이 누가 있겠는가. 그러므로 칼라일의 '영웅'을 '군인 영웅'과 동일시한다면

---

1) G. M. Trevelyan, *Clio, A Muse and other Essays Literary and Pedestrian*(London, 1913), pp. 17, 50.

칼라일의 의도를 완전히 오해하게 된다.

칼라일의 영웅은 성실성과 통찰력이라는 정신적 자질을 갖춘 '위인'을 의미한다. 실제로 칼라일은 '영웅'(Hero)과 '위인'(Great Man)을, 그리고 '숭배'(Worship)와 '존경'(Reverence)을 같은 의미로 쓰고 있다. 책 제목에 쓰인 '영웅숭배'란 곧 '위인에 대한 존경'이다. 이 책에서 칼라일은 예수 그리스도에 대해 "모든 영웅 중 가장 위대한 영웅은, 우리가 감히 여기서 그 이름을 말하려 하지 않는 바로 그분"이라고 단언하고 있다. 예수야말로 모든 영웅 중 최고의 영웅이라는 것이다. 칼라일의 영웅 개념을 파악하기 위한 첫걸음은 바로 이 대목이다. 칼라일이 말한 위인의 가장 큰 특징은 정신적 위대성이다.

영웅의 특성

칼라일이 제시한 모든 영웅은 근본적으로 같은 속성을 가지고 있었다. 첫째로 그들은 '성실'했다. '깊고 크고 참된 성실성이야말로 모든 위인의 으뜸가는 속성'이었다. 그러나 영웅들은 자신의 성실성을 의식하지 못한다. 오히려 그들은 '자신이 불성실하다는 것을 예민하게 느끼며 살아가는' 인물들이었다.

둘째로 모든 영웅은 '통찰력'을 가지고 있었다. 그들은 '사물의 외관을 투시하고 사물 그 자체를 볼 수 있는' 힘을 가지고 있었다. '어떠한 시대, 어떠한 장소, 어떠한 상황에서든 진실로 돌아가 사물의 외관이 아니라 사물 그 자체 위에 서는 것'이 그들의 본성이다.

모든 영웅은 성실성과 통찰력이라는 공통의 특성을 갖지만, 그들이 취하는 모습은 '시대와 환경에 따라서' 다양했다. 칼라일은 영웅의 모습이 시대와 조건에 따라 어떤 형태를 취하는가에 대한 나름의 관점을 제시한다.

영웅은 맨 처음 '신'으로 등장했다. 북유럽 신화의 주인공 오딘이 여기에 해당한다. 그리고 다음 단계에서 영웅은 신이 아닌, 마호메트 같은 '신의 영감을 받은 예언자'로 등장했다. 사람들이 이제 더 이상 영웅들을 신으로 인정하지 않기 때문이다. 그 후 시대가 흐르면서 영웅들은 시인, 성직자, 왕 등 매우 다양한 모습으로 등장했고, 특히 근대에 접어들어 인쇄술이 발명되면서 문인이라고 하는 새로운 형태의 영웅도 출현할 수 있었다. 요컨대 칼라일의 영웅은 그들이 살던 시대의 사람들이 그들을 '어떻게 받아들이는가에 따라서', 그리고 자기 시대의 '물질적인 조건에 따라서' 모습을 달리해 등장하는 존재였다.

영웅과 범인

칼라일은 인류가 누리는 모든 것이 위인들의 산물이며, 따라서 범인(凡人), 즉 보통 사람은 진정한 위인을 발견하고 그에게 복종할 의무를 지고 있다고 보았다. 범인은 결코 영웅과 같은 자질을 갖추지 못했다는 것이다. 그렇다고 해서 칼라일이 범인에게 아무런 중요성도 부여하지 않았다고 단정지어서는 안 된다. 물론 범인은 영웅에게 복종해야만 했다. 그러나 모든 인간에게 정신적 질서를 구현할 의무가 부여되었다는 점에서 범인 역시 고귀한 존재였다. 칼라일은 『과거와 현재』에서 인간 존재의 고귀함에 대해 이렇게 말했다.

인간의 육체는 태양 아래서 가장 존중되어야 할 존재이다. 왜냐하면 지극히 높으신 신께서 머무르고 또 자신을 보이시는 곳은, 우리가 세상에 살면서 '나'라고 부르는 신비롭고 불가해한 그러면서도 눈에 보이는 그 존재이기 때문이다. 노발리스(Novalis)의 말을 빌리면 "사람 앞에 몸을 구부리는 것은 육체 속에 임한 계시에 대해 존경을 바치는 것과 같다. 인간의 몸에 손을 댈 때 우리는 천국을 만지고 있다."[2]

영웅에 대한 칼라일의 생각은 기독교에 대한 그의 관점과 밀접한 관련이 있다. 앞서 언급한 대로 그는 예수 그리스도를 '모든 위인 가운데 가장 위대한 인물'로 보았고, 기독교야말로 가장 이상적인 영웅 숭배라고 생각했다. 그러므로 칼라일이 영웅과 추종자의 관계에 대해 어떻게 생각했는가를 이해하기 위해서는 먼저 그가 기독교에서의 영웅숭배, 다시 말해서 기독교의 교세 확장이 어떻게 이루어진다고 보았는지 알아보는 것이 도움이 된다.

칼라일은 어떤 종교에서든 그 종교가 추종자를 얻게 되는 것이 모든 사람의 마음속에 잠자고 있는 정신적 위대성을 일깨움에 의해서라고 보았다. 그러므로 기독교는 인위적인 조직이나 강제적인 조치들이 아니라, 개인적·자발적 노력으로 마음에서 마음으로 감화력이 파급됨으로써 추종자를 얻는다. 칼라일은 그와 같은 관점을 「시대의 징표」에서 이렇게 설명한다.

기독교는 인간 영혼의 신비로운 심연 속에서 발흥했으며, 그것의 확산은 어디까지나 '말씀의 전파'에 의해, 그리고 자연스럽고 개인적인 소박한 노력으로 이루어졌다. 기독교는 마치 신성한 불꽃처럼 마음에서 마음으로 흘러 들어가 마침내 모든 사람이 그 불꽃에 의해 정화되고 빛을 받게 되었다.[3]

---

2) *Past and Present*(1843; rpt. New York, 1977), ed. Richard D. Altick, p. 126.

3) "Signs of the Times(1829)", in Allan Shelston ed., *Thomas Carlyle: Selected Writings*(Penguin Books, 1980), pp. 73~74.

위인의 추종자 획득이 도덕적 감화력에 의해 가능하다고 본 칼라일은 일차적으로 복종해야 할 사람은 범인이 아니라 영웅 자신이라고 생각했다. 위인은 '신에게 복종해야만 했고', 그의 모든 힘은 '신이 하는 모든 일에 자신을 맡기고 복종하는 데' 있다. 하늘이 이 땅에 계시한 지혜는 '자아의 부정'(Denial of Self)과 '자아의 절멸'(Annihilation of Self)이었다. 영웅은 이 지혜를 받아들이게 마련이다. '위대한 영혼은 항상 자기 위에 있는 존재를 존경하고 복종하기 때문'이다. 그리고 이 위대한 '신의 세계'에 사는 위인의 임무는 하나의 정의로운 법을 믿고 경건한 침묵으로 그것을 따르며 복종하는 데 있다. '이 위대하고 중심적인 법과 합치하는 동안은 그에게 승산이 있지만, 그렇지 않은 동안에는 승리를 얻을 수 없기' 때문이다.

한편 영웅에게 전면적인 자아의 포기가 요청되었던 것과는 달리 범인에게는 일차적으로 자기 판단력을 활용해 영웅을 지도자로 받아들일 것인지를 결정하는 역할이 맡겨졌다. 영웅은 일방적으로 주변의 범인들에게 영향력을 미칠 수 없었다. 범인들이 영웅을 따르기로 자발적인 결단을 내릴 때만 추종자를 얻을 수 있었다.

그러므로 영웅이 추종자를 얻기 위해서는 그를 영웅으로 알아주는 주변의 인식이 필수조건이었다. 이런 의미에서 "어떤 인물도 그의 하인 앞에서는 영웅이 아니다"라는 프랑스 속담은 칼라일에게 대단히 부당하게 들렸다. 만일 영웅이 그의 하인의 눈에 영웅으로 비치지 않는다면 그것은 영웅이 영웅답지 않아서가 아니라, 하인의 정신이 저급해서 영웅을 보아도 영웅임을 알아볼 수 없기 때문이다.

영웅숭배의 뜻

칼라일이 말한 '숭배'는 상급자에 대한 수동적이고 맹목적인 복종이 아닌, 마음에서 우러나는 자발적 '존경'이다. 칼라일의 관점은 니체(Friedrich Nietzsche)의 경우와 비교할 때 차이점이 잘 드러난다. 즉 니체가 『권력의지』에서 초인(超人)과 범인의 특징을 의지(willfulness)와 무의지(will-lessness)로 파악하고 양자를 '상반'된 속성을 지닌 존재로 간주했던 것과 달리[4] 칼라일은 영웅과 추종자의 차이가 '정도'의 차이에 불과하다고 생각했다. 영웅은 성실성과 통찰력을 갖춘 인물이다. 그러나 그 영웅을 알아보려면 범인 역시 성실성과 통찰력을 갖춘 사람이 아니면 안 된다. 양자는 결국 '같은 종류'의 사람들이다. 다만 영웅은 신성한 진리를 직관으로 간파할 수 있을 만한 강력한 통찰력과 성실성을 가졌지만, 추종자는 영웅의 구체적인 언행을 통해 진리를 깨달을 수 있는 사람이다.

칼라일이 이렇듯 영웅과 범인의 차이를 '질'적인 것이 아닌 '양'적인 것으로 생각한 것이 분명하다면 그를 "정치문제에서 수동적 복종을 가장 단호하게 옹호한 인물"이라고 간주한 에른스트 카시러(Ernst Cassirer)의 주장은 받아들이기 어렵다. 카시러는 『국가의 신화』(1946)에서 "참된 자발성은 선택된 소수의 사람에게만 보유되고, 나머지 버림받은 대중은 이 선택된 소수의 의지에 복종해야 한다"는 것이 칼라일의 입장이라고 주장했다.[5] 그러나 앞서 보았듯이 칼라일은 범인 개개인에게 영웅다운 품성이 있을 때 비로소 영웅에 대한 추종 역시 가능하다고 보았다. 따라서 영웅에 대한 복종은 '버림받은 대중의 수동적 복종'이 아니라, '작은 영웅들의 자발적 복종'이다. 그가 말한 영웅숭배란 '도덕적 진실성을 지닌 위인에 대한 자발적인 존경과 헌신' 정도로 이해해야 한다.

---

4) Friedrich Nietzsche, *The Will to Power*(1901; New York, 1968), trans. Walter Kaufmann and R. J. Hollingdale, p. 79.
5) Ernst Cassirer, *The Myth of the State*(1949; Yale Univ. Press, 1979), p. 73.

칼라일은 영웅의 주변 세계에 대한 영향력을 설명하기 위해 영웅을 '광명의 원천'으로 비유했다. 그러나 그 '빛'은 주변 세계를 아무런 장애 없이 밝힐 수 있는 무제한의 능력을 갖춘 것이 아니다. 칼라일은 "광명이 빛을 어떻게 퍼뜨리게 되는가, 그리고 그 형태와 색채에 있어서 어떻게 수천 배로 확대되어 뻗어나가는가 하는 것은 그 광명에 달린 것이 아니라 오히려 그것을 받아들이는 인민의 마음에 달렸다"고 본다. 그 결과 크롬웰(Cromwell)은 영향력을 행사하기 위해 조건과 상황이 개선되기까지 12년 동안 묵묵히 기다릴 수밖에 없었던 인물로 묘사되는가 하면, 문인 새뮤얼 존슨(Samuel Johnson)은 시대를 제대로 만나지 못한 인물로 서술되고 있다.

칼라일의 영웅은 소수의 특출한 지도자만을 의미하지 않는다. 영웅은 성실한 사람을 의미했기 때문에 누구에게나 영웅이 될 수 있는 길이 열려 있다. 또한 영웅과 추종자의 관계는 정치적 지배·예속의 관계가 아니다. 칼라일은 "사람들 간에 이루어지는 행동 가운데 지배하고 복종하는 일보다 더 도덕성을 띠고 있는 일도 없다"고 말한다. 영웅적 지도자가 추종자를 얻기 위해서는 성실성·진실성을 지닌 '수많은 작은 영웅들'이 있어야만 했다. 진실한 자만이 진실한 위인을 알아볼 수 있기 때문이다. 칼라일의 말을 직접 인용하자면 '영웅들로 가득 찬 세계'(a whole World of Heroes)에서 비로소 진정한 영웅숭배도 가능하다. 수많은 진실한 개인들이 있어야 반듯한 지도자를 뽑을 수 있다는 뜻이다.

칼라일의 영향력

칼라일은 19세기 영국 사상계에서 가장 큰 영향력을 행사한 인물 중 하나이다. 20세기 역사가 크레인 브린턴(Crane Brinton)은 빅토리아 시대 영국에서 가장 영향력이 컸던 '두 인물'로 존 스튜어트 밀(John Stuart Mill)과 더불어 칼라일을 꼽는다. 『영웅숭배론』이 19세기 영국 독자들로부터 얼마나 열렬한 호응을 얻었는지를 봐도 칼라일의 영향력을 짐작할 수 있다. 많은 연구자가 지적하듯이 칼라일을 배제하고서는 19세기의 영국 문학사도 영국 사회사도 설명할 수 없다.

괴테(Goethe)는 칼라일이 아직 문인으로서 이름을 떨치기 전인 1827년에 에커만(Eckermann)과의 대화 도중 특유의 통찰력으로 "칼라일이 대단히 중요한 도덕적 힘을 가지고 있다"고 간파했다. 당시 괴테는 78세, 칼라일은 32세였다. 독일의 대문호가 바다 건너 영국 젊은 문인의 가능성을 알아본 것이다. 이 '도덕적 힘'이야말로 칼라일의 강점이었으며 그가 빅토리아 시대에 그토록 큰 영향력을 행사할 수 있었던 비결도 바로 여기에 있었다. 18세기 계몽주의의 물질주의와 종교적 회의주의로 정신적 지향을 상실한 19세기 유럽의 젊은 세대에게 칼라일의 저작은 계시와도 같은 권능으로 받아들여졌고, '"칼라일은 나의 종교"(Carlyle is my religion)라는 말도 흔히 들을 수 있었다.

칼라일은 벤담(Bentham)의 공리주의를 '돼지 철학'(pig philosophy)이라고 질타했는가 하면, 산업사회에서의 비정한 인간관계를 일컬어 '금전관계'(cash nexus)라고 적절히 표현하기도 했다. 특히 이 '금전관계'라는 말은 엥겔스를 비롯한 19세기 사회주의자들이 즐겨 인용하는 문구가 되기도 했다. 루카치(Lukács)가 『소설의 이론』에서 칼라일을 '사회주의 비평의 선구자'라고 자리매김한 것도 그의 예리한 사회적 통찰과 휴머니즘에 주목했기 때문이다.

그러나 당대에 누구보다도 영향력이 컸지만 20세기 들어 그의 사상은 철저히 왜곡당했다. 이 책의 제목을 직역하면 『역사에서의 영웅, 영웅숭배 및 영웅정신』이다. 언어 감각이 있는 독자라면 짐작하겠지만, 다분히 오해의 소지가 있는 제목이다. 우리말과 마찬가지로 영어에서도 '영웅'에는 정치적·군사적 함의가 있고, 게다가 '숭배'까지 덧붙여지면 그것은 20세기 전반기를 휩쓸었던 나치즘·파시즘 광풍을 연상케 한다.

실제로 칼라일이 말한 '영웅숭배'는 제2차 세계대전이 발발하기 전 약 20년 동안 서유럽에서 '총통숭배'와 동일시되는 경향을 보였다. 그리고 이 시기에 형성된 칼라일에 대한 왜곡된 이미지는 별다른 수정 없이 최근까지 그대로 이어졌다. 왜곡의 답습이 아닐 수 없다.

분명한 것은 칼라일이 영웅의 으뜸가는 자질로서 '성실성'과 '진실성'을 꼽고 있다는 점이다. 그는 예수 그리스도를 '모든 영웅 중 가장 위대한 영웅'으로 꼽는다. 제아무리 상상력을 발휘한다 해도 루터·녹스·단테·셰익스피어·존슨·루소·번스 등과 히틀러 사이의 공통점을 찾아내기란 불가능해 보이지 않는가.

칼라일과 한국 사회

한국 사회는 광복 이후 오늘에 이르기까지 격변에 격변을 거듭해 왔다. 서양이 300년, 400년 동안 겪었던 정치·경제·사회적 변화를 우리는 불과 반세기 동안에 경험했다. 이런 고도의 압축 성장이 도덕성 상실이라고 하는 대가를 치르고 얻어진 것이라는 사실 또한 부인할 수 없다. 사리사욕을 위해 공동체의 장래를 뜯어먹는 일에 조금도 주저함이 없는 추악한 정치인·경제인·언론인·관료·지식인 등이 앞장섰다. 황금만능주의와 가치관 전도의 극단을 보는 느낌이다. 탐욕스러운 정치인, 부정직한 사회, 잿밥에 눈이 어두운 간교한 지식인을 향해 '19세기의 예레미야'로 불리기도 하는 칼라일은 이렇게 말한다.

아무리 천박한 인간일지라도 좀더 고귀한 무엇을 갖고 있습니다. 총알받이로 고용되어 상소리나 지껄이는 가련한 병사들도 훈련 규정과 하루 1실링의 급여 외에 그 나름대로 '군인의 명예'라는 것을 갖고 있는 법입니다. 아무리 가련한 인간일지라도 그가 막연히나마 그리워하는 것은 달콤한 사탕 맛을 보는 것이 아니라, 고상하고 진실한 일을 하고, 신의 하늘 아래서 그 자신이 신이 만드신 인간이라는 것을 입증하는 일입니다. 그에게 그것을 할 수 있는 길을 보여주십시오. 그러면 아무리 둔해 빠진 날품팔이일지라도 빛을 발하며 영웅이 될 것입니다. 인간이 안일을 좇아 움직인다고 말하는 사람은 인간을 크게 모독하는 것입니다. 어려움, 자기 억제, 순교, 죽음, 이런 것들이야말로 인간의 가슴을 자극하는 '유혹물'입니다(이 책, 140~141쪽).

『영웅숭배론』에는 '성실', '진실'이라는 말이 무수히 반복된다. 거의 매 페이지마다 나올 정도이다. '성실', '진실'이야말로 이 책의 키워드이며, 실로 '성실', '진실'이야말로 칼라일의 영웅이 갖는 으뜸가는 자질이다. 칼라일은 독자들에게 무엇보다도 진실한 사람이 되라고 당부한다. 제아무리 민주주의가 발달해도 진실한 개인, 개인적 판단이 없다면 결국 사기꾼을 지배자로 받아들여야 하는 지경에 이를 수밖에 없다고 개탄한다.

투표함을 가지고 우리가 하는 일은 오직 우리의 사기꾼의 '형상'을 바꿀 뿐 그것의 본질은 항상 그대로 있습니다. 종들의 세상은 가짜 영웅, 그저 왕의 차림을 한 왕에 의해 지배되지 않을 수 없습니다. 그런 세상이 그의 것이거나, 아니면 그가 그런 세상의 것입니다. 요컨대 우리에게는 둘 중 하나가 남았습니다. 즉 우리는 영웅을, 진정한 지배자와 대장을 좀더 잘 알아보게 되거나, 또는 영웅이 못 되는 자의 지배를 영원히 받거나 할 따름입니다. 거리 모퉁이마다 투표함을 가지고 있어도 그것으로는 시정할 수 없습니다(이 책, 367쪽).

종들로 가득 찬 세상은 '가짜 영웅' 또는 '그저 왕의 차림을 한 왕'의 지배를 받을 수밖에 없다. 칼라일은 민주주의와 투표만으로 해결할 수 없는 문제가 있다고 단언한다. '정치 지상주의'의 한계를 지적한다. 진실한 개인, 개인적 판단을 행사할 수 있는 시민이 늘어나야 진실한 지도자를 뽑을 수 있고 그래야 공동체가 발전한다. 제대로 된 정치도 가능하다. 진실한 개인의 등장이야말로 참다운 개혁이다. 마치 한국 사회를 향해 하는 말로 들리지 않는가.

옮긴이는 이 책을 독자들이 평이하게 읽을 수 있도록 하고자 번역 과정에서 노력을 기울였다. 트리벨리언의 말처럼 "투명한 문체는 언제나 고된 노력의 결과이며 문장과 문장, 단락과 단락 사이의 흐르는 듯한 연결은 항상 이마에 땀을 흘린 후에야 얻어지는 것"이기 때문이다. 아울러 칼라일의 시대와 우리 시대 사이의 시간적·공간적 거리를 줄이고자 가능한 한 자세한 옮긴이 주를 붙이려고 노력했다. 그러나 이 책에는 북유럽 신화를 비롯한 철학·문학·예술·종교·정치·역사 등 과연 이것이 일반 대중을 상대로 한 '강연'인지 의심스러울 정도로 방대한 학식이 동원되고 있어서 옮긴이가 욕심냈던 것만큼 평이하고 유려한 글이 되었는지는 의문이다.

2003년 한국학술진흥재단 학술명저번역총서로 간행되었다가

20년 만에 한길그레이트북스로 재출간하면서 오역을 다수 바로잡고 해제도 다듬었다. 좀더 완성도 높은 결과물을 독자들에게 선보일 수 있게 된 것을 다행스럽게 생각한다.

2023년 1월
박상익

제1강
신으로 나타난 영웅
스칸디나비아 신화: 오딘 · 이교

1840년 5월 5일, 화요일

영웅숭배, 즉 가장 고귀하고 신성한 인간 형태에 대한 진심에서 우러난 절대적 찬탄, 불타는 듯한 무한대의 복종──그리스도교의 기원도 바로 그것이 아니었습니까? 모든 영웅 중 가장 위대한 영웅은, 우리가 감히 여기서 그 이름을 말하려 하지 않는 바로 그분이십니다!

……내가 볼 때, 세계 역사, 즉 인간이 이 세계에서 이룩해온 역사는 근본적으로 이 땅에서 활동한 위인들의 역사이기 때문입니다. ……세계의 역사는 위인들의 전기에 지나지 않습니다.

오늘날 오딘(Odin)이라고 부르는, 그리고 북유럽 신화의 주신(主神)이기도 한 이 사람은 북유럽인들에게 이런 존재였습니다. 그는 그들의 교사였으며, 영혼과 육체의 지도자였습니다. ……우리의 수요일(Wednesday)은 아직도 오딘의 날(Odin's Day) 아닙니까? 웬즈버리(Wednesbury), 원스버러(Wansborough), 원스테드(Wanstead), 원즈워스(Wandsworth), 오딘의 이름은 이러한 잉글랜드의 지명에서도 자라나고 있습니다.

강연을 시작하며

우리는 여기에서 잠시 위인이 어떤 존재인지 설명하기로 하겠습니다. 다시 말해서 영웅들은 세상에 어떻게 나타났는가? 그들은 세계 역사에서 어떻게 스스로를 세워나갔는가? 보통 사람들은 그들을 어떻게 생각했는가? 그들은 어떤 일을 했는가? 즉 영웅에 대해, 그리고 그들이 받은 대우와 업적에 대해, 말하자면 영웅숭배와 인간 세상에서 벌어진 영웅정신에 대해 설명할 것입니다. 분명 이것은 큰 주제입니다. 그것은 우리가 여기에서 다루는 것과는 전혀 다른 주제로 다뤄야 마땅한 것입니다. 그것은 실로 큰 주제이며 무한대한 주제로서 세계 역사 그 자체만큼이나 광대한 주제입니다. 왜냐하면 내가 볼 때 세계 역사, 즉 인간이 이 세계에서 이룩해온 역사는 근본적으로 이 땅에서 활동한 위인들의 역사이기 때문입니다.

그들은 보통 사람들의 지도자였습니다. 그들은 일반 대중이 행하고자 또는 도달하고자 노력한 것의 모범과 패턴을 만든 인물이요, 넓은 의미에서 그것을 창조한 인물이었습니다. 오늘날 세계에서 이룩되어 있는 모든 것들은 정당히 말해서 이 세계에 보내졌던 위인들에게 깃들여 있던 사상의 외적·물질적인 결과요, 실질적인 구현이자 체현입니다. 전 세계 역사의 본질은 이들의 역사였다고 생각해도 틀림없습니다. 분명 그것은 이 자리에서 온당하게 다룰 수 없는 주제입니다.

한 가지 위안이 되는 것은 위인을 어떻게 다루더라도 유익한 벗이 된다는 것입니다. 설혹 우리가 아무리 미흡하게 다루더라도 반드시 그에게서 무언가 얻는 것이 있다는 것입니다. 그는 살아 있는 광명의 원천이어서 그에게 가까이 간다는 것은 유익하고 즐거운 일입니다. 그 빛은 지금 세상의 어둠을 비추고 있으며, 이제까지 세상의 어둠을 비추어왔습니다. 그것은 사람이 켠 등불 같지 않고, 하늘의 은총에 의해 빛나는 자연의 발광체 같습니다. 말하자면 그것은 타고난 독창적인 예지, 그리고 인간다움과 영웅적 고귀함이 샘솟는 원천입니다. 모든 영혼은 그 빛을 받는 것만으로도 뿌듯함을 느낍니다. 여러분이 어떤 조건에 있든 잠시 그 빛의 주위를 거닌다는 것에 대해 거부감을 느끼는 사람은 없을 것입니다.

내가 다루려고 하는 여섯 종류의 영웅들은 서로 다른 나라와 시대에서 선택했기 때문에 외형적으로만 보면 전혀 일치하지 않습니다. 그러나 성실히 그들을 관찰하면 그들은 우리에게 많은 것들을 보여줄 것입니다. 우리가 그들을 잘 바라보면 우리는 세계 역사의 큰 흐름을 들여다볼 수 있습니다. 오늘날과 같은 시대에 여러분에게 영웅정신의 의미를 어느 정도라도 밝힐 수 있다면 얼마나 행복하겠습니까! 모든 시대에 위인을 다른 사람들과 결부시키는 저 신성한 관계(아마 이렇게 불러도 좋을 것입니다)를 밝힐 수 있다면, 그리하여 나의 주제를 모두 다루지는 못할지언정 그 첫출발이라도 할 수 있다면 얼마나 행복하겠습니까! 어쨌든 이제부터 시작하겠습니다.

신으로 추앙된 영웅

한 개인에게 종교가 가장 중요한 사실이라는 말은 모든 의미에서 온당합니다. 개인에게 종교가 중요한 것처럼 한 민족도 마찬가지입니다. 하지만 여기서 내가 말하는 종교는, 사람들이 고백하는 교회 신조, 그들이 서명하고 또 말이나 그밖의 것으로써 주장하는 신앙 조항이 아닙니다. 결코 그런 것이 아닙니다. 우리가 잘 알듯이 사람들은 온갖 종류의 믿음을 고백합니다. 하지만 과연 그 믿음을 어느 만큼이나 관철시키고 있습니까? 실로 가치 있는 믿음이 있는가 하면,

전혀 가치 없는 믿음에 이르기까지 너무나 천차만별입니다. 겉으로 만 드러나는 고백이나 주장은 내가 말하는 종교가 아닙니다. 그러한 종교는 사람들의 껍데기에서, 즉 인간의 논쟁을 일삼는 측면에서 오 는 것에 지나지 않습니다.

내가 말하는 종교란 사람이 진실로 믿고 있는 것을 뜻합니다. (사 람은 자기가 믿는 것을 다른 사람에게는 물론이고 그 자신에게조차도 고백하지 않습니다.) 다시 말해 진짜 자신의 마음에 새겨둔 것, 그래 서 확실히 알고 있는 것을 말합니다. 이 신비한 우주와 사람의 생명 이 떼려야 뗄 수 없는 관계를 맺는 것도 종교를 통해서이며, 우주에 대한 사람의 의무와 운명도 그 속에 있는 것을 말합니다. 어떤 경우 든 사람에게 가장 일차적인 것이며, 다른 모든 것들을 창조적으로 결 정하는 것을 말합니다. 그런 것이야말로 '종교'라 부르든 또는 '회의 주의'나 '무종교'라 부르든 진정한 종교라 할 수 있을 것입니다. 그것 은 눈에 보이지 않는 세계, 또는 초월적 세계에 자신의 정신이 어떤 방식으로 관련되어 있는가 하는 느낌을 말합니다.

따라서 분명히 말하거니와 만일 여러분이 자신의 종교를 내게 말 한다면, 여러분은 자신이 어떤 사람인지, 그리고 무슨 일을 할 것인 지를 거의 다 말한 것입니다. 그러므로 우리는 한 개인에 대해 또는 한 민족에 대해 무엇보다도 먼저 그들이 무슨 종교를 가졌는지를 묻 습니다. 여러 신을 섬기며 인생의 신비를 순박하고 감각적으로 표현 하는, 그리고 물리적 힘을 인생의 주요 본질로서 인정하는 이교일 수 도 있습니다. 또는 보이지 않는 존재에 대해 그것이 존재할 뿐만 아 니라 그것만이 유일한 실재라고 믿고, 시간의 모든 순간순간이 영원 에 기초를 두고 있다고 믿으며, 그리고 이교적인 힘의 제국이 아닌, 한층 고귀한 성스러운 힘을 믿는 그리스도교일 수도 있습니다. 또는 보이지 않는 세계가 존재하는지, 광적인 삶 이외에 인생의 신비가 존재하는지에 대해 확신을 갖지 못하고 탐구해 마지않는, 이 모든 것을 의심하고 불신하거나 전적으로 거부하는 회의주의일 수도 있습니다.

이 문제에 대답한다는 것은 그 개인의 역사 또는 그 민족의 역사의 본질을 아는 것과 같습니다. 사람들의 행동 원칙은 바로 사람들이 지닌 사상이기 때문입니다. 또 사람들이 지닌 사상의 근원은 바로 감정이기 때문입니다. 사람들 안에 있는 보이지 않는 정신적인 힘이 사람들의 외면적인 행동을 결정해왔던 것입니다.

내가 분명히 말하지만 어떤 사람에게나 종교는 매우 중요한 것입니다. 내가 행할 강연에서는, 다소 제약이 있다 하더라도, 사물의 종교적 국면에 우리의 관찰력을 집중하는 것이 좋다고 봅니다. 그것을 분명히 하면 모든 것이 선명해집니다. 우리는 이 강연의 첫 번째 순서로 스칸디나비아 종교의 중심인물인 오딘(Odin)[1]을 택했습니다.

---

1) 보덴(Woden)이라고도 한다. 북유럽 신화에 나오는 주요한 신들 가운데 하나이다. 고고학과 문학의 자료들은 각기 다르게 그를 묘사하고 있기 때문에 그의 본성과 역할을 정확히 알기는 어렵다. 로마의 역사학자인 타키투스에 따르면 튜턴족은 메르쿠리우스를 숭배했다고 하는데, 메르쿠리우스의 날(dies Mercurii)이 수요일(Wednesday: Woden's day, 즉 '보덴의 날')과 동일시되었던 것으로 보아, 이는 보덴(오딘의 초기 형태) 신을 의미하는 것이었음이 분명하다. 그러나 보덴이 당시 널리 숭배되었다고는 해도 모든 튜턴족이 그를 숭배했는지 여부에 대해서는 충분한 증거가 남아 있지 않으며 그 신의 성격에 관한 결론을 내릴 만한 단서도 충분하지 않다. 단지 이후의 문헌들에 따르면, 그리스도교 이전 시기가 끝날 무렵 오딘은 스칸디나비아 반도의 주요한 신이었다고 한다. 오딘은 아주 옛날부터 전쟁의 신이었으며, 영웅문학에서는 영웅들을 수호하는 신으로 나온다. 전쟁에서 죽은 전사들은 발할라 궁에서 오딘을 만난다고 했다. 늑대와 갈까마귀가 그에게 바쳐진 동물이었고, 그가 사용했던 신비한 말 슬레이프니르는 여덟 개의 다리와 룬 문자가 새겨진 이빨과, 하늘을 달리고 바다를 건널 수 있는 능력이 있다고 한다. 오딘은 여러 신들 중에서 가장 뛰어난 마술사였으며 시에도 조예가 깊었고 시인들의 신이기도 했다. 외형적으로는 큰 키에 수염을 휘날리며 눈이 하나밖에 없는(다른 눈 하나는 지혜와 바꾸었음) 늙은이였다.

그는 지극히 광범한 분야에 걸친 사물의 상징으로 우리에게 다가옵니다. 이제부터 우리는 영웅 정신의 가장 오래된 형태인 '신으로 나타난 영웅'에 대해 보기로 하겠습니다.

이 이교는 실로 매우 이상하게 보입니다. 오늘날 우리로서는 이해할 수 없는 것이 대부분입니다. 환상과 혼돈, 거짓, 부조리 등이 뒤엉킨 복잡한 정글이 삶의 전 분야를 뒤덮고 있습니다! 그것은 우리들을 놀라움과 의문으로 채웁니다. 왜냐하면 제정신을 가진 사람이 눈을 뜨고 태연하게 이러한 교리를 신봉하고, 또 그에 따라 살았다는 것을 이해하기란 도저히 어렵기 때문입니다. 사람들은 자신과 같은 동료 인간을 신으로 숭배했습니다. 비단 그런 사람뿐만 아니라 동식물이나 무생물까지도 숭배했습니다. 그리고 그와 같은 환각적인 혼돈을 우주관으로 삼았습니다.

이 모든 것들은 도저히 믿을 수 없는 우화로만 들립니다. 그런데도 그러한 일이 있었다는 것은 명백한 사실입니다. 그와 같은 그릇된 숭배, 그릇된 신앙이 뒤엉킨 정글을, 우리와 다를 바 없는 사람들이 종교라고 믿고, 그 안에서 태연하게 살았던 것입니다. 이것은 이상한 일입니다. 그러므로 좀더 순수한 시야가 확보된 높은 위치에 서 있는 우리로서는 인간의 내면 깊숙이 존재하는 암흑에 대해 슬픔과 침묵에 잠기게 됩니다. 그러한 것들은 인간 내면에 과거에도 있었고, 지금도 있습니다. 모든 인간들에게, 그리고 우리 자신에게도 있는 것입니다.

어떤 사람들은 이교를 간단하게 설명해버립니다. 그저 단순한 사기 행위나 종교가의 책략, 기만에 지나지 않는다고 말입니다. 제정신

일반적으로 망토를 걸치고 챙이 넓은 모자를 썼으며 창을 가지고 다니는 것으로 묘사되었다.

인 사람은 아무도 그것을 믿지 않았고, 다만 정신 상태가 이상한 사람들이나 꾐에 빠져 믿어버리는 것에 지나지 않는다고 말입니다! 때로는 인간의 행동과 역사에 대한 이런 종류의 가설을 배격할 책임이 우리에게 있습니다. 나는 이 강연을 시작하면서 이교와 관련된 그러한 가설을 배격하겠습니다. 아울러 인간이 이 세상에서 오랜 세월 살아오면서 의지해온 모든 다른 주장(isms)에 관련된 가설도 배격할 것입니다.

그러한 주장은 모두 그 안에 일말의 진실을 갖고 있었습니다. 그렇지 않다면 인간이 그것들을 신봉했을 리가 없습니다. 사기와 기만은 이 세상에 허다합니다. 종교에는, 특히 쇠퇴기에 접어든 종교에는 그것이 무섭도록 많습니다. 그러나 기만은 종교를 창출하는 역할은 하지 못합니다. 사기와 기만은 결코 건전하고 생명력 넘치는 종교의 표시가 아닙니다. 그것은 종교의 병폐요, 종교가 사멸해가는 조짐이었습니다! 이것을 우리는 결코 잊지 않도록 합시다. 기만이 야만인들에게 신앙을 가져다주었다는 주장은 가장 슬픈 가설이라고 생각합니다. 기만은 아무것도 낳지 못합니다. 그것은 모든 것에 죽음만을 가져다줍니다. 우리가 사물의 기만적 측면만을 바라본다면, 그리고 기만을 과감히 거부하지 않는다면 아무것에서도 진실한 마음을 발견할 수 없습니다. 기만은 질병이자 부패로서 모든 인간의 유일한 의무는 기만과 단절하고, 그것을 우리의 생각과 행동에서 씻어내는 것입니다.

사람은 태어날 때부터 거짓의 적입니다. 나는 저 위대한 라마교(Lamaism)도 그 안에 일종의 진실을 갖고 있다고 생각합니다. 저 솔직하고 현명하고 회의적인 터너 씨(Mr. Turner)[2]가 그 나라에 다녀

---

2) 동인도 회사의 대표로서 티베트에 사절로 갔던 인물이다.

와서 쓴 기행문인 『여행 보고서』(*Account of his Embassy*)를 읽으면 그것을 알 수 있습니다. 이들 가련한 티베트 사람들은 각 시대마다 섭리에 의해 '신의 화신'(Incarnation of Himself)[3]이 보내진다는 믿음을 갖고 있습니다. 그것은 더 근본적으로 말해서 일종의 사제에 대한 믿음입니다! 그것은 더 근본적으로 말해서 이 세상에 가장 위대한 인간이 존재한다는 믿음입니다. 또 그를 발견할 수 있으며, 일단 찾아내기만 하면 무한한 복종심을 발휘해야 한다는 믿음입니다. 이것이 바로 저 위대한 라마교의 진실입니다!

'발견할 수 있다'는 것만이 라마교의 유일한 오류입니다. 티베트 승려들은 누가 가장 위대하며, 누가 그들에게 절대적 권위를 행사하기에 적합한지를 판정하는 독특한 방법이 있습니다. 그것은 나쁜 방법입니다. 그러나 가장 위대한 사람은 어떤 혈통의 맏아들이라야만 한다는 우리의 방법[4]만큼 나쁘기야 하겠습니까? 아, 좋은 방법을 찾아낸다는 것은 어려운 일입니다! 어떤 이교라 할지라도 그 당시에 그것을 믿었던 추종자들에게는 간절한 진리였다는 것을 먼저 인정해야만 우리는 그 이교를 이해할 수 있는 기회를 얻게 됩니다. 우리는 눈을 똑바로 뜨고, 의식이 건전하고 우리와 똑같은 사람들이 이교를 믿었다는 것을 인정해야 합니다. 그리고 우리도 그때에 살았더라면 그것을 믿을 수밖에 없었을 것이라는 점을 분명한 사실로 받아들여야 합니다. 이제 묻겠습니다. 이교란 무엇입니까?

또 하나의 이론이 있습니다. 그것은 좀 전의 가설보다는 조금 나은 것으로, 이교를 비유에서 왔다고 보는 것입니다. 이들 이론가에 따르면 이교는 시적 감흥이 풍부한 사람들의 유희였다는 것입니다. 시

---

3) 달라이 라마(Dalai Lama)를 말한다.
4) 장자상속제(왕위계승제)를 말한다.

적 감흥이 풍부한 사람들이 이 우주에 대해 깨닫고 느낀 것을 비유적인 이야기를 통해 의인화하고, 볼 수 있는 형상을 통해 표현한 것이 바로 이교라고 그들은 말합니다. 이것은 모든 경우에 작용하는 인간 본성의 근본적 법칙에 합치됩니다. 즉 인간은 그가 강렬하게 느낀 것을, 마치 그것이 살아 있으며 실제로 일어난 일처럼 내놓고 말하려 하는가 하면, 마치 눈으로 본 듯 형상으로 표현하고자 한다는 것입니다. 오늘날에는 비록 중요한 일에서 그런 일이 벌어지는 것은 아니라고 하지만, 그와 같은 법칙이 있다는 것, 그리고 그것이 인간 본성의 가장 뿌리 깊은 것 중의 하나라는 것에는 의문할 여지가 없습니다. 또한 그러한 본성이 종교에서 널리 작용했다는 점에도 의심할 여지가 없습니다.

따라서 이교를 전적으로 또는 대부분 이런 작용에 기인한 것으로 보는 가설은 먼저의 가설보다는 좀더 낫다고 생각합니다. 그러나 나는 그것을 참된 가설이라고 부를 수는 없습니다. 생각해보십시오. 우리는 하나의 비유, 하나의 시적 유희를 신앙으로 믿고 그것을 우리의 삶의 안내자로 받아들입니까? 우리에게 필요한 것은 유희가 아니라 진지함입니다. 이 세상에 산다는 것은 가장 진지한 사실입니다. 죽는다는 것은 인간에게 유희가 아닙니다. 인간의 삶은 결코 유희였던 적이 없습니다. 산다는 것은 엄숙한 사실이며, 중대한 문제입니다!

그러므로 나는 비유 이론가들이 이 문제에서 진실에 좀더 접근하긴 했지만, 먼저 가설을 주장한 사람들과 마찬가지로 진실에 도달하지는 못했다고 생각합니다. 이교는 과연 하나의 우화입니다. 인간이 우주에 대해 느끼고 깨달은 바를 상징하고 있습니다. 모든 종교는 인간이 느끼고 깨달은 바를 상징하는 것이며, 그것은 깨닫고 느낀 것이 달라짐에 따라 달라집니다. 그러나 내가 보기에 그것은 결과이자 종말인 것을 원인이자 기원이라고 제시하는 본말 전도일 뿐입니다. 아름다운 비유나 완전한 시적 상징을 얻는 것이 인간의 요구는 아니었습니다.

이 우주에서 무엇을 믿을 것이며, 어떤 길을 노 저어 나아갈 것인가, 이 신비스러운 인생에서 무엇을 희망하고 두려워할 것이며, 무엇을 하고 무엇을 하지 않을 것인가, 이러한 것들을 아는 것이야말로 인간이 요구하는 것이었습니다. 『천로역정』(*Pilgrim's Progress*)은 하나의 우화입니다. 아름답고 의롭고 진지한 우화입니다. 그러나 생각해 보십시오. 존 버니언(John Bunyan)의 우화가 그것이 상징하는 신앙보다 앞서 있었습니까! 모든 사람이 믿는 신앙이 이미 존재했기에 그 그림자로서 우화가 있게 되었던 것입니다.

이 경우 우화는 아무리 진지하다고는 해도 그것이 시적으로 표현하려는 장엄한 사실과 과학적 확실성에 비교하면, 우화는 하나의 유희적인 그림자이며 단지 공상의 장난이라고 말해도 좋을 것입니다. 우화는 그 확실성의 산물이지 확실성의 생산자가 아닙니다. 버니언의 경우에도, 그밖의 다른 모든 경우에도 마찬가지입니다. 그러므로 이교에 대해 우리는 이제 이렇게 묻기로 하겠습니다. 저 과학적 확실성, 즉 우화·오류·혼돈 등의 근본이 되는 과학적 확실성은 어디서 왔는가? 어떻게 왔으며, 그것은 무엇이었는가?

사실 이교라고 하는 것은 우리에게는 아주 동떨어지고 산만하고 몽롱한 혼란 덩어리입니다. 그것은 굳은 땅과 사실로 이루어진 대륙보다는 구름을 더 닮았습니다! 그것을 '설명'하려 드는 것은 어리석은 일입니다. 그것은 이제 더 이상 실제로 있는 것이 아닙니다. 그러나 그것은 한때 실제로 있었습니다. 우리는 구름 같은 이것이 한때 실제로 있었다는 것, 시적인 우화도 아니었고, 하물며 기만과 사기가 그 기원이 아니었다는 것을 이해해야 합니다. 나는 말합니다. 인간은 결코 무의미한 시를 믿지 않았습니다. 그는 결코 영혼의 생명을 우화에 걸지는 않았습니다. 인간은 모든 시기에, 특히 고대의 성실한 시대에는 기만을 간파하고 기만자를 미워하는 본능이 있었습니다. 우리는 기만이론과 우화이론을 모두 배격하고, 머나먼 이교 시대의 혼돈스러운 전설을 애정을 갖고 주의 깊게 들으면서 그 속에 어떤 사실이 있었는지, 그것이 허위나 와전이 아니고, 변변치 못한 대로 진실하고 건전한 점이 있었는지를 알아보기로 하겠습니다!

북유럽 신화의 주인공―오딘

여러분은 플라톤의 다음과 같은 상상을 기억하실 것입니다. 여태까지 까마득한 암흑 속에서 성장하여 어른이 된 사람이 갑자기 솟아올라 태양이 떠오르는 것을 본다면, 그는 어떤 생각을 하겠는가 하는 것입니다. 우리가 날마다 무관심하게 보는 광경에 대한 그의 경악과 황홀한 놀라움은 어떻겠습니까! 어린아이의 자유롭고 열린 감각에다가 성인의 지능을 갖고 있으므로 그의 모든 마음은 그 광경에 불타오를 것입니다. 그는 그것을 신과 같이 느낄 것이고, 그의 영혼은 그 앞에 엎드릴 것입니다. 바로 그러한 어린아이 같은 위대성이 원시 민족들에게는 있었습니다. 미개인 중 최초의 이교 사상가, 즉 최초로 생각하기 시작한 사람은 바로 플라톤의 이와 같은 성인(成人)이었습니다.

단순하고, 어린아이처럼 열린 마음이면서도 성인의 깊이와 힘이 있었습니다. 그는 아직 자연의 이름을 알지 못했습니다. 우리가 오늘날 총체적으로 우주·자연 등으로 이름 지어, 그리하여 하나의 이름과 함께 우리의 의식에서 씻어내버린 무한히 다양한 광경·소리·모양, 그리고 움직임을 그는 아직 하나의 이름 아래 통합하지 않았습니다. 이 거칠고 깊은 마음을 가진 사람에게는 모든 것이 신기하고, 이름이나 형식 밑에 숨어 있지 않았습니다. 그것은 적나라하게 그의 앞에 있어서 그곳에서 찬연히 빛을 비추어주는, 아름답고 장엄하고 이루 말로 형용할 수 없는 것이었습니다. 자연은 그것이 사상가나 예언자에게 늘 그러하듯이 이 사람에게도 불가사의하고 초자연적인 것이었습니다.

꽃으로 우거진 녹색의 대지, 나무들, 산, 강, 파도 소리 드높은 바다, 그 위로 드리워진 넓고 깊은 하늘, 그 하늘을 지나가는 바람, 때로는 불과 우박과 비를 쏟아내는 검은 구름, 도대체 그것들은 무엇입니까? 진정 무엇입니까? 따지고 보면 우리도 아직 모르고, 또 알 수도 없습니다. 우리가 이 어려운 문제를 회피하는 것은 우리의 통찰력이 우수하기 때문이 아니라, 오히려 우리의 경솔함과 부주의, 그리고 통찰력이 부족하기 때문입니다. 우리가 자연에 더 이상 놀라워하지 않는 것은 생각하지 않기 때문입니다.

관습과 풍문, 무의미한 말들, 이 모든 것이 우리의 주위를 에워싸고 굳어져 우리가 형성하는 모든 관념들을 모조리 틀에 맞추어버립니다. 우리는 검은 뇌운(雷雲) 속의 저 불을 전기라 부르며, 그것에 대해 짐짓 학자연하며 강의를 하고, 유리와 명주를 비벼 그것을 만들어 냅니다. 그러나 그것은 무엇입니까? 무엇이 그것을 만들어냈습니까? 그것은 어디서 오는 것입니까? 그것은 어디로 갑니까? 과학은 우리를 위해 많은 것을 해주었습니다. 그러나 우리가 결코 꿰뚫어볼 수 없는 것, 즉 모든 과학이 다만 그것의 겉껍질을 스치는 데 지나지 않는, 저 크고 깊고 신성하고 무한한 불가지의 세계를 우리에게서 숨겨버리는 과학이란 사실 보잘것없는 것입니다. 이 세계는 아직 우리의 모든 과학으로도 알 수 없는 하나의 기적입니다. 그것은 경이롭고 불가해한, 마술적인, 아니 그 이상의 무엇입니다.

다른 것은 고사하고, 저 시간이라는 위대한 신비를 보십시오. 무한하고 침묵하는, 그러면서도 결코 쉬지 않는 시간, 모든 것을 포용하는 대양처럼 굽이치고 솟구치며, 신속하면서도 침묵하는, 우리도 우주 전체도 그 위를 스쳐 지나가는 증기, 또는 나타났다가는 이내 사라지고 마는 환영처럼 보이게 하는 저 시간, 이것은 영원히, 그리고 문자 그대로 하나의 기적입니다. 우리에게 말을 잃게 하는 기적입니다. 우리는 그것을 표현할 말을 갖고 있지 못하기 때문입니다. 아, 이 우주에 대해 무엇을 알 수 있었겠습니까? 우리라고 해서 무엇을 알 수 있겠습니까?

그것이 하나의 힘이라는 것, 무수한 힘의 복합체라는 것, 우리가 아닌 하나의 힘이라는 것, 우리가 아는 것은 겨우 그 정도입니다. 그것은 모든 곳에 있는 힘이며, 우리가 아닌 힘, 우리와 전혀 다른 힘입니다. 힘, 힘, 모든 곳에 있는 힘이며, 우리 자신이 그 중심에 있는 신비스러운 힘입니다. "길가에서 썩고 있는 한 조각의 나뭇잎도 그 안에 힘이 있습니다. 그렇지 않고야 그것이 어떻게 썩을 수 있겠습니까?" 아니, 무신론적 사상가에게도 — 만일 그런 사람이 있을 수 있다면 — 우리를 에워싸고 있는 이 거대하고 무한한 힘의 소용돌이, 끝없이 높고 영원처럼 오랜 이 시간의 소용돌이는 기적임이 틀림없습니다.

그것은 무엇입니까? 종교적인 사람들은 이것은 신의, 전능하신 신의 창조물이라고 대답합니다! 무신론적인 과학은 그것을 죽은 것으로 취급하여 라이덴병(Leyden jar)[5] 속에 넣어 팔아치울 수 있는 것처럼 다루며, 과학적 실험과 술어 등을 늘어놓는 등 어림도 없는 설명을 하려 듭니다. 그러나 인간의 자연적 감각은 모든 시대에 걸쳐

---

5) 유리병의 바닥과 옆면의 안팎 양면의 약 3분의 2에 주석박(朱錫箔)을 붙인 축전기의 일종으로 네덜란드의 라이덴에서 1745년에 발명되었다.

그것을 살아 있는 것이라고 선언합니다. 아, 말로써 다할 수 없는 신과 같은 것, 그것에 대해 우리가 취할 최상의 태도는—아무리 과학이 발달한다 해도—두려움, 영혼의 경건한 부복과 겸손, 그리고 말로는 못할지언정 침묵 가운데 바치는 숭배, 바로 그것입니다.

이제 이야기를 좀더 진전시켜봅시다. 오늘날 같은 시대에는 예언자와 시인이 나서서 가르쳐주지 않으면 알 수 없는 일, 즉 앞서 말했던 술어와 과학적 지식 따위의 불경스런 겉껍질을 벗겨내는 일, 이것을 아직 이런 것에 시달리지 않았던 고대의 진실한 영혼은 스스로 해낸 것입니다. 오늘날에는 천재만이 세계를 신성하게 바라볼 수 있지만, 그 당시의 세계는 그것에 눈을 돌리는 누구에게나 신성한 것이었습니다. 그는 세계를 꾸밈없이 적나라하게 바라보았습니다. "모든 것은 신성하거나 신이었다"고 리히터[6]는 아직도 생각하고 있습니다. 그는 왜곡된 지식 따위를 벗어날 힘이 있는 거인 같은 인물입니다.

그러나 옛날에는 왜곡된 지식 같은 것은 도무지 없었습니다. 푸른 다이아몬드 같은 빛(그 원시적인 푸른 정신과 같은 빛, 우리가 지금 볼 수 있는 것보다 훨씬 밝은 빛)으로 사막을 비추는 별 카노푸스(Canopus),[7] 그 별은 외로이 광야를 가는 저 미개한 이스마엘(Ishmael)[8]의 후손의 길을 인도하며 그의 가슴속을 뚫고 들어갔던

---

6) 리히터(Jean Paul Friedrich Richter, 1763~1825): 독일의 작가로 19세기의 처음 20년 동안 대단한 인기를 모은 작품들을 발표했다. 프랑스의 저술가 장-자크 루소에 대한 존경심에서 장 파울이라는 필명을 썼다. 그의 작품은 바이마르 고전주의의 형식적 이상에서 초기 낭만주의의 직관적 초월주의로 넘어가는 교량 역할을 함으로써 독일의 프리드리히 헤벨과 영국의 토머스 칼라일 같은 19세기 후반의 작가들에게까지 영향을 미쳤다.

7) 용골좌(Carina) 중의 1등성으로, 시리우스(Sirius) 다음으로 밝은 별이다.

8) 아브라함(Abraham)과 그의 시녀 하갈(Hagar) 사이의 아들이다. 아브라함의 아내 사라(Sarah)가 하갈과 함께 아브라함의 집에서 쫓아냈다(「창세기」 16장). 전설상 아랍인의 조상으로 알려져 있다.

것입니다. 온갖 느낌으로 넘치되 그 느낌을 표현할 언어를 갖지 못한 그 미개인들의 생각에, 카노푸스 별은 광대하고 깊은 영원에서 빛을 발하는, 그 내적 광휘를 계시해주는 작은 눈처럼 보였을 것입니다. 그들이 카노푸스를 얼마나 숭배했으면 우리가 그들을 일컬어 별을 숭배하는 사바인(Sabaeans)9)이라고 부르게 되었는지 짐작할 수 있지 않습니까? 모든 형태의 이교가 갖고 있는 비밀은 여기에 있다고 나는 생각합니다. 숭배란 절대적인 경탄, 한계도 기준도 없는 초월적인 경탄입니다. 그것이 숭배입니다. 이들 원시인에게는 주변에 있는 모든 것이 다 신성한 것, 또는 신이었습니다.

그러면 어떤 영원한 진리가 그 안에 있는가 보십시오. 만일 우리도 마음의 눈을 뜨고 본다면, 모든 별과 모든 풀잎을 통해 신의 모습을 볼 수 있지 않겠습니까? 오늘날의 우리는 그런 방식으로는 숭배하지 않습니다. 그러나 오늘날에도 만물에 신성한 아름다움이 있음을 깨닫고, 만물이 '무한을 들여다볼 수 있는 창'임을 깨닫는 것은 여전히 하나의 장점으로, 이른바 '시인의 자질'이 있음을 증거하는 것으로 간주되지 않습니까? 사물의 아름다움을 알아보는 사람을 우리는 시인·화가 또는 천재라고 부릅니다. 저 가련한 사바인들은 그들 나름으로 이런 사람들이 하는 일을 했습니다. 어떤 방식으로 했든 그들이 이런 일을 했다는 것은 훌륭한 일입니다. 전혀 무지몽매한 사람이 한 일, 말이나 낙타가 한 일, 즉 아무것도 안 한 것보다 훨씬 큰일을 한 것입니다!

만일 우리 눈에 보이는 모든 것이 지고한 신의 상징이라면 나는 무엇보다도 인간이야말로 그러한 상징이라고 말하렵니다. 여러분은

---

9) 아라비아 서남부의 고대 왕국으로 지금의 예멘(Yemen) 지역을 포함한다. 특히 향료와 보석의 교역으로 유명했다. 『구약성서』에는 스바(Sheba)로 표기되었다 (「열왕기상」10장에는 스바 여왕이 솔로몬Solomon을 방문한 이야기가 나온다).

성 크리소스토모스[10]의 저 유명한 말, 즉 히브리 민족이 신의 존재를
보여주는 증거로 삼은 셰키나―언약궤[11]와 관련하여 "참다운 쉐키
나는 사람이다"라고 한 말을 들었을 것입니다. 그렇습니다. 그것은
공연한 말재간을 부린 것이 아니며, 사실이 그렇습니다. 우리 존재의
본질은 '나'라고 부르는 것의 신비입니다. 아, 그것을 표현할 어떤 말
이 우리에게 있습니까? 그것은 천국의 호흡입니다. 가장 높으신 존
재는 자신을 인간 안에 계시하십니다. 우리의 육체·기능·생명은 우
리가 이름 지을 수 없는 그분의 의복이 아닙니까? 경건한 노발리스
(Novalis)[12]는 이렇게 말합니다.

　우주에는 단 하나의 신전이 있다. 그것은 인간의 몸이다. 그 고귀한

---

10) 성 크리소스토모스(St. Chrysostom, 347?~407): 콘스탄티노플 대주교(398~
　　404)로 그리스 교부 중 최고의 설교가로 꼽힌다.
11) 셰키나(Shekinah)는 유대인의 장막과 언약궤 위에 머무르는 영광의 구름으
　　로, 언약궤 그 자체와는 다른 것이다. 흔히 지상에서의 야훼의 임하심, 야훼의
　　임하시는 상징 또는 현현을 말할 때 쓴다.
12) 독일의 시인 하르덴베르크(Friedrich von Hardenberg, 1772~1801)의 필명으
　　로 독일의 낭만주의 시인·이론가이다. 후기 낭만주의 사상에 큰 영향을 미쳤
　　다. 니더작센의 귀족계급에 속하는 신교 가문에서 태어나 가족이 전에 사용
　　했던 이름 '노발리'를 본떠 자신의 필명을 붙였다. 청년시절 예나 대학에서 법
　　학을 공부했고(1790), 거기에서 실러와 사귀었다. 그뒤 라이프치히에서 공부
　　하며 프리드리히 폰 슐레겔과 친교를 맺고 칸트와 피히테의 철학사상을 접하
　　게 되었다. 1794~95년 노발리스는 14세의 조피 폰 퀸과 사랑에 빠져 약혼했
　　다. 그러나 그녀가 1797년 결핵으로 죽자 자신의 비애를 표현한 아름다운 시
　　『밤의 찬가』(Hymnen an die Nacht, 1800)를 썼다. 이 운문 섞인 산문시 6편에서
　　노발리스는 밤, 즉 죽음을 신 앞에서 누리게 될 더 높은 삶으로 들어가는 문으
　　로 찬미하며, 자신이 죽은 뒤에는 조피와 전 우주가 신비하고 애정 어린 합일
　　을 이룰 것을 기대했다. 1798년 다시 율리 폰 카르펜티어와 약혼했고, 1799년
　　바이센펠스에 있는 제염소의 광산 조사관이 되었지만, 결혼하기 전인 1801년
　　결핵으로 죽었다. 말년에는 백과사전적인 연구, 관념론에 토대를 둔 철학체
　　계 초안, 시작(詩作) 등 왕성한 창작활동을 했다.

형상보다 더 거룩한 것은 없다. 사람 앞에 절하는 것은 육체 안에 나타난 이 계시에 경배드리는 것이다. 우리의 손이 사람의 몸에 닿을 때 우리는 천국에 닿는 것이다!

이것은 수사적 문구처럼 들리지만, 결코 그렇지 않습니다. 잘 생각해보면 그것이 과학적 사실이며, 언어로서 가능한 한 진실 그대로를 말한 것임을 알 수 있습니다. 우리는 기적 중의 기적이며, 헤아릴 수 없으리만큼 위대한 신의 신비입니다. 우리는 그것을 이해할 수도 없고, 그것을 표현할 줄도 모릅니다. 그러나 만일 우리가 그렇게 하기를 원한다면 우리는 과연 그것이 사실이라는 것을 느낄 수도 있고, 알 수도 있습니다.

이러한 진리는 옛날에는 지금보다 더 쉽게 느낄 수 있었습니다. 청신한 어린아이 같은 마음을 지니고, 그 위에 진지한 성인의 깊이를 가진, 세계의 유년기에 속한 사람, 하늘과 땅의 모든 사물에 이름을 지어준 것으로 모든 것을 다 알았다고 생각하지 않고, 두려움과 놀라움으로 모든 것을 보지 않을 수 없는 사람, 그들은 인간과 자연 속에 있는 신성함을 더욱 예민하게 느꼈습니다. 그들은 미친 상태에 빠져들지 않고, 자연을, 자연 중에서 무엇보다 인간을 숭배할 수 있었습니다. 앞에서 말한 것처럼 숭배란 무제한의 경탄입니다. 그들은 그들의 능력을 다 활용하여 충심으로 정성을 다하여 이것을 할 수 있었습니다.

나는 영웅숭배가 고대의 사상 체계를 구성한 절대적인 요소였다고 생각합니다. 내가 앞서 말했던 복잡한 이교의 정글은 수많은 뿌리에서 자라난 것이라고 말할 수 있습니다. 별이나 자연물에 대한 감탄과 숭상은 뿌리 또는 실뿌리였습니다. 그러나 영웅숭배는 모든 뿌리 중 가장 깊은 것입니다. 즉 모든 다른 뿌리의 대부분에 양분을 주고 성장을 시켜준 주근(主根)이었습니다.

만일 하나의 별을 숭배하는 데도 얼마간 의의가 있다고 한다면 영웅을 숭배하는 데는 얼마나 커다란 의의가 있었겠습니까! 영웅숭배는 위대한 인간에 대한 절대적 감탄입니다. 나는 위인이 오늘날에도 찬탄할 만한 존재라고 말합니다. 근본적으로 그보다 찬탄할 만한 존재는 세상에 달리 없습니다! 자기보다 더 고상한 사람에 대한 이 찬탄보다 더 고귀한 감정은 사람의 가슴속에 없습니다. 그것은 오늘날에 이르기까지, 그리고 모든 시대에서 인간생활을 활기 있게 하는 힘이 되어왔습니다. 내가 볼 때 종교는 바로 그 위에 서 있는 것입니다. 비단 이교뿐만 아니라, 훨씬 고상하고 진실한 종교들도 오늘날까지 알려진 모든 종교가 다 그렇습니다.

영웅숭배, 즉 가장 고귀하고 신성한 인간형태에 대한 진심에서 우러난 절대적 찬탄, 불타는 듯한 무한대의 복종 ─ 그리스도교의 기원도 바로 그것이 아니었습니까? 모든 영웅 중 가장 위대한 영웅은 우리가 감히 여기서 그 이름을 말하려 하지 않는 바로 그분이십니다! 신성한 침묵으로 그 신성한 사실을 묵상해보십시오. 전 세계 역사 전체를 통해 현존하는 원리를 궁극적으로 완성시키는 것이 바로 그것임을 여러분은 발견하게 될 것입니다.

좀더 아래로 내려와 보도록 합시다. 형언할 수 없을 만큼 신성한 영역은 아니지만, 왕에 대한 충성이란 것은 종교적 신앙과 비슷하지 않습니까? 신앙이란 어떤 영감을 받은 스승, 정신적 영웅에 대한 충성입니다. 그러므로 충성 그 자체, 그리고 사회의 정신적 양식이란 영웅숭배, 즉 진실로 위대한 인물에 대한 복종적 찬탄이 아니고 무엇이겠습니까? 사회는 영웅숭배 위에 서 있습니다. 인간 사회의 기초가 되는 모든 고위직의 위계를 우리는 영웅의 통치라고 부릅니다. 또는 종교적 계서제(階序制)라고 불러도 좋을 것입니다. 왜냐하면 그것은 그만큼 신성하기 때문입니다!

공작(Duke)은 '지도자'(Dux)를 의미하고, 왕(King)은 '지식 있는 사람'(Kön-ning) 또는 '능력 있는 사람'(Kan-ning)을 의미합니다. 모든 사회는 어느 정도 차등적인 영웅숭배를 보여줍니다. 그 차등은 다소 부정확하기는 하지만 그리 심하지는 않습니다. 모든 사회는 진실로 위대하고 현명한 사람에게 존경과 복종을 바치는 것입니다. 다시 말하지만, 그 차등은 부정확하지만 결코 심한 것은 아닙니다!

이들 사회적 위인들은 모두 은행권과 같습니다. 모두 금을 대변합니다. 그러나 아, 그중의 어떤 것은 위조지폐입니다. 우리는 소수의 위조지폐는 용인할 수 있습니다. 상당히 많아도 용인할 수 있습니다. 그러나 전부 또는 대부분이 위조지폐라면 용인할 수 없습니다! 아니, 그때에는 혁명이 와야만 합니다. 민주·자유·평등 등 수많은 구호가 있습니다. 지폐가 모두 위조품이어서 그것을 순금으로 바꿀 수 없게 되면 사람들은 절망 속에서 "순금은 없다, 순금이란 있어본 일도 없다"고 외칩니다. 그러나 순금, 즉 영웅숭배는 언제 어디서나 있었으며, 인간 자체가 없어지기 전에는 사라질 수 없습니다.

나는 오늘날 내가 말하는 의미의 영웅숭배가 이미 소멸해버렸음을 잘 알고 있습니다. 여러 가지 이유로 오늘날은 이를테면 위인의 존재를 부정하는 시대, 위인의 필요성을 부인하는 시대입니다. 우리의 비평가들에게 예를 들어 위인 루터(Luther)를 제시해보십시오. 그들은 그를 '평가'하기 시작합니다. 즉 그를 숭배하려 하지 않고 그의 크기를 잽니다. 그러고 나서 그 역시 대단치 않은 인물이었다고 발표합니다! 그는 '시대의 산물'이었으며, 시대가 그를 불러냈고, 시대가 모든 것을 했을 뿐, 그가 한 일은 아무것도 없다고 그들은 말합니다. 그러나 하찮은 비평가들인 우리는 또한 무엇을 할 수 있었겠습니까! 이것은 내게 우울한 작업입니다. 시대가 불러냈다고요? 아, 우리는 시대가 위인을 큰 소리로 불러도 부른 때에 나타나지 않은 경우를 많이 알고 있습니다! 위인은 없었습니다. 섭리는 그를 보내지 않았습니다. 시대는 온 힘을 다해 불렀으나 위인은 부르는 때에 나타나지 않았고, 그 결과 시대는 혼란과 멸망 속에 빠져들고 말았습니다.

생각해보십시오. 부족함이 없을 만큼 위대하고 현명하고 선한 사람을 찾아낼 수 있다면 파멸당한 시대란 있을 수 없습니다. 시대가 요구하는 것을 진실로 식별할 수 있는 지혜와, 시대를 그것으로 올바르게 이끌 수 있는 용기 이러한 것들은 어떤 시대라도 구원할 수 있습니다. 그러나 불신, 고민, 혼란, 무기력한 회의적 특성, 혼미한 상황으로 궁극적인 멸망을 향해 무기력하게 치닫는 범용하고 나태한 시대, 이런 시대를 나는 하늘의 번개가 내려와 불살라주기를 기다리고 있는 마른 장작더미와 같다고 봅니다. 신에게서 직접 능력을 받아 내려오는 위인이 바로 그 번개입니다. 그의 말은 모든 인간이 믿을 수 있는 지혜로운 구원의 말씀입니다. 일단 그가 때리면 그를 감싸고 있는 모든 사물은 그 자신과 같은 불꽃으로 변합니다. 저 마르고 썩은 나뭇조각들은 저희들이 그를 불러냈다고 생각합니다. 물론 그들은 그가 절실하게 필요했습니다. 그러나 과연 누가 그를 불러냈습니까!

시야가 좁은 비평가들은, "보라, 불을 일으킨 것은 나뭇조각들이 아닌가?"라고 외칠 것이라고 생각합니다. 사람이 위인을 믿지 못하는 것보다 그 자신의 옹졸함을 증거해주는 것도 없습니다. 한 시대가 마르고 타지 않은 연료 더미만을 믿고, 장님처럼 정신적 빛을 보지 못하는 것처럼 슬픈 일은 없습니다. 그것은 불신이 최고조에 이른 상태입니다. 세계 역사의 모든 시대에서 위인은 그 시대의 구원자였습니다. 그가 없었던들 나무는 결코 불을 발하지 못했을 번개였던 것입니다. 내가 이미 말했듯이 세계 역사는 위인들의 전기입니다.

하찮은 비평가들은 불신과 전반적인 정신적 마비상태를 조장하기 위해 애를 씁니다. 그러나 다행히 그들은 항상 완전히 승리하는 것은 아닙니다. 그들과 그들의 주장이 환상이며 거미줄에 지나지 않음을 알게 해줄 만한 위대한 인물이 나타날 가능성은 어떤 시대에도 있습니다. 그리고 주목할 것은 어떤 시대에도 이런 비평가들이 살아 있는 사람의 마음 속에서 위인에 대한 특유의 존경심을 완전히 없앨 수는 없다는 것입니다. 진정한 찬탄·충성·숭배는 아무리 흐려지고 왜곡되었을지라도 완전히 없어지지는 않습니다. 영웅숭배는 인간이 존재하는 한 언제까지고 지속됩니다.

보즈웰[13]은 18세기와 같은 시대에도 존슨 박사[14]를 존경했습니다. 불신에 가득 찬 프랑스 사람들도 볼테르[15]를 숭배했습니다. 즉 "장미꽃 밑에 그를 질식시킨" 그의 생애의 마지막 장면에 볼테르와 그의 주위에 매우 기이한 영웅숭배 현상을 돌발시켰던 것입니다. 볼테르에 관한 이 사실은 내가 언제나 이상하다고 생각했습니다. 만일 그

---

13) 보즈웰(James Boswell, 1740~95): 스코틀랜드 출신으로 새뮤얼 존슨의 친구이다. 전기 『새뮤얼 존슨의 생애』(*The Life of Samuel Johnson*, 2권, 1791)를 썼으며 그의 일기가 출판되어 위대한 일기작가로 꼽히게 되었다.

14) 새뮤얼 존슨(Samuel Johnson, 1709~84): 영국의 사전 편집자·비평가·시인으로 저술뿐 아니라 강렬하고 재치 있는 대화로도 유명하다. 셰익스피어 이후 영국문학에서 가장 유명하고 가장 많이 인용되는 인물이다.

15) 볼테르(François-Marie Arouet Voltaire, 1694~1778): 프랑스의 계몽사상가·철학자·역사가·극작가·수필가로 계몽사상의 화신으로 평가되며, 다양한 문학양식을 동원하여 방대한 주제를 다루었다. 젊은 시절 거만한 귀족을 모욕한 죄로 영국으로 추방당한 그는 그곳에서 베이컨과 로크의 사상에 완전히 경도되었다가 3년 만에 프랑스로 돌아왔다. 그의 가장 위대한 업적은 데카르트주의가 팽배해 있던 프랑스에서 영국 경험론의 대의명분을 옹호한 데 있다. 볼테르는 또한 시민적 자유의 강력한 대변자이기도 했다. 이와 관련하여 그가 내건 구호는 "파렴치를 분쇄하라"였는데, 여기에서 파렴치란 모든 형태의 억압·광신·편협을 의미했다.

리스도교가 영웅숭배의 최고의 예라고 한다면 그 최하의 예를 우리는 볼테르 숭배에서 봅니다!

반(反)그리스도교적인 생애를 살았던 그는 이 점에서도 기이한 대조를 보여주고 있습니다. 어떤 국민들도 볼테르 시대의 프랑스인처럼 찬탄하는 마음이 적은 경우는 없었습니다. 조롱하는 것만이 그들의 마음의 특질이었으며, 숭배하는 마음은 그 어디서도 찾아볼 수 없었습니다. 그러나 보십시오! 페르네이(Ferney)[16]의 노인이 파리로 돌아옵니다. 84세의 어정거리는 허약한 노인입니다. 프랑스인들은 그를 일종의 영웅이라고 생각합니다. 그들은 그가 평생 부정과 불의에 항거하여 싸웠으며, 칼라스 가문[17]을 구원하고 상류사회 위선자들의 가면을 벗기는 데 생애를 바쳤다고 생각합니다. 간단히 말해서 그 또한 기이한 방법으로 한 사람의 용사처럼 싸웠다고 생각합니다. 그들은, 조롱도 위대한 것 축에 넣을 수 있다면 그의 조롱 이상 가는 것도 없었다고 생각합니다.

그는 프랑스인 모두의 이상을 실현한 인물이었습니다. 그들 모두가 되고자 원한 사람, 즉 모든 프랑스인 가운데 가장 프랑스인다운 사람이었습니다. 그는 그야말로 그들의 신이었습니다. 가장 잘 어울리는 신이었습니다. 그러므로 모든 사람이, 즉 앙투아네트 왕비[18]에

---

16) 볼테르는 1758년부터 1778년까지 스위스 주네브 호숫가의 이 마을에서 살았다.

17) 칼라스(Jean Calas, 1698~1762): 프랑스 상인으로 위그노였다. 그는 풍문 때문에 억울한 재판을 받고 희생되었다. 즉 아들 안톤(Marc-Antoine)이 자살하자, 아들이 로마가톨릭으로 개종하는 것을 막기 위해 살해했다는 혐의를 뒤집어쓰고, 1762년에 바퀴에 깔아 죽이는 형을 당했던 것이다. 또 그의 아내는 스위스로 도망갔다. 볼테르는 칼라스의 무죄를 3년 동안 주장하며 싸워 마침내 칼라스 가문은 명예를 회복했고, 이 사건은 널리 알려지게 되었다.

18) 앙투아네트(Marie Antoinette, 1755~93): 프랑스 왕 루이 16세의 왕비이다.

서부터 포르트 생 드니(Porte St. Denis)의 세관원에 이르기까지 그들은 모두 그를 숭배하지 않았습니까? 역부는 마부에게 명령합니다. "자, 잘 부탁한다, 볼테르 님을 모시고 간다는 걸 명심해야 돼." 파리에 도착한 그의 마차는 "혜성의 핵처럼 그 꼬리가 온 거리를 뒤덮었다"고 합니다. 귀부인들은 그의 털옷에서 한두 가닥의 털을 뽑아 신성한 유물처럼 간직합니다. 프랑스 전체에서 가장 높고 가장 아름답고 가장 고상한 그 어느 것도, 이 사람보다 더 높고 아름답고 고상하지는 않았습니다.

그렇습니다. 스칸디나비아의 오딘에서부터 잉글랜드의 새뮤얼 존슨에 이르기까지, 그리스도교의 신성한 창시자부터 백과전서파의 늙은 제사장에 이르기까지 모든 시대와 장소에서 영웅은 숭배를 받았습니다. 또 항상 그렇게 숭배를 받을 것입니다. 우리 모두는 위인을 사랑하고 존경하며, 그 앞에 허리를 숙여 복종합니다. 다른 어떤 것에 대해 우리가 진심으로 허리를 숙일 수 있겠습니까? 아, 모든 참다운 사람은 진실로 자기보다 훌륭한 인물에게 존경심을 가짐으로써 스스로 더 고상하게 되는 것을 느끼지 않습니까? 이보다 더 숭고하고 복된 감정을 인간은 그의 마음에 품을 수 없습니다.

어떤 시대의 회의주의적인 논리와 전반적인 경박함, 불성실과 빈약함, 또는 이들에게서 오는 모든 영향도 인간이 타고난 이 고귀한 충성과 숭배를 없앨 수 없다고 생각하면 나는 힘이 솟습니다. 믿음을 잃은 시대는 곧 혁명의 시대를 겪게 되지만, 그러한 시대에는 모든 사람에게서 수많은 타락상과 비참한 타락의 조짐이 보입니다. 나는 봅니다. 혁명이 일어나 모든 것이 무너지고 일대 혼란이 생겨난 이런 시대에도 영웅숭배가 결코 사라질 수 없다는 사실만은 영원한 반석으로 남는다는 것을 말입니다.

이러한 혁명의 시대에는 우리 주위의 모든 것이 무너지고 부딪치고 쏟아져서 대혼란을 일으키지만, 파괴는 이 반석 위로만 미치고, 그 이하로는 미치지 않습니다. 그것은 영원한 머릿돌이며, 그 머릿돌 위에서 그들은 다시 스스로를 일으켜 세울 수 있습니다. 인간이 이런 저런 의미에서 영웅을 숭배한다는 것, 그리고 우리는 누구나 위인을 존경하며 존경해야만 한다는 것, 이것이야말로 모든 몰락 속에서도 생명을 잃지 않는 반석이라고 나는 생각합니다. 현대의 혁명적 역사에서 오직 이것만이 변치 않는 좌표이며, 이것이 없다면 현대사는 밑도 끝도 없는 혼란에 빠질 것입니다.

고대 민족들이 신봉한 이교는 비록 낡아빠진 의상에 싸여 있기는 하지만, 나는 그 정신은 아직도 진리라고 봅니다. 자연은 지금도 신성하며 신의 역사(役事)임을 계시해줍니다. 영웅은 아직도 숭배할 만합니다. 비록 초라하고 왜곡되고 유치하긴 하지만, 이것이야말로 모든 이교가 있는 힘을 다해 보여주고자 노력한 것입니다. 지금 우리에게는 스칸디나비아의 이교가 다른 어느 것보다도 흥미롭습니다. 그것은 최근까지도 있었으며, 유럽 지역에서 11세기까지 존속했습니다. 8백 년 전까지만 해도 노르웨이인들은 아직도 오딘을 숭배했습니다.

그것은 우리 선조의 신앙으로도 흥미가 있습니다. 그들의 피는 우리의 혈관을 흐르고 있으며, 우리는 여러 가지 점에서 그들과 닮았습니다. 그들은 그것을 믿었고, 반면 우리는 전혀 다른 것을 믿고 있다는 사실이 기이합니다. 여러 가지 이유로 나는 이제 이 북유럽의 종교를 고찰하겠습니다. 우리는 그 일을 할 수 있는 상당한 수단을 가지고 있습니다. 스칸디나비아 신화에는 또 다른 흥미로운 점이 있는데, 그것은 이 신화가 매우 잘 보존되어 있기 때문입니다.

저 기이한 섬 아이슬란드, 지질학자들의 설명에 따르면 바다 밑에서 불이 솟아서 형성되었다고 합니다. 용암으로 이루어진 거친 불모지, 1년 중 대부분을 험악한 폭풍 속에 휩싸여 있지만, 여름이 되면 야생적 아름다움으로 찬란합니다. 저 북해에 홀로 험준하고 강인하게 우뚝 솟은 섬, 눈 쌓인 봉우리와 우렁찬 간헐천, 유황천 그리고 무서운 화산 균열로 마치 서리와 불의 전쟁으로 황폐해진 듯한 섬입니다. 문헌이나 기록이 있으리라고는 전혀 생각할 수 없는 그곳에 이러한 것들이 기록되어 있습니다. 이 황량한 나라의 해안을 따라 풀이 무성한 땅이 있어 가축들이 먹을 수 있고, 사람들은 가축과 바다의 산물로써 삶을 영위할 수 있습니다. 그 주민들은 시인의 자질이 있는 사람들로서 내면 깊은 곳에 사상이 있어 그것을 음악적으로 표현할 수 있었던 것으로 보입니다. 아이슬란드가 바다 속에서 솟아나지 않았더라면, 그리고 북유럽인이 발견하지 않았더라면 그 손실은 실로 막대했을 것입니다! 고대 북유럽의 시인들은 상당수가 아이슬란드 태생이었습니다.

이 땅의 초기 그리스도교 사제 중 한 사람인 사이문드르[19]는 이교의 소멸에 아쉬움이라도 느꼈던지 스러져가던 고대 이교의 노래들을 수집했습니다. 그것은 신화적이고 예언적이며, 대개는 종교적 성격의 시 또는 노래였습니다. 북유럽 비평가들이 『고(古) 에다』(*Elder and Poetic Edda*)[20]라고 부르는 것이 이것입니다. 『에다』의 어원은 분

---

19) 사이문드르(Saemund, 1056~1133): 현자 사이문드르(Saemund the Wise)라고도 부른다. 아이슬란드의 사제·학자로 아이슬란드 최초의 연대기 작가이며, 아이슬란드인 중 최초로 라틴어로 글을 썼다.

20) 『에다』(*Edda*)는 아이슬란드어로 씌어진 고대 북유럽의 신화 시가집으로서 다음의 두 가지가 있으며, 통틀어 '에다'(Eddas)라고 한다. ① 『고(古) 에다』 (*Elder and Poetic Edda*): 신화와 종교적 제재의 시집으로 사이문드르의 편저로 알려져 있으나 잘못된 것이다. ② 『신(新) 에다』(*Younger and Prose Edda*): 고대 북유럽의 신화전설과 작시(作詩)상의 법칙 이론, 시편 따위를 모은 것으로서, 아이슬란드의 역사가·시인인 스노리 스툴루손이 편집한 것이다.

명치 않으나 여자 조상들을 의미하는 것으로 알려져 있습니다. 아이 슬란드의 신사이며 매우 저명한 인물인 스노리 스툴루손[21]은 사이 문드르의 손자에게 교육을 받았으며, 사이문드르 이후 거의 한 세기 가 지난 뒤에 신화 전체를 산문으로 편집했습니다. 이것은 전통시 중 새로이 발견된 단편들을 상세하게 설명한 것입니다.

그 작품은 실로 뛰어난 독창성, 천부적 재능 또는 무의식적 예술성 으로 구성된 것으로, 대단히 명료한 작품이며 지금도 즐겁게 읽힙니 다. 이것이 바로 『신(新) 에다』입니다. 이러한 자료들, 그리고 아이슬 란드적인 사가(Sagas)[22]와 오늘날에 이르기까지 북유럽에서 열심히 지속되고 있는 많은 주해 작업으로, 고대 북유럽의 신앙체계를 어느 정도 직접적인 통찰을 얻을 수 있으며, 그것을 마주 볼 수 있게 되었 습니다. 우리는 이제 그것이 오류에 빠진 종교라는 생각을 접고, 하 나의 고대 사상으로 간주하여 공감할 수 있는 무엇인가가 있는지를 살펴보기로 하겠습니다.

고대 북유럽 신화의 첫번째 특성은 자연계의 가시적 현상들을 인 격화하고 있다는 점입니다. 물리적 자연의 여러 가지 작용을 진지하 고 단순하게 인식하여 전적으로 기적적이며 경탄스럽고 신성하게 보고 있습니다. 우리가 오늘날 과학으로 설명하는 것을, 그들은 경탄 하고 엎드려 절을 하며, 그것을 종교로 삼고 있습니다. 자연의 험악 하고 적대적인 힘들을, 그들은 요툰들(Jötuns), 즉 커다란 몸집에 털 투성이의 악마 같은 거인으로 생각했습니다. 얼음·불·폭풍, 이런 것

---

21) 스노리 스툴루손(Snorri Sturluson, 1179~1241): 아이슬란드의 정치가·역사 가로 고등법원장을 지냈다. 노르웨이 국왕에 대한 정치적 음모에 연루되어 노르웨이 국왕에 의해 암살당했다.
22) 중세의 아이슬란드나 노르웨이의 국왕·영웅 등의 전적(戰績)·전설 따위를 주제로 한 산문 이야기를 말한다.

들이 요툰입니다. 한편 여름의 더위, 태양과 같은 우호적인 세력들은 좋은 신들입니다. 두 진영의 신들은 우주를 나누어 가지며 영원히 싸움을 되풀이합니다. 좋은 신들은 하늘에 살고 있으며, 그곳은 아스가르드(Asgard),[23] 즉 아시르(Aesir)[24]의 낙원이라고 합니다. 그리고 요툰들이 사는 곳은 요툰하임(Jötunheim)이라는 멀리 떨어진 암흑과 혼돈의 나라입니다.

이 모든 것은 기이하긴 하지만, 그 근본을 살펴보면 결코 가치가 없다거나 어리석은 짓이 아닙니다! 예를 들어 불의 힘을 보면 우리는 대수롭지 않은 화학적 술어로 표시하여 그 속에 깃들여 있는 경탄스러운 본질적 특성을 감춘 채 보지 못하고 있지만, 그것은 이 북유럽인들에게는 로크(Loke)라고 하는 가장 재빠르고 불가사의한 악마로서, 요툰의 종족 가운데 하나였습니다. 에스파냐의 항해자들에 따르면 라드로네스 군도(Ladrones Islands)[25]의 원주민들도 불을 처음 보았을 때 사람이 건드리면 아프게 물어뜯는, 그리고 마른 나무를 먹고 사는 악마나 신이라고 생각했다고 합니다. 어떤 화학 지식도 불이 경이로운 것이라는 사실을 숨길 수는 없습니다. 불이란 무엇입니까?

고대 북유럽의 예언자들은 서리를 백발의 거대한 요툰이라고, 즉 거인 '스림'(Thrym),[26] '흐림'(Hrym) 또는 '라임'(Rime)이라고 불

---

23) 아스가르드는 북유럽 신화에서 신들(Aesir)의 최고 궁성이다. 오딘의 거성(居城)인 발할라(Valhala)와 각 신의 궁전이 있고, 무지개다리 비브라스트(Bifrost)가 이 세상과 연결되어 있다고 한다.
24) 북유럽 신화에서 아시르는 오딘의 인솔 아래 아스가르드에 사는 신들을 통칭하는 말이다.
25) 1521년에 마젤란이 이 군도를 발견했다. 지금은 마리아나 군도(Mariana Islands)로 부른다.
26) 북유럽 신화에서 뇌신(雷神) 토르(Thor)의 도둑맞은 마법의 망치를 대신해서

렀습니다. 라임이란 말은 오늘날 여기에서는 쓰지 않는 낡은 말이지만, 스코틀랜드에서는 지금도 서리를 뜻하는 말로 쓰이고 있습니다. 이 경우 라임은 화학에서 술어로 사용되는 죽은 사물이 아니라 살아 있는 요툰 또는 악마입니다. 이 무서운 요툰은 밤이 되면 그의 말들을 집으로 몰고 가서 "그들의 갈기를 빗으로 빗어주었습니다." 그 말들은 다름 아닌 우박(Hail-Clouds) 또는 삭풍(Frost-Winds)이었습니다. 그의 소, 아니 정확히 말해서 그의 친척인 거인 히미르(Hymir)의 소들은 빙산(Icebergs)입니다. 이 히미르가 그 악마적인 눈빛으로 '바위를 노려보기만 하면' 단번에 그것을 깨뜨리고 만다고 합니다.

번개도 그 당시에는 단지 유리나 수지를 문질러서 만드는 전기가 아니라, 도너(Donner, Thunder) 또는 토르(Thor)라는 신이었습니다. 또한 자비로운 여름 더위의 신이기도 했습니다. 천둥은 그의 노여움이며, 검은 구름이 모이는 것은 그가 노하여 미간을 찌푸리는 것이고, 하늘을 찢고 내려오는 불망치는 토르가 번개 방망이를 휘두르는 것이었습니다. 그가 큰 소리 나는 마차를 몰고 산꼭대기를 넘어가는 소리, 그것이 천둥입니다. 그가 분노하여 '붉은 수염을 흔들면' 그것은 천둥이 시작하기 전의 거센 바람입니다.

한편 발데르(Balder),[27] 즉 아름답고 정의롭고 인자한(그리스도교의 초기 전도자들은 이 신을 그리스도에 비견했습니다) 이 하얀 신(White God)은 태양입니다. 우리는 천문학이니 책력이니 말하지만, 아직도 태양은 사람의 눈에 보이는 모든 것 중에서 가장 아름답고 신비하고 신성한 것입니다! 그러나 우리가 알고 있는 신 중에서 가

사랑과 미의 여신 프레이야(Freyja)를 요구하여, 프레이야로 변신하고 온 토르에게 피살된 거인이다.
27) 오딘과 프리그(Frigg) 사이에서 태어난 아들이며, 쌍둥이 형제인 호데르(Hoder)에게 살해당했다. 태양의 빛과 자비의 화신이라 일컬었다.

장 고상한 신은 독일의 어원 연구가 그림[28]이 추적해 알아낸 소망(Wünsch 또는 Wish)의 신입니다. 우리가 원하는 것이면 무엇이든지 다 줄 수 있는 소망의 신! 그것이야말로 인간의 마음에서 나온 것 중 가장 진지하고도 소박한 음성이 아닙니까? 그것은 인간의 가장 원시적인 이상이며, 동시에 우리 정신문화의 가장 최근의 형태에도 여전히 나타나고 있는 것입니다. 소망의 신이 진정한 신이 아님을 알려면 우리는 더욱 많은 것을 배워야만 합니다.

다른 신들 또는 요툰들 가운데 나는 단지 그 어원을 밝히기 위해 바다의 폭풍 아에기르(Aegir)[29]에 대해 말하고자 합니다. 그는 매우 위험한 요툰이었습니다. 오늘날에도 우리나라의 트렌트(Trent) 강[30]에서 강물이 붇면(강물이 조수에 밀려 역류하거나 소용돌이쳐서 사공들이 위험하게 되었을 때) 노팅엄(Nottingham)의 사공들은 그 상태를 이거(Eager)라고 부르고, "조심해, 이거가 온다!"고 외친다고 합니다. 신기한 일입니다. 그 단어는 마치 물 속에 가라앉은 세계의 꼭대기처럼 살아남아 있는 것입니다! 아득한 옛날 노팅엄의 사공들은 아에기르 신을 믿고 있었습니다.

사실 우리 잉글랜드인의 피에는 데인인과 노르웨이인의 피가 다분히 섞여 있습니다. 아니, 근본적으로 데인인과 노르웨이인, 색슨인은 다 같은 종족이었습니다. 다르다면 단지 이교를 믿는가, 아니면 그리스도교를 믿는가 하는 피상적인 면이 있었을 뿐입니다. 우리나라 섬 전역에 걸쳐 우리는 데인인과 섞여 있습니다. 과거에 있었던 끊임없는 침입 때문입니다. 물론 그 비율은 동해안에서 더욱 컸으며, 내가

---

28) 유명한 『그림 동화』(*Grimm's Fairy Tales*)를 편집한 그림 형제 가운데 형인 야코프 그림(Jacob Ludwig Karl Grimm, 1785~1863)을 가리킨다.

29) 바다의 신으로서 란(Ran)의 남편이다.

30) 잉글랜드와 스코틀랜드 국경에 있는 강을 말한다.

보기에는 그중에서도 북부지방에서 특히 컸습니다. 험버(Humber) 강[31] 이북의 스코틀랜드 전역에 걸쳐 일반인들의 언어는 이상할 정도로 아이슬란드어와 비슷합니다. 그들의 게르만적 어법도 노르웨이적인 어조를 띠고 있습니다. 그들 역시 노르만인, 즉 북유럽인입니다.

주신(主神) 오딘에 대해서는 곧 설명하겠지만, 그보다 먼저 한 가지 유의할 것이 있습니다. 스칸디나비아 종교나 모든 이교의 본질은 자연의 힘을 신성하게 보고, 거대한 인격적 작위자로, 즉 신이나 악마로 보는 것입니다. 그것은 우리로서도 이해할 수 있는 일입니다. 그것은 인간의 유치한 사고가 항상 거대하기만 한 이 우주에 대해 공포와 경탄으로써 스스로 눈을 뜨게 된 것을 의미합니다. 내가 보기에 이 북유럽의 신앙체계는 매우 순수하고 위대하고 인간적입니다. 고대 그리스 이교의 가볍고 우아한 것과는 매우 다른 단순성과 소박성이 그 특색입니다.

그것은 깊고 거칠고 참된 마음이 그 주변의 사물에 제법 눈이 열렸을 때 가질 수 있는 사상입니다. 그것은 사물을 직시하고 진심으로 받아들인 것입니다. 그것이야말로 어떤 시대에도 모든 참된 사상이 갖는 첫 번째 특징입니다. 그리스 이교에서처럼 가볍고 장난스러운 우아함이 아니라, 소박한 진실성과 꾸밈없는 힘, 심원하고도 거친 진지함이 여기에 나타나 있습니다.

아름다운 아폴론 신의 조상(彫像)과 맑은 웃음을 띤 신화적 인물들을 본 뒤에, 북유럽의 신들이 바다의 요툰인 아에기르와 술잔치를 벌이기 위해 '맥주를 빚고 있는' 광경을 생각해보십시오. 요툰의 나라에서 가마솥을 가져오라고 토르를 보내니, 토르는 수많은 모험 끝에

---

31) 영국 동부 트렌트(Trent) 강과 우즈(Ouse) 강이 합류하는 강어귀를 말한다.

그 솥을 얻어 모자처럼 머리에 쓰고 옵니다. 온몸이 그 안에 숨겨져 솥귀가 발꿈치까지 내려옵니다. 이런 이야기를 들으면 기이한 생각이 듭니다. 일종의 공허한 거대성, 과장되고 어색한 거인, 이것이 북유럽 신앙체계의 특징입니다. 거대한 힘이 아직 서투르게 불확실한 걸음걸이로 비틀비틀 걷고 있습니다.

천지창조에 대한 그들의 원시적인 신화를 생각해보십시오. 신들은 거인 위메르(Ymer)[32] ─ '따뜻한 바람'이 만들어낸, 서리와 불의 싸움에서 혼란스런 작업 끝에 생겨난 거인 ─ 를 죽인 다음 그를 가지고 하나의 세계를 창조하려고 작정했습니다. 그의 피는 바다가 되고, 살은 땅, 뼈는 바위가 되고, 눈썹으로는 신들의 거처인 아스가르드를 만들었습니다. 그의 두개골은 거대한 푸른 하늘이 되고, 그 속의 뇌수는 구름이 되었습니다.

이 얼마나 어처구니없는 과대망상입니까! 길들지 않은 사고, 거대하고 굉장하고 엄청납니다. 이것이 시간의 흐름과 더불어 거대하다기보다는 위대하게 되고, 셰익스피어(Shakespeare)나 괴테(Goethe)의 경우에서 볼 수 있듯이 엄청나기만 한 것이 아닌 신적이고 강력한 세련된 위대성을 갖기에 이르렀습니다! 바로 이 사람들이 정신적으로나 육체적으로 우리의 조상이었습니다.

나는 또 위그드라실 나무(Tree Yggdrasil)[33]에 대한 그들의 이야기를 좋아합니다. 모든 생명은 한 그루의 나무로 비유되고 있습니다. 위그드라실, 거대한 물푸레나무는 그 뿌리를 죽음의 나라에 뻗고, 줄

---

32) 위미르(Ymir)라고도 한다. 세계 최초의 생물로 거인들의 선조이다. 오딘 형제에게 살해되었는데, 그 육체에서는 대지가, 뼈에서는 바위, 피에서는 바다, 머리에서는 하늘이 창조되었다고 한다.
33) 우주를 떠받치고, 그 세 개의 뿌리는 신들의 거처(Asgard), 인간계(Midgard), 암흑과 죽은 자의 나라(Niflheim)로 뻗어 있다고 한다.

기는 하늘 높이 뻗으며, 그 가지는 온 우주에 넓게 퍼져 있습니다. 그것은 존재의 나무입니다. 그 나무 아래 죽음의 나라에는 세 명의 노른(Norns), 즉 운명의 여신 ─ 과거·현재·미래 ─ 이 앉아서 신성한 샘물을 떠서 나무 뿌리에 붓고 있습니다. 나뭇잎 ─ 사건들, 겪은 일들, 한 일들, 재난 등을 의미합니다 ─ 이 매달려 피고 지는 가지들은 모든 나라와 시대를 덮고 있습니다.

그 나무의 잎 하나하나가 한 사람의 일생이며, 그 잎의 섬유질 한 가닥 한 가닥이 하나의 행동 또는 말이 아니겠습니까? 그 나무의 가지들은 민족들의 역사이며, 가지의 스치는 소리는 태초로부터 흘러 나오는 인간 존재의 소음입니다. 그 나무는 자라고 있습니다. 인간 정열의 호흡이 이 나무 속을 스치며 지나갑니다. 울부짖으며 나무를 지나가는 태풍은 신들의 음성입니다. 그것이 위그드라실, 존재의 나무입니다. 그것은 과거·현재·미래이며, 이미 한 일, 현재 하고 있는 일, 앞으로 하게 될 일이며, 동사 '하다(to do)의 무수한 활용형'입니다.

모든 사람들이 불가분의 관계로 서로 얽혀 돌고 도는 것을 생각해보십시오. 내가 오늘 여러분에게 말할 때 쓰는 이 말도 메소고트(Moesogoth)[34]의 울필라스[35]가 쓰던 말뿐만 아니라, 인간으로서 처음 말을 한 사람 이래의 모든 사람들이 쓰던 말을 빌리는 것입니다. 위그드라실 나무처럼 참된 비유는 없습니다. 아름답고 위대합니다.

---

34) 기원후 4세기에 모에시아(Moesia)에 정주하여 그리스도교화했던 고트인을 말한다. 모에시아는 유럽 남부, 도나우 강 남쪽에 있던 고대 트라키아와 마케도니아의 북부에 있던 고대 국가이다. 후에 로마의 속주가 되었다. 지금의 불가리아 북부와 유고슬라비아의 세르비아 지방이다.

35) 울필라스(Ulfilas, 311?~382?): 고트족에게 그리스도교를 포고한 사제로 성서를 고트어로 번역했다.

"우주의 기계"[36]라는 말―아, 이 말과 대비해서 생각해보십시오.

그런데 고대 북유럽의 자연관에는 이상한 점이 있습니다. 우리가 자연에 대해 믿고 있는 것과는 매우 다릅니다. 각별히 이것이 어디서 온 것이냐고 묻는다면 그것에 대해 자세한 답변을 하기가 매우 곤란합니다! 그러나 한 가지만은 말할 수 있습니다. 그것은 북유럽인의 사상에서 왔습니다. 특히 독창적인 생각을 할 줄 안 최초의 북유럽인의 사상에서 왔습니다. 말하자면 북유럽인 중 최초의 '천재'에게서 왔습니다!

수많은 사람들이 세상에 태어나 이 우주를 거쳐 가면서 말로 이루 다할 수 없는 막연한 경탄을 느끼며 살다 갔습니다. 그저 동물들이 느끼듯이 느끼거나 또는 사람만이 느낄 수 있는 것을 느끼되, 그 경탄의 실체를 규명하려다가 애절하게 성과 없이 스쳐 지나가고 말았습니다. 그러다가 위대한 사상가, 독창적 인간, 예언자가 나타나 그의 사상을 말로 표현하여 그것으로 모든 사람의 잠든 능력이 사상이 되게끔 깨우쳐주었습니다.

사상가, 정신적 영웅이란 이런 것입니다. 그가 말하는 것은 모든 사람들이 표현할 수 있을 듯하여 애태우던 것입니다. 모든 사람의 사상은 고통스러운 마법의 잠에서 깨어나듯이 그의 사상을 중심으로 깨어납니다. 과연 그렇습니다! 어두운 밤에 새벽이 열리듯 사람들은 기쁨에 넘칩니다. 실로 그것은 없음이 있음으로, 죽음이 생명으로 깨어나는 것이 아닙니까? 우리는 지금도 그런 사람들을 존경하여 시인·천재 등으로 부릅니다.

그러나 원시적인 이 사람들이 보기에 그는 기적을 행하는 사람이었으며, 전혀 예기치 않았던 축복을 그들에게 가져다준 사람이었습

---

36) 칼라일은 여기에서 18세기 계몽사상의 기계론적 우주관을 비판하고 있다.

니다. 예언자요, 신이었습니다! 일단 깨우친 사상은 다시는 잠들지 않고 하나의 사상체계로 전개됩니다. 사람에게서 사람에게로, 한 세대에서 다음 세대로 성장하여 더 이상 자랄 수 없는 사상체계로 성장한 다음 다른 사상체계로 대치하기에 이릅니다.

오늘날 오딘이라고 부르는, 그리고 북유럽 신화의 주신이기도 한 이 사람은 북유럽인들에게 이런 존재였습니다. 그는 그들의 교사였으며, 영혼과 육체의 지도자였습니다. 헤아릴 수 없는 가치를 지닌 영웅이며, 그에 대한 존경은 모든 한도를 초월한 숭앙이 되었습니다. 그는 생각을 표현하는 권능과 그밖의 기적적인 많은 권능을 갖고 있지 않습니까? 그러므로 북유럽인의 원시적인 마음은 무한한 감사를 느꼈습니다. 그는 이 세상의 스핑크스 같은 수수께끼를 그들을 위해 풀어주지 않았습니까? 그들 자신의 운명에 대해 확신을 주지 않았습니까? 그로 인해 그들은 이 세상에서 무엇을 해야만 하며, 다음 세상에서 어떻게 될 것인지를 알게 되었습니다. 그로 인해 삶은 표현할 수 있는 것이 되었고 음악적인 것이 되었습니다. 그는 삶을 생동하는 것으로 만들어주었습니다!

우리는 이 오딘을 북유럽 신화의 기원이라고 부를 수 있습니다. 북유럽 최초의 사상가의 생전의 이름이 오딘이건 또는 다른 무엇이건 상관없습니다. 그의 우주관이 일단 선포되자 모든 사람의 마음속에 똑같은 우주관이 솟아나고 성장하며 끊임없이 자라나서 신뢰받게 되었습니다. 모든 사람의 마음속에는 그것이 이미 씌어져 있었으나, 단지 눈에 보이지 않게 마치 불에 쬐면 글씨가 드러나는 은현(隱現) 잉크처럼 씌어져 있었습니다. 그러다가 그의 말과 동시에 그것은 갑자기 나타나게 되었습니다. 실로 이 세계의 모든 시대를 통해 가장 위대한 사건은, 즉 다른 모든 사건의 원인이 되는 위대한 사건은 이 세상에 하나의 사상가가 출현한 것이 아니고 무엇이겠습니까?

우리가 잊어서는 안 될 한 가지 다른 일이 있습니다. 그것은 북유럽의 두 『에다』에 관한 혼란을 설명해줄 것입니다. 두 『에다』는 하나의 일관된 사상체계는 아닙니다. 정확하게 말한다면 그것은 여러 개의 연속적인 체계를 합친 것입니다. 우리에게 남긴 고대 북유럽의 신앙은 『에다』 안에서 원근의 거리감 없이 수록되어 마치 한 장의 캔버스 평면에 그린 그림 같아 보이지만 실제는 그렇지 않습니다. 그것은 그 신앙이 시작된 이래 무수한 세대를 거치면서 거리에 있어서나 깊이에 있어서 수많은 차이를 내포하고 있습니다.

최초의 사상가 이래 모든 시대의 스칸디나비아 사상가들은 그 스칸디나비아 사상체계의 성장에 기여했습니다. 항상 새로이 가꾸고 추가했으므로 그것은 그들 모두의 합작품입니다. 많은 사상가들이 기여한 그 사상체계가 어떤 역사를 갖고 있으며, 형태를 어떻게 바꾸었기에 오늘날 우리가 보는 것과 같은 『에다』의 모습을 하게 되었는지에 대해서는 어느 누구도 알아낼 수 없을 것입니다. 이 종교에도 트레비존드 종교회의,[37] 트리엔트 종교회의,[38] 아타나시우스,[39] 단테(Dante), 루터 같은 사건이나 인물이 있었는지 모르나, 그러한 것들은 모두 망각의 어둠 속에 가라앉고 말았습니다! 오직 그와 같은 변화의 역사가 있었다는 것만을 우리는 알 수 있습니다.

---

37) 트레비존드(Trebizond)는 소아시아 북동부 흑해 연안의 항구이다. 기독교 역사상 트레비존드 종교회의(Trebizond Council)에 대한 기록은 존재하지 않는다. 칼라일의 착오가 아닌가 생각한다.

38) 트리엔트 종교회의(Trient Council, 1545~63): 신성로마 황제 카를 5세의 요청으로 북이탈리아의 트리엔트에서 열린 종교회의이다. 1545~47년, 1551~52년, 1562~63년의 3차에 걸쳐서 열렸는데, 가톨릭 측의 반동 종교개혁을 위한 진용을 재정비했다는 데 의의가 있다.

39) 아타나시우스(Athanasius, 293?~373): 니케아 시대의 그리스도교 교부이다. 아리우스의 이단이 발생했을 때 알렉산드리아 교회의 부제(副祭)로서 니케아 종교회의에 참석하여 반(反)아리우스파의 거두로서 활약했다.

사상가가 등장한 곳이면 어디든지 그 사상의 내용에 대한 기여·보충·변화 또는 혁명이 있었습니다. 아, 모든 혁명 중 가장 위대한 혁명, 오딘 자신이 이룬 혁명, 이것 역시 나머지와 마찬가지로 사라지고 말았습니다! 오딘에 관해 무슨 역사가 있습니까? 그에게 역사가 있다고 생각하는 것조차 이상하게 여겨집니다!

이 오딘, 거친 북유럽의 옷을 걸치고, 사나운 수염과 눈, 조야한 말과 태도를 지닌 그는 우리와 다를 바 없는 사람이었습니다. 우리와 마찬가지로 슬픔과 기쁨을 느끼고, 우리와 같은 손과 발과 용모를 지닌 사람이었습니다. 본질적으로 우리와 같은 사람이었습니다. 그러면서도 그와 같은 큰 일을 해냈습니다! 그러나 그가 한 일은 대부분 사라졌고 그 일을 한 사람 자신도 이름만 남아 있습니다. 사람들은 내일을 일컬어 '수요일', 즉 오딘의 날[40]이라고 말할 것입니다! 오딘에 대해서는 역사도 없고, 기록도 없습니다. 반복해서 언급할 정도의 가치 있는 추론이 행해진 것도 없습니다.

스노리 스툴루손은 그의 저서 『헤임스크링글라』(*Heimskringla*)[41]에서 극히 조용하고도 간략한 문구로, 오딘이 흑해 지역의 영웅적 왕이었으며, 12명의 귀족들과 많은 백성을 거느리고 영토를 넓히고자 했다고 기록했습니다. 그에 의하면 그는 아시아인 백성을 이끌고 아시아에서 와서 북유럽을 전쟁으로 정복하고, 그곳에 정주하여 문자와 시 등을 창조했습니다. 그리하여 이들 스칸디나비아인들은 그를 자신들의 주신으로 숭배하게 되었고, 그의 12명의 귀족들을 그의 아들로 보고 그와 마찬가지로 신으로 숭배하게 되었다고 합니다. 스노리는 이에 대한 아무런 의심도 하지 않습니다.

---

40) 이 강연을 한 날은 1840년 5월 5일 화요일이었다. 수요일(Wednesday)은 영어로 오딘의 날(Odin[또는 Woden]'s day)이라는 뜻이다.
41) 1222~35년에 씌어진 북유럽 신화와 초기 역사에 대한 시적(詩的) 연대기이다.

스노리와 같은 시대 사람이며 매우 호기심 많은 북유럽인인 삭소 그라마티쿠스[42]는 더욱 대담한 해석을 합니다. 그는 개개의 신화들을 모두 역사적 사실로 보고, 그것을 덴마크 등지에서 실제로 있었던 일로 다루었습니다. 그보다 몇 세기 뒤의 사람이며, 학식있고 세심한 토르페우스[43]는 그 연대까지 추정했습니다. 그의 주장에 따르면 오딘은 기원전 70년경 유럽에 왔다는 것입니다. 이러한 모든 주장은 매우 불확실한 것을 근거로 하고 있으며, 오늘날에는 믿기 힘든 것입니다. 그것은 기원전 70년보다 오랜, 훨씬 오랜 시대입니다! 오딘의 연대와 모험, 지상에서 벌인 활약, 그리고 그의 인물과 환경은 영원히 사라져 수천 년이 흘러도 알 수 없게 되었습니다.

독일의 고대 연구가인 그림 같은 사람은 오딘이라는 인물이 존재하지도 않았다고 주장합니다. 그는 어원을 따져서 그것을 입증하고 있습니다. 오딘이라는 단어의 원형인 워탄(Wuotan)—튜턴족의 모든 나라에서 주신의 이름으로 되어 있는—이라는 단어는, 그림의 주장에 따르면 라틴어의 바데레(vadere), 영어의 웨이드(wade) 등과 연결된 것입니다. 그것의 의미는 운동과 운동의 원천, 힘을 뜻하며, 따라서 최고신의 이름으로 적합한 것이지만, 결코 사람의 이름이 아니라는 것입니다. 고대 색슨족·게르만족을 비롯한 튜턴족 사이에서 이 말은 신을 의미했으며, 그것에서 파생된 형용사는 모두 '신성한,' '최고 권위의'와 같이 신에 속한 특성을 의미한다는 것입니다.

아주 그럴듯한 주장입니다! 우리는 어원에 관련된 문제에서는 그림에게 고개를 숙여야만 합니다. 워탄은 웨이딩(Wading, 걸음), 운동의 힘(force of Movement)을 의미한다고 생각해봅시다. 그렇다 하더

---

42) 삭소 그라마티쿠스(Saxo Grammaticus, 1150?~1216?): 덴마크의 역사가이다.

43) 토르페우스(Thormod Torfaeus, 1639~1719): 덴마크의 저술가이다.

라도 그것이 신의 이름일 뿐만 아니라 모든 것을 움직이는 원동자(Mover), 즉 영웅적인 인간의 이름이기도 하다고 생각할 수 없는 이유가 무엇입니까?

그것에서 파생된 형용사에 대해 말하자면 에스파냐인들은 로페[44]를 찬양한 나머지 지극히 아름다운 꽃이나 여자를 '로페 꽃'(a Lope flower) 또는 '로페 부인'(a Lope dama)이라고 부르는 습관이 있지 않습니까? 이것이 계속되다 보면 로페라는 말이 에스파냐에서 '존엄한'(godlike)을 의미하는 형용사로도 쓰일 수 있지 않겠습니까?

사실 애덤 스미스[45]는 그의 『언어론』(*Essays on Language*)에서 모든 형용사가 그렇게 해서 생겨났다고 추측하고 있습니다. 녹색의 사물, 그 녹색이 두드러진 특징인 사물은 '녹색'이라는 총칭적인 이름을 얻게 되고, 그 특징이 두드러진 다른 사물, 예를 들어 나무와 같은 사물은 '녹색의'(green) 나무라는 이름을 얻게 됩니다. 마치 우리가 지금도 '증기차'(steam coach), '사두마차'(four-horse coach) 운운하는 것과 마찬가지입니다. 스미스에 따르면 모든 형용사는 이런 식으로 생겨났으며, 처음에는 모두 명사요, 사물이었습니다.

우리는 어원 따위로 있는 사람을 없는 사람으로 만들어서는 안 됩니다! 분명 최초의 교사·지도자는 있었습니다. 분명 오딘 같은 사람은 있었습니다. 오딘, 그는 한때 살아 숨쉬는 인간이었으며, 일개 형

---

44) 로페(Lope Félix de Vega Caprio, 1562~1635): 에스파냐의 극작가·시인·소설가로 마드리드에서 출생했다. 에스파냐 국민문학의 창시자로 1588년 26세 때 연애사건으로 결투한 끝에 카스티야에서 추방당했다. 같은 해에 아르마다 싸움에 지원했다가 귀환 후 연애행각을 벌이면서 약 1,800편의 창작극을 발표했다. 그중 426편이 지금까지 전해오고 있다.

45) 애덤 스미스(Adam Smith, 1723~90): 스코틀랜드의 경제학자. 글래스고(Glasgow) 대학 교수로서(1751~64) 신학·윤리학·법학·정치학 등을 강의했으며 1776년에 『국부론』을 출간했다.

용사가 아니라 살과 피를 가진 실재하는 영웅이었습니다! 모든 전승과 역사 또는 역사의 메아리는 그 사상이 스스로 천명하는 모든 것과 일치하며, 우리에게 이것을 확증해줍니다.

오딘이란 사람을 어떻게 해서 신, 가장 높은 주신으로 여기게 되었습니까? 그 문제에 대해서는 어느 누구도 독단적인 주장을 하려 하지 않습니다. 오딘의 백성은 그를 찬양하는 데 아무런 '제한'도 두지 않았다고 나는 이미 말한 적이 있습니다. 그들은 아직 찬양의 정도를 헤아릴 저울을 갖지 못했습니다. 어떤 지극히 위대한 사람에 대한 여러분 자신의 진심에서 우러나는 사랑이 모든 한계를 넘어 팽창에 팽창을 거듭하여 마침내 여러분의 상념의 모든 분야를 가득 채워 넘쳐 흐르게 되었다고 생각해보십시오!

또는 이 오딘이라는 사람이 그 스스로 신적 존재라고 느꼈다면, 그 자신 '워탄'과 '운동', 최고 권능, 신격의 분출이라고 느꼈다면(그의 황홀한 눈에 비친 모든 자연은 불꽃처럼 타오르는 장엄한 이미지였습니다), 그리고 워탄으로부터 분출한 것이 그의 내면에 깃들여 있다고 느꼈다면 어떠했겠습니까!

위대하고 심원한 영혼이란, 어디서 오는 것인지 모를 영감과 신비한 환상의 흐름이 그에게 밀려 들어와 그 자신에게조차도 하나의 불가사의이자 두려움·놀라움이기 때문입니다. 그는 기만하는 것이 아닙니다. 그는 다만 오해했을 뿐 그가 알고 있는 가장 진실한 것을 말한 것입니다. 모든 위대한 영혼, 모든 진지한 영혼은 자기가 무엇인지 모릅니다. 가장 높은 곳과 가장 낮은 곳을 오르락내리락하며 스스로를 가늠하지 못합니다.

다른 사람들이 그를 생각하는 것과, 그가 그 자신에 대해 생각하는 것, 이 둘은 기이하게 상호 작용하면서 서로가 상대의 결정을 돕습니다. 모든 사람들이 경건하게 그를 찬양하고, 소용돌이치는 혼돈의 암흑과 찬란하게 빛나는 새로운 빛 가운데에서 그 자신의 소박한 영혼이 고귀한 열정과 사랑에 충만하고, 신성한 우주는 돌연 그의 주변을 신적인 아름다움으로 넘치게 하는데, 이와 같은 일이 아직 누구에게도 일어난 적이 없었다고 한다면 그는 자기 자신을 무엇으로 생각하겠습니까? "워탄?" 모든 사람은 입을 모아 대답했습니다. "워탄!" —

이 경우 시간이 어떤 일을 했을까 생각해보십시오. 만일 어떤 인물이 생전에 위대했다면 그는 사후에 열 배나 더 위대해집니다. 전설이란 이렇듯 거대한 암실 속의 돋보기입니다! 인간의 기억, 인간의 상상에 사랑과 숭배 등 인간의 마음속에 자리잡고 있는 모든 것이 합세하게 되면 사물은 엄청나게 확대됩니다. 더욱이 암흑과 완전한 무지 속에서 연대도, 기록도, 책도, 애런델 대리석(Arundel Marble)[46] 따위도 전혀 없고, 다만 여기저기에 말없는 돌무더기만이 약간 있을 뿐입니다.

이 세상에 책이 없다면 어떻게 되겠습니까? 30~40년이 흐른 후 동시대의 목격자들이 모두 죽은 다음 모든 위인은 신화적 존재가 될 것입니다. 하물며 3백 년, 3천 년이 지난 경우, 그와 같은 문제에 대해 추론한다는 것은 별로 실익이 없을 것입니다. 그것들은 법칙화되고 도식화되기를 거부하는 문제들입니다. 그것은 논리로서 캐들어갈 수 없는 문제라는 것을 알아야 합니다. 우리로서는 머나먼 저쪽 거대한 암실 속에 있는 이미지의 중심에서 진실한 작은 빛이 반짝이고 있음을 알아보는 것, 그리고 그 중심은 광기도 무(無)도 아닌 건실한 무엇임을 알아보는 것으로 만족하기로 합시다.

---

46) 애런델(Thomas Howard Arundel) 백작(1585~1646)은 방대한 규모의 예술품을 수집한 사람으로 유명하다. 이 소장품들은 그가 죽은 후 산일되었고, 대리석과 조상들은 대부분 1667년에 옥스퍼드 대학에 기증되었다. 그것은 후일 애런델 대리석 또는 옥스퍼드 대리석(Oxford Marble)으로 알려지게 되었다.

칠흑같이 어둡지만 생명이 살아 있는 북유럽인의 마음속 거대한 암흑의 소용돌이에 점화된 이 빛, 이것이야말로 나에게는 모든 것의 중심으로 보입니다. 그후 어떻게 이 빛이 빛나는가, 그리고 어떻게 형태와 색채에서 불가사의하게 수천 배로 확대되는가 하는 것은 이 빛에 달린 것이 아니라 이것을 받아들이는 국민의 마음에 달린 것입니다. 여러분의 빛의 색채와 형태는 그 빛을 투과시키는 컷 글라스(cut glass)의 색채와 형태입니다. 모든 인간에게 가장 진실한 사실은 그 사람의 본성으로 형성된다는 것은 생각해보면 기이한 일입니다!

나는 말했습니다. 진실한 사람은 그의 형제들에게 말할 때 항상 하나의 사실, 즉 그에게 자연의 참된 모습으로 보인 것을 말했음이 틀림없다고 말입니다. 그러나 그런 모습과 사실이 형성되는 방법은 그 자신의 사고법칙으로 변화하는 것이고 또 지금도 변화하고 있습니다. 다시 말해 그것이 그에게 어떤 종류의 사실이 되었는가 하는 것은 심오하고 미묘하면서도 보편적으로 부단히 작용하는 법칙에 의해서입니다. 모든 인간에게 자연의 세계는 그 자신의 상상입니다. 이 세계는 수많은 복잡한 '그 자신의 꿈의 이미지'입니다. 이 모든 이교의 신화들이 정신적 법칙의 어떤 형언할 수 없는 신비로 형성되었는지 누군들 알겠습니까!

12라는 수는 모든 수 가운데 가장 나누기 쉬운 수입니다. 둘로도 넷으로도 나뉘고, 3이나 6으로도 나눌 수 있는 가장 신기한 수입니다. 그러므로 12는 '황도 12궁'(signs of the Zodiac)에도, 오딘의 열두 아들에 대해서도, 그리고 수많은 다른 경우에도 쓰였습니다. 수에 관한 모든 막연한 풍설은 12로 귀착하는 경향이 있습니다. 다른 모든 일도 마찬가지입니다. 하물며 아무 의도도 없이 전혀 무의식적으로 '우화'를 지어낸다는 것이 과연 가능하겠습니까?

저 원시시대의 새롭고 맑은 눈빛은 사물의 비밀스러운 관계를 알아내는 데 신속했고, 그것에 복종하는 데 전적으로 자유로웠습니다. 실러[47)]는 『비너스의 띠』(*Cestus of Venus*)에서 모든 아름다움의 본질에 관한 영원한 미학적 진리를 발견하고 있습니다. 기이한 일입니다. 그러나 그는 고대 그리스의 신화 작가가 '비판철학'을 강의할 의도가 있었다고 암시하지 않도록 유의하고 있습니다![48)] 대체로 우리는 그러한 무한대의 영역[49)]을 떠나야만 합니다. 우리는 오딘을 하나의 실재로 생각할 수는 없는 것입니까? 오류, 실로 오류는 많습니다. 그러나 순전한 거짓과 실없는 우화, 나중에 생각해낸 비유, 이런 것을 우리의 조상들이 신앙으로 삼았다고 믿을 수는 없습니다.

룬 문자(Runes)[50)]는 오딘의 중요한 특징입니다. 룬 문자, 그리고 그가 이 문자로 이룬 기적은 놀라운 전설을 남겼습니다. 룬 문자는 스칸디나비아의 알파벳입니다. 오딘이 그 인민 사이에서 문자의 발명자였을 뿐만 아니라 '마술'의 발명자이기도 했다고 상상해보십시오! 보이지 않는 생각을 문자로 기록한다는 것은 그때까지 인간이 이룩한 최대의 발명이었습니다. 그것은 일종의 제2의 언어로서, 제1의 언어와 마찬가지로 기적적인 것이었습니다.

여러분은 페루 왕 아타왈파[51)]의 경악과 의심을 기억하고 있습니

---

47) 실러(Friedrich von Schiller, 1759~1805): 독일의 시인·극작가·역사가로 독일 문학사상 괴테에 버금가는 인물이며, 독일 극작가 중 최고의 지위에 오른 것으로 평가된다.

48) 칸트의 비판철학, 특히 그의 미학이론인 『판단력 비판』을 말한다. 칼라일의 요지는 미적 진실은 순수한 마음의 눈으로 발견하는 것이지, 이론적 구성에 좌우되는 것은 아니라는 것으로 칸트에 대한 비판을 담고 있다.

49) 비판철학 같은 것을 말한다.

50) 북유럽 고대문자(고대 게르만인의 문자)를 가리킨다.

51) 아타왈파(Atahualpa, 1502?~33): 페루의 마지막 잉카 왕으로 가톨릭으로 개종하기를 거부했다는 이유로 피사로(Pizarro)에게 체포되었고(1532), 석방시켜주면 방 하나를 금·은으로 가득 채워주겠다는 조건을 제시하여 24톤의

다. 그는 자신을 감시하는 한 에스파냐 병사를 시켜 자신의 엄지손톱에 신(Dios)이라고 긁어 쓰게 했습니다. 그런 다음 다른 병사에게도 똑같이 시켜 그러한 기적이 가능한지를 확인하고자 했던 것입니다. 만일 오딘이 그의 백성에게 문자를 가져다 주었다면 그는 이미 마술을 부린 것입니다!

룬 문자로 글을 썼다는 것은 북유럽인에게 독창성이 있었음을 말해 주는 것입니다. 그것은 페니키아 알파벳[52]이 아닌 스칸디나비아 고유의 알파벳이었습니다. 스노리 스툴루손은 오딘이 시를 발명했다고까지 말합니다. 그것은 인간 언어의 음악이자 그것을 기적의 룬 문자로 기록한 것입니다.

민족들의 요람기를 상상해보십시오. 우리 유럽이 최초로 아름다운 새벽, 아직 만물이 위대한 일출과 더불어 청신하고 젊은 광채에 싸여 있을 때 우리 유럽이 처음으로 생각하기 시작한 그때로 여러분 자신을 옮겨 보십시오! 경이·희망의 무한한 광채가 마치 어린아이의 생각과 같은 이 강건한 사람들의 가슴속에 충만했습니다! 그들은 자연의 강건한 아들입니다. 여기에서 그들은 난폭한 추장이나 전사에 지나지 않습니다. 그들은 거칠게 타오르는 눈으로 무엇을 할 것인지 분별하며, 야생의 용맹으로 그것을 감연히 결행하는, 그런 존재에 그치지 않았습니다.

그들은 또한 시인이기도 했습니다. 모든 진정한 위인이 그렇지만, 우리가 시인, 예언자, 위대하고 경건한 사상가·발명가 등을 말할 때 의미하는 모든 것을 구비한, 그러한 사람이었습니다. 영웅은 모든 면

금·은을 몸값—역사상 최고의 몸값—으로 지불했으나 끝내 처형당하고 말았다.
52) 기원전 11세기 또는 그 이전부터 페니키아인이 쓰던 알파벳을 말하며, 그리스·로마와 그밖의 모든 유럽의 알파벳은 여기에서 유래한 것이다.

에서 영웅입니다. 그는 무엇보다도 영혼과 사상에서 영웅입니다. 이 오딘은 조야하고 다소 명료하지는 않지만 할 말을 갖고 있었습니다. 이 위대한 우주에서, 그리고 이 우주에서의 인간의 삶을 받아들이고 그에 대해 위대한 말을 할 위대한 가슴이 있었습니다.

비록 거칠기는 했지만, 현명하고 천재적이고 고상한 심정을 지닌 그는 실로 영웅이었습니다. 그리고 우리가 아직도 이러한 사람을 다른 모든 사람 이상으로 찬탄하고 있는데, 하물며 처음 막 생각에 눈을 뜬 북유럽인에게는 그가 어떻게 보였겠습니까! 그는 아직 이름도 없었지만, 그들에게 그는 고귀한, 가장 고귀한 인물이요, 영웅·예언자·신이었습니다. 만유에서 가장 위대한 '워탄'이었습니다.

어떻게 말하든지, 어떤 글씨로 쓰든지 사상은 사상입니다. 내가 보기에 본질적으로 이 오딘은 인간 중 가장 위대한 자와 같은 종류의 인간이었습니다. 그의 거칠고 깊은 가슴에는 위대한 사상이 있었습니다! 그가 발음한 거친 언어, 그것이 우리가 아직도 쓰고 있는 영어의 근원이 아닙니까? 저 흐릿한 영역에서 그는 그렇게 활동했습니다. 그러나 그는 그곳을 밝혀준 빛이었습니다. 지성의 빛, 거칠지만 고상한 심정의 빛이었습니다. 그것은 우리가 아직도 갖고 있는 유일한 빛입니다. 실로 그는 영웅이었습니다. 그는 거기에서 빛을 발하여 그가 속한 어두운 세상을 좀더 밝게 했습니다. 세상의 어둠을 조금이라도 밝히는 것, 그것은 아직까지도 우리 모두의 임무입니다.

우리는 그를 전형적인 북유럽인, 튜턴족이 일찍이 산출한 가장 훌륭한 인물이라고 생각할 것입니다. 소박한 북유럽의 심정은 그의 주위를 끝없는 찬양과 숭앙으로 넘치게 만들었습니다. 그는 많은 위대한 것들의 근원이 되고, 그의 열매는 튜턴족의 생활 전체에 걸쳐 수천 년의 깊이에서 양분을 얻어 자라고 있습니다. 우리의 수요일은 아직도 오딘의 날 아닙니까? 웬즈버리, 원스버러, 원스테드, 원즈워스,

오딘의 이름은 이러한 잉글랜드의 지명에서도 자라나고 있습니다. 이런 것들은 그 뿌리에서 아직도 자라나는 잎들입니다! 그는 모든 튜턴족의 주신이며 그들의 전형적인 북유럽인입니다. 이와 같이 그들은 그들의 전형적인 북유럽인을 찬탄했으니, 그것이 오딘이 세상에서 받은 운명이었습니다.

지금 오딘이란 사람 자신은 완전히 사라지고 없습니다. 하지만 그의 거대한 그림자는 그의 인민의 역사 전체에 드리워져 있습니다. 이 오딘을 신으로 인정하면 어떻겠습니까? 고대 스칸디나비아인의 자연 개념 또는 흐릿한 무(無) 개념을 더 잘 이해할 수 있지 않겠습니까? 그것이 과거에는 어떤 것이었든 간에 그후 전혀 다르게 발전하여 새롭게 자라나기 시작했으리라는 것을 우리는 쉽사리 이해할 수 있을 것입니다.

모든 튜턴족은 이 오딘이 들여다본 것, 그의 룬 문자와 운율로 가르친 것을 마음에 새기고 계승했습니다. 오딘의 사고방식은 그들의 사고방식이 되었습니다. 아직도 모든 위대한 사상가의 역사란 대개 같은 과정을 밟습니다. 비록 시대마다 조건은 새로울지언정 그 조건은 마찬가지입니다. 신화를 통해 죽어버린 과거가 저 깊은 곳에서 위를 향해 떠오릅니다. 북방의 하늘 전체를 덮고 있는 거대한 암실의 영상과도 같은 웅장하고 혼란스런 모습이 보입니다. 스칸디나비아 신화는 바로 인간 오딘의 초상화가 아니겠습니까? 그의 얼굴이 지니는 거대한 이미지가 알아볼 듯 말 듯 그런 식으로 확대되고 뒤섞여 있는 것입니다! 아, 사상은 언제나 사상입니다. 어떤 위인도 결코 헛되이 살지 않습니다. 세계의 역사는 위인들의 전기에 지나지 않습니다.

이 영웅정신의 원시적인 모습에는 사람을 감동케 하는 무엇인가가 있습니다. 즉 하나의 영웅을 그의 동료들이 이처럼 꾸밈없이 자발적으로 전적으로 받아들인 것입니다. 겉으로 보기에는 그처럼 무력한 것도 없습니다. 그러나 그것은 가장 숭고한 감정이며, 어떤 형태로 나타나든 그것은 인간 그 자체와 마찬가지로 영속적인 감정입니다. 내가 오랫동안 느끼고 있는 것을 조금이나마 개진한다면 그것이야말로 인간의 생명적 요소이며, 이 세계의 인간 역사의 영혼입니다. 지금 하고 있는 강연의 으뜸가는 효용도 바로 여기에 있는 것입니다. 오늘날 우리는 우리의 위인을 신이라 부르지도 않고 무제한적으로 찬양하지도 않습니다. 아니, 지나칠 정도로 제한을 하고 있습니다! 그러나 만일 우리가 아무런 위인도 갖지 못한다면, 또는 전혀 찬양하지 않는다면 그것은 더욱 나쁜 상태입니다.

이 빈약한 스칸디나비아의 영웅숭배와 북유럽적인 우주관, 그리고 거기에 자신을 적응시킨다는 것은 우리에게 불멸의 가치를 가져다줍니다. 자연의 신성함, 인간의 신성함을 어린아이처럼 소박하게, 지극히 소박하긴 하지만, 진심으로 굳세게 거대하게 인식한다는 것은 이 어린아이가 얼마나 거대하게 성장할 것인지를 예시해줍니다! 그것은 그 당시에는 진리였습니다. 그러나 지금은 아닙니다. 그것은 말하자면 오래전에 매장된 세대들인 우리 조상의 짓눌린 음성이 저 시간의 심연에서 우리 ─ 우리의 혈관 속에는 아직 그들의 피가 흐르고 있습니다 ─ 를 향해 외치는 것과 같지 않습니까?

자, 이것이 우리의 세계관이다. 이것이 인생과 우주라는 위대한 신비에 관해 우리가 형성한 모든 이미지이며 관념이다. 경멸하지 말라. 너는 그것을 뛰어넘어 높이 올라가 넓고 자유로운 시야를 확보했다. 그러나 너 또한 아직 정상에 오르지는 못했다. 물론 너의 관념은 넓어지긴 했지만, 아직 부분적이고 불완전하다. 그 문제는 어떤 인간도, 시간 안에서도 시간 밖에서도 결코 이해할 수 없다. 수천 년의 세월이 흐르도록 그치지 않고 시야를 넓혀도 인간은 결국 그것의 일부분만을 이해하려고 발버둥치는 자신을 발견하게 될 것이다. 그것은 인간보다 크다. 인간으로서는 이해할 수 없다. 하나의 무한한 존재다!

북유럽 신화의 본질—성실

스칸디나비아 신화의 본질은 모든 이교 신화와 마찬가지로 자연의 신성함에 대한 인식, 그리고 인간과 보이지 않는 신비한 힘 사이의 성실한 친교에 있습니다. 그리고 그 힘이 인간 주변의 세계에서 작용하는 것을 명백히 눈으로 볼 수 있습니다. 이것은 내가 알고 있는 다른 어떤 신화보다도 스칸디나비아 신화에서 더욱 성실하게 행했습니다. 성실이야말로 그것의 중요한 특징입니다. 고대 그리스 신화의 우아함은 전혀 갖추고 있지 못하나, 더 큰(훨씬 큰) 성실로써 우리에게 위안을 줍니다.

나는 성실이 우아함보다 낫다고 생각합니다. 나는 이들 고대 북유럽인들이 열린 눈과 영혼으로 자연을 들여다보았다고 생각합니다. 그들은 가장 진지하고 정직하며, 어린아이처럼 천진하게, 그러면서도 어른다운 눈과 영혼으로 자연을 바라보았습니다. 그들은 위대한 단순성과 깊이와 청신함으로, 그리고 진실하고 사랑스럽고 감탄스럽고 두려워하지 않는 태도로써 자연을 대했습니다. 그들은 진정 용감하고 진실한 고대의 인류였습니다. 이러한 자연인식은 이교의 중요한 요소입니다.

인간과 그의 윤리적 의무에 대한 인식도 없지는 않았지만, 이것은 더욱 순수한 형태의 종교에 이르러서야 비로소 주요 요소로 등장하게 됩니다. 실로 여기에 인간의 신앙상의 커다란 도약이 있고 신기원이 있습니다. 인류의 종교적 발전에 위대한 이정표가 세워진 것입니다. 인간은 먼저 자신을 자연 및 자연의 힘에 연관시키고, 그것들에 대해 경탄과 숭배를 바칩니다. 모든 힘이 윤리성을 띠고 있다는 것, 중요한 것은 선과 악, 해야 할 일과 해서는 안 될 일을 구분하는 것임을 알게 되는 것은 그로부터 한참 나중의 일입니다.

『에다』에 나오는 터무니없는 묘사는 이미 암시한 것과 같이 훨씬 후대에 이루어진 것으로 보입니다. 그리고 처음부터 그것은 고대 북유럽인으로서는 얼마간 실없는 짓이었으며, 말하자면 일종의 시적인 장난이었습니다. 앞에서도 이미 말한 것과 같이 우화와 시적 묘사는 종교적 신앙이 될 수 없습니다. 신앙이 먼저 있고 그 다음에 그것을 에워싸고 우화가 생겨납니다. 마치 영혼을 둘러싸고 육신이 있듯이 말입니다. 북유럽인의 신앙은 다른 모든 신앙과 마찬가지로 침묵 상태에 있을 때 가장 활동적이었으며, 그 시점에서는 아직 자신에 대해 할 말도 많지 않았고, 부를 노래는 더욱 적었습니다.

모든 환상적인 주장과 전설에 묻혀 『에다』의 내용은 어슴푸레해졌습니다. 이 음악적인 신화 가운데서 사람이 가질 수 있는 실질적인 신앙은 다음과 같은 정도에 머물렀을 것입니다. 즉 발퀴리(Valkyrie)[53]와 오딘의 전당(Hall of Odin)에 관한 믿음, 운명은 피할 길이 없다는 믿음, 인간에게 필요한 유일한 것은 용기라는 믿음 등입니다.

발퀴리는 전사자(戰死者)를 선택하는 존재입니다. 아무리 바꾸려 해도, 부드럽게 하려고 해도 소용없는 절대적인 운명은 전사할 사람을 선택하고야 맙니다. 이것이 북유럽 신앙의 핵심이었습니다. 그것

---

53) 오딘을 섬기는 싸움의 처녀들이다. 그 이름은 '전사자를 고르는 자'라는 뜻이다. 그들은 오딘이 뽑은 전사자들의 영혼을 발할라(오딘의 전당)로 데려와 그곳에서 그들의 시중을 들었다.

은 실로 모든 곳의 모든 진지한 인간에 대해서도, 즉 마호메트와 루터, 나폴레옹(Napoleon) 같은 인간에 대해서도 마찬가지였습니다. 그러한 모든 사람의 바탕에는 그것이 있었습니다. 그러한 사람의 사상의 모든 체계는 이것을 기초로 하여 구축되고 있습니다. 발퀴리들, 이들 전사자의 '선택자들'이 용사를 하늘에 있는 오딘의 전당으로 안내해 간다는 것, 오직 저열하고 비굴한 자들만이 다른 곳에 내던져져 죽음의 여신 헬(Hel)[54]의 나라에 떨어진다는 것, 나는 이것이 북유럽인의 신앙의 정수라고 생각합니다.

그들에게 꼭 필요한 것은 용기였습니다. 오딘은 용감하지 않으면 반기지 않으며, 오히려 경멸하고 내던진다고 그들은 생각했습니다. 여기에 무엇이 있지나 않은지 한번 생각해봅시다!

용감해야 한다는 의무는 예나 지금이나 변치 않는 영원한 의무입니다. '용기'(valour)는 여전히 '가치'(value)입니다. 인간에게 준 첫 번째 의무는 여전히 '두려움'을 극복하는 것입니다. 우리는 두려움을 제거해야 합니다. 그때까지 우리는 아무런 행동도 할 수 없습니다. 두려움을 발밑에 딛고 서기 전에는 사람의 행동은 비열한 것입니다. 진실한 것이 아니라 겉으로 하는 척할 뿐입니다. 그의 생각은 거짓이며, 그는 노예처럼, 겁쟁이처럼 생각합니다.

오딘의 신조는 그 진정한 핵심을 찾아낸다면 지금 이 시간에도 진리로 다가옵니다. 인간은 용감해야만 합니다. 인간은 앞으로 나아가야 하며, 인간답게 행동해야만 합니다. 하늘에 계신 신의 지시와 선택에 침착하게 자신을 맡겨야 합니다. 두려움 일체를 없애야 합니다. 지금이고 언제고 한 인간이 공포를 얼마나 극복했는가 하는 정도가

---

54) 로키(Loki, 불행의 신)와 앙그르보다(Angerboda)의 딸로서 암흑과 죽은 자의 나라(Niflheim)를 지배하는 여신이다. 헬라(Hela)라는 이름으로도 부른다.

그 사람의 됨됨이 정도를 결정합니다.

　의심할 나위 없이 고대 북유럽인의 이러한 용기는 매우 야만적인 것이었습니다. 스노리 스툴루손에 따르면 그들은 전쟁터에서 맞이한 죽음이 아닌 다른 죽음을 수치요 불행으로 생각했으며, 만일 자연적인 죽음을 맞이하게 되면 그 자신을 전쟁에서 죽임을 당한 용사로서 오딘이 받아들여 주도록 하기 위해 일부러 자신의 몸에 상처를 냈다고 합니다. 고대의 왕들은 죽을 때가 되면 한 척의 배에 몸을 실었습니다. 그러면 배는 돛을 올리고 서서히 불에 타며 떠나갔습니다. 일단 바다 멀리 배가 가면 그 불은 크게 타올랐습니다. 하늘과 바다의 한복판에서 늙은 영웅에 걸맞은 장엄한 최후를 맞이하도록 말입니다!

　거친 피투성이의 용기, 그러나 그것은 훌륭한 용기입니다. 없는 것보다 훨씬 나은 용기입니다. 해적왕(Sea-king)[55]들, 그들 역시 얼마나 굴하지 않는 강인한 기상을 가졌습니까! 나는 상상해봅니다. 그들은 묵묵히 입을 꽉 다물고, 자신이 얼마나 용감한지를 의식하지 못합니다. 그들은 미쳐 날뛰는 대양도 괴물도, 그 누구도 그 무엇도 겁내지 않았습니다. 그들이야말로 우리의 블레이크,[56] 넬슨[57]의 선조입니다! 이들 북유럽의 해적왕을 노래한 호메로스는 없습니다. 그

---

55) 중세 유럽의 연안을 노략질한 스칸디나비아의 해적왕(해적 수령)을 말한다. 미해군의 구조작업과 대잠수함 전용 헬리콥터에도 'sea king'이라는 이름을 붙였다.

56) 블레이크(Robert Blake, 1599~1657): 영국의 해군 제독으로서 홀란드 해군의 제해권을 격파했다(1652~53).

57) 넬슨(Viscount Horatio Nelson, 1758~1805): 영국의 제독으로서 트라팔가르(Trafalgar) 해전(1805. 10. 21)에서 프랑스 해군을 격파하여 대승을 거두었다. 그는 나폴레옹의 영국 상륙을 끝까지 좌절시켰으나 자신은 기함(旗艦) 빅토리아 호에서 전사하여 불세출의 명제독으로 이름이 높다.

러나 그들 중 일부에 비교하면 아가멤논의 용맹도 오히려 손색이 있고 세상에 남긴 열매도 작습니다. 예를 들어 노르망디의 흐롤프[58]에 비교해보십시오. 흐롤프 또는 노르망디 공 롤로(Rollo Duke of Normandy), 이 사나운 해적왕은 오늘날 잉글랜드를 통치하는 데도 참여하고 있습니다.

또한 그토록 오랜 세월 바다를 떠돌면서 싸운 것도 공연한 일은 아니었습니다. 분명히 해둘 것은 누가 가장 강한 사람이며, 누가 누구를 지배해야 마땅한가 하는 것입니다. 스칸디나비아의 왕들 가운데는 벌목왕(伐木王)이라는 별명을 가진 인물이 몇 명 있습니다. 삼림을 개간한 왕이라는 뜻입니다. 그것은 많은 사실을 함축하고 있습니다. 나는 그들 중 많은 왕들이 전사였을 뿐만 아니라 삼림 개간자였다고 생각합니다. 그러나 스칼드(Skald, 고대 스칸디나비아의 시인)들은 그들을 주로 전사로서만 언급함으로써 많은 사람들에게 그릇된 인상을 주었습니다. 어떤 민족도 전투만으로는 살 수 없습니다. 그것만으로는 충분한 생산이 이루어지지 않습니다!

내가 생각하기에 정말 전쟁을 잘하는 사람은 또한 훌륭한 삼림 개간자이기도 했습니다. 진정한 개혁자, 분별력을 가진 자, 모든 면에서 실천하는 자, 일꾼이었습니다. 왜냐하면 진정한 용기는 잔인함과는 달라서 모든 것의 기초를 이루기 때문입니다. 그것은 더욱 올바른 종류의 용기로서 야생의 삼림, 자연의 어둡고 가혹한 힘과 싸우며,

---

58) 흐롤프(Hrolf, 860?~931?): 롤로(Rollo)라고도 부른다. 초대 노르망디 공 (911~927). 노르웨이 바이킹의 수령으로 890년 노르망의 대군을 이끌고 센 강구(江口)로 침입하여 하류 일대를 점령하고 파리를 포위(892)했다. 프랑스 왕 샤를 3세는 911년 생클레르쉬르에프트(Saint-Clair-sur-Epte) 조약으로 센 하류의 점령지역을 봉토로 하사했다. 그는 초대 노르망디 공 로베르 1세로서 프랑스 왕의 충실한 봉신이 되었으며, 그 영토를 통치하는 데도 훌륭한 솜씨를 보였다.

우리를 위해 자연을 정복해줍니다. 그들의 자손인 우리 역시 지금까지 같은 방향으로 나아가지 않았습니까? 그러한 용기가 우리와 영원히 함께하길 바랍니다!

그 사람 오딘은 하늘에서 나오는 듯한 장엄함으로, 영웅의 음성과 가슴으로 말합니다. 그는 그의 민족에게 용기가 무한히 중요하다는 것을, 그리고 용기로써 인간이 신이 될 수도 있음을 설파했습니다. 그리고 그의 민족은 그에 대한 호응을 가슴에서부터 느끼고, 그의 메시지를 믿었으며, 그 메시지가 하늘에서 나온 것이라고 생각하고, 그것을 말한 그를 신이라고 믿었습니다. 그것은 북유럽 종교의 최초의 씨앗이었습니다. 그것에서부터 온갖 신화와 상징적 관행, 공상, 우화, 노래, 그리고 전설이 자연발생적으로 성장했습니다.

성장, 이 얼마나 이상한 성장입니까! 나는 그것을 북유럽 암흑의 거대한 소용돌이 속에서 반짝이며 모습을 형성해가던 작은 빛이라고 부른 바 있습니다. 그러나 그 암흑이 살아 있었다는 것을 생각해보십시오. 그것은 오로지 분명한 소리를 갖고자, 끊임없이 더욱 분명한 소리를 갖고자 갈망한, 열렬하지만 불분명하고 교화되지 않은, 모든 북유럽인의 정신이었습니다! 살아 있는 교리는 성장하고 또 성장합니다. 마치 바난 나무(Banyan tree)[59]와도 같습니다. 최초의 씨앗이 가장 중요합니다. 땅에 내려 드리우는 가지가 모두 새로운 뿌리가 되고, 끝없이 성장해서 숲이 되고 밀림이 됩니다. 이 모든 것의 근본은 하나의 씨앗입니다. 그러므로 북유럽인의 종교 전체는 어떤 의미에서 '이 사람의 거대한 그림자'가 아니었습니까?

비평가들은 창조신화 등에서 북유럽 신화와 힌두 신화 사이에 일

---

59) 벵골보리수라고도 하며, 동인도산 무화과나무속(屬) 나무이다. 가지에서 많은 기근(氣根, 공기 중에 노출되어 있는 뿌리)이 땅으로 뻗어내려 때로는 한 그루의 나무가 넓은 지역을 차지한다.

정한 유사성이 있음을 주목했습니다. 아둠블라(Adumbla)라는 암소가 '바위 위에서 흰 서리를 핥아먹는 것'은 힌두적인 측면이 있습니다. 힌두의 암소가 서리의 나라로 옮겨간 것입니다. 충분히 가능한 일입니다. 의심할 나위 없이 우리는 이러한 측면이 멀고먼 땅, 원시시대와 서로 통하는 면이 있다고 말할 수 있을 것입니다. 사상은 죽지 않습니다. 다만 변화할 뿐입니다. 이 지구상에서 처음으로 생각하기 시작한 사람은 모든 것을 시작한 사람입니다. 그러고 나서 두 번째 사람, 세 번째 사람이 옵니다. 아니, 오늘날에 이르기까지 모든 진정한 사상가는 일종의 오딘입니다. 그는 그의 독특한 사고방식을 사람들에게 가르치고, 세계 역사의 여러 분야에 그의 그림자를 드리웁니다.

이 북유럽 신화 특유의 시적 특징과 가치를 말할 만한 여유가 내겐 없습니다. 또 그것에 대해 우리는 별로 관심도 없습니다. 우리는 『고(古) 에다』의 뵐루스파(Völuspa)[60]처럼 황당무계한 예언을 더러 봅니다. 그것은 황홀하고 열렬하며 예언적인 종류의 것입니다. 그러나 이것은 본질에 덧붙여진 부가물에 지나지 않으며 후세의 스칼드들이 이를테면 장난을 한 것입니다. 오늘날 전해오는 것은 대부분 '그들의' 노래입니다. 그 노래가 마음 깊은 곳에서부터 우러나오지 않게 된 후대에 마치 현대의 미술가들이 그림을 그리는 식으로 그저 시적으로 상징하면서 노래로 계속 부른 것으로 보입니다. 이 점을 유념해야만 합니다.

그레이[61]의 북유럽 전승 단편들이 도저히 북유럽 신화의 개념을

---

60) '무당의 예언'(Sibyl's Prophesy)이라는 뜻으로, 『고 에다』의 맨 처음에 나온다. 천지창조에서부터 신들의 죽음과 우주파멸에 이르기까지의 신·인간·난쟁이의 역사를 보여주는 창조신화이다.

61) 그레이(Thomas Gray, 1716~71): 영국의 시인으로서 고대 북유럽의 신화를 주

전달해주지 못하는 것은 포프[62])가 호메로스의 개념을 전해주지 못하는 것과 같습니다. 그것은 그레이가 묘사한 것처럼 공포에 사로잡힌, 검은 대리석으로 쌓아올린 사각형의 음산한 궁전이 아닙니다. 결코 아닙니다. 그것은 북방의 암벽처럼, 아이슬란드의 광야처럼 황량합니다. 무시무시한 가운데도 친절함과 소박함이 있고, 심지어 유머와 건강한 즐거움마저 지니고 있습니다.

강건한 고대 북유럽인의 가슴은 연극적인 장엄미를 꾸미지는 않았습니다. 그들은 공포를 느낄 시간도 없었습니다. 나는 그들의 건강한 단순성과 그들의 진실성, 개념의 솔직성을 매우 좋아합니다. 토르는 진짜 북유럽인처럼 분노하여 "미간을 찌푸리고,""손가락 마디가 하얗게 될 때까지 그의 해머를 움켜잡습니다."

그들에게는 동정심, 아름다운 동정심도 있었습니다. '하얀 신' (White God) 발데르(Balder)가 죽습니다. 아름다움과 자비의 신, 그는 태양신입니다. 여러 신들은 갖은 방법을 동원하여 그를 치료하고자 했지만 그는 죽고 맙니다. 그의 어머니 프리그[63])는 헤르모드 (Hermod)[64])를 저승으로 보내 그를 찾아오게 합니다. 헤르모드는 9일 밤낮을 음울한 계곡, 암흑의 미로를 말 타고 달려 황금지붕을 얹은 다리에 도착합니다. 이 다리를 지키는 자는, "그렇다, 발데르는 이 다리를 지나갔다. 그러나 죽은 자의 나라는 저 아래, 머나먼 북쪽에 있다"고 말합니다.

제로 시를 썼다.

62) 포프(Alexander Pope, 1688~1744): 영국의 시인으로서 호메로스의 시 『일리아스』(*Ilias*)와 『오디세이』(*Odyssey*)를 번역했다.
63) 오딘의 아내이다.
64) 오딘의 아들로서, 형제인 발데르(Balder)를 신들의 궁성(아스가르드)으로 돌려보내주도록 죽음의 여신인 헬(Hel)에게 교섭하러 갔다.

헤르모드는 그대로 말을 달려 지옥 문(Hell-gate), 즉 헬의 문(Hel's gate)을 뛰어넘어 발데르를 만나 이야기합니다. 그러나 발데르를 구출할 수는 없습니다. 절대로! 오딘 아니라 어떤 신이 요구하더라도 헬은 발데르를 돌려주려 하지 않습니다. 아름답고 온유한 자는 그곳에 남아 있어야만 합니다. 남편과 함께 죽기를 원한 발데르의 아내 난나(Nanna)[65]도 이미 그곳에 와 있었습니다. 그들은 그곳에 영원히 있어야만 합니다. 발데르는 자신의 반지를 뽑아 기념물로 오딘에게 보냅니다. 그의 아내 난나는 골무를 뽑아 프리그에게 보냅니다. 아!―

실로 용기란 또한 동정심의 원천이고, 진실의 원천이며, 사람이 갖는 위대하고 선량한 모든 것의 원천입니다. 이런 이야기 속에 나오는 북유럽인의 강건하고 소박한 용기에는 사람을 끌어당기는 힘이 있습니다. 울란트[66]는 토르에 대한 훌륭한 논문을 썼는데, 그는 이 글에서 고대 북유럽인이 이 천둥의 신을 벗으로 삼았다는 것은 그들이 올바르고 정직한 강건함을 지니고 있었다는 증거가 아니겠느냐고 묻고 있습니다. 토르의 천둥에 놀라 달아나지 않고, 여름철의 더위, 아름답고 고상한 여름은 천둥을 또한 가져야 한다고 그들은 생각했습니다!

북유럽인의 가슴은 이 토르와 그의 천둥방망이를 '사랑'하고, 토르와 더불어 희롱을 합니다. 토르는 여름의 더위입니다. 그는 천둥의 신일 뿐만 아니라 평화로운 근면의 신입니다. 그는 농민의 벗입니다.

---

65) 발데르의 아내로 남편의 죽음을 슬퍼한 나머지 죽어서 발데르와 함께 장작 더미 위에서 화장되었다.

66) 울란트(Johann Ludwig Uhland, 1787~1862): 독일의 시인 · 언어학자 · 정치가로 논저로는 『토르 신화』(Der Mythus von Thor, 1836) 등이 있다.

그의 참다운 부하 시종은 티알피(Thialfi),[67] 즉 육체노동입니다. 토
르 자신이 모든 거친 육체노동을 마다하지 않으며, 아무리 평민적인
일도 경멸하지 않습니다. 항상 쉬지 않고 요툰의 나라로 원정 가서
사나운 서리 괴물과 싸워 무찌르고 정복합니다. 적어도 그들을 괴롭
히거나 해를 입힙니다. 이런 몇몇 사건들에는 일종의 웅대한 유머가
잠재해 있습니다.

앞에서 보았듯이 토르는 요툰의 나라로 가서 히미르(Hymir)의 가
마솥을 찾습니다. 그것으로 신들이 마실 맥주를 만들려는 것입니다.
회색 수염에 서리가 허연 히미르가 나타납니다. 한 번 눈으로 쳐다보
기만 해도 기둥이 갈라집니다. 토르는 한바탕 소동을 벌인 끝에 솥을
빼앗아 머리에 씁니다. '솥의 귀가 발꿈치까지 내려오는' 솥입니다.
북유럽의 시인들은 이처럼 토르와 다정하게 희롱을 합니다. 비평가
들이 발견한 대로 이것이 바로 빙산들을 가축으로 삼는 히미르입니
다. 거대하고 소박한 브롭딩내그(Brobdingnag)[68] 같은 천재, 그가 제
대로 배웠더라면 셰익스피어, 단테, 괴테가 되었을 것입니다!

저 고대 북유럽의 작품들은 지금은 없습니다. 천둥의 신 토르는 거
인을 죽인 잭(Jack)[69]으로 변했습니다. 그러나 그것을 만들어낸 마
음은 아직도 여기에 있습니다. 사물들이 성장하여 죽고, 또 죽지 않
는 것은 얼마나 이상한 일입니까! 북유럽 신앙이라는 거대한 세계수
(world-tree)의 작은 가지들은 아직도 남아 있으며, 그것은 신기하게
도 그 자취를 더듬어 올라갈 수 있습니다. 나는 마술 구두와 몸을 숨
겨주는 외투, 무엇이든 자르는 칼 등을 가진 동화 속의 초라한 잭이

---

67) 발이 가장 빠른 사람으로, 토르의 종복이다.
68) 영국의 소설가 조너선 스위프트(Jonathan Swift, 1667~1745)의 『걸리버 여행
  기』(Gulliver's Travels)에 나오는 거인국을 말한다.
69) 영국 동화에 나오는 소년 영웅이다.

그 한 경우입니다. 하인드 에틴(Hynde Etin), 그리고 특히 스코틀랜드 가요에 남아 있는 '아일랜드의 붉은 에틴'(Red Etin of Ireland)은 모두 노르웨이에서 건너온 것들입니다. 여기서 에틴은 분명 요툰입니다.

아니, 셰익스피어의 『햄릿』(Hamlet) 역시 같은 세계수에서 뻗은 한 개의 가지입니다. 여기에는 의심할 여지가 없어 보입니다. 햄릿, 즉 암릿(Amleth)은 정말이지 신화적 인물입니다. 그리고 그의 비극, 즉 귓속에 독물이 부어져 잠든 채 독살되는 부왕(父王)의 이야기 등은 모두 북유럽 신화에 나오는 내용입니다! 삭소 그라마티쿠스는 그것을 덴마크 역사로 취급했고, 셰익스피어는 삭소에게서 얻은 것으로 우리가 알고 있는 『햄릿』을 만들었습니다. 내가 볼 때 그것은 세계수의 한 가지가 성장한 것입니다. 자연인지 우연인지 그 가지는 성장한 것입니다!

사실 이들 고대 북유럽의 노래들은 그 안에 진실이 있습니다. 내재적인 영원한 진리와 위대함이 있습니다. 실로 전설만으로 스스로를 오래도록 보존할 수 있는 모든 것은 그러한 진실과 위대함이 있어야만 합니다. 그것은 단순한 육체 또는 거대한 크기의 위대함이 아니라, 영혼의 소박한 위대함입니다. 이들 고대인의 가슴에는 장엄하고 불평하지 않는 우울함이 있습니다. 사상의 깊은 곳을 파고들어가는 위대하고 자유로운 통찰력이 있습니다. 모든 시대의 모든 사람에게 명상이 가르쳐준 것, 즉 이 세상은 결국 하나의 쇼에 지나지 않으며, 현상이고 외양에 지나지 않을 뿐 진실이 아니라는 것을 고대의 북유럽인들은 간파했던가 봅니다. 모든 심오한 영혼은 그가 힌두의 신화 작가이든, 독일의 철학자이든, 셰익스피어이든, 진지한 사상가이든 그것을 꿰뚫어보고야 맙니다. 셰익스피어가 말한 대로 "우리는 꿈과 같은 존재"[70]입니다.

토르의 여러 원정 중 우트가르드(바깥 정원이란 뜻, 요툰 나라의 중심지)[71] 원정은 이런 점에서 주목할 만합니다. 티알비와 로크(Loke)도 같이 갔습니다. 온갖 모험 끝에 그들은 거인의 나라로 들어가 바위와 나무들이 우거진 황량한 벌판을 방황했습니다. 해질 무렵 그들은 집 한 채를 보았습니다. 그 집은 한쪽 벽 전체가 문이었는데, 그 문이 열려 있었으므로 그들은 들어갔습니다. 그것은 아주 소박한 집으로, 커다란 방 하나가 있고 그 방은 텅 비어 있었습니다. 그들은 그 집에 머물렀습니다.

한밤중에 갑자기 큰 소리가 나서 그들은 깜짝 놀랐습니다. 토르는 그의 해머를 들고 문 앞에 서서 싸울 자세를 취했습니다. 그와 함께 온 사람은 겁에 질려 갈팡질팡하며 그 큰 방에서 달아날 구멍을 찾다가 마침내 작은 방 하나를 발견하고 그 속에 숨었습니다. 토르 역시 싸우지 않았습니다. 그런데 보십시오. 이튿날 아침 알고 보니 그 소리는 스크리미르라는 남에게 해를 입히지 않는 거인이 근처에 누워 자며 코를 고는 소리였습니다. 그리고 그들이 집이라고 생각한 것은 거기에 벗어던진 그의 장갑이었습니다. 문으로 생각한 것은 장갑의 팔목이었고, 그들이 도망쳐 들어간 방은 장갑의 엄지손가락 구멍이었습니다! 이 장갑은 우리가 쓰는 장갑처럼 손가락마다 구멍이 다 있는 것이 아니라, 엄지손가락 구멍만 있고 나머지는 하나로 되어 있는 벙어리장갑이었습니다. 아주 구식의 촌스러운 장갑이었습니다!

스크리미르는 이제 그들의 짐을 온종일 날랐습니다. 그러나 의심을 품은 토르는 스크리미르의 행동을 마땅치 않게 생각하고, 잠들어 있을 때 그를 죽여버리기로 작정했습니다. 그는 해머를 높이 치켜들

---

70) 『템페스트』(*Tempest*), 4막 1장에 나오는 구절이다.

71) 우트가르드(Utgard)는 스크리미르(Skrymir)가 지배하는 요툰하임의 일부이다. 때로는 요툰하임과 동일시되기도 한다. 바깥세계라는 뜻이다.

었다가 거인의 얼굴에 진짜 벼락을 내렸습니다. 바위도 깨뜨릴 듯이 세게 말입니다. 거인은 눈만 뜨고 볼을 쓰다듬으며 "나뭇잎이 떨어졌나" 하고 중얼거렸습니다. 스크리미르가 다시 잠들자마자 토르는 전보다 더 세게 한 방 갈겼습니다. 그러나 거인은 "모래알이 떨어졌나" 하고 중얼거렸습니다. 토르는 세 번째로 두 손으로 해머를 움켜쥐고(이번에는 아마 "손가락 마디가 하얗게" 되었을 것입니다) 스크리미르의 얼굴에 깊은 상처가 남을 것이라고 생각하면서 후려갈겼습니다. 그러나 그는 단지 코고는 소리를 그치고는 "나무에 참새들이 있어서 그것들이 뭘 떨어뜨렸나" 하고 말했을 뿐입니다.

우트가르드의 대문 앞에서 스크리미르는 자기 갈 길을 떠났습니다. 그 대문은 어찌나 높은지 "꼭대기를 보려면 목을 뒤로 힘껏 젖혀야"만 했습니다. 토르 일행은 그곳에서 진행 중인 놀이에 한몫 끼라는 초청을 받았습니다. 그들은 토르에게 뿔로 된 술잔을 주면서 "이 잔을 단숨에 비우는 것은 예사로 있는 일"이라고 말했습니다. 토르는 길게 힘껏 세 번이나 마셨지만 조금도 표가 나지 않았습니다. 그들은 "이런 약해빠진 어린애를 봤나, 그럼 저기 있는 고양이는 들어올릴 수 있을까" 하고 말했습니다. 대단치 않은 일처럼 보였지만, 토르는 있는 힘을 다해도 고양이의 등을 조금 들어올렸을 뿐 고양이의 발을 다 들어올리지 못하고, 겨우 한 발만을 바닥에서 떨어지게 할 수 있었습니다. 우트가르드 사람들은 "아니 당신은 사람이 아니군요, 그럼 저기 있는 할머니와 씨름을 해보면 어떻겠소" 하고 말했습니다! 토르는 대단히 수치스럽게 생각하며 이 수척한 할머니에게 대들었으나 도저히 넘어뜨릴 수가 없었습니다. 일행이 우트가르드를 떠날 때 요툰의 두목이 정중히 배웅을 나와 토르에게 말했습니다.

당신은 지기는 했지만 그다지 부끄럽게 생각하지 마십시오. 우리는 당신의 눈을 속였습니다. 당신이 마시려고 한 그 잔은 바다였습니다. 당신이 마시니 썰물이 일더군요. 그러나 무한한 바다를 누가 마셔버릴 수 있겠습니까! 당신이 들어올리려고 한 고양이는 미드가르드의 큰 뱀(Midgard-snake),[72] 저 거대한 세계 뱀(World-serpent)이었습니다. 그 뱀이 꼬리를 입에 물고 온 세상을 둘러싸고 있기 때문에 세상이 무사한 것입니다. 만일 당신이 그것을 들어올렸다면 세계는 파멸되었을 것입니다! 그리고 그 할머니는 '시간'이었습니다. 누가 감히 시간과 씨름을 할 수 있겠습니까? 사람도 신도 시간과는 씨름을 할 수 없습니다. 시간은 사람과 신을 모두 압도합니다! 그리고 당신이 나를 세 번 때린 것은, 저 세 계곡을 보시오, 당신이 만든 것입니다.

토르가 상대의 얼굴을 다시 보니 그것은 스크리미르였습니다. 북유럽 신화의 비평가들은 스크리미르가 다름 아닌 고대의 혼돈스러운 바위투성이 땅을 뜻하고, 벙어리장갑의 집은 땅의 동굴이었다고 말합니다! 그러나 스크리미르는 사라졌습니다. 까마득히 높다란 대문이 달린 우트가르드도, 토르가 해머를 들고 때려 부수려 하자 공중으로 사라져버렸습니다. 다만 거인이 조롱하는 소리만이 들려옵니다. "요툰의 나라에 다시는 오지 않도록 하라!"

---

72) 미드가르드(Midgard)는 인간계 또는 이승을 말한다. 암흑과 죽은 자의 나라인 하계(下界) 니플하임(Niflheim)과 불이 타오르는 나라인 화계(火界) 무스펠하임(Muspelheim)의 중간지점에 있으며, 신들이 거처하는 천계(天界) 아스가르드(Asgard)와는 무지개다리 비브라스트로 연결되어 있다. 거인 위미르(Ymir)의 육체에서 만들어졌다. 한편 미드가르드의 큰 뱀은 로키(Loki)와 앙그르보다(Angerboda)의 아들로 인간계인 미드가르드를 둘러싸면서 꼬리를 입에 물고 있다. '신들의 몰락'인 라그나뢰크(Ragnarök) 무렵에 토르를 죽이고 자신도 피살될 운명에 있다.

이것은 우화 시대의 것, 따라서 절반은 장난에 속하며, 예언적이라 거나 완전히 경건한 것은 못 됩니다. 그러나 신화로서 그 안에는 고대 북유럽의 참으로 고귀한 요소가 있지 않습니까? 미미르(Mimir)[73]에게서 얻은 그대로의, 그러나 모양새를 잘 갖춘 수많은 유명한 그리스 신화보다 더 많은 고귀한 요소를 갖고 있습니다! 이 스크리미르에게는 브롭딩내그와 같은 참된 유머 감각과 방대한 규모의 웃음이 있습니다. 이러한 명랑함은 진지함과 슬픔에서 옵니다. 그것은 마치 시커먼 태풍에서 무지개가 나오는 것과 같습니다. 오직 진정으로 용감한 자만이 그러한 유머 감각을 가질 수 있습니다. 그것은 우리의 벤 존슨[74]이 가졌던 우울한 유머입니다. 그것은 우리의 혈관을 흐르고 있습니다. 그것이 모습을 달리한 채 아직도 아메리카의 삼림에서 간직되어 있음을 우리는 봅니다.

라그나뢰크(Ragnarök)[75] 개념 —즉 종말(cosummation) 또는 신들의 황혼(Twilight of the God) 개념 — 역시 매우 특이한 것입니다. 그것은 뵐루스파(Völuspa)의 노래에 나오는데, 매우 오래된 예언적인 개념으로 보입니다. 신들과 요툰들, 즉 신적인 세력들과 혼돈의 난폭한 세력들이 오랫동안 싸워 신들이 더러 이기기도 한 뒤에 마침내 우주적이고 세계적인 씨름과 격투를 하게 됩니다. 세계 뱀이 토르와 맞붙고, 힘과 힘이 맞붙어 싸워 쌍방이 다 죽으며, 어둠 속에 잠겨 들어

---

73) 대양(大洋)의 신으로 세계수 위그드라실 밑에 숨긴 지혜의 샘의 수호자이다. 그는 바니르(Vanir) 신족(神族)에게 살해되어 그의 머리가 오딘에게 입수되었으므로 오딘은 지혜를 얻었다고 한다.
74) 벤 존슨(Ben Johnson, 1572~1637): 영국 제임스 1세 시대의 극작가·서정시인·문학 비평가이다. 셰익스피어에 버금가는 중요한 영국 극작가로 꼽힌다.
75) '신들의 몰락'이라는 뜻이다. 거인족과 벌인 일대 결전에서 신들과 만물이 전멸하고 세계는 황혼 속에 바다로 가라앉는다. 독일 신화의 '신들의 황혼' (Götterdämmerung)과 같은 의미이다.

가는 파멸과 황혼에 의해 전 우주는 삼켜집니다.

낡은 우주는 그 신들과 함께 가라앉았지만 그것이 궁극적인 사멸을 의미하지는 않습니다. 새로운 하늘과 새로운 땅이 있게 됩니다. 더욱 숭고한 단일신과 정의가 인간을 지배하게 됩니다. 인간의 가슴에 깊이 새겨진 법칙이기도 한 이 변화의 법칙이 이들 고대의 진지한 사상가들이 소박하나마 설명했다는 것은 신기한 일입니다. 만물은 심지어 신들마저 죽지만, 모든 사멸은 피닉스(phoenix)[76]가 불에 타서 다시 살아나듯이 더 위대하고 더 훌륭한 것으로 새로이 탄생하는 과정에 지나지 않습니다! 그것은 이 희망의 땅에 살고 있는, 시간에 의해 만들어진 피조물의 근본적인 존재 법칙입니다. 모든 진지한 사람들은 그 법칙을 보았으며, 앞으로도 볼 것입니다.

이와 관련하여 이제 토르가 등장하는 마지막 신화를 고찰하고 이 강연을 마치기로 하겠습니다. 나는 그것이 이러한 모든 신화들 중에서 시대적으로 가장 마지막에 속하는 것이며, 밀려오는 그리스도교에 대한 슬픔에 찬 항거—어떤 보수적인 이교도가 비난하며 제기한—라고 생각합니다. 올라프[77] 왕은 그리스도교로 개종하는 데 너무 열심을 보여 심한 비난을 받았습니다. 나로 말하면 그가 반대로 열심을 내지 않았더라면 한층 더 비난을 했을 것입니다! 그러나 그는

---

76) 불사조. 단 한 마리뿐인 매우 아름다운 이집트 신화의 영조(靈鳥)이다. 아라비아의 황야에서 5백 년 내지 6백 년을 살다가, 스스로 향나무 가지를 쌓아놓고 태양열로 불을 붙여 그 불길 속에 몸을 던져 타죽었다가, 그 재 속에서 다시 젊음을 찾아 되살아나서는 계속 살아간다고 전해진다.

77) 올라프(Olaf II Haraldsson, 995?~1030): 성 올라프(Saint Olaf)라고도 부른다. 노르웨이 왕(1016~28)으로 그리스도교를 받아들였으며(1013), 노르웨이의 완전한 개종을 위해 노력했다. 그림켈(Grimkell) 주교와 함께 1024년의 종교 신조를 제정했으므로, 이 해를 노르웨이 교회의 원년으로 간주한다. 노르웨이의 국민적 영웅이며 노르웨이의 수호성인이다. 1164년에 시성(諡聖)되었다.

그에 대한 비싼 대가를 치렀습니다. 즉 이교를 믿는 인민들이 반란을 일으킨 결과, 1030년에 트론헤임(Trondheim)[78] 근처의 스티클러스타(Stiklestad)[79]에서 치른 전투에서 전사하고 말았습니다. 이 때문에 트론헤임에는 성 올라프를 추모하여 세운 북유럽 으뜸가는 큰 교회를 건립하여 지금까지 수백 년 동안 서 있습니다.

　토르에 관한 신화는 다음과 같습니다. 그리스도교로 개종한 올라프 왕은 적절한 호위 병력과 함께 노르웨이 해안의 여러 항구들을 순방하며, 정의를 실행하고 또 그밖의 왕의 임무를 다했습니다. 어느 항구를 떠나면서 보니, 위엄 있는 눈과 풍채, 붉은 수염, 건장한 체격의 낯선 사람이 타고 있었습니다. 왕의 신하들이 그와 이야기를 나눕니다. 그의 대답은 어찌나 적절하고 깊이가 있는지 놀라울 정도였습니다. 마침내 그는 왕에게로 안내되었습니다. 그 낯선 사람과 나눈 대화는 여기서도 놀라웠습니다. 그때 배는 아름다운 해안을 따라 항해하고 있었습니다. 그러나 그는 얼마쯤 있다가 올라프 왕에게 이렇게 말합니다.

　그렇습니다, 올라프 왕, 참으로 아름답습니다. 저기 저렇게 햇빛이 쏟아지고, 푸르고 비옥한 땅은 왕의 본향입니다. 그렇게 되기까지는 토르가 암석 같은 요툰들과 오랜 세월 치열한 싸움을 벌였습니다. 그런데 왕은 이제 토르를 멀리하기로 결심하셨나 봅니다. 올라프 왕, 조심하십시오!

---

78) 노르웨이의 두 번째 주요 도시로 11세기에 성 올라프를 기념하여 건립한 교회로 유명하다. 1380년까지 노르웨이의 수도였다. 제2차 세계대전 당시 독일군이 점령했으며(1940. 4~1945. 5), 노르웨이 레지스탕스 운동의 중심지 가운데 하나이다.
79) 트론헤임 근처의 마을로 올라프 2세가 1030년에 전사한 곳이다.

낯선 사람은 미간을 찌푸리며 이렇게 말했습니다. 다들 다시 살펴보았을 때 그 사람은 이미 사라지고 없었습니다. 이것이 토르가 이 세상에 마지막으로 나타난 장면입니다!

신화가 어떠한 면에서든 진실성을 띠고 생성되는 것임을 우리는 여기서 잘 볼 수 있지 않습니까? 대부분의 신들은 이러한 방식으로 인간에게 모습을 나타냅니다. 핀다로스[80] 시대에 "바다의 신 넵투누스(Neptunus)[81]가 네메아 경기대회(Nemean Games)[82]에 나타났다면" 이 넵투누스 역시 "고귀하고 위엄 있는 풍채의 낯선 사람"으로 보이지 않았겠습니까? 이교의 이와 같은 마지막 음성에서 나는 애처롭고 비극적인 무엇을 느낍니다. 토르는 사라지고, 북유럽 세계도 완전히 사라지며, 영원히 다시 돌아오지 않을 것입니다. 아무리 고귀한 것도 이와 같이 사라지고 맙니다. 이 세상에 존재했던, 그리고 앞으로 있게 될 모든 것이 사라지고야 맙니다. 우리는 그들에게 슬픈 이별을 고합니다.

저 북유럽의 종교──그것은 소박하고 열렬하며 엄숙한 인상을 주는 '용기의 정화'(Consecration of Valour)라 말해도 지나치지 않습니다──는 이들 용맹스러운 고대 북유럽인들에게 충분한 것이었습니다. 용기의 정화, 그것은 나쁜 일이 아닙니다! 우리는 그것이 그 나름으로 좋은 것임을 인정합니다. 우리 선조들의 이 옛 이교에 대해 무엇인지를 안다는 것은 쓸모없는 일이 아닙니다. 우리가 의식하지는 못할지언정 그것은 더 고상한 것들과 결합하여 그 오랜 신앙과 더불어 아직도 우리 안에 있습니다! 그것을 의식적으로 안다는 것은 우리

---

80) 핀다로스(Pindaros, 기원전 522?~438?): 그리스의 서정시인이다.

81) 그리스 신화의 포세이돈(Poseidon)에 해당한다.

82) 고대 그리스의 국가적 제전 경기의 하나로 올림피아드의 2년째와 4년째에 네메아(Nemea)의 골짜기에 있는 제우스(Zeus)의 신역(神域)에서 거행되었다.

를 더욱 긴밀하게 그리고 더욱 분명하게 과거와 그리고 과거의 우리의 소유물들과 연결시켜줍니다.

내가 거듭 말하듯이 모든 과거는 현재의 소유물이며, 과거는 항상 무언가 진실한 것을 갖고 있습니다. 다른 시대, 다른 장소에서 스스로 전개되고 있는 것은 항상 우리의 공통된 인간 본성의 다른 어떤 측면입니다. 실상 진실은 이 모든 것의 총합입니다. 그것들 중 어느 하나만이 지금까지 발전된 인간 본성을 구성하는 것은 아닙니다. 그것들을 모두 아는 것이 그것들을 잘못 아는 것보다 낫습니다.

"이 세 종교[83] 중 어느 것을 특히 따르십니까?"라고 빌헬름 마이스터(Wilhelm Meister)[84]는 그의 스승에게 질문했습니다. 스승은 이렇게 대답했습니다. "셋 전부. 왜냐하면 그 셋이 다 합쳐져야 비로소 참된 종교가 이루어진다."

---

83) 자기보다 위에 있는 존재, 자기 옆에 있는 존재, 자기보다 아래에 있는 존재를 숭배하는 세 가지 종교형태를 말한다. 그리스도교, 철학적 종교, 이교를 가리킨다.
84) 괴테(Goethe)의 장편소설 『빌헬름 마이스터의 수업시대』의 주인공인 빌헬름 마이스터이다. 칼라일이 『빌헬름 마이스터의 수업시대』를 영어로 번역하여 괴테를 영국에 최초로 소개했다.

제2강

예언자로 나타난 영웅

마호메트와 이슬람

1840년 5월 8일, 금요일

거짓된 인간이 종교를 만들었다고요? 아니, 거짓된 사람은 벽돌집도 지을 수 없습니다! ……그런 종교가 1,200년 동안이나 1억 8천만 사람들 위에 굳건히 설 수는 없습니다. 당장에 무너지고 말 것입니다.

만일 어떤 책이 가슴에서 나온 것이라면, 그것은 다른 사람의 가슴에 통할 것입니다. 모든 기교와 저작기법은 그것에 견주면 아무것도 아닙니다. 『코란』의 가장 큰 특징은 그것의 진실성, 즉 성실한 책이라는 데 있습니다.

아무리 가련한 인간일지라도, 그가 막연히나마 그리워하는 것은, 달콤한 사탕 맛을 보는 것이 아니라, 고상하고 진실한 일을 하고, 신의 하늘 아래서 그 자신이 신이 만드신 인간이라는 것을 입증하는 일입니다. ……인간이 안일을 좇아 움직인다고 말하는 사람은 인간을 크게 모독하는 것입니다.

신의 영감을 받은 영웅—예언자

북유럽 스칸디나비아인 사이에 믿었던 소박한 이교 시대에서 화제를 바꿔 우리는 이제 매우 다른 사람들 사이에서 믿었던 매우 다른 종교의 시대, 즉 아랍인의 이슬람교로 옮아가겠습니다. 여기에는 위대한 변화, 즉 인간의 보편적 상태와 사상의 변화, 그리고 진보가 잘 나타나 있습니다!

영웅은 이제 그의 동료 인간들에게 신으로 인정되지 않고, 신의 영감을 받은 자, 즉 예언자로 인정됩니다. 그것은 영웅숭배의 두 번째 단계입니다. 최초의 단계, 즉 가장 오래된 단계는 영원히 가버렸습니다. 아무리 위대한 인간이라도 그의 동료 인간들은 신으로 인정하지 않게 되었습니다. 아니, 우리는 이렇게 이성적으로 물을 수 있을 것입니다. 즉 어떤 인간집단이 자기들 옆에 서 있는 사람을 이 세계의 조물주라고 생각한 일이 도대체 있느냐고 말입니다. 아마 없을 것입니다. 그것은 대개 그들의 기억 속에 있는 또는 과거에 본 사람들이었습니다. 그러나 이것 역시 이제는 가능하지 않습니다. 위인은 이제 더 이상 신으로는 인정되지 않습니다.

위인을 신으로 인정한 것은 소박하고 큰 과오였습니다. 그러나 위인이 무엇인지, 또는 위인을 어떻게 간주하고 어떻게 받아들일지를 안다는 것은 어느 시대나 어려운 일입니다! 한 시대 역사에서 가장 중요한 특징은 그 시대가 위인을 받아들이는 태도에서 찾아볼 수 있습니다. 인간의 진정한 본능은 위인에게서 신적인 무엇을 봅니다. 위인을 신으로 보는가, 예언자로 보는가, 아니면 다른 무엇으로 보는가 하는 것은 항상 중요한 문제입니다. 이 문제에 대한 대답에서 우리는 마치 작은 창문을 통해 보듯이 그 시대 사람들의 정신적 상태를 들여다볼 수 있습니다. 왜냐하면 위인은 자연의 손에서부터 이 세상에 올

때 근본적으로 항상 같은 종류의 사람이었기 때문입니다.

오딘, 루터, 존슨, 번스,[1] 이 사람들은 모두 원래 같은 재료로 되어 있었습니다. 다만 세상이 그들을 받아들이는 태도와 그들이 취하는 형식에 의해서만 그토록 다양하게 나타난다는 점을 나는 말씀드리고자 합니다. 오딘에 대한 숭배는 우리를 놀라게 합니다. 위인의 앞에 엎드려 그에게 열광적인 사랑과 경탄을 바치고, 진심으로 그가 하늘나라의 사람, 즉 신이라고 느낀다는 것! 그것이 과연 온전한 일입니까? 그러나 우리가 번스를 박대한 것은 온전한 일이었습니까? 하늘이 땅에 줄 수 있는 가장 고귀한 선물은 이른바 '천재적' 인간이 아닙니까? 신이 우리에게 보내는 메시지를 주어서 하늘에서 한 사람의 영혼을 내려보냈습니다. 우리가 이것을 실없는 인공의 불꽃놀이로 여겨 낭비해버리고, 잠시 장난감처럼 즐기다가 망가뜨려 재로 만들고 파괴하여 못쓰게 만들고 맙니다. 나는 그와 같이 위인을 대하는 것도 온전한 일이라고 생각하지 않습니다.

사태의 핵심을 들여다볼 때 번스에 대한 태도는 스칸디나비아식의 방법보다 더욱 슬프고 불완전한 것이며, 한층 더 추악한 현상입니다! 이성을 잃은 채 열광적인 사랑과 경탄에 빠지는 것은 좋지 않습니다. 그러나 이성을 잃은 채 비이성적이고 오만하게 전혀 호의를 보이지 않는 것은 그보다 더욱 나쁜 일입니다! 영웅숭배란 항상 변화하는 것으로서 시대에 따라 다르며 어느 시대에도 제대로 하기가 어렵습니

---

1) 번스(Robert Burns, 1759~96): 스코틀랜드의 국민적 시인으로 스코틀랜드 민요를 바탕으로 시작 활동을 했다. 소작농의 아들이었고, 그 자신 또한 소작농이었다(1784~89). 부친이 평생 겪었던 고통과 불행을 지켜보면서 그는 기성 사회질서에 대한 반란자가 되었고, 비인도적인 모든 형태의 종교와 정치 사상에 대한 신랄한 풍자가가 되었다. 칼뱅주의에 대한 반란과 거침없는 애정행각으로 유명하다. 유명한 『올드 랭 사인』(*Auld Lang Syne*)이 그의 작품이다.

다. 실로 한 시대의 모든 사업 중에서 가장 중요한 일은 그것을 잘하는 일이라고 해도 좋을 것입니다.

우리가 마호메트[2]를 택한 것은 그가 가장 탁월한 예언자이기 때문이 아니라 우리가 가장 자유롭게 논할 수 있는 예언자이기 때문입니다. 그는 결코 '가장' 진실한 예언자는 아닙니다. 그러나 나는 그를 참된 예언자로서 존중합니다. 더욱이 우리 가운데 아무도 이슬람교도가 될 위험성이 없으므로 나는 공정한 입장에 서서 그의 좋은 점을 모두 말하려 합니다. 그것이 그의 비밀을 알아내는 방법입니다. 그가 세상을 어떻게 대했는지를 이해해보도록 합시다. 그러므로 세상이 그를 과거에 어떻게 대했으며, 지금 어떻게 대하고 있는가 하는 것이 적절한 질문입니다.

마호메트에 대해서는 지금까지 많은 억측이 있어왔습니다. 즉 그는 음흉한 사기꾼이고, 허위의 화신이며, 그의 종교는 순전히 기만과 어리석음을 얼버무린 덩어리라는 것입니다. 하지만 오늘날 그것은 어느 누구의 지지도 받기 어려운 것이 되었습니다. 선의의 열정으로 우리는 이 사람 주위에 많은 거짓말을 쌓아올렸습니다. 그러나 그런 거짓말은 우리의 불명예일 따름입니다. 포카크(Pococke)[3]가 그로티

---

2) 마호메트(Mahomet, 570경~632): 이슬람교의 창시자로 역사상 위대하고 영속적인 영향을 미친 인물이다. 그의 영향은 다음 세 가지로 볼 수 있다. 첫째, 이슬람교는 세계의 약 5억 명의 사람들이 계속해서 믿는 산 신앙이기 때문에 그 종교적 영향력을 들 수 있다. 둘째, 그가 시작한 운동은 20년이 채 못 되어서 비잔틴 제국과 페르시아의 사산 왕조를 뒤흔들고 새로운 문명을 수립했으므로 역사적 영향력이 컸다. 셋째, 이슬람은 종교인 동시에 사회조직 체계이기 때문에 정치적·사회적 영향력이 지대했다. 그밖에 생애의 여러 면에 대한 마호메트의 행동기록(하디스)은 신자가 준수해야 할 규범이 되었기 때문에 그의 인격이 후세 이슬람교도의 일상생활과 사물을 보는 눈에 강한 영향을 미친 것도 중요하다.
3) 17세기 영국의 사학자이다. 저서로『아라비아 역사』가 있다.

우스[4]에게 물었습니다. "마호메트가 비둘기를 훈련시켜 자기 귀에 넣은 콩을 쪼아먹게 했다지요? 그리하여 콩을 먹기 위해 날아온 비둘기를 계시천사라고 속였다는데 과연 증거는 있습니까?" 그로티우스는 "아무런 증거도 없다"고 대답했습니다!

정말로 이런 모든 것은 버릴 때가 되었습니다. 이 사람이 한 말은 1,200년 동안 1억 8천만 명의 인생을 안내해왔습니다. 이들 1억 8천만 명은 우리와 마찬가지로 신이 지으신 인간들이었습니다. 신이 지으신 더 많은 수의 사람들이 이 시간에도 다른 어떤 말보다 이 사람의 말을 믿고 있습니다. 전능하신 신이 지으신 이렇게 많은 인간들이 신조로 삼고 살기도 죽기도 한 말이 단지 초라한 정신적 기만술에 지나지 않았다고 상상할 수 있습니까? 나로서는 결코 그러한 생각을 품을 수 없습니다. 나는 그것을 믿느니 다른 어떤 것이라도 믿는 것이 수월하겠습니다. 사기술이 그렇게 번성하여 인정을 받는다면 이 세상을 무엇이라고 생각해야 할지 알 수 없는 것 아닙니까?

아, 이따위 억측은 대단히 개탄스러운 일입니다. 우리가 신의 참된 피조물에 대해 무엇인가 지식을 얻고자 한다면 쓸모없는 억측은 모조리 부정하도록 합시다! 그러한 억측들은 의심의 시대의 소산입니다. 가장 비통한 정신적 마비를 드러내는 것이자 인간 영혼을 파괴하는 것에 지나지 않습니다. 내 생각에 이보다 신을 부정하는 이론은 어디에도 없습니다. 거짓된 인간이 종교를 만들었다고요? 아니, 거짓된 사람은 벽돌집도 지을 수 없습니다! 집 짓는 데 쓰는 회반죽과 구운 진흙의 성질을 '진실로' 알고 따르지 않는 사람이 만드는 것은 집이 아니라 쓰레기 더미입니다.

---

4) 그로티우스(Hugo Grotius, 1583~1645): 네덜란드의 학자·휴머니스트·정치가로『그리스도교의 진리에 관하여』(*De Veritate Religionis Christianae*, 1627)에서 마호메트의 비둘기에 관해 언급했다.

그런 종교가 1,200년 동안이나 1억 8천만 사람들 위에 굳건히 설수는 없습니다. 당장에 무너지고 말 것입니다. 사람은 자연의 법칙에 순응하고 사물의 본질과 진정한 친교를 나누어야 합니다. 그렇지 않으면 자연은 이렇게 대답할 것입니다. "안 돼, 절대로 안 돼!" 껍데기는 껍데기일 따름입니다. 아, 칼리오스트로,[5] 수많은 칼리오스트로들, 저명한 세계의 지도자들은 사기로써 번영합니다. 단 하루 동안 말입니다. 그것은 마치 위조지폐와도 같습니다. 파렴치한 손이 술수를 부리면 그들이 아닌 다른 사람들이 골탕을 먹습니다. 자연은 화염을 터뜨립니다. 프랑스혁명 같은 것이 일어나서 위조지폐가 위조되었다고 하는 가공할 진실을 선포합니다.

각별히 위인에 대해 나는 이렇게 주장합니다. 즉 위인이 진실하지 않았다는 것을 믿을 수 없다고 말입니다. 위인의 내면에 있을 수 있는 가장 으뜸이 되는 기초는 바로 진실입니다. 미라보(Mirabeau), 나폴레옹, 번스, 크롬웰(Cromwell)과 같이 어떤 일을 하기에 적합한 인물은 누구나 그 일에 대해 무엇보다도 진실했습니다. 그들은 성실한 사람이었습니다. 깊고 크고 참된 성실이 모든 위대한 사람들의 제일 큰 특징입니다. 스스로 성실하다고 자처하는 성실이 아닙니다. 결단코 그것은 아닙니다. 그것은 정말 시시한 것입니다. 입에 발린 의식적인 성실이며, 대개는 잘난 체하는 것에 지나지 않습니다.

위인의 성실은 자신이 말할 수 있는 종류의 것이 아닙니다. 위인은 그것을 의식하지도 못합니다. 오히려 그는 자신의 불성실을 의식합

---

5) 칼리오스트로(Alessandro di Conte Cagliostro, 1743~95): 이탈리아 출신의 마술사·사기꾼으로 프랑스혁명 직전 파리 상류사회에서 사기행각으로 큰 성공을 거두었다. 유럽 전역을 여행하며 '불로장생약'을 판매했다. '다이아몬드 목걸이 사건'(1785~86)에 연루되어 바스티유 감옥에 9개월 반 동안 갇혀 있다가 프랑스에서 추방되었다.

니다. 단 하루라도 진리의 법칙에 따라 바르게 사는 사람이 누가 있겠습니까? 위인은 자기가 성실하다고 자랑하지 않습니다. 전혀 그렇게 하지 않습니다. 자신이 성실한지에 대해 스스로에게도 묻지 않습니다. 내가 말하지만, 위인의 성실은 스스로에게 달려 있는 것이 아닙니다. 그는 성실하지 않을 수 없습니다! 그에게는 다만 존재의 거대함이 위대할 뿐입니다. 아무리 도망치려 해도 그는 이 현실의 장엄함에서 벗어나지 못합니다. 위인의 정신은 그렇게 이루어져 있습니다.

위인의 위대함은 바로 거기서 나옵니다. 그에게 이 우주는 두렵고 경탄스러우며, 삶처럼 진실하고 죽음처럼 진실합니다.[6] 설령 모든 사람들이 진실을 잊고 헛된 겉모습을 따라가더라도 그만은 그렇게 할 수 없습니다. 그의 내면은 순간순간마다 불타오르는 이미지로 번쩍입니다. 언제나, 거기, 바로 거기에! 이것이 내가 여러분에게 말하고자 하는 위인의 제일가는 정의입니다. 하찮은 사람들도 그것을 가지고 있을지 모릅니다. 그것은 신이 지으신 모든 사람에게 주어진 것입니다. 그러나 위인은 이것 없이는 존재할 수 없습니다.

독창적인 인물이란 바로 이런 사람입니다. 다른 아무것도 거치지 않고 직접 우리에게 옵니다. 알 수 없는 무한존재에게 소식을 듣고 우리에게 오는 전령입니다. 우리는 그를 가리켜 시인·예언자·신, 무엇으로도 부를 수 있습니다. 우리는 그가 하는 말이 다른 어떤 사람의 말과도 다르다는 것을 느낍니다. 사물의 내적 본질에서 오는 것이기 때문입니다. 그는 날마다 이 본질과 교유하며 삽니다. 그렇게 살지 않을 수 없습니다. 와전된 풍문도 그것을 감출 수 없습니다. 와전

---

6) 미국 시인 롱펠로(Henry Wadsworth Longfellow, 1807~82)의 「인생찬가」(A Psalm of Life)에 나오는 대목과 흡사하다. "삶은 진실한 것! 삶은 진지한 것! 그리고 무덤이 그 종착점은 아니다."

된 풍문에 따르면 그는 장님이고 집도 없으며 비참합니다. 그러나 오직 본질만이 그에게 번쩍입니다.

사실 그가 한 말은 일종의 계시가 아닙니까? 다른 이름이 없으니 그것을 그렇게 불러야 하지 않겠습니까? 그는 세계의 심장에서 옵니다. 그는 사물의 근본적 진실의 일부분입니다. 신은 많은 계시를 주셨습니다. 그러나 이 사람은 신이 주신 가장 최근의, 가장 새로운 계시가 아닙니까? "전능자의 기운이 사람에게 총명을 주시나니."[7] 우리는 무엇보다 먼저 그의 말을 들어야 합니다.

그러므로 우리는 이 마호메트를 어리석고 연극적인, 초라하고 의도적이며 야심적인 책략가라고 생각해서는 안 됩니다. 결코 그렇게 생각할 수 없습니다. 그의 소박한 메시지는 진실했습니다. 알 수 없는 깊은 곳에서 나온 열렬하고 혼란스러운 목소리였습니다. 그 사람의 말은 거짓이 아닙니다. 이 땅에서 그가 한 일도 거짓이 아닙니다. 어리석거나 위조된 것도 아니었습니다. 자연의 거대한 가슴에서 분출한 생명의 불덩어리였습니다. 세계를 불지르기 위해 창조주가 그에게 내린 사명입니다. 마호메트의 결함·불완전함·불성실 —이것은 한 번도 그에게 불리하게 증명된 적이 없습니다—도 그에 관한 이 기본적 사실을 흔들 수는 없습니다.

대체로 우리는 그의 결함을 지나치게 강조합니다. 사건의 세부적인 면에 너무 몰두하다 보면 정작 중요한 중심이 가려지게 마련입니다. 결함이라고요? 무엇보다도 가장 큰 결함은 결함을 전혀 의식하지 못하는 것입니다. 『성경』을 읽은 독자들은 잘 알겠지만, 도대체 "신의 마음에 맞는 사람"[8]이 누가 있습니까? 히브리 백성의 왕 다윗

---

7) 「욥기」 32장 8절에 나오는 구절이다.
8) 「사무엘상」 13장 14절에 나오는 구절로 다윗을 가리킨다.

은 많은 죄, 지극히 검은 범죄를 범했습니다. 죄가 얼마든지 있습니다. 그러므로 믿음이 없는 사람들은 "이 사람이 너희가 말하는 신의 마음에 맞는다는 사람이냐?"고 조롱합니다. 이 조롱은 천박한 것이라고 나는 생각합니다. 삶의 내적 비밀, 회개와 유혹, 진실하지만 때로는 실패하는, 그러나 부단히 지속되는 삶의 투쟁을 망각하고서 삶의 결함이나 세세한 외적 측면만을 들추어낸다면 무슨 소용이 있겠습니까?

"주여, 내가 알거니와 인생의 길이 자기에게 있지 아니하니, 걸음을 지도함이 걷는 자에게 있지 아니하나이다."[9] 사람의 행동 중에서 회개가 가장 신성한 것이 아닙니까? 가장 무서운 죄는 죄가 없다고 여기는 경박한 의식입니다. 그것은 죽음입니다. 그런 의식에 사로잡히면 성실·겸손·사실에서 멀어지게 됩니다. 죽은 것일 뿐입니다. 그것이 '순수'할 수 있겠습니까? 생명 없는 마른 모래가 순수하다는 것과 무엇이 다르겠습니까? 『시편』의 기록으로 보아 다윗의 생애는 인간의 윤리적 발전을 위해 분투한 가장 진실한 상징이라고 나는 단언합니다.

진지한 영혼이란 무엇입니까? 우리는 선과 최선을 향해 투쟁하는 한 인간의 성실을 그 안에서 발견할 수 있습니다. 투쟁은 흔히 실패에 실패를 거듭하여 완전한 파멸에 이르는 경우도 있습니다. 그러나 투쟁은 결코 끝나지 않습니다. 눈물과 회개, 진정한 불요불굴의 결의를 통하여 새롭게 출발합니다. 아, 가련한 인간의 본성이여! 인간의 걸음걸이란 실로 '실패의 연속'이 아닙니까? 달리 어찌할 도리가 없습니다. 하지만 이 거친 삶의 조건 속에서 사람은 투쟁해야만 합니다. 심한 굴욕을 당하여 쓰러지는 경우도 있으나, 항상 눈물과 회개,

---

9)「예레미야」10장 23절에 나오는 구절이다.

그리고 피 흘리는 심장으로 다시 일어나야 합니다. 다시 또 싸우며 앞으로 나아가야만 합니다.

투쟁은 열렬해야 합니다. 절대로 정복되지 않아야 합니다. 그 여부가 가장 중요한 문제입니다. 세세한 사실들만으로 가늠할 수는 없습니다. 나는 마호메트의 결함을 단지 결함으로만 판단하는 것은 잘못이라고 믿습니다. 결함만을 파헤쳐서는 그의 진면모를 찾아낼 수 없습니다. 나는 이 모든 결함을 내버려두겠습니다. 그의 의도가 진실했다는 믿음을 갖고, 그것이 무엇이었는지를 솔직히 묻도록 하겠습니다.

참된 예언자 마호메트

마호메트 시대의 아랍인은 주목할 만한 사람들입니다. 그들의 국토 자체가 주목할 만한 곳이며 그러한 사람들이 살기에 적합한 곳입니다. 거친 바위산이 험악하게 서 있고, 광막한 사막은 냉혹하게 펼쳐져 있습니다. 그 사이사이로 아름다운 녹지대 조각들이 흩어져 있습니다. 물이 있는 곳에 푸름과 아름다움이 있습니다. 향기로운 감람나무, 대추야자, 유향나무 들이 서 있습니다. 광막한 사막의 지평선과 고요하고 텅 빈 모래 바다가 인간이 거주할 수 있는 지역과 거주할 수 없는 지역을 갈라놓고 있다고 생각해보십시오. 그곳에 당신이 홀로 서 있습니다. 홀로 우주와 더불어 서 있습니다. 낮이면 작열하는 태양이 견딜 수 없는 폭양을 내뿜고, 밤이면 거대한 검은 하늘에 별들이 명멸합니다.

그러한 지역은 손이 민첩하고 가슴이 깊은 인종에게 적합합니다. 아랍인은 지극히 민첩하고 활동적이면서도 명상적이고 열광적인 성격이 있습니다. 페르시아인을 동방의 프랑스인이라고 부릅니다만,

우리는 아랍인을 오리엔트의 이탈리아인이라고 부를 수 있습니다. 재능 있고 고상한 인종, 거칠고 강한 감정과 그러한 감정을 단호히 자제할 수 있는 힘을 지닌 인종, 그것은 천재적이고 고귀한 마음을 지닌 인종의 특징입니다.

저 거친 베두인족은 처음 보는 사람도 자신의 천막에 반갑게 맞아들이고, 거기 있는 모든 것에 대한 권리가 있는 사람으로 대우합니다. 심지어 가장 미워하는 적이라 할지라도 망아지를 잡아 대접하고, 신성한 호의로써 사흘 동안 시중을 들다가 보내줍니다. 그후 다른 곳에서 마주치면, 또 다른 신성한 법에 의해 할 수만 있다면 그를 죽입니다. 그들의 언어도 행동과 같습니다. 그들은 말이 많은 사람들이 아닙니다. 오히려 과묵한 사람들입니다. 그러나 일단 말문을 열었다 하면 웅변가적인 소질이 풍부합니다. 진지하고 진실한 사람들입니다.

우리가 알다시피 그들은 유대인과 혈연관계가 있습니다. 그러나 그들은 유대인이 갖고 있는 무서운 열정에다, 유대인이 갖지 않은 우아하고 화려한 무언가를 더한 것처럼 보입니다. 그들은 마호메트 시대 이전에도 '시짓기 대회'를 열었습니다. 세일[10]에 따르면 아라비아 남부의 오카드(Ocadh)에서는 해마다 큰 장이 섰는데, 장사가 끝나면 시짓기 대회를 열었고, 이 거친 사람들은 그것을 듣기 위해서 몰려왔다고 합니다.

아랍인들은 유대인과 같은 특색 하나를 드러내 보이고 있습니다. 그것은 아주 좋은 특성이라고 할 수 있습니다. 즉 그들은 종교심이 깊습니다. 오랜 옛날부터 그들은 자신들의 빛에 따라 열렬한 신앙을 가졌습니다. 그들은 별을 숭배하고 많은 자연물들을 숭배했습니

---

10) 세일(Sale, 1680~1736): 『코란』을 영어로 번역한 영국의 동양학자이다.

다. 그런 것들을 조물주의 상징, 직접적인 현현으로 인식했습니다. 그것은 잘못된 일이었습니다. 그러나 전적으로 잘못된 것은 아니었습니다. 신이 만드신 모든 창조물은 어떤 의미에서 항상 신의 상징입니다.

모든 자연물에서 어떤 무진장한 의미, '시적 아름다움'을 읽어내는 것을 우리는 지금도 가치 있게 여기지 않습니까? 그것을 찾아내 말하고 노래하는 사람을 우리는 시인이라 부르며 존경합니다. 일종의 희석된 숭배라 할 수 있습니다. 이들 아랍인에게는 많은 예언자들이 있었습니다. 각자 가진 빛에 따라 자기 부족의 교사 노릇을 한 사람들이었습니다. 이 소박하고 명상적인 사람들의 마음이 얼마나 경건하고 고귀했는지를 알 수 있는 훌륭한 증거가 우리에게는 있습니다. 지금까지 우리 모두가 생생하게 느끼고 있는 증거는 오래전부터 우리가 지녀온 것입니다.

『성경』 학자들은 우리의 「욥기」가 이 지역에서 씌어진 것이라는데 의견의 일치를 보고 있는 듯합니다. 나는 「욥기」야말로 갖가지 구구한 이론에 상관없이 펜으로 씌어진 모든 것 중 가장 위대한 저술이라고 생각합니다. 그것은 히브리 민족의 것이 아닌 듯이 느껴집니다. 고상한 애국심이나 종파심과는 다른 고귀한 보편성이 그것을 지배하고 있습니다. 단 하나의 고귀한 책, 즉 모든 사람의 『성경』인 것입니다! 그것은 끝없는 문제—인간의 운명, 이 땅에 사는 인간에 대한 신의 섭리—에 대한 우리의 최초의 가장 오래된 기록입니다.

그 모든 것은 지극히 자유로운 필치로 씌어져 있습니다. 그 성실성, 그 단순성, 그 서사적 멜로디, 그리고 그 인종과 체관의 평온함이라는 점에서 실로 웅대합니다. 거기에는 만물을 꿰뚫어보는 눈과 온후한 동정심으로 이해하는 가슴이 있습니다. 모든 것이 진실합니다. 정신적·물질적인 모든 것에 대한 진실한 눈이 있습니다. 말(馬)에 대한 구절을 보십시오. "그 말에 네가 천둥을 입혔느냐?"[11] ― "그는 창 흔드는 것을 보고 코웃음만 친다!"[12] 그처럼 생동감 있는 묘사는 여태껏 있어본 적이 없습니다. 장엄한 슬픔, 장엄한 인종, 인류의 심금에서 울려 나오는 듯한 유구한 합창곡, 그것은 마치 한여름 밤처럼, 바다와 별들의 세계처럼 부드럽고 위대합니다! 나는 그와 같은 문학적 가치가 있는 글은 『성경』안에도 『성경』밖에도 없다고 생각합니다.

우상숭배적인 아랍인이 고대로부터 가장 널리 숭배한 것은 지금도 메카(Mecca)의 카바 신전(Kaaba)[13]에 안치되어 있는 검은 돌(Black Stone)입니다. 디오도로스 시켈로스(Diodoros Sikelos)[14]는 카바가 그의 시대에 가장 오래되고 가장 공경받는 성전이라고 말했습니다. 즉 기원전 반세기경에 세웠다는 것입니다. 실베스트르 드 사시[15]에 따르면 이 검은 돌은 운석처럼 보입니다. 만일 운석이라면 그것이 하늘에서 떨어지는 것을 본 사람이 있을 것입니다! 그것은 지금도 젬젬

---

11) 「욥기」39장 19절에 나오는 구절이다. 우리말 『성경』에는 "그 목에 흩날리는 '갈기'를 네가 입혔느냐"고 되어 있지만, 영어 『성경』(King James Version)에는 "Hast thou clothed his neck with thunder?"로 '갈기' 대신 'thunder'를 쓰고 있다.

12) 「욥기」41장 29절에 나오는 구절이다. 우리말 『성경』에는 "창을 던짐을 우습게 여긴다"(개역한글) 또는 "창이 날아오는 소리에는 코웃음만 친다"(표준새번역) 등으로 되어 있다. 칼라일은 여기서 영어 『성경』(King James Version)을 인용했다.

13) 메카에 있는 이슬람교의 성전으로 네모꼴 건물로 검은 융단으로 덮여 있으며 벽면에 성스러운 검은 돌이 박혀 있다. 마호메트가 출현하기 이전부터 아랍에서 행하던 원시종교의 중심으로서, 많은 거룩한 돌들이 신들의 상징으로 모셔지고 각지에서 순례자들이 모여들었으나, 마호메트가 우상을 파괴하여 검은 돌만 남기고 이슬람교도의 신앙 중심지로 삼았다. 이슬람교도의 매일의 예배 방향은 카바를 향하도록 되어 있다.

14) 기원후 1세기의 그리스 역사가이다.

15) 사시(Silvestre de Sacy, 1758~1838): 프랑스의 역사가이다.

샘(Well Zemzem) 곁에 있으며, 카바 신전은 그 둘, 즉 검은 돌과 젬젬 샘을 다 덮도록 지어졌습니다.

굳은 땅에서 생명처럼 솟아 나오는 샘은 어느 곳에 있는 것이든지 아름답고 감동적입니다. 샘이 생명의 첫째 조건인 저 뜨겁고 건조한 나라에서는 더욱 그렇습니다. 이 샘의 이름은 물이 솟아오르는 소리, 즉 '젬젬'에서 유래했습니다. 그들은 하갈(Hagar)[16]이 어린 자식 이스마엘(Ishmael)[17]과 함께 광야에서 찾은 샘이 이것이라고 생각합니다. 이 운석과 샘은 수천 년 동안 신성시되어 카바 안에 있습니다.

카바! 참으로 신기한 물건입니다. 그것은 지금도 술탄(Sultan)[18]이 해마다 보내는 검은 융단에 싸인 채 거기에 서 있습니다. '높이는 27큐빗[19]', 주위에 기둥들이 두 겹으로 둘리고, 등불과 기묘한 장식물들이 꽃줄 장식에 달려 있습니다. 그 등불들은 오늘 밤에도 불을 밝혀 별빛 아래 다시 반짝일 것입니다. 유구한 과거가 남긴 진정한 단편입니다. 그것은 모든 이슬람교도의 키블라(Kiblah)[20]입니다. 델리(Delhi)에서부터 모로코(Morocco)에 이르기까지 기도하는 저 무수한 눈들은 오늘도 또 다른 어느 날도 그것을 향해 집중됩니다. 이 지구상에서 가장 주목할 만한 중심 가운데 하나입니다.

메카가 하나의 도시로 떠오른 것은 이 카바의 돌과 하갈의 샘에 따른 신성함에 기인한 것이며, 아랍의 모든 종족이 그곳으로 순례를 오

---

16) 아브라함의 시녀로 이스마엘의 어머니이다. 「창세기」 16장을 참조.

17) 아브라함과 그의 시녀 하갈 사이에서 태어난 아들이다. 아브라함의 아내 사라(Sarah)가 하갈과 함께 아브라함의 집에서 쫓아냈다(「창세기」 16장). 전설상 아랍인의 조상으로 알려져 있다.

18) 이슬람교 국가의 군주이다.

19) 큐빗(cubit): 팔꿈치에서 가운뎃손가락 끝까지의 길이로 1큐빗은 46~56cm 이다.

20) 이슬람교도의 예배 방향을 말한다.

기 때문이었습니다. 지금은 많이 쇠퇴했지만 한때는 큰 도시였습니다. 그것은 도시로서 유리한 점이 아무것도 없었습니다. 바다에서 멀리 떨어진 불모의 언덕들 사이에 있는 우묵한 모래벌판에 서 있습니다. 식량, 심지어는 빵까지도 운반해와야 하는 곳이었습니다. 그러나 수많은 순례자들의 숙소가 필요했으므로 모든 순례장소가 그러하듯이 그곳에는 처음부터 장이 서게 되었습니다. 순례자들이 모이는 첫날 상인들도 모였습니다.

사람들이 한 가지 목적을 위해 모이는 곳에서는 함께 모인다는 사실에 의지하여 다른 목적도 이룰 수 있음을 그들은 알게 됩니다. 그 결과 메카는 모든 아라비아의 시장이 되었습니다. 그리하여 인도와 서유럽 국가들, 시리아, 이집트, 심지어 이탈리아, 이런 여러 나라들 사이에 이루어지는 모든 상업활동의 중심지가 되었고 물류창고가 되었습니다. 메카는 한때 인구가 10만에 이르렀습니다. 그들은 동방과 서방 산물의 구매자였고, 자신들이 필요로 하는 식량·곡물의 수입자였습니다.

정부 형태는 일종의 귀족적 공화제에 신정정치를 가미한 것이었습니다. 주요 종족에서 대강 선발한 열 명이 메카의 통치자가 되고 카바의 수호자가 되었습니다. 마호메트 시대에는 쿠라이시(Quraysh) 부족이 가장 중요한 부족이었고, 그의 집안도 이 부족에 속해 있었습니다. 나머지 국민들은 사막으로 분리·분산되어, 한 명이나 또는 여러 명이 지배하는 조야한 족장정치 아래 놓여 있었습니다. 그들은 목축업자·운송업자·무역업자였으며, 대체로 그들은 또한 도둑이기도 했습니다. 그들은 자주 서로 전쟁을 치렀습니다. 아랍인이 행하는 모든 형태의 우상숭배가 공통으로 수렴되는 카바에서 함께 모이는 것 이외에는 아무런 뚜렷한 결속도 없었습니다. 주로 피와 언어가 같다고 하는 내적인 불가분의 유대로만 결속되었을 뿐입니다.

이런 식으로 아랍인들은 오랜 세월 세상의 시선을 받지 않고 살아 왔습니다. 위대한 자질을 가진 민족이 전 세계의 주목을 끌게 될 날을 무의식적으로 기다리고 있었습니다. 그들의 우상숭배는 쓰러질 듯 흔들리는 상태였던 것으로 보입니다. 그중 많은 것은 혼란과 동요상태에 빠져들어갔습니다. 이 세상에서 생긴 가장 중요한 사건, 즉 유대의 신적인 인간의 탄생과 죽음—세계 만백성의 무한한 변화의 원인이 된 사건—에 관한 막연한 소문이 수백 년이 흐르는 동안에 아라비아에도 퍼졌습니다. 그리고 그곳에서도 저절로 동요하는 상황이 일어나지 않을 수 없었습니다.

이러한 아랍인들 사이에서 기원후 570년에 인간 마호메트는 탄생했습니다. 앞서 말한 대로 그는 쿠라이시 부족 하심(Hashim) 가(家)에 속했습니다. 비록 가난했으나 그의 집안은 그 나라의 유력자들과 관련이 있었습니다. 그는 태어나자마자 부친을 여의고 여섯 살 때 모친도 여의었습니다. 그의 모친은 미모가 뛰어난데다, 인격과 사려가 깊었던 사람으로 명성이 자자했습니다. 마호메트는 백 살 된 조부의 손에서 자랐습니다. 그의 조부는 좋은 분이셨으며, 마호메트의 부친 압둘라(Abdullah)는 그의 사랑받는 막내아들이었습니다. 그는 백 살이나 된 늙고 삶에 지친 눈으로 마호메트 안에서 죽은 아들 압둘라가 다시 살아났음을, 그리고 압둘라가 남긴 모든 것을 보았습니다.

그는 어린 손자를 끔찍이 사랑했습니다. "저 귀여운 어린것을 잘 길러야 한다, 우리 가문에 저 애보다 더 귀한 것은 없다"고 입버릇처럼 말했습니다. 아이가 두 살밖에 안 되었을 때 그는 사망하고, 아이는 백부들 중 가장 연장자인 아부 탈리브(Abu Thalib)에게 맡겨졌습니다. 이제 그가 가장이었기 때문입니다. 이 백부는 모든 것이 증명하듯이 공정하고 사리를 분별할 줄 아는 사람이었습니다. 마호메트는 아랍인으로서는 최선의 방식으로 양육되었습니다.

마호메트는 자라서 백부를 따라 상업여행을 다녔습니다. 18세 때에는 백부와 함께 전쟁에도 나갔습니다. 그러나 그의 모든 여행 중 가장 의의가 컸던 것은 그보다 몇 해 전에 시리아의 시장으로 간 일이었습니다. 소년은 여기에서 아주 생소한 세계, 그에게 끝없는 계기가 된 외국적 요소, 즉 그리스도교와 접촉했던 것입니다. 아부 탈리브 및 마호메트와 같은 숙소에 머물렀던 '네스토리우스파[21] 수도사 세르기우스(Sergius)'를 어떻게 이해해야 할 것인지, 또는 수도사가 아직 그토록 어린 소년에게 가르칠 수 있었던 것이 어느 정도인지 나는 모릅니다. 네스토리우스파의 수도사에 관한 이야기는 아마 매우 과장된 것임이 틀림없습니다. 이때 마호메트의 나이는 겨우 열네 살, 자기 나라 말밖에는 모르는 아이였습니다. 그러나 시리아에서 본 많은 것은 그에게 이해할 수 없는 낯선 소용돌이와 같았습니다. 그러나 소년의 눈은 크게 열려 있었고, 얼핏 본 많은 것들은 기이하게 결실이 되어 훗날 신앙이 되고 통찰이 되었습니다. 이 시리아 여행은 마호메트에게는 많은 것들의 시초였습니다.

또 한 가지 잊지 말아야 할 것은 그가 학교교육을 받지 않았다는 것입니다. 글씨를 쓰는 법이 아라비아에 갓 도입되었던 때였으니 마호메트가 글씨를 쓸 줄도 몰랐다는 것은 아마 사실인 듯싶습니다! 사막에서 한 생활과 거기서 얻은 경험이 그가 받은 교육의 전부였습니다. 그가 처한 어둑한 상황에서 그 자신의 눈과 생각으로 이 무한한

---

21) 콘스탄티노플의 총주교 네스토리우스(Nestorius, ?~451?)를 시조로 하는 그리스도교의 일파이다. 그리스도의 신격과 인격을 구별하는 이성설(二性説), 마리아의 비성모설(非聖母説)을 주장하여 431년 에페소스 종교회의에서 이단으로 몰려 네스토리우스는 면직되어 리비아로 추방되었다. 이 파는 424년 경부터 이집트와 시리아, 팔레스타인 지방, 그리고 인도에까지 전도했으며 토마스파로 불렸다. 또 7세기에는 중국(당 태종 때)에 전파되었고 경교(景教)라 불렸다.

우주에서 받아들일 수 있는 것, 그것만을 그는 알 수 있었습니다. 생각해보면 책을 갖고 있지 않았다는 것은 이상한 일입니다. 그가 스스로 볼 수 있는 것, 또는 궁벽한 아라비아 사막에서 들을 수 있는 불확실한 소문들 이외에 그는 아무것도 알 수 없었습니다.

마호메트보다 시간적으로 과거에 있었던 지혜나 지구 머나먼 곳에 있는 지혜는 그로서는 없는 것이나 마찬가지였습니다. 수많은 나라와 수많은 시대를 밝혀준 횃불인 위대한 영혼들은 어느 누구도 그의 위대한 영혼과 직접 통하지 않았습니다. 그는 광야 한가운데 깊숙이 홀로 떨어져 있었고, 그런 상태에서 성장해야 했습니다. 자연과 함께, 자신의 생각과 함께 홀로 성장했습니다.

그러나 일찍부터 그는 사려가 깊은 사람으로 주목을 끌었습니다. 친구들은 그를 '알 아민'(Al Amin) 즉 '성실한 사람'으로 불렀습니다. 진리와 성실의 사람, 행동에서나 말에서나 생각에서나 그는 그러한 사람이었습니다. 그들은 그가 항상 무언가를 생각하고 있음에 주목했습니다. 말은 비교적 적었습니다. 할 말이 없을 때는 침묵을 지켰습니다. 그러나 일단 말을 꺼내기만 하면 적절하고 현명하고 성실한 말로써 항상 화제에 빛을 던져주었습니다. 말할 가치가 있는 말은 오직 이런 말뿐입니다! 일생을 통해 그는 전적으로 진실하고 우애 깊으며 참된 사람으로 인정되었음을 우리는 봅니다. 진지하고 성실한 성격, 그러나 상냥하고 성의 있으며 사교적이고 명랑한 사람이었습니다. 그는 마음으로 웃는 유쾌한 웃음을 갖고 있었습니다. 다른 모든 면에서와 마찬가지로 웃음 역시 거짓된 사람, 다시 말해서 웃을 줄 모르는 사람도 있습니다.

마호메트는 용모가 준수했다고 합니다. 그의 잘생긴 현명하고 솔직한 얼굴, 갈색의 불그스레한 얼굴빛, 빛나는 검은 눈, 그리고 성날 때는 스콧[22]의 『레드곤틀리트』(*Redgauntlet*)의 "말발굽 모양의 핏줄"

처럼 그의 이마에 검게 부풀어 오르는 핏줄도 나는 어쩐지 마음에 듭니다. 이마의 검은 핏줄은 하심 일가의 특징이었는데, 마호메트는 특히 그것이 현저했던가 봅니다. 거침없고 열정적이며 그러면서도 공정하고 진실한 마음을 가진 사람! 거센 능력, 불과 빛이 번뜩이고 다듬지 않은 조야한 가치가 충만한 그는 그곳 사막 깊은 곳에서 그의 생애 사업을 이루어 나갔습니다.

그가 부유한 과부 카디자(Khadijah)의 집사로 고용되어 그녀의 일로 다시 시리아 시장으로 여행을 떠난 일, 우리가 잘 알다시피 모든 일을 성실하게 잘 처리한 일, 그리고 그에 대한 이 여인의 감사와 존경이 자라서 결혼하기에 이른 일 등은 아랍의 여러 저술가들이 이야기하는 것과 같이 아주 아름답고도 납득이 가는 일입니다. 그는 25세, 그리고 그녀는 40세였지만 아직도 아름다웠습니다. 그는 이 후 원자와 결혼하여 지극히 다정하고 평화롭고 건전한 생활을 했으며, 부인을 진정으로 사랑하고 부인만을 사랑했습니다. 그가 이렇듯 평

---

22) 월터 스콧(Walter Scott, 1771~1832): 스코틀랜드의 시인·소설가·역사가·전기작가로 역사소설의 창시자이자 가장 위대한 역사소설가로 꼽힌다. 변호사인 아버지와 의사의 딸인 어머니 사이에서 태어났으며, 어렸을 때부터 나이든 친척들이 들려주는 스코틀랜드 변경지방 이야기를 즐겨 들었다. 얼마 지나지 않아 시·역사·극작품·옛날이야기·로맨스 등을 닥치는 대로 읽었으며, 기억력이 뛰어나 시를 암송하여 방문객들을 놀라게 했다. 이웃 지방을 답사하면서 아름다운 자연을 사랑하게 되었고, 스코틀랜드 선조들의 역사적인 투쟁을 깊이 인식하게 되었다. 에든버러에서 고등학교 교육을 받았고, 켈소에서 잠깐 그래머 스쿨을 다녔다. 1786년에 아버지 밑에서 법률서류를 작성하는 일을 배웠으나 그의 넘쳐흐르는 젊은 혈기는 사회활동과 이탈리아어·에스파냐어·프랑스어·독일어·라틴어로 된 잡다한 글을 읽는 쪽으로 기울었기 때문에 법률공부와 개업활동은 지리멸렬했다. 일찍이 실연의 깊은 상처를 받은 뒤 1797년 12월에 프랑스 왕가 출신인 샬럿 카펜터와 결혼하여 1826년 그녀가 죽을 때까지 행복하게 살았다. 영국 낭만주의 문학의 확립에 공헌했다. 『아이반호』(Ivanhoe, 1819) 등 수많은 작품을 남겼다.

범하고 조용하게 젊음의 정열이 다할 때까지 살았다는 것은 그가 사기꾼이었다는 가설과 크게 상반되는 사실입니다.

그는 40세가 되어서야 비로소 하늘이 주신 사명을 말하기 시작했습니다. 사실이든 지어낸 말이든 그가 했다는 모든 난잡한 행동들은 그의 나이 50세 이후의, 즉 좋은 아내 카디자가 죽고 난 후의 일이었습니다. 그때까지의 그의 '야심'은 정직하게 사는 것이었고, 그의 '명예'는 그를 아는 사람들에게서 좋은 평판을 듣는 것으로 충분했던 것으로 보입니다. 이미 노경에 들어가 삶의 정욕의 불길이 다 꺼지고, 평화가 이 세상이 그에게 줄 수 있는 가장 중요한 일이 되어가고 있을 무렵, 그가 갑자기 '야심 추구'에 나섰다거나 과거의 그의 성격과 생활을 배반하고, 이미 즐길 수 없게 된 것을 탐내 초라하고 공허한 사기꾼이 되었다는 것을 나로서는 믿을 수 없습니다.

아, 그럴 수 없습니다. 이 깊은 마음을 가진 광야의 아들, 빛나는 검은 눈과 활짝 열린 사교적인 깊은 영혼을 지닌 그는 야심이 아닌 다른 생각을 하고 있었습니다. 침묵하는 위대한 영혼, 그는 진실하지 않을 수 없는 사람, 성실하라는 명령을 자연한테서 직접 받은 사람이었습니다. 다른 사람들은 형식과 평판 속을 걸으며 그 안에 안주하여 만족해할 때 그는 형식으로 자신을 가릴 수 없었습니다. 그는 자신의 영혼과 사물의 진실만을 상대로 살았습니다.

내가 앞서도 말했듯이 존재의 거대한 신비가 존재의 공포, 존재의 광휘와 함께 이 사람 위에 찬란한 빛을 던졌습니다. 어떤 풍문도 저 말로 다할 수 없는 사실, 즉 "내가 여기 있나이다!"[23]를 감출 수 없었습니다. 그러한 성실은 진실로 어떤 신성함을 갖고 있습니다. 그러한

<hr />

23) 「사무엘상」 3장 4절에 나오는 구절이다. "여호와께서 사무엘을 부르시는지라. 그가 대답하되 '내가 여기 있나이다!'"

사람의 말은 자연의 심장에서부터 직접 울려 나오는 소리입니다. 사람들은 다른 모든 것을 들을 때와는 달리 이런 소리를 들으며 또 들어야만 합니다. 다른 모든 것은 그것과 비교하면 바람소리에 지나지 않습니다. 이 사람은 순례와 방랑의 과정에서 오래전부터 수천 가지 상념에 휩싸여 있었습니다.

나는 무엇인가? 나의 주위를 감싸고 있는 이 헤아릴 수 없는 것, 사람들이 우주라고 부르는 이것은 무엇인가? 삶은 무엇이며, 죽음은 무엇인가? 나는 무엇을 믿어야 하는가? 나는 무엇을 해야 하는가?

하라(Hara) 산, 시나이(Sinai) 산의 험준한 암석과 사막의 엄격한 고독은 대답이 없었습니다. 머리 위를 말없이 운행하는 거대한 하늘과 거기 반짝이는 푸른 별들은 대답이 없었습니다. 아무런 대답도 없었습니다. 그 사람 자신의 영혼과 거기 깃들여 있는 신의 영감만이 대답해야 했습니다!

그것은 모든 인간이 스스로에게 묻고 또 대답해야 하는 문제입니다. 우리 또한 그것을 묻고 또 대답해야 합니다. 이 야생의 사람은 그것이 무한히 중요하며, 다른 모든 것들은 그것에 비하면 아무것도 아니라고 느꼈습니다. 논쟁적인 그리스 여러 학파들의 횡설수설에도, 유대인의 막연한 전설에도, 아랍인이 우상을 숭배하는 어리석은 관행에도 이 문제에 대한 대답은 없었습니다. 거듭 말하지만 영웅은 사물의 외관을 투시하고 사물 자체를 본다는 제일가는 특성이 있습니다. 이것이 그의 영웅다움의 처음이자 마지막이며, 알파요 오메가입니다. 습관과 풍습, 존중되는 소문, 존중되는 형식, 이런 모든 것은 좋을 수도 좋지 않을 수도 있습니다.

이러한 모든 것을 초월하는 그 너머에는 이러한 모든 것들이 상응

해야 하고 반영해야 하는 무엇인가가 있습니다. 그렇지 못하다면 그러한 모든 것들은 우상입니다. "신 행세를 하려는 검은 나뭇조각"이며, 진지한 사람에 대해서는 조롱이며 증오의 대상입니다. 우상숭배는 아무리 금박을 입히고 쿠라이시 부족의 족장들이 그것을 정성껏 행해도 이 사람에게는 아무 소용이 없었습니다. 모든 사람이 그것을 따라 걷는다 한들 그에게 무슨 소용이 있겠습니까? 위대한 실재가 그에게 찬란한 빛을 던지며 서 있습니다. 그는 거기에서 그것에 대답해야만 합니다. 그렇지 못하면 비참한 멸망을 당할 것입니다.

당장, 지금 당장 그렇지 않으면 영원히 대답하지 못합니다! 그것에 대답해야 합니다. '그대가' 그 대답을 찾아야 합니다. 야심이라고요? 아라비아 전체가 이 사람을 위해 무엇을 해줄 수 있습니까? 그리스의 헤라클레이오스(Herakleios),[24] 페르시아의 호스로(Khosrow)[25]의 왕관이, 지상의 모든 왕관이 그를 위해 무엇을 해줄 수 있습니까? 그가 듣고자 한 것은 땅에 관한 것이 아니라, 위로는 천국과 아래로는 지옥에 관한 것이었습니다. 모든 왕관과 왕위는 불과 몇 년 사이에 어디로 사라져버리는 것입니까? 메카의 시크(Sheik)[26]가 되어 금칠한 막대기를 짚는 것, 그것이 과연 구원이겠습니까? 단연코 그렇지 않다고 나는 생각합니다. 그가 사기꾼이었다는 가설은 믿을 수 없고, 용납할 수도 없으며, 버려야 마땅한 것이기에 이를 아주 버리기로 하겠습니다.

---

24) 비잔티움 제국의 황제(610~641)로 진정한 의미에서 '비잔티움적인' 정책을 추진한, 본격적인 비잔티움 제국 역사를 출발시킨 황제로 꼽힌다. 마호메트와 동시대 인물이다.
25) 사산조 페르시아의 두 왕 호스로 1세(531~579)와 호스로 2세(590~628)를 말한다. 둘 다 마호메트와 동시대 인물이다.
26) 아랍인 또는 이슬람교도의 족장을 말한다.

마호메트는 해마다 라마단(Ramadan)[27]이라는 달이 오면 고독과 침묵 속에 은둔했습니다. 그것은 아랍의 관습이었고, 좋은 습관이었습니다. 특히 마호메트 같은 사람에게는 자연스럽고 유용했습니다. 산의 침묵 속에서 그 자신의 심정과 사귀며 "세미한 소리"[28]에 마음을 여는 것은 정녕 자연스러운 습관이었습니다! 나이 마흔에 마호메트는 라마단을 맞아 메카 부근의 하라 산에 있는 동굴에 들어갔습니다. 기도와 이러한 큰 문제에 대한 명상으로 그 달을 보냈습니다. 마침 그해에는 아내 카디자가 가족들을 데리고 그와 함께 있었습니다. 어느 날 그는 아내에게 이렇게 말했습니다.

하늘의 이루 말할 수 없는 특별한 은총으로 나는 이제 모든 것을 깨달았소. 나는 이제 의심과 암흑에 싸여 있지 않고 모든 것을 꿰뚫어보게 되었소. 저 모든 우상과 형식은 아무것도 아니오. 초라한 나뭇조각에 지나지 않는 것이오. 모든 사물에는 그것을 지배하는 단 하나의 신이 있소. 우리는 모든 우상을 버리고 그 신을 섬겨야 하오. 그 신은 위대하신 분이오. 그분밖에는 위대한 존재란 없소! 그분은 실재요. 나무로 만든 우상들은 결코 실재가 아니오. 그분은 진실로 존재하오. 그분은 처음에 우리를 만드셨고, 지금도 우리를 보살피고 계시오. 우리와 만물은 그분의 그림자에 지나지 않소. 영원한 영광을 싸고 있는 일시적인 옷이오. "알라 아크바르(Allah akbar), 신은 위대하시오." 그러므로 '이슬람'(Islam), 우리는 신에게 복종해야 하오. 우리의 모든 힘은 신이 우리에게 하시는 모든

---

27) 이슬람력(曆)의 제9월. 이 달 중에는 매일 해뜰 때부터 해질 때까지 단식을 엄격하게 지킨다. 그러므로 이 달 중에 행하는 '단식'을 가리키는 뜻으로도 쓰인다.
28) 「열왕기상」19장 12절에 나오는 구절이다.

일에 몸을 맡기고 복종하는 데서 나오는 법이오. 이 세상에서도, 저 세상에서도 말이오! 신이 우리에게 주시는 것은 그것이 삶이든 죽음이든, 죽음보다 나쁜 것이든 모두 선이고 최고선이오. 우리는 신에게 몸을 맡겨야 하오.

괴테는 "만일 이것이 이슬람이라면 우리는 모두 이슬람 속에 살고 있지 않은가?" 하고 물었습니다. 그렇습니다. 도덕적 생명을 얼마간 갖고 있는 우리 모두는 그와 같이 살고 있습니다. 단지 필연에 복종할 뿐만 아니라 ─ 필연은 사람을 복종시킵니다 ─ 필연이 명한 엄격한 일이야말로 가장 현명하고 최선이며 필요한 일이라는 것을 알고 또 믿는 것, 그것은 아주 오래전부터 사람이 가질 수 있는 최고의 지혜로 여겨왔습니다. 즉 사람이 자기의 작은 머리를 가지고 이 위대한 신의 세계를 분석하려는 외람된 광란을 중지하는 것, 사람으로서는 더듬지도 못할 만큼 깊지만, 이 위대한 신의 세계에는 하나의 정의로운 법이 있어 그 정신은 선이라는 것을 알고, 이 세계에서 사람의 본분은 그 전체의 법에 스스로를 합치시켜 경건한 침묵으로 그것을 따르며, 의심하지 않고 그것에 복종하는 것임을 아는 것, 그것이야말로 최고의 지혜인 것입니다.

나는 말합니다. 이것이야말로 아직껏 세상에 알려진 유일한 참된 도덕이라고 말입니다. 사람이 정의롭고 난공불락이며 미덕이 있고 확실한 승리를 향한 길을 간다는 것은, 오직 그가 세계의 위대하고도 심오한 법에 자신을 합치시키고 모든 피상적인 법과 덧없는 외관, 손익 계산 따위를 버리는 동안에만 가능합니다. 이 위대하고 중심적인 법과 일치하는 동안에는 승리할 수 있으나, 그렇지 않다면 승리할 수 없습니다. 그리고 그가 이 법과 일치할 수 있는, 또는 이 법의 길로 들어갈 수 있는 첫 번째 기회는 자기의 온 영혼으로 그 법이 존재함을,

그 법이 선함을, 오직 그 법만이 선함을 아는 것입니다! 이것이 이슬람교의 핵심이며, 또한 그리스도교의 핵심입니다. 왜냐하면 이슬람교는 그리스도교의 한 혼란스러운 형태라 정의할 수 있고, 그리스도교가 없었더라면 이슬람교도 없었을 것이기 때문입니다.

그리스도교 역시 우리에게 무엇보다도 먼저 신에게 자신을 맡길 것을 명령합니다. 우리는 "사람과 의논하지 아니하고,"[29] 헛된 말, 헛된 슬픔과 헛된 소망에 귀를 기울이지 말아야 합니다. 우리는 우리가 아는 것이 없다는 것을 알아야 합니다. 어떤 일이 우리 눈에 가장 나쁘고 참혹하게 보인다고 해도 그것이 보이는 그대로가 아님을 알아야 합니다. 우리에게 일어나는 모든 일을 하늘에 계신 신이 내려주신 것이라고 받아들이고, "이것은 선하고 현명하다, 신은 위대하시다!"라고 말할 수 있어야 합니다. "그가 나를 죽이시더라도 나는 그를 믿으리."[30] 이슬람교는 그 나름의 방식으로 자아의 부정, 자아의 절멸을 의도합니다. 이것은 하늘이 우리 땅에 계시하신 최고의 지혜입니다.

이 거친 아랍인의 영혼의 어둠을 밝히기 위해 그러한 빛이 왔습니다. 죽음의 위협을 받고 있는 커다란 암흑 속에 다가온, 생명과도 같고 천국과도 같은 혼란스러운 눈부신 빛, 그는 그것을 계시라 부르고 천사 가브리엘이라 불렀습니다. 우리 중 누가 그것을 어떻게 불러야 할지 알 수 있습니까? 실로 "전능자의 기운이 사람에게 총명을 주시나니"[31]입니다. 안다는 것, 어떤 진리 안으로 들어간다는 것은 항상 신비한 행동입니다. 그것을 제아무리 정연한 논리로 설명해봐야 그것은 피상적인 거품에 지나지 않습니다. "신앙이란 진실로 신이 알

---

29) 「갈라디아서」 1장 16절에 나오는 구절이다.
30) 「욥기」 13장 15절에 나오는 구절이다.
31) 「욥기」 32장 8절에 나오는 구절이다.

려주시는 기적이 아닌가?"라고 노발리스는 말했습니다. 마호메트의 온 영혼이 그에게 허용된 이 위대한 진리에 의해 불타오르고, 그것을 유일하게 중요한 일이라고 느낀 것은 매우 자연스러운 일입니다. 섭리는 그에게 그것을 계시하여 죽음과 암흑에서 그를 구원하심으로써 말할 수 없는 영광을 베풀었습니다. 그러므로 그는 그것을 모든 사람들에게 알려야만 했습니다. 이것이 "마호메트는 신의 예언자이다"라는 말의 의미입니다. 이 말에는 참된 의미가 있습니다.

착한 아내 카디자는 경탄과 의심으로 그의 말을 들었으리라고 생각할 수 있습니다. 마침내 그녀는 대답했습니다. 남편의 말씀은 진리라고 말입니다. 우리는 마호메트가 이를 무한히 고맙게 여겼으리라는 것, 그리고 아내가 자기를 위해 베풀어준 모든 고마운 일 가운데 지금 자기가 한 열렬히 터져 나온 말을 믿어준 일을 가장 고맙게 여겼으리라는 것도 상상할 수 있습니다. 노발리스는 이렇게 말합니다.

다른 사람이 믿어주는 순간 나의 신념은 무한한 힘을 얻는다.

그것은 무한한 은혜입니다. 그는 이 착한 카디자[32]를 결코 잊지 못했습니다. 오랜 세월이 지난 후 사랑하는 젊은 아내 아에샤(Ayesha)가—온갖 미덕으로 그녀의 긴 일생 동안 이슬람교도들 사이에 명성이 자자했던 이 젊고 아리따운 아에샤가—어느 날 마호메트에게 이렇게 물었습니다. "이제는 제가 카디자보다 더 좋지 않으세요? 그녀는 과부였고, 나이가 많고, 얼굴도 늙었어요. 당신은 그녀를 사랑하신 것보다 나를 더 사랑하시지요?" 그러나 마호메트는 대답했습니다. "아니오. 그렇지 않소! 알라의 이름으로 말하지만 그렇지 않소!

---

32) 마호메트는 카디자가 죽던 619년까지 다른 아내를 얻지 않았다.

다른 어느 누구도 믿으려 하지 않을 때 그 사람만이 나를 믿어주었소. 온 세상에 나는 단 한 명의 벗을 가지고 있었소. 그게 바로 그 여자였소!" 그의 종이었던 세이드(Seid)도 그를 믿었습니다. 그리고 아부 탈리브(Abu Thalib)의 아들인 어린 사촌 알리[33]도 믿었습니다. 그들이 그의 최초의 신자였습니다.

그는 자기의 교리를 이 사람 저 사람에게 말했습니다. 그러나 대부분은 조롱하거나 무관심했습니다. 내 생각에 그는 3년 동안 겨우 13명의 신자만을 얻었습니다. 대단히 더딘 행보였습니다. 그것을 계속시킨 힘은 그러한 사람이 그런 상황에서 대개 갖는 그런 힘이었습니다. 이렇다 할 성과를 거두지 못한 3년이 지난 후 그는 40명의 친척들을 초대하여 연회를 베풀었습니다. 그 자리에서 그는 자신의 주장을 알리고, "이것을 모든 사람들에게 널리 퍼뜨려야 하겠다. 이것은 가장 숭고한 일이며 유일한 일이다. 누가 나를 도와주겠는가?" 하고 물었습니다. 모든 사람이 의문과 침묵에 싸여 있을 때 아직 열여섯 살밖에 되지 않은 소년 알리가 침묵을 깨뜨리고 일어나 열정적이고 거센 어조로 말했습니다. 자기가 하겠다고 말입니다!

모인 사람들은 ― 그 가운데는 알리의 아버지 아부 탈리브도 있었습니다 ― 마호메트에게 호의를 갖지 않은 것은 아니었습니다. 그러나 무식한 일개 중늙은이가 열여섯 살 난 소년과 함께 전 인류를 상대로 그런 엄청난 일을 결심한다는 것은 터무니없는 일로 보였습니다. 그래서 모두들 웃음을 터뜨리며 흩어졌습니다. 그렇지만 그것은 웃을 일이 아닌, 대단히 심각한 일이었습니다! 알리는 누구나 좋아하지 않을 수 없는 소년이었습니다. 그때에도 나중에도 항상 보여주었

---

33) 알리(Ali, 600?~661): 마호메트의 사촌이자 사위(마호메트와 카디자 사이의 딸 파티마Fatimah의 남편)로서 후일 시아파(Shiites)는 그를 마호메트의 진정한 계승자로 추앙했다.

듯이 그는 고상한 마음, 넘치는 사랑, 그리고 불 같은 용기를 지닌 인물이었습니다. 그에게는 기사도 같은 것이 있어서 사자처럼 용감하면서도 그리스도교의 기사 같은 친절과 진실성이 있었고, 인정이 충만했습니다.

그는 나중에 바그다드의 모스크(Mosque)에서 암살당했습니다. 그 죽음은 그 자신의 관대한 공정성, 그리고 다른 사람 역시 공정하리라는 믿음 때문에 초래된 것이었습니다. 그는 이렇게 말했습니다. "만일 이 상처로 내가 죽지 않는다면 암살자를 용서하라. 그러나 내가 죽으면 즉각 그자도 죽여라. 그래야 두 사람이 동시에 신에게로 나아가 어느 편이 옳은지 알 수 있을 것이다!"

마호메트가 쿠라이시족, 즉 카바의 수호자, 우상 관리자들의 노여움을 산 것은 당연한 일이었습니다. 유력한 인물들이 하나둘 그에게 합류했고, 사업은 천천히 커졌습니다. 당연히 그는 모든 사람의 노여움을 사게 되었습니다. 우리 모두보다 더 현명한 척하고, 우리 모두를 나무토막이나 숭배하는 바보들이라고 꾸짖는 이자는 대체 누구란 말입니까! 착한 백부 아부 탈리브는 그에게 충고했습니다. "그 모든 일에 침묵을 지킬 수는 없느냐? 혼자만 믿을 것이지, 굳이 남들에게 문제를 일으켜 유력자들의 노여움을 사고, 그런 말을 해서 자기는 물론 다른 사람들까지 위험에 몰아넣느냐?" 마호메트는 대답했습니다. "만일 내 오른편에 해가 서고 왼편에 달이 서서 조용히 있으라고 명령한다 할지라도 복종할 수 없습니다!"

그렇습니다. 그가 얻은 이 진리에는 자연 그 자체에서 온 어떤 것이 있었습니다. 자연이 만든 해와 달 등 어느 것과도 지위가 같은 어떤 것이 있었습니다. "전능자께서 허락하시는 한, 해와 달이 막고, 모든 쿠라이시 부족, 모든 인간과 만물이 막더라도 그것은 스스로 말할 것입니다. 그렇게 되지 않을 수 없습니다." 전하는 바로는 마호메트는 이렇게 말하고 "울음을 터뜨렸다"고 합니다. 울음을 터뜨렸습니다. 그는 아부 탈리브가 그를 생각해서 하는 말임을, 그리고 그가 해야 할 임무가 쉬운 것이 아닌, 가혹하고도 중대한 일임을 느꼈습니다.

그는 그에게 귀를 기울이는 사람들에게 자신의 생각을 말했습니다. 메카로 오는 순례자들에게 자기의 교리를 설파하여 여기저기에서 신자를 얻었습니다. 끊임없는 반대와 증오, 공공연한 또는 은밀한 위험이 따라다녔습니다. 유력한 친척들이 마호메트를 보호해주었습니다. 그러나 이윽고 그의 충고를 따라 모든 신자들이 메카를 떠나 바다 건너 아비시니아(Abyssinia)[34]로 피난을 가야만 했습니다. 쿠라이시족은 더욱 분노했습니다. 그들은 음모를 꾸미고, 마호메트를 자기들 손으로 죽이기로 맹세했습니다.

아부 탈리브는 죽었고, 착한 아내 카디자도 죽었습니다. 마호메트는 우리의 동정을 구하지도 않습니다. 그러나 이때의 그의 처지는 매우 암담했습니다. 그는 동굴에 숨고, 변장하여 이리저리 도피하며, 집도 없이 항상 생명의 위협을 받았습니다. 모든 것이 끝장난 것처럼 보인 때도 한두 번이 아니었습니다. 마호메트와 그의 교리가 거기서 끝장나고 아주 자취를 감추느냐 마느냐의 여부가, 지푸라기 한 가닥, 또는 사람을 태우고 가던 말이 놀라거나 하는 사소한 일에 좌우된 적이 한두 번이 아니었습니다. 그러나 그렇게 끝나지는 않았습니다.

그가 전도를 시작한 지 13년, 적들이 모두 그에게 대항하여 단결하고, 각 부족에서 한 명씩 40명이 맹세를 하여 그의 목숨을 노리고 있었습니다. 더 이상 메카에 있을 수가 없음을 알고, 마호메트는 그

---

34) 에티오피아를 말한다.

당시 이름으로 야트립(Yathrib)이라는 곳으로 도주했습니다. 그곳에서 약간의 신자를 얻었습니다. 이곳은 이 일로 인해 지금 메디나(Medina) 또는 '메디나트 알 나비'(Medinat al Nabi), 즉 '예언자의 도시'라고 부릅니다. 그곳은 바위와 사막을 지나 약 200마일 떨어진 곳에 있었습니다. 우리가 상상할 수 있듯이 많은 곤란을 겪으며 그곳으로 도주했고, 그는 그곳에서 환대를 받았습니다.

동방에서는 이 도피를 헤지라(Hegira)라고 하여 기원 원년으로 삼습니다. 헤지라 1년은 기원후 622년, 마호메트 생애의 53년째 되던 해입니다. 그는 이제 늙어가고 있었으며, 주변의 친구들은 하나둘 사라져갔습니다. 그의 갈 길은 험하고 위험에 싸여 있었습니다. 그가 자신의 가슴속에서 희망을 찾지 못하는 한, 외적인 형세는 절망적이었습니다. 그러한 처지에 빠지면 모든 사람이 다 마찬가지입니다. 이제까지 마호메트는 설교와 설득으로 그의 종교를 공포했습니다. 그러나 이제 불의한 사람들은 그의 진지한 하늘의 메시지를, 그의 가슴 깊은 곳의 외침을 듣지 않을 뿐만 아니라, 그가 계속 전도를 하고 다닌다면 살려두지 않겠노라고 공언했습니다.

그러므로 조국에서 모욕적으로 쫓겨난 이 사막의 아들은 남자답게 그리고 아랍인답게 스스로를 지키기로 결심했습니다. "만일 쿠라이시족이 그렇게 하기를 원한다면 그렇게 해주겠다. 그들과 모든 사람들에게 무한히 중요한 의미를 담은 소식을 그들이 들으려 하지 않고, 폭력과 칼과 살인으로써 짓밟으려 한다면 어디 한번 검으로 덤벼보라!" 이 마호메트가 그후 활동한 10년은 모두가 전쟁, 숨막히는 격렬한 땀과 투쟁이었습니다. 그 결과는 우리가 잘 아는 것과 같습니다.

마호메트가 칼로써 그의 종교를 전파했다는 것에 대해서는 많은 논의가 있었습니다. 우리가 그리스도교를 자랑스럽게 여기는 것, 즉 그리스도교가 설교와 신념으로 평화적으로 전파되었다는 사실은 분명 훨씬 고상한 일입니다. 그러나 이것을 가지고 한 종교가 참인지 거짓인지를 논의한다면 그것은 근본적으로 잘못된 일입니다. 칼이라고 하지만 그 칼은 어디서 얻는 것입니까! 모든 새로운 의견은 그 시초에는 엄밀히 말해 고립무원의 단 한 사람한테서 나옵니다. 그것은 아직 단 한 사람의 머릿속에만 있습니다. 온 세상에서 단 한 사람만이 그것을 믿습니다. 단 한 사람이 온 세상사람을 상대로 맞서고 있습니다. 그가 칼을 잡고 그것으로써 자기 생각을 펴려 한다는 것은 소용없는 일입니다. 당신은 먼저 당신의 칼을 손에 넣어야 합니다!

대체로 모든 사물은 가능한 데까지 스스로 성장하게 마련입니다. 그리스도교의 경우에도 그것이 일단 칼을 잡고 나면 칼을 항상 경멸하기만 한 것은 아닙니다. 샤를마뉴(Charlemagne)는 색슨족(Saxons)[35]을 설교로 개종시킨 것이 아니었습니다. 나는 칼의 사용 여부에 대해서는 관심이 없습니다. 나는 그 무엇이든 그가 이 세계에서 자신을 위해 싸울 때는 그가 갖고 있는 또는 얻을 수 있는 칼이든 혀든 다른 기물이든 그 무엇을 사용해도 무방하다고 생각합니다. 설교를 하든, 팸플릿을 쓰든, 전투를 하든 있는 힘을 다해 분발하고, 있는 수단을 다하여 매진해도 상관없습니다. 그런다 해도 궁극적으로 그것은 정복되어 마땅한 것만을 정복할 것입니다. 자기보다 더 훌륭한 것을 이길 수는 없습니다. 자기보다 더 못한 것만을 이길 수 있습니다. 이 위대한 싸움에서는 자연 자체가 심판관이니 그 판정에 실수

---

35) 엘베(Elbe) 강 하구 가까이에 살던 게르만 민족으로서 그 일부는 5~6세기에 잉글랜드에 침입하여 그 일부를 점거하고 눌러앉았다(에섹스(Essex), 서섹스(Sussex), 웨섹스(Wessex) 건국). 대륙의 색슨족은 북독일에서 세력을 확장했는데, 8세기에 샤를마뉴가 정복하여 그리스도교로 개종했다. 북독일의 색슨족은 850년경에 작센(Sachsen) 공국(公國)을 수립했고, 919년 하인리히(Heinrich) 공(公)이 신성로마 황제에 선출되었다.

란 있을 수 없습니다. 자연에 가장 깊숙이 뿌리를 박고 있는 것, 즉 가장 진실한 것만이 마침내 무럭무럭 성장할 수 있습니다.

그러나 여기에서 마호메트와 그의 성공에 관련하여 자연이 어떤 심판관이며 자연 속에는 어떤 위대함과 깊이와 관용이 있는지에 대해 생각하고자 합니다. 여러분은 대지의 가슴속에 밀을 던져 넣습니다. 당신이 던져 넣은 밀에는 겨와 지푸라기, 헛간 쓰레기, 먼지, 그리고 온갖 지저분한 것들이 섞여 있을 수 있습니다. 그러나 상관없습니다. 당신은 어질고 정의로운 땅에 그것을 던져두기만 하면 땅은 밀을 기릅니다. 땅은 모든 쓰레기들을 말없이 흡수해버리고 감출 뿐 쓰레기에 대해서는 아무 말도 없습니다. 누런 밀이 거기서 자라납니다. 친절한 대지는 다른 모든 것에 대해서는 침묵합니다. 다른 모든 것은 유용하게 쓰고, 그에 대해 아무런 불평도 하지 않습니다! 자연은 어느 곳에서나 그렇습니다!

자연은 진실하며 거짓을 모릅니다. 그 진실성에서 자연은 그처럼 위대하고 공정하며 모성이 넘칩니다. 자연은 만물에 대해 그것이 진실한 마음을 갖기를 요구하며, 진실하기만 하면 보호해주지만 그렇지 않으면 보호해주지 않습니다. 자연이 감싸준 모든 사물에는 진실한 영혼이 있습니다. 아, 이것이 일찍이 이 세계에 왔던 모든 최고의 진리가 갖는 역사가 아닙니까? 그들 모두의 '몸'은 불완전하며, 암흑 속의 한 조각 빛입니다. 그들이 우리에게 올 때는 논리, 과학적 우주관 따위로 구현되어 옵니다.

그러나 그것은 완전할 수 없습니다. 언젠가는 불완전하고 그릇되다는 것이 발견되어, 사멸되어 사라질 수밖에 없습니다. 모든 진리의 몸은 죽습니다. 그러나 모든 것에는 절대로 죽지 않는 것, 새롭고 항상 더 고귀해지는 몸 속에 마치 인간 자체처럼 영원히 사는 정신이 있습니다! 그것이 자연의 길입니다. 진리의 진정한 본질은 결코 죽지 않습니다. 진실할 것, 자연의 저 깊은 곳에서 나오는 소리여야 할 것, 이것이 자연의 법정에서 문제되는 것입니다. 우리가 말하는 순수니 불순이니 하는 것을 자연은 궁극적 문제로 삼지 않습니다. 당신 안에 얼마나 많은 겨가 있는지가 아니라, 당신이 밀을 가지고 있는가 하는 것, 그것이 문제입니다. 순수? 나는 많은 사람들에게 이렇게 말할 수 있습니다. "그렇습니다. 당신은 순수합니다. 아주 충분히 순수합니다. 그러나 당신은 겨와 같은 빈 껍질입니다. 불성실한 가설·풍문·형식입니다. 당신은 우주의 위대한 가슴을 접해본 적이 없습니다. 정확히 말하자면, 당신은 순수하지도 불순하지도 않습니다. 당신은 무(無)입니다. 자연은 당신과 아무 상관도 없습니다."

마호메트의 신조를 우리는 일종의 그리스도교라고 말한 바 있습니다. 사실 그 신조를 믿고 가슴에 새기는 거칠고 황홀한 열정을 볼 때 호모이우시온(Homoiousion)[36]이니 호무시온(Homoousion)[37]이니 하는 헛된 공론이나 일삼으며, 머리는 쓸데없는 소음으로 꽉 차고 가슴은 텅 빈 채 죽어버린, 저 가련한 시리아의 종파들보다는 훨씬 낫다고 하겠습니다! 그 신조의 진리는 많은 오류와 거짓 속에 묻혀 있지만, 그것의 진리는 스스로를 믿게끔 만드는 힘을 갖고 있으며 결코 허위가 아닙니다. 그것은 그 진리로 성공했습니다. 그리스도교의 사생아와도 같지만, 그것은 살아 있습니다. 그 안에는 생명이 약동하고 있습니다. 죽어버린, 분석만 일삼는 생명 없는 단순한 논리만은 아닙니다! 아랍인의 우상숭배 쓰레기 속에서, 그리고 논쟁적인 신학·전설·세밀함·풍문·가설 등을 실없이 길게 늘어놓는 그리스인과 유대

---

36) 부자유질론(父子類質論). 아들(그리스도)의 본질은 아버지(하나님)의 본질과 비슷하지만 다르다는 주장이다.
37) 부자동질론(父子同質論). 아버지(하나님)와 아들(그리스도)은 본질적으로나 실체적으로나 같다는 주장이다.

인의 쓰레기 속에서 이 야성적인 사막의 사람은 죽음처럼 진지하고 삶처럼 진지한 그의 소박하고 진실한 가슴으로써, 그리고 그의 위대하고 번뜩이는 천부의 눈빛으로써 사물의 핵심을 통찰했습니다. 우상숭배는 아무것도 아닙니다.

너희들은 나무로 만든 우상에 "기름과 왁스를 바른다. 그러나 거기에는 파리들이 달라붙는다." 내 말하노니 그것은 나뭇조각에 지나지 않는다! 그것들은 너희를 위해 아무것도 해줄 수 없다. 그것들은 아무 힘도 없는, 신성모독적인 허상이다. 실체를 알고 나면 그것들은 무섭고 가증한 물건이다. 신만이 계시고, 신만이 권능이 있으시다. 신은 우리를 만드셨고, 우리를 죽일 수도 살리실 수도 있다. "알라 아크바르"(Allah akbar, 신은 거룩하시다). 신의 뜻이 너희를 위해 최선임을 알라. 살과 피에는 아무리 고통스러울지라도 그것이 가장 현명하고 최선임을 알게 될 것이다. 너희는 그것을 그렇게 받아야 한다. 이 세상에서도, 다음 세상에서도 너희가 할 수 있는 다른 일은 아무것도 없다!

그런데 저 거칠고 우상숭배적인 사람들이 이것을 믿고, 그것이 어떤 형태로 그들에게 왔든 그들의 불같은 가슴에 그것을 새겨 실천하려 했다면 그것은 믿을 만한 가치가 충분하다고 나는 생각합니다. 이런 형태든 저런 형태든 그것은 모든 사람이 믿을 만한 가치가 충분한 것이라고 나는 생각합니다. 사람은 이렇게 해서 세계라고 하는 성전의 대제사장이 됩니다. 그는 이 세상을 만드신 이의 명령에 합치하여 그것에 헛되이 저항하지 않고 그것과 협력하게 됩니다.
　나는 오늘날까지 의무에 대한 정의로써 이보다 더 나은 것을 알지 못합니다. 모든 '옳은 것'은 이 세계의 본질적 경향과 협력합니다. 사람은 이것으로 성공하며(세계의 본질적 경향은 성공하게 마련입니다), 선해지고 올바른 길에 올라서게 됩니다. 호모이우시온, 호무시온 하는 헛된 논쟁은 그 시대에도, 그 이전에도, 또 어느 시대에도 헛된 소리만을 내며 제 갈 길을 가버리는 것이 좋습니다. 만일 헛된 논쟁이 무엇인가를 의미한다면 헛된 논쟁 그 자체가 의미하고자 애쓰는 바로 그것입니다. 만일 이것도 의미하지 못한다면 그것은 전혀 무의미한 것입니다.

저 추상론, 논리적 명제들이 올바르게 또는 틀리게 표현되었느냐가 아니라, 현실의 살아 있는 아담의 아들들이 이것을 마음에 새겨두고 있다는 것, 그것이 중요합니다. 이슬람교는 이 모든 헛된 논쟁을 즐기는 종파들을 근절시켰습니다. 그렇게 할 권리가 있었다고 나는 생각합니다. 그것은 자연의 위대한 가슴에서 직접 나온 진실이었습니다. 아랍의 우상숭배, 시리아의 종교 신조, 그 무엇이든 진실하지 않은 것은 모두 불 속에 던져져 타버려야만 했습니다. 이슬람교가 '불'이었던 데 반해, 여러 의미에서 그것들은 생명 없는 '불쏘시개'에 지나지 않습니다.

『코란』의 진실성

마호메트가 틈틈이 성전(聖典)인 『코란』 또는 '읽을거리'를 구술한 것은 메카로 도주한 뒤 이렇듯 격렬한 전쟁을 치르는 동안이었습니다. 그와 그의 제자들이 그토록 중히 여기고, 온 세상에 대해 이것이 기적이 아니겠는가 하고 물었던 책이 바로 이것입니다.

이슬람교도들은 그들의 『코란』에 대해 지극한 존경을 드리는데, 그것은 크리스천이 『성경』에 대해 드리는 존경을 훨씬 넘어서는 것입니다. 그것은 모든 곳에서 모든 법률과 모든 관습의 표준이며, 사고와 생활의 준칙이고, 이 땅이 그에 합치하고 걸음을 맞춰야만 하는, 하늘이 직접 보낸 메시지, 즉 읽을거리로 인정되고 있습니다.

그들의 재판관은 이것으로 판결을 내리며, 모든 이슬람교도들은 그것을 연구하고, 그 안에서 생명의 빛을 찾습니다. 그들의 모스크에서는 날마다 그것을 읽습니다. 30명의 사제들이 교대로 책을 받아들고 이 책의 전권을 날마다 통독합니다. 그곳에서는 1,200년 동안 이 책을 읽는 소리가 한순간도 그치지 않고 무수한 사람들의 귀와 가슴에 울려 퍼졌습니다. 그 책을 7만 번이나 읽었다는 이슬람교 박사에 대한 이야기를 우리는 들었습니다.

매우 이상한 일입니다. 만일 우리가 '민족적 취향의 차이'를 찾는다면 그것의 가장 현저한 사례를 여기서 볼 수 있습니다. 우리도 『코란』을 읽을 수 있습니다. 세일(Sale)의 『코란』 영역본은 매우 번역이 잘됐다고 알려져 있습니다. 그러나 내가 일찍이 읽은 책 중 그것처럼 읽기 힘든 책도 없었습니다. 지루하고 혼잡한 뒤범벅, 조야, 조잡, 끝없는 반복, 장광설, 뒤얽힘, 어찌나 조야하고 조잡한지 ─ 한마디로 견딜 수 없을 정도로 어리석은 책입니다! 의무감이 아니고는 어떤 유럽인도 『코란』을 끝까지 읽을 수 없습니다. 우리는 마치 국가 문서보관소에나 앉아 있는 것처럼 그것을 읽습니다. 읽을 수 없는 잡동사니 같은 것을 읽는 까닭은 뛰어난 한 인물을 일면이라도 바라볼 수 있을까 해서입니다.

우리는 이 책을 여러 가지 조건이 불리한데도 갖고 있는 것이 사실입니다. 아랍인은 그 책에서 더 많은 체계를 봅니다. 마호메트의 추종자들이 『코란』을 발견했을 때 그것은 처음 세상에 선포되었을 때 기록된 그대로 흩어진 단편들이었습니다. 대부분 양의 어깨뼈에 씌어져 상자 속에 뒤죽박죽으로 넣어져 있었다고 합니다. 그것을 그들은 연대 같은 찾아보기 쉬운 순서도 부여하지 않은 채 출간했습니다. 단지 길이가 긴 글부터 차례로 편집한 듯하나, 그나마 철저하게 한 것도 아닙니다. 그러므로 사실상 맨 처음에 올 것이 끝부분에 오게 되었습니다. 왜냐하면 가장 일찍 작성된 부분이 가장 짧았기 때문입니다. 연대순으로 읽으면 그렇게까지 읽기가 어렵지는 않을 것입니다.

그리고 내용의 대부분은 매우 운율적이어서 원문으로 읽으면 일종의 다듬어지지 않은 영창 같다고 합니다. 이것이 아마 중요한 점으로 보이는데, 번역하는 과정에서 운율은 대부분 사라져버렸을 것입니다. 그러나 모든 것을 다 감안한다 해도 이『코란』이 하늘에서 씌어진 글이므로 세상에서 읽기에는 너무 훌륭한 것이라고 생각할 사람은 없을 것입니다. 잘 씌어진 책, 아니 그냥 책이라고 하기도 어렵습니다. 당혹스런 광상곡은 아니라 할지라도 그것은 그 유례를 찾아보기 힘들 정도로 조악하게 씌어진 책입니다! 민족적 차이와 취향의 기준의 차이에 대해서는 이 정도로 하겠습니다.

그러나 아랍인들이 이 책을 그토록 애지중지한 이유를 이해 못하는 것이 아닙니다.『코란』이라고 하는 혼란스러운 덩어리에서 손을 떼고 멀리서 보면 그 본질적인 모습이 드러나기 시작합니다. 그리고 거기에는 문학적 가치와는 전혀 다른 가치가 있습니다. 만일 어떤 책이 가슴에서 나온 것이라면 그것은 다른 사람의 가슴에도 통할 것입니다. 모든 기교와 저작 기법은 그것에 견주면 아무것도 아닙니다.『코란』의 가장 큰 특징은 그것의 진실성, 즉 성실한 책이라는 데 있습니다. 프리도[38]와 그밖의 사람들은『코란』을 한 묶음의 사기술이며, 각 장은 저자의 연이은 죄악을 변명하고 그럴듯하게 만들며, 그의 야심과 사기를 위해 짜여 있다고 말했습니다. 그러나 이제는 정말

---

38) 프리도(Prideaux, 1648~1724): 영국의 사제로『마호메트 전기』를 썼다.

이런 모든 것을 그만둘 때가 되었습니다.

나는 마호메트가 부단히 성실했다고 주장하지는 않습니다. 도대체 부단히 성실한 사람이 어디 있습니까? 그러나 나는 오늘날 그에게 고의적 사기 또는 조금이라도 의식적인 기만이 있었다고 비난하는 비평가를 상대하려 하지 않습니다. 마호메트가 의식적 기만 속에 살았으며, 이『코란』을 위조자 내지 사기꾼으로서 썼다고 하는 비평가는 더더욱 상대하지 않습니다!

정직한 눈을 가진 모든 사람은『코란』에서 그와는 판이한 것을 읽을 수 있으리라고 생각합니다. 그것은 위대하고 조야한 인간영혼이 혼란스럽게 발효한 것입니다. 조야하고 못 배우고 글조차 읽지 못하는, 그러나 열렬하고 진실하며 스스로를 언어로 표현하려고 격렬하게 버둥거리는 정신입니다. 일종의 숨 막히는 맹렬함으로써 그는 자신을 표현하려고 분투합니다. 사상이 무리지어 뒤죽박죽으로 그에게 밀려듭니다. 말할 것은 아주 많으나 그는 아무 말도 할 수 없습니다. 그의 내면에 깃들여 있는 의미는 글의 형식으로 모양을 갖추지 못합니다. 그래서 연결도 질서도 일관성도 없이 진술됩니다. 이러한 그의 사상들은 전혀 형식을 갖추지 못한 채 혼란스럽고 불분명한 상태로 버둥대고 뒹구는 그대로 내던져졌습니다.

우리는 '어리석은 물건'이라고 말합니다. 그러나 천성의 어리석음이 마호메트 책의 성격은 아니었습니다. 그것은 오히려 타고난 조야함이었습니다. 마호메트는 연설을 배우지 않았습니다. 그는 끝없는 전투의 급박함과 압력으로 연설 솜씨를 배양할 겨를이 없었습니다. 생명과 구원을 위한 전투가 한창일 때 싸움에 몰입한 사람에게서 찾아볼 수 있는 조급함과 격렬함, 이것이 그의 마음상태였습니다! 급박한 가운데 떠오르는 생각은 가득하고, 그것을 말로 표현할 길은 없었습니다. 그러한 상태에 놓인 영혼에서 잇따라 나온 발언이 23년의 변화무쌍한 생애 동안 채색되어 그 표현이 어떤 때는 제대로 되고 어떤 때는 잘 안 된 것, 그것이 바로 『코란』입니다.

우리는 이 23년 동안 마호메트가 전면적인 투쟁 속에 빠져든 세계의 한가운데 서 있었다고 생각해야 합니다. 쿠라이시족 및 이교도와 벌인 전투, 휘하 인민들 사이에 벌어진 다툼, 그 자신의 야성의 가슴에 일어난 퇴보, 이 모든 것 때문에 그는 그칠 줄 모르는 소용돌이 속에 있었고, 그의 영혼은 안식을 구할 수 없었습니다. 상상컨대 잠 못 이루는 밤을 지새우는 가운데 이 사람의 야성적인 가슴은 이러한 혼란의 소용돌이 속에서 시달리며, 혼란에 대한 해결의 실마리가 된 어떤 빛도 진정 하늘이 주신 빛으로 환영했을 것입니다. 그토록 축복되고, 당시의 그로서는 불가피했던 그의 결심은 천사 가브리엘의 계시처럼 여겼을 것입니다.

위조이며 사기술이라고요? 결코 그렇지 않습니다! 이 위대하고 불타오르는 가슴, 사상의 거대한 용광로처럼 부글부글 끓어오르는 그의 가슴은 사기꾼의 가슴이 아니었습니다. 그의 삶이 그에게는 사실이었습니다. 신의 이 우주는 무서운 사실이고 실재였습니다. 그는 물론 결점이 많았습니다. 마호메트는 배움도 없고 반(半)야만적인 자연의 아들이었습니다. 베두인족의 특징이 아직 그에게는 많이 있었습니다. 우리는 그를 있는 그대로 인정해야 합니다. 그러나 그가 야비한 사기꾼이며, 안목도 가슴도 없는 형편없는 협잡꾼이라느니, 또한 사발의 팥죽[39]을 얻기 위해 신성모독적인 기만을 하고 하늘의 책을 위조하여 자기를 지으신 신과 자신에 대해 끊임없이 반역죄를 저질렀다는 따위의 말, 우리는 그런 말을 도저히 받아들일 수 없습

---

39) 「창세기」 25장 29~34절에 나오는 구절이다. 에서가 야곱에게 팥죽 한 사발을 대가로 장자의 명분을 판 데서 나온 이야기로서, 물질적 쾌락을 위해 귀한 것을 경홀히 여기는 것을 비유한 말이다.

니다.

모든 의미에서 성실하다는 것은 『코란』의 장점이며, 야생적인 아랍인들이 그것을 존중하게 된 것도 바로 그 때문이라고 나는 생각합니다. 실로 그것은 모든 책의 처음이자 마지막 가치이며, 모든 종류의 가치의 원천입니다. 아니, 근본적으로 그것만이 모든 가치의 원천입니다. 기이하게도 전설·욕설·불평·절규 등의 조잡한 뒤범벅을 일관하여 『코란』 속에는 한 가닥 진실하고 직접적인 통찰력, 즉 시라고 부를 수 있는 것이 산재해 있음을 발견하게 됩니다.

이 책의 몸은 단순한 전설로 이루어져 있는, 이를테면 과격하고 열광적이며 즉흥적인 설교입니다. 마호메트는 항상 아랍인의 기억 속에 전해 내려오던 예언자들의 오랜 옛이야기로 돌아가며, 아브라함과 후드(Hud), 모세 등 그리스도교와 그밖의 실재했던 또는 우화적인 많은 예언자들이 계속하여 이 부족 또는 저 부족에 출현하여 사람들의 죄에 대해 경종을 울렸음을, 그리고 그들이 마호메트 자신과 마찬가지의 대우를 받았음을 되풀이합니다. 그 사실은 그에게는 커다란 위안이었습니다. 이 사실을 그는 10회 또는 아마 20회가량 지루하게 되풀이해 마지않았습니다. 기백이 넘치는 새뮤얼 존슨이 쓸쓸한 다락방에서 문인들의 전기를 쓴 것은 바로 이런 식이었을 것입니다! 이것이 『코란』의 중요한 성분입니다.

그러나 이상한 것은 이 모든 것을 꿰뚫고 때때로 진정한 사상가와 예언자다운 섬광이 번뜩인다는 점입니다. 그는, 이 마호메트는 실제로 세계를 바라보는 눈을 갖고 있었습니다. 확고한 솔직함과 소박한 활력으로 그의 가슴에 들어온 것을 지금도 우리의 가슴에 던져주고 있습니다. 알라(Allah)에 대한 그의 찬미는 많은 사람들이 찬탄하는 것이지만 나는 그다지 중요하게 여기지 않습니다. 내 생각에 그것은 주로 히브리인에게서 빌려온 것 같으며, 아무튼 히브리인의 그것에 비해 훨씬 떨어집니다. 그러나 사물의 심장을 곧장 꿰뚫어 그 실상을 바라보는 눈, 이것이 내게는 가장 흥미로운 것입니다. 그것은 자연 그 자체가 준 선물이며, 자연은 지금도 그것을 모든 사람에게 줍니다. 그러나 안타깝게도 이 선물을 버리지 않고 간직하는 사람은 천 명에 한 명꼴밖에 되지 않습니다. 그것이 내가 말하는 통찰력의 성실성이며, 진실한 가슴의 시금석입니다.

마호메트는 기적을 행할 수 없었습니다. 그는 흔히 답답한 듯이 말했습니다. "나는 기적을 행할 줄 모른다. 내가 누구냐고? '나는 인민의 설교자이다.' 이 교리를 모든 피조물에게 전하라는 사명을 받은 자이다." 그러나 우리가 볼 수 있는 이 세계는 오래전부터 그에게는 하나의 큰 기적이었습니다. 그는 말합니다.

세계를 바라보라. 경탄스럽지 않은가, 알라의 지으신 것이. 너희 눈이 열려 있다면 그것은 전체가 "너를 위한 상징"이다! 이 땅, 이것은 너를 위해 신이 만드신 것이다. "그 속에 길을 정하셨다." 너는 그 속에 살 수 있고, 여기저기로 다닐 수 있다.

건조한 지방 아라비아의 구름들, 그것들도 마호메트에게는 매우 경탄스러웠습니다. 그는 말합니다.

커다란 구름들, 하늘의 무한한 가슴에서 태어난 저들은 어디서 오는 것인가! 거대한 검은 괴물들, 저기 걸려 있다가 대홍수를 쏟아부어 "죽은 땅을 살아나게 한다." 풀잎이 돋아나고, "높고 잎이 무성한 대추야자에 열매가 주렁주렁 열린다. 그것이 상징이 아닌가?" 너희 가축들도 그렇다. 알라가 그들을 만드셨다. 유용하고 말 없는 짐승들이다. 풀을 젖으로 변화시키고, 너에게 입을 옷을 주는 이상한 짐승들이다. 저녁이면 떼를 지어 집으로 온다. "그리하여 그것들은 너에게 자랑이 된다."

그는 배에 대해서도 자주 말합니다.

배들도 그렇다. 거대한 움직이는 산, 그것들은 천으로 된 날개를 활짝 펴고, 하늘의 바람에 쫓겨 저 물을 헤치고 뛰어간다. 신이 바람을 거두시자 배들은 죽은 듯이 누워 움직이지 않는다!

"기적?" 그는 무슨 기적이 있으면 좋겠느냐고 외칩니다.

너 자신이 거기 있지 않은가? 신이 너를 만드셨다. "약간의 진흙으로 네 형상을 지으셨다." 너는 한때 작은 것이었다. 몇 년 전만 해도 너는 있지도 않았다. 지금 너는 아름다움, 힘, 사상을 갖고 있으며, "너희는 서로에 대해 동정심을 갖고 있다." 너에게 늙음과 흰머리가 온다. 힘은 사라져 쇠약해지고, 너는 침몰하며, 다시는 존재하지 않게 된다.

"너희는 서로에게 동정심을 갖고 있다." 이 말은 내게 큰 감동을 줍니다. 알라는 사람이 서로에게 동정심을 갖지 않도록 만들 수도 있었을 것입니다. 그러면 어떻게 되었을까요! 이것은 위대한 직관적인 사상이며, 사물의 실상 그 자체에 대한 직접적인 통찰입니다. 이 사람에게는 시적 천재성, 즉 가장 선하고 진실한 모든 것의 꾸밈없는 자취가 나타나 보입니다. 굳세고 다듬어지지 않은 지성, 통찰력, 가슴, 굳건하고 야성적인 사람—그는 시인·왕·성직자, 어떤 종류의 영웅도 될 수 있었을 것입니다.

그의 눈에 이 세계가 모두 기적으로 보였다는 것은 항상 분명합니다. 앞에서도 말한바 소박한 스칸디나비아인을 포함해서 모든 위대한 사상가들이 보려고 애쓴 것, 그것을 그는 봅니다. 즉 이 견실하게 보이는 물질세계는 근본적으로 무(無)에 지나지 않으며, 신의 권능과 임재의 시각적·감각적 현현이며, 무한한 허공의 한복판에 신이 내다 건 그림자에 지나지 않는다는 것입니다. 그는 말합니다. "산들도, 이 거대한 바위산들도 '구름처럼' 흩어져서 푸른 허공에 녹아 없어질 수 있다!"

세일이 전하는 바에 따르면 그는 아랍식으로 생각하여 땅은 광대한 벌판 또는 흙으로 된 평평한 판이며, 산들은 그것들을 움직이지 않도록 고정시키기 위해 놓은 것으로 간주했다고 합니다. 최후의 날이 오면 산들은 '구름처럼' 사라지고, 전체 땅은 소용돌이치며 돌다가 부서져서 먼지와 증기가 되어 허공중에 사라지고 맙니다. 알라가 손을 거두면 그것들은 더 이상 존재하지 않게 됩니다. 이루 말로 형용할 수 없는 권능과 영광으로서 도처에 있는 알라의 우주 제국, 그리고 만물의 참된 힘·본질·실재로서 무어라 이름을 붙일 수 없는 두려움이 이 사람에게는 항상 명백하게 보였습니다.

근대인은 그것을 자연의 힘, 자연의 법칙 따위의 이름으로 부르며, 신성한 존재로 생각하지 않습니다. 뿐만 아니라 그들은 그것을 전혀 신성하지 않은, 팔아먹을 수 있고 진기하며 증기선을 움직이는 추진력으로 쓰기에 좋은 물건으로만 생각합니다! 과학과 백과사전을 갖고 있는 우리는 우리의 실험실 안에 스스로 갇혀서 '신성함'을 잊기 일쑤입니다.

그러나 우리는 그것을 잊어서는 안 됩니다! 그것을 아주 잊어버리고 난 다음, 기억할 가치 있는 다른 무엇이 남는지 나는 알지 못합니다. 그때가 되면 대부분의 과학은 죽어버린 물건, 시들고 논쟁적이고 공허한—늦가을의 엉겅퀴가 되고 말 것입니다. 이것이 없다면 제아무리 훌륭한 과학도 죽은 '목재'에 불과합니다. 그것은 성장하는 나무나 숲이 아닙니다. 항상 새로운 목재 등을 생산하는 숲이 아닙니다! 사람은 어떤 식으로든 '숭배'를 하지 않는 한 무엇인가를 알 수도 없습니다. 그의 지식은 현학 취미이며 죽은 엉겅퀴에 불과할 따름입니다.

마호메트 종교의 관능성에 대해서는 많은 논의와 저술이 있었습니다. 정도에 지나칠 만큼 있었습니다. 그가 허용한—우리가 죄악으로 알고 있는—방종은 그가 하라고 시킨 것이 아니었습니다. 마호메트의 시대에 이미 그것은 아라비아에서 까마득히 오래전부터 이상하게 여기지 않고 실행해왔습니다. 그는 그것을 여러 면에서 억제하고 제한했습니다. 그의 종교는 안이한 것이 아닙니다. 엄격한 금식, 정결, 철저하고 복잡한 의식, 하루 다섯 번의 기도, 금주, 이러한 것들은 '안이한 종교가 됨으로써 성공을 거둔' 것이 아닙니다.

종교라는 이름을 가진 것치고 안이함에 의해 이런 성공을 거둔 적이 있습니까! 그들이 안일, 쾌락의 희망, 보상을 위해, 그리고 이 세상에서든 다음 세상에서든 사탕과자를 얻기 위해 영웅적 행동을 하도록 고무되었다고 말한다는 것은 인간에 대한 모욕입니다! 아무리 천박한 인간일지라도 좀더 고귀한 무엇을 갖고 있습니다. 총알받이로 고용되어 상소리나 지껄이는 가련한 병사들도 훈련규정과 하루 1실링의 급여 외에 그 나름대로 '군인의 명예'라는 것을 갖고 있는 법입니다. 아무리 가련한 인간일지라도 그가 막연히나마 그리워하는 것은 달콤한 사탕 맛을 보는 것이 아니라, 고상하고 진실한 일을 하며 신의 하늘 아래서 그 자신이 신이 만드신 인간이라는 것을 입증하는 일입니다. 그에게 그것을 할 수 있는 길을 보여주십시오. 그러면 아무리 둔해빠진 날품팔이일지라도 빛을 발하며 영웅이 될 것입니다.

인간이 안일을 좇아 움직인다고 말하는 사람은 인간을 크게 모독하는 것입니다. 어려움, 자기 억제, 순교, 죽음, 이런 것들이야말로 인간의 가슴을 자극하는 '유혹물'입니다.

그의 내면에 있는 천부적인 생명에 불을 붙여보십시오. 그 불은 모든 저열한 생각들을 태워버립니다. 인간이 진정 추구하는 것은 행복이 아니라, 더욱 고상한 것입니다. 천박한 종류의 사람들도 '체면' 따위를 따지는 것을 보면 이것을 쉽사리 알 수 있습니다. 우리의 욕망에 아부함으로써가 아니라, 모든 사람의 가슴속에 잠자고 있는 영웅정신을 일깨움으로써 어떤 종교도 그 신도를 얻을 수 있습니다.

이런저런 말이 많지만, 마호메트 자신은 육욕적인 사람이 아니었습니다. 만일 우리가 이 사람을 주로 천박한 쾌락, 아니 어떤 종류가 되었든 쾌락을 추구한 범용한 인물로 생각한다면 그것은 큰 잘못입니다. 그의 가족은 지극히 검소했습니다. 식사는 보통 보리로 만든 빵과 물이었고, 때로 여러 달씩 아궁이 불이 꺼지기도 했습니다. 신자들은 ― 온당한 긍지를 가지고 ― 그가 자기의 신발과 외투를 직접 꿰매 신었다고 기록했습니다. 가난하며 열심히 일하고 넉넉지 못한 형편이었으며, 속된 사람들이 얻으려 수고하는 것에는 관심이 없었습니다.

분명히 말해두지만, 그는 나쁜 사람이 아니었습니다. 그에게는 어떤 종류의 굶주림보다 더 좋은 어떤 것이 있었습니다. 그렇지 않았다면 23년 동안 그의 곁에서 전투하고 부딪치면서 항상 그와 가까이 지낸 이들 야성의 아랍인들이 그토록 그를 숭배하지는 않았을 것입니다! 그들은 거친 사람들이며 늘상 싸움과 온갖 종류의 격렬한 진지함에 빠져들곤 했습니다. 따라서 진정한 가치와 용기가 없이 그들을 지배한다는 것은 불가능했습니다.

그들이 그를 예언자라고 부른 이유를 여러분은 묻습니까? 그는 그들 앞에 아무런 가식 없이 정면으로 나섰습니다. 아무런 신비에도 싸여 있지 않고, 자신의 옷을 직접 깁고 신을 꿰매면서 그들과 한데 뒤섞인 체로 싸우고 가르치고 명령했습니다. 그들은 그가 어떤 사람인지 보았을 것입니다. 여러분은 마음대로 그를 부르십시오! 왕관을 쓴 그 어떤 황제도 손수 기운 옷을 입고 다닌 이 사람만큼 존경을 받지 못했습니다. 23년 동안의 거센 현실의 시련, 나는 거기에 응당 없어서는 안 될 진정한 영웅다운 무엇을 발견합니다.

그의 마지막 말은 기도였습니다. 창조주를 향한 떨리는 희망 속에서 저 높은 곳을 향해 투쟁하는 가슴에서 나오는 불완전한 절규였습니다. 우리는 그의 종교가 그를 더 악하게 만들었다고 말할 수 없습니다. 그것은 그를 나쁘게 만든 것이 아니라 더 선하게 만들었습니다.

그의 관대함을 보여주는 많은 기록이 있습니다. 사랑하는 딸을 잃었을 때의 그의 대답은 그 자신의 독특한 방언이지만, 어디까지나 진실하고, 크리스천의 대답과 비슷한 데가 있습니다. "주신 이도 신이시오, 취하신 이도 신이시니, 신의 이름은 찬송받으실지니이다."[40]

그는 그의 두 번째 신자이며 해방노예인 사랑하는 세이드(Seid)에게도 그와 같이 대답했습니다. 세이드는 마호메트가 그리스인과 싸운 첫 번째 전투인 타부크(Tabûc) 전투에서 쓰러졌습니다. 이때 마호메트는 말했습니다. "잘 되었다. 세이드는 주의 일을 하고 주께로 갔다. 세이드의 일은 다 잘 되었다." 그런데 세이드의 딸은 시신 앞에서 슬피 우는 마호메트를 보았습니다. 비통하게 눈물을 흘리는 백발의 노인! 세이드의 딸은 물었습니다. "제가 무엇을 보고 있는 것이옵니까?" "벗의 죽음을 슬퍼하는 사람이다."

---

40) 「욥기」1장 21절에 나오는 구절이다.

그는 세상을 떠나기 이틀 전에 마지막으로 모스크에 가서 물었습니다. "내가 누구에게 해를 끼친 일이 있느냐? 있으면 내 등을 채찍으로 때리라. 내가 누구에게 빚진 일이 있느냐?" "있지요, 내게 3드라크마"라고 하면서 한 사람이 어떠어떠한 때에 빌려가신 것이라고 대답했습니다. 마호메트는 그 돈을 갚아주라고 지시하고 말했습니다. "지금 수치를 당하는 편이 심판의 날에 당하는 것보다 낫다."

여러분은 젊은 아내 아에샤가 죽은 카디자에 대해 물었을 때 "아니다, 알라의 이름으로!"라고 했던 마호메트의 말을 기억할 것입니다. 그러한 특징은 진정한 사람, 1,200년을 지나고도 아직 우리 눈에 보이는 우리 모두의 형제이며, 우리 모두의 공동의 어머니인 자연의 참된 아들임을 보여줍니다.

나는 마호메트가 위선을 완전히 벗어났다는 점에서 그를 좋아합니다. 그는 소박하고 자립적인 광야의 아들이며, 젠체하지 않습니다. 그에게는 허식적인 자부심이 없습니다. 그렇다고 겸손하려고도 하지 않습니다. 그는 자신이 기운 옷과 신발을 걸치고 그의 있는 모습 그대로 있으며, 페르시아의 여러 왕들, 그리스의 여러 황제들에게 그들이 마땅히 해야 할 일을 담담하게 가르칩니다. 그 자신에 대해서도 '자기에게 합당한 존경'을 잘 알고 있었습니다.

베두인족과 벌인 생사를 건 전쟁에서는 잔인한 일도 있었습니다. 그러나 자비로운 행위, 고귀한 연민과 관용 또한 없지 않았습니다. 마호메트는 전자에 대한 변명도, 후자에 대한 자랑도 하지 않았습니다. 그러한 행동은 모두 그의 가슴이 명령한 대로 한 것이었고, 모두 그때 그 상황에서는 필요한 것이었습니다.

그는 완곡하게 에둘러 말하는 사람이 아니었습니다! 필요한 경우에는 거리낌 없이 심한 말도 했습니다. 그는 꾸미지 않고 솔직하게 말했습니다! 그는 타부크 전투에 대해 종종 이야기했습니다. 그의 부하 중 대다수는 날씨가 덥고 추수가 있다는 등의 구실로 진군을 거부했습니다. 그는 그때 일을 잊지 못했습니다. "추수라고? 그것은 하루 동안 계속된다. 그러나 영원히 계속될 추수는 어찌 될 것인가? 더위라고? 그래 덥다. 그러나 '지옥은 더 뜨거울 것이다.'"

때로는 신랄한 풍자가 튀어나옵니다. 믿지 않는 사람들에게는 이렇게 말합니다. "너희는 저 위대한 심판의 날에 너희의 행동을 정당한 저울에 달아 받게 될 것이다. 저울에 달아 나누어 받을 것이니, 너희들은 부족하게 받지는 않을 것이다!" 어디서나 그는 진실에 시선을 고정시키고 진실을 봅니다. 그의 가슴은 때때로 진실의 위대함에 충격을 받고 말을 잃습니다. "과연"이라고 그는 말합니다. 이 단어는 『코란』에서 때로는 그것만으로도 좋은 문장이 됩니다. "과연."

이 마호메트에게는 '딜레탕티슴'(Dilettantism),[41] 즉 도락적인 기분이 없습니다. 모든 일은 그에게 징벌과 구원, 시간과 영원의 문제였습니다. 그는 그 문제에 대해 필사적으로 진지했습니다! 가설, 공상, 일종의 아마추어적인 진리 탐색, 진리와의 장난감 놀이, 이런 것은 가장 큰 죄였습니다. 그것은 그밖의 상상할 수 있는 모든 죄의 근원입니다. 그것은 진리에 전혀 마음 문이 열려 있지 않고 "텅 빈 허영 속에 사는" 사람의 가슴과 영혼에 자리잡고 있습니다. 그런 사람은 거짓을 만들어내고 말할 뿐만 아니라, 그 사람 자체가 거짓입니다. 합리적인 도덕적 원리와 신성한 불꽃은 그의 내면 깊숙이 묻혀 있고, 살아도 죽은 마비상태로 조용하기만 합니다. 마호메트의 거짓이라 할지라도 그런 사람의 진실보다 훨씬 더 진실합니다. 그런 사람은 성실하지 못합니다. 매사에 부드럽고 매끈하며, 어떤 때나 상황에 처하여도 의젓한 자태를 취하고, 남의 비위를 거슬리지 않으며, 남

---

41) 어설픈 지식으로 하는 도락적인 예술 취미를 말한다.

에게 싫은 소리는 결코 하지 않습니다. 아주 깨끗합니다. 마치 탄산(carbonic acid)과 같아서 죽음이나 독과 다를 바 없습니다.

우리는 마호메트의 도덕적 교훈이 항상 최상의 것이었다고 칭찬하지는 않겠습니다. 그러나 거기에는 항상 선에 대한 지향이 있고, 정의와 진리를 목표로 하는, 가슴의 진실한 명령이 있다고 말할 수 있습니다. 한쪽 뺨을 맞으면 다른 쪽 뺨도 돌려대는 그리스도교의 숭고한 용서는 없습니다. 당사자가 직접 복수하라고 합니다. 그러나 정도를 지키고 정의의 한계를 넘지 말라고 합니다.

반면에, 이슬람교는 다른 어떤 위대한 종교, 그리고 인간 본질에 대한 통찰과 마찬가지로 인간을 완전히 평등하게 만듭니다. 한 신자의 영혼은 땅의 모든 왕의 권세보다도 중요합니다. 이슬람교에 따르면 모든 인간은 평등합니다. 마호메트는 자선행위의 타당성을 주장하지 않고 그 필요성을 역설합니다. 그는 사람마다 얼마만큼을 남에게 줄 것인지를 율법으로 정해서 그것을 소홀히 할 경우 벌을 줍니다. 한 사람의 1년 수입의 10분의 1은 그것이 얼마이든 간에 가난한 사람, 고통받는 사람, 그것이 필요한 사람의 당연한 소유물입니다. 이 거친 자연의 아들의 가슴속에 감돈, 연민이 가득하고 공평무사한 선천적인 휴머니티의 음성은 이렇게 말합니다. "이 모든 것은 좋다."

마호메트의 천국은 육욕적이고 그의 지옥도 육욕적입니다. 사실입니다. 그의 천국이나 지옥에는 우리의 정신에 충격을 주는 점이 다분히 있습니다. 그러나 우리는 아랍인이 과거에 이미 그런 전통이 있었음을 기억해야 합니다. 마호메트의 개혁은 이러한 모든 것을 순화시키고 감소시켰음을 유념해야 합니다. 가장 나쁜 육욕적 특성은 그를 추종한 박사들의 짓이지 그가 한 일이 아닙니다.

『코란』에는 천국의 즐거움에 대한 언급이 매우 적으며, 있다 해도 넌지시 암시하는 정도이지 역설하는 것은 아닙니다. 그리고 거기에는 최고의 기쁨이 정신적인 것이라는 사실이 잊혀져 있지 않습니다. 최고선의 순수한 존재는 모든 다른 기쁨을 무한히 초월합니다. 그는 말합니다. "너희의 인사말은 '평화'가 되어야 한다." 살람(Salam), 평안하십시오! 이것이야말로 모든 이성적 영혼이 갈구하고 찾기는 하지만 땅에서는 얻지 못하는 축복입니다. "'너희는 서로 마주보고 앉아 가슴속의 모든 원한을 없애야 한다.' 모든 원한을! 너희는 서로 마음에서 우러나오는 사랑을 해야 한다. 그러면 누구나 형제의 눈 속에 천국이 충만함을 볼 수 있을 것이다!"

이 육욕적인 천국과 마호메트의 육욕, 즉 우리가 가장 비통하게 여기는 이 문제에 대해서는 아직도 할 말이 많습니다. 그러나 여기서는 더 이상 그 문제로 들어가지 않는 것이 좋겠습니다. 나는 두 가지만 말하고 나머지는 여러분의 솔직한 판단에 맡기겠습니다.

처음 말할 내용은 괴테에게서 차용한 것입니다. 그것은 그가 우연히 던진 힌트이지만 충분히 주목할 가치가 있습니다. 『빌헬름 마이스터의 수업시대』의 한 대목에서 주인공은 이상한 풍습이 있는 사회로 가게 됩니다. 그중 하나는 다음과 같습니다. "만일 우리가 우리 인민의 각 사람에게 어느 한 측면에서 더 많은 자유재량을 허용한다면 우리는 다른 한 방향에서 스스로를 억제해야만 합니다." 즉 어떤 한 가지 일에서 자신의 욕망과 정반대되는 방향으로 나가서 자기가 원치 않는 일을 하도록 만들어야 한다는 것입니다.

이 말에는 커다란 진리가 있습니다. 좋아하는 것을 즐기는 것은 악이 아닙니다. 그러나 그 때문에 우리의 윤리적 자아가 노예상태로 타락해버린다면 그것은 악입니다. 사람에게 그가 그 자신의 습관을 지배하는 사람이라고 주장하도록 하십시오. 정당한 대의명분이 제시된다면 그 습관을 떨쳐버릴 능력과 의사가 있음을 주장하도록 하십시오. 이것은 탁월한 율법입니다. 이슬람교도를 위한 라마단, 마호메트 종교의 많은 부분, 마호메트 생애의 많은 부분은 그 방향을 추구합니다. 설령 마호메트 자신의 사전 계획이나 도덕적 향상을 위한 명백한 목적에 의한 것은 아닐지라도 그 못지않게 훌륭한 어떤 건전하고 남자다운 본능으로 그 방향을 지향하고 있는 것입니다.

이슬람교의 천국과 지옥에 대해서는 말해야 할 것이 또 한 가지 있습니다. 아무리 조잡하고 관능적인 것이라 할지라도 그것은 영원한 진리를 상징하고 있다는 것입니다. 이 점은 다른 곳에서는 그다지 잘 기억되고 있지 않습니다. 그의 조잡한 관능적 천국, 저 무서운 불길에 싸인 지옥, 그가 끊임없이 강조한 저 위대하고 장엄한 심판의 날, 이 모든 것은 '의무의 무한성'이라는 장엄한 정신적 사실, 그리고 모든 사실의 기원에 대해 소박한 베두인의 상상력이 그려낸 소박한 모습이 아니고 무엇이겠습니까?

우리 또한 이것을 알고 느끼지 않는다면 불행을 면치 못할 것입니다. 이 세상에서 행하는 인간의 행동은 그 사람에게 무한히 중요하며, 결코 죽지도 끝나지도 않습니다. 사람은 그의 짧은 인생에서 위로는 천국까지 오르고 아래로는 지옥까지 내려가며, 그의 60년이란 세월은 그 안에 두렵고 경탄스럽게 영원을 감추고 있습니다. 이 모든 생각이 마치 불로 쓴 글씨처럼 타올라서 그 야성적인 아랍인의 영혼으로 들어갔습니다. 불과 번개로 씌어진 것처럼 거기에 씌어 있어서 두렵고 말로 표현할 수 없으며 항상 눈앞에 보입니다. 폭발하는 열정과 격렬하고 원시적인 성실성을 지닌 그는 멈춰 서서 그것을 분명한 어조로 말하려고 하지만 말할 수가 없습니다. 그가 그것을 표현하려고 애쓰다가 형상화시킨 것이 바로 그 천국과 그 지옥입니다. 어떤 방식으로 형상화되든 그것은 모든 진리의 첫 번째입니다. 모습이 어떠하든 그것은 존귀합니다.

이 세상에서 인간의 제일가는 목적은 무엇입니까? 마호메트는 이 문제에 대해 우리 가운데 여러 사람이 부끄러워할 정도로 잘 대답해 주었습니다. 그는 벤담[42]이나 페일리[43]처럼 옳고 그름을 따지고, 피차의 이익과 손실, 궁극적 쾌락을 계산하지 않으며, 덧셈·뺄셈으로 정답을 낸 다음, 여러분에게 "대체로 정의가 더 우세하지 않습니까" 라고 묻지도 않습니다. 아닙니다. "이것을 하는 것이 저것을 하는 것보다 더 좋다"가 아닙니다. 이것과 저것의 차이는 삶과 죽음입니다. 이것과 저것의 차이는 천국과 지옥입니다. 이것은 해선 절대로 안 되고, 저것은 안해서는 절대로 안 됩니다. 그 둘을 계산해서는 안 됩니다. 그 둘은 계산할 수 있는 것이 아닙니다. 하나는 영원한 죽음이고 다른 하나는 영원한 생명입니다.

벤담의 공리주의는 이익과 손실로 미덕을 계산하고, 신이 만드신 이 세계를 죽어버린 무감각한 증기기관으로 낮추며, 무한히 거룩한 인간 영혼을 건초와 엉겅퀴, 쾌락과 고통을 재는 저울로 전락시킵니다. 만일 여러분이 마호메트와 그들 중 어느 편이 인간, 그리고 이 우주에서의 인간 운명에 대해 더욱 보잘것없고 거짓된 견해를 말하고 있느냐고 묻는다면 나는 주저 없이 대답하겠습니다. "마호메트는 아니다!"라고 말입니다.

다시 한 번 말씀드리거니와 대체로 마호메트의 이 종교는 그리스도교의 한 종류이며, 정신적으로 최고의 진정한 요소가—그 모든 불완전성에도—가리지 않고 엿보입니다. 스칸디나비아인의 '소망' (Wish)의 신, 모든 야만인의 신, 마호메트는 이것을 확대하여 천국으로 삼았습니다. 그러나 그 천국은 신성한 의무를 상징하며, 신앙과 선행, 용기 있는 행동, 그리고 더욱더 용기 있는 행동인 신성한 인내

---

42) 벤담(Jeremy Bentham, 1748~1832): 영국의 법학자·철학자로 공리주의를 제창했다.
43) 페일리(William Paley, 1743~1805): 영국의 신학자·공리주의 철학자이다.

로써 쟁취해야 하는 천국입니다. 그것은 스칸디나비아의 이교에 진정으로 천국적인 요소를 추가한 것입니다. 그것을 거짓이라고 부르지 마십시오. 그것의 거짓된 점을 보지 말고 진실을 보십시오. 과거 1,200년 동안 그것은 전 인류 5분의 1의 종교였고 인생의 안내자였습니다. 무엇보다도 그것은 진심으로 믿은 종교입니다. 이들 아랍인은 그들의 종교를 믿고, 그것에 의해 살려고 합니다!

초대 기독교 이래의 크리스천들도—아마 근대 잉글랜드의 청교도를 제외하면—이슬람교도가 그들의 종교를 믿듯이 자기 종교를 견지하지는 않았습니다. 철두철미하게 그것을 믿고, 그것으로 시간과 대결하며, 그것으로써 영원과 맞선 자는 없었습니다. 오늘 밤 카이로(Cairo)의 거리에서 방범대원이 "누구냐?" 하고 물으면, 그는 보행자에게서 대답과 함께 "알라 외에는 신이 없다"는 말을 듣게 될 것입니다. "알라 아크바르(Allah akbar), 이슬람." 이 말은 피부색이 거무스레한 수백만 명의 영혼과 그들의 모든 일상생활에 울려 퍼집니다. 열심 있는 전도자들이 그것을 말레이 사람, 검은 파푸아 사람, 잔인한 우상숭배자들 사이에 전파합니다. 더 나쁜 것은 제거하되, 더 나은 것, 선한 것은 건드리지 않으면서 말입니다.

아랍 민족에게 그것은 마치 암흑에서 광명으로 탄생하는 것 같았습니다. 아라비아는 이것으로써 비로소 생명을 얻었습니다. 천지창조 이래 사막을 유랑하며 존재도 없던 가련한 유목민족, 그들에게 그들이 믿을 수 있는 말씀을 가진 예언자 영웅이 출현했습니다. 보십시오, 존재도 알려지지 않던 것이 전 세계적으로 알려지고, 작은 것이 세계적으로 큰 것이 되었습니다. 그 후 1백 년도 지나지 않아서 아라비아는 이쪽으로는 그라나다(Granada)에서 저쪽으로는 델리(Delhi)까지 뻗어나갔습니다.[44] 용기, 영광, 그리고 천재적인 불꽃으로 번뜩이던 아라비아는 오랜 세월에 걸쳐 세계의 광대한 지역에 찬란히 빛납니다.

　신앙은 위대합니다. 그것은 생명을 줍니다. 한 민족의 역사는 그것이 신앙을 가지면서 풍부하고 위대하고 영혼을 고양시키는 것이 됩니다. 이 아랍인들, 그 사람 마호메트, 그리고 그들의 한 세기, 그들은 이를테면 존재도 알려지지 않은 검은 사막 세계에 떨어진 섬광 같은 것이 아니었습니까? 그러나 보십시오, 그 모래는 폭발력 있는 가루와 같아서 델리에서 그라나다까지 화염이 하늘을 찌르도록 만들었습니다! 나는 말했습니다. 위인은 항상 하늘에서 떨어지는 번갯불 같다고 말입니다. 나머지 사람들은 장작더미처럼 그를 기다립니다. 그리고 그가 내려오면 그들은 모두 화염으로 타오릅니다.

---

44) 7세기 초에 창시된 이슬람교는 그후 1백 년도 채 못 되어 고대 페르시아 제국의 전부와 북아프리카, 그리고 에스파냐 지역을 정복했다.

제3강
시인으로 나타난 영웅

단테 · 셰익스피어

1840년 5월 12일, 화요일

단테는 중세의 대변인입니다. 여기에는 중세의 사상이 영원한 음악으로 존재합니다. 그의 숭고한 사상—거기에는 무서운 것도 있고 아름다운 것도 있습니다—은 그보다 앞서 죽어간 모든 훌륭한 사람의 그리스도교적 명상의 결정체였습니다.

이 이탈리아인 단테는 중세의 종교, 우리 근대 유럽의 종교, 그것의 내적 생명을 음악적으로 구현하기 위해 이 세계에 보내졌습니다. 그와 마찬가지로, 셰익스피어는 당시에 발전된 우리 유럽의 외적 생명, 즉 기사도, 예절, 유머, 야심, 당시 사람들의 사고방식, 행동방식, 세계를 관찰하는 실질적인 방법 등을 우리를 위해 구현해주고 있다고 말해도 좋을 것입니다.

그러나 우리는 이렇게 말해야 하지 않겠습니까? 인도야 있든 없든 상관없으나, 셰익스피어가 없이는 살 수 없다고 말입니다! 어쨌든 인도 제국은 언젠가는 잃게 될 것입니다. 그러나 이 셰익스피어는 결코 사라지지 않습니다. 그는 영원히 우리와 함께 있습니다. 우리는 셰익스피어를 포기할 수 없습니다.

신성한 신비를 드러낸 예언자

신으로 나타난 영웅, 예언자로서의 영웅은 고대의 소산입니다. 새로운 시대에는 다시 나타나지 않습니다. 그런 영웅들은 개념의 소박성을 전제로 하는데, 그러한 소박성은 과학 지식의 진보만으로도 종말을 고하게 되는 것입니다. 만일 인간이 사랑이 깃든 경탄으로 다른 사람을 신 또는 예언자라고 말하려면, 과학적 형식이 전혀 또는 거의 없는 세계라야 합니다. 신과 예언자는 과거에 속합니다.

우리는 이제 야심과 의혹의 혐의가 적은, 그리고 과거에 속하지 않는, 시인이라는 성격 속에서 우리의 영웅을 보겠습니다. 시인은 모든 시대에 속하는 영웅적 인물입니다. 한번 나타나면 모든 시대가 그를 소유합니다. 가장 새로운 시대도 가장 오랜 시대도 시인을 낳을 수 있습니다. 자연이 원한다면 언제라도 낳을 것입니다. 자연이 영웅적인 영혼을 이 세계에 보낸다면 그는 어떤 시대에도 시인이 될 가능성이 있습니다.

영웅·예언자·시인 —— 시대와 장소가 다르면 우리가 위인에게 주는 이름도 다릅니다. 우리가 그들에게서 주목하는 차이점에 따라서, 그리고 그들이 스스로 역량을 발휘한 영역에 따라서 달라집니다! 같은 원리에 입각해서 다른 여러 이름들을 붙일 수 있을 것입니다. 나는 여기서 명심해야만 할 한 가지 중요한 사실을 다시 한 번 지적하고자 합니다. 즉 그러한 구분이 이루어진 근거는 그 '영역'이 다르다는 데 있으며, 영웅은 자기가 태어난 세계의 종류에 따라서 시인·예언자·왕·성직자 또는 무엇이든 될 수 있다는 것입니다.

진정한 위인은 어떤 종류의 위인도 될 수 있다고 나는 상상해 봅니다. 그저 의자에 앉아 글귀나 짓는 시인은 대단한 시를 결코 짓지 못할 것입니다. 그 자신이 영웅적 전사가 아니라면 영웅적 전사를 노래할 수 없습니다. 생각건대 진정한 시인의 내면에는 정치가·사상가·입법자·철학자의 자질이 잠재해 있습니다. 많든 적든 간에 이런 모든 것이 어느 정도는 다 들어 있습니다.

미라보[1] 같은 사람의 경우를 봅시다. 그 위대한 뜨거운 가슴 안에는 뜨거운 정열과 솟구치는 눈물이 있습니다. 만일 그의 생애와 교육이 그를 다른 분야로 이끌어 비극과 시를 썼더라면, 모든 사람의 심금을 울릴 수 있었을 것입니다. 그의 근본 성격은 위인의 마음입니다. 즉 그 인간이 위대하다는 것입니다. 나폴레옹은 그의 가슴속에 아우스터리츠 전투[2] 같은 언어를 지니고 있었습니다. 루이 14세의 원수(元帥)들도 일종의 시인들이었습니다. 그들 중 하나인 튀렌[3]이 한 말에는 새뮤얼 존슨의 말과 같은 지혜와 온정이 충만합니다. 위대한 가슴, 맑고 깊이 보는 눈, 그의 말에는 그것이 있습니다. 이러한 것들이 없이는 어떤 사람도 어떤 분야에서도 성공할 수 없습니다.

페트라르카[4]와 보카치오[5]는 외교적 임무를 훌륭하게 수행한 것으

---

1) 미라보(Honoré-Gabriel Victor Requeti Mirabeau, 1749~91): 프랑스혁명기의 정치가·웅변가로 계몽사상의 영향을 받아 많은 팸플릿을 작성하여 저널리스트로서 이름을 떨쳤다. 프랑스혁명 초기 2년간 가장 중요한 인물이었다. 1789년 삼부회에 선출되었으며, 저술과 웅변으로 입법의회(1791~92)가 성립하는 데 가장 큰 공헌을 했다. 온건파로서 입헌군주제를 지지했고, 혁명의 급진화가 절정에 도달하기 전에 사망했다.
2) 아우스터리츠 전투(Battle of Austerlitz, 1805. 12. 2): 오스트리아·러시아 연합군과 나폴레옹군이 벌인 전투로 나폴레옹이 거둔 승리 중에서 가장 유명한 것 중 하나이다.
3) 튀렌(vicomte de Turenne, Henri de La Tour d'Auvergne, 1611~75): 프랑스의 군인으로 30년전쟁에 종군하여 활약했다. 1643년 프랑스 육군 원수가 되었다. 프랑스 명장 중의 한 사람으로 루이 14세 시대의 군사적 영광을 드러낸 인물이다.
4) 페트라르카(Francesco Petrarca, 1304~74): 이탈리아의 시인으로 최초의 휴머니스트라 부른다. 교황 클레멘트 4세(Clement IV)의 외교관으로서의 임무를 수행하기도 했다.

로 보입니다. 우리는 그것을 쉽사리 믿을 수 있습니다. 그러나 그들은 이런 일보다 좀더 어려운 일을 해냈던 것입니다! 천재 시인 번스는 더욱 훌륭한 미라보가 되었을지도 모릅니다. 셰익스피어[6] ─ 그는 아마 무슨 일에서나 최고 수준에 오를 수 있었을 것입니다.

사실 타고나는 소질도 있습니다. 보통 사람들의 경우와 마찬가지로 자연은 모든 위인을 똑같은 형태로 창조하지는 않습니다. 의심할 나위 없이 소질의 차이가 있습니다. 그러나 환경의 차이가 훨씬 더 큽니다. 그러므로 매우 빈번히 후자만을 주목합니다. 그러나 그것은 보통 사람이 직업을 배우는 것과 같습니다. 여러분은 아직 능력이 뚜렷하지 않은, 어떤 기능공도 될 수 있는 사람을 데려다가 대장장이·목수·석공 등을 만듭니다. 그는 그때부터 그 일만 하므로 다른 일은 하나도 못합니다.

그러므로 애디슨[7]이 개탄했듯이 여러분은 때로 거리의 짐꾼이 가느다란 종아리에 무거운 짐을 짊어지고 비틀거리는 것을, 그리고 그 옆에서 삼손 같은 우람한 체격의 재단사가 옷감 한 조각과 작은 바늘을 놀리고 있는 것을 봅니다. 이 경우를 보면 타고난 소질만이 고려되었다고 생각할 수는 없습니다!

---

5) 보카치오(Giovanni Boccacio, 1313~75): 이탈리아의 작가로 유명한 『데카메론』 (*Decameron*)을 썼다. 피렌체의 외교관으로도 활동했다.
6) 셰익스피어(William Shakespeare, 1564~1616): 영국의 시인·극작가로 영국이 낳은 국민시인이며 현재까지 가장 뛰어난 극작가로 손꼽힌다. 16세기 말부터 17세기 초에 쓴 그의 희곡은 작은 레퍼토리 극단에서 공연되었으며 오늘날에도 세계 여러 나라에서 그토록 자주 작품이 공연되는 작가는 없다. 동료 극작가 벤 존슨은 셰익스피어를 일컬어 "한 시대가 아닌 만세를 위한" 작가라고 말했다. 뛰어난 시적 상상력, 인간성의 안팎을 넓고 깊게 꿰뚫어보는 통찰력, 놀랄 만큼 풍부한 언어 구사, 매우 다양한 무대형상화 솜씨 등에서 그를 따를 사람이 없다.
7) 애디슨(Joseph Addison, 1672~1719): 영국의 수필가·시인·정치가이다.

위인도 마찬가지입니다. 그는 어떤 일을 배워야만 합니까? 여기 영웅이 있다고 합시다. 그는 정복자가 됩니까? 왕이 됩니까? 철학자가 됩니까? 시인이 됩니까? 그것은 세계와 그 사람 사이의 상호 관계에서 비롯되는 것으로 설명할 수 없으리만큼 복잡하고 논쟁적인 추측을 초래합니다! 그는 세계와 세계의 법칙을 이해할 것입니다. 그리고 세계와 세계의 법칙은 거기서 이해될 것입니다. 앞서도 말했듯이 이 문제에서 세계가 무엇을 허락하고 무엇을 명령할 것인가 하는 것은 세계에서 가장 중대한 사실입니다.

우리의 느슨한 근대적 개념으로 볼 때 시인과 예언자는 크게 다릅니다. 그러나 고대 언어에서는 그 둘의 호칭이 같습니다. '바테스'(Vates)[8]는 예언자와 시인을 동시에 의미합니다. 실로 모든 시대에서 예언자와 시인은 매우 비슷한 의미였습니다. 사실 근본적으로 말해서 그들은 아직도 같습니다. 특히 가장 중요한 것은 그 둘 다 우주의 신성한 신비, 괴테가 말한 "공공연한 신비"를 꿰뚫고 있다는 점입니다. "무엇이 그토록 신비한가?" 하고 사람들은 묻습니다.

"공공연한 신비," 그것은 모든 사람 앞에 펼쳐져 있으나 거의 아무도 보지 못하는 것입니다! 어디서나 모든 존재 어디에나 있는 저 신성한 신비, 피히테[9]의 말을 빌리자면 "만물의 근저"에 가로놓인 "세계의 신성 관념"을 생각해보십시오. 그에 비하면 별이 총총한 넓은 하늘에서부터 들의 잡초에 이르기까지의 온갖 현상, 특히 인간과 그의 일이라는 현상은 모두 그것을 눈에 보이도록 구체화시킨 의상에

---

8) 라틴어 'vates'는 예언자와 시인을 동시에 의미한다.

9) 피히테(Johann Gottlieb Fichte, 1762~1814): 독일의 철학자로 선험적 관념론을 주창했다. 1807년에 쳐들어온 프랑스군의 감시 아래 『독일국민에게 고함』(*Reden an die deutsche Nation*, 1807~1808)이라는 유명한 애국적 강연을 했다. 베를린 대학교 창립에 진력하여 초대 총장이 되었다(1810~14).

지나지 않습니다.[10]

이 신성한 신비는 모든 시대와 모든 장소에 존재합니다. 진실로 존재합니다. 그러나 대부분의 시대와 장소에서 그것은 흔히 간과됩니다. 그 결과 신의 사상이 구체화하여 실현된 것이라고 이런 말 저런 말로 항상 정의할 수 있는 이 우주는 하찮고 생명이 없는, 흔해빠진 물체로 간주되었습니다. 풍자가[11]는 말합니다. 이 우주는 마치 실내 장식업자가 조립한 죽은 물건처럼 여겨진다고 말입니다! 요즘 같은 세상에는 이것에 대해 크게 떠들어봐야 아무 소용이 없습니다. 그러나 우리가 이것을 모른 채 이에 따라 생활하지 않는다면 그것은 우리 모두에게 불행입니다. 실로 가장 슬퍼할 불행입니다. 만일 우리가 이것을 모르고 산다면 그것은 전적인 인생 실패입니다!

그러나 지금 그 누군가 이 신성한 신비를 잊었다 하더라도 '바테스'는 예언자로서든 시인으로서든 그 신비를 꿰뚫고 있다고 나는 말합니다. 그는 우리에게 그 신비를 더욱 인상 깊게 알려주기 위해 이 세상에 보내진 사람입니다. 그것은 항상 그의 사명입니다. 그는 다른 무엇보다도 항상 같이 살고 있는 저 신성한 신비를 우리에게 계시하고자 합니다. 다른 사람은 그것을 잊어버리지만 그는 알고 있습니다. 나는 그가 그것을 알게끔 강제된 사람이라고 말할 수 있습니다. 그의 의지와는 상관없이 그는 그 속에서 살며, 그 속에서 살지 않을 수 없는 사람입니다.

거듭 말하지만, 여기에는 전해 듣는 풍문 따위는 없습니다. 오직 직

---

10) 칼라일은 여기서 자신의 유명한 '의상철학'(Philosophy of Clothes)을 간략하게 언급했다. 그의 의상철학에서 '옷'은 현실 현상의 세계를, '몸'은 이상 실재의 정신적 질서를 의미했다. 칼라일의 '의상철학'은 그의 초기 저작인 『사르토르 레사르투스』(*Sartor Resartus*, 1833)에 잘 나타나 있다.
11) 칼라일 자신을 가리킨다.

접적인 통찰과 믿음만이 있습니다. 이 사람은 또한 성실한 사람이 아닐 수 없습니다! 다른 어느 누가 사물의 눈에 보이는 겉껍데기에서 살든 간에 그는 본성적으로 사물의 본질에서 사는 것이 필요했습니다. 거듭 말하지만, 비록 다른 모든 사람이 장난삼아 그것을 스쳐갔다 하더라도 그는 우주에 대해 성실했습니다. 그는 무엇보다도 그의 성실성 때문에 '바테스'였습니다. 이것이 "공공연한 신비"에 관계하는 자로서 시인과 예언자가 동일한 사람이라는 논거입니다.

그들의 차이에 관해 말하자면 예언자 '바테스'는 그 신성한 신비를 선과 악, 의무와 금지 같은 도덕적 측면에서 파악하고, 시인 '바테스'는 아름다움 등 독일인이 말하는 심미적 측면에서 파악했다고 말해도 좋을 것입니다. 전자는 우리가 해야 할 일을 계시해주는 사람, 후자는 우리가 사랑해야 할 것을 계시해주는 사람이라고 말할 수 있습니다.

그러나 실제로 이들 두 분야는 서로 섞여 있어서 분리할 수가 없습니다. 예언자들도 우리가 사랑해야 할 것에 눈길을 줍니다. 그렇지 않다면 우리가 해야 할 일이 무엇인지를 그가 어떻게 알 수 있겠습니까? 이 땅에서 들리는 가장 고귀한 음성 역시 이렇게 말했습니다. "들의 백합화가 어떻게 자라는지 생각해보라. 수고도 아니하고 길쌈도 아니하느니라. 그러나 솔로몬의 모든 영광으로도 입은 것이 이 꽃 하나만 같지 못하였느니라."[12] 그것은 가장 깊디깊은 아름다움의 경지를 들여다본 말입니다. '들의 백합화' ── 세상의 왕보다 훌륭한 옷을 입고 거친 들녘에 솟아난 한 아름다운 '눈'이 아름다움의 깊은 내적 바다에서부터 당신을 바라보고 있습니다! 이 조야한 땅이 거칠게 보이고 또 실제로 거칠기는 하지만, 그 본질이 아름다움이 아니라면

---

12) 「마태복음」 6장 28~29절에 나오는 구절이다.

어떻게 그런 꽃을 피울 수 있었겠습니까?

이런 관점에서 볼 때 괴테의 말은 사람들을 놀라게 하기는 했지만 자못 의미심장한 말입니다. "아름다움은 선보다 높다. 아름다움은 그 안에 선을 지니고 있다." 그러나 나는 어딘가에서 이렇게 말한 적이 있습니다. "'진정한' 아름다움과 '거짓된' 아름다움은 그 차이가 천국과 복스홀(Vauxhall)[13]의 차이만큼이나 크다"고 말입니다. 시인과 예언자의 차이점에 대해서는 이 정도로 마치겠습니다.

예나 지금이나 그를 비난하는 것이 불경스런 일로 여겨질 정도로 완벽한 시인들이 있습니다. 이것은 주목할 만한 일이며 바람직한 일입니다. 그러나 엄밀히 말하면 그것은 하나의 환상에 지나지 않습니다. 근본적으로 이 세상에 완벽한 시인이 없다는 것은 명백한 사실입니다! 시인의 기질은 모든 사람의 가슴속에 있습니다. 그러나 가슴 전체가 시로 이루어진 사람은 없습니다.

우리가 시를 제대로 읽을 때 우리는 모두 시인입니다. "단테[14]의

---

13) 영국 런던 템스 강의 복스홀 다리(Vauxhall Bridge) 근방에 있는 행락지로 1661년에 조성되어 1859년까지 존속했다.

14) 단테(Alighieri Dante, 1265~1321): 이탈리아의 가장 위대한 시인으로 서(西)유럽 문학의 거장이다. 후에 『신곡』(La divina commedia)으로 제목이 바뀐 기념비적인 서사시 『희극』(La commedia)으로 널리 알려졌다. 이 위대한 중세 문학 작품은 인간의 속세와 영원한 운명을 심오한 그리스도교적 시각으로 그리고 있다. 개인적인 차원에서 보면 이 작품은 피렌체에서 추방당한 시인 자신의 경험을 바탕으로 한 작품이지만 아주 포괄적인 차원에서 보면 지옥·연옥·천국을 여행하는 형식을 취한 우화(寓話)로 읽힐 수 있을 것이다. 이 시에 나타난 시인의 박학다식함, 당대 사회문제에 대한 예리하고 포괄적인 분석, 언어와 시상(詩想)의 창의성 등은 놀라울 정도이다. 라틴어가 아닌 이탈리아어를 시어(詩語)로 선택함으로써 단테는 문학 발달과정에 결정적인 영향을 미쳤다. 그는 조국에서 태동하기 시작한 시가(詩歌)문화에 표현능력을 빌려주었을 뿐만 아니라, 이탈리아어가 수백 년 동안 서유럽에서 문학어로 쓰이게 되는 데 기여했다. 시 이외에도 중요한 이론적 저술들을 썼는데 그 범위는 수사

지옥에 몸서리치는 상상력," 그것은 단테보다 정도가 약하기는 하지만, 단테 자신의 능력과 같은 것이 아닙니까? 셰익스피어 이외의 누구도 삭소 그라마티쿠스[15]에서부터 셰익스피어가 해낸 것처럼 『햄릿』이야기를 표현할 수 없습니다. 물론 누구든지 그것에서 어떤 종류의 이야기를 만들 수는 있습니다. 다만 사람에 따라 그것을 잘 표현할 수도 있고 못할 수도 있습니다.

우리는 정의를 내리는 데 시간을 허비할 필요가 없습니다. 원과 사각형같이 특별한 차이가 없는 한 모든 정의는 다소 임의적인 것입니다. 내면 가운데 시적 요소가 발달되어 주목할 만하게 된 사람은 주변 사람들이 시인이라고 부를 것입니다. 세계적 시인, 즉 우리가 완벽한 시인으로 여겨야 할 시인 역시 마찬가지 방식으로 비평가들이 결정한 것입니다. 시인의 일반적 수준에서 훨씬 높이 올라선 사람은 어떤 비평가가 볼 때에는 세계적인 시인으로 보일 것입니다. 당연히 그래야 합니다. 그러나 그것은 임의적으로 평가된 우수성임이 틀림없습니다.

모든 시인, 모든 인간은 세계적 시인이 될 만한 특징이 얼마간 있습니다. 단 누구도 전적으로 그것만으로는 이루어져 있지 않습니다. 대부분의 시인은 매우 빨리 잊혀집니다. 가장 고귀한 시인인 셰익스피어와 호메로스도 '영원히' 기억될 수는 없습니다. 그들 또한 잊혀지는 때가 옵니다!

론에서부터 도덕철학과 정치사상에까지 이른다. 고전전통에 매우 정통한 사람으로 자신의 목적을 위해 베르길리우스, 키케로, 보에티우스의 작품들을 인용했으나 비전문가로서는 아주 이례적으로 당대 최신의 스콜라 철학과 신학을 매우 능숙하게 활용했다. 박학다식함과 당대의 뜨거운 정치논쟁에 개인적으로 연루된 사건들 때문에 중세 정치철학의 주요 논문 가운데 하나인 『제정론』(De monarchia)을 썼다.
15) 제1강의 주 42)를 참조.

그런데도 여러분은 말할 것입니다. 참다운 시, 그리고 시가 아닌 참다운 말, 이 둘 사이에는 차이가 있음이 틀림없다고 말입니다. 그 차이는 무엇입니까? 이 점에 대해서는 특히 최근 들어 독일 비평가들이 많은 저술을 남겼습니다. 그들 중에는 얼핏 보아서는 매우 이해하기 어려운 것도 있습니다. 예를 들면 그들은 이렇게 말합니다. "시인은 그 내면에 '영원성'을 갖고 있어서 그가 서술하는 모든 것에 운엔틀리히카이트(Unendlichkeit), 즉 '무한성'을 배어들게 한다"고 말입니다. 이것은 비록 그 의미가 정확하지는 않으나, 그렇듯 모호한 문제에 관한 것으로서는 기억해둘 만한 가치가 있습니다. 깊이 생각한다면 약간의 의미가 그 안에서 점차 발견될 것입니다.

나 자신은 "시는 운율적이고, 그 안에 음악을 지니고 있으며, 하나의 노래이다"라고 하는 낡고 통속적인 정의에서 큰 의미를 발견합니다. 만일 정의를 내리라고 한다면 우리는 즉각 이렇게 말해도 좋습니다. "만일 여러분의 서술이 정말 음악적이라면, 그리고 비단 언어에서뿐만 아니라 핵심과 실체에서 모든 사상과 표현에서 그 개념 전체에서 음악적이라면, 그것은 시다. 그렇지 못하다면 그것은 시가 아니다."

'음악적'이라는 말에는 얼마나 많은 함축이 담겨 있습니까! '음악적' 사상이란 사물의 가장 깊은 핵심을 꿰뚫고, 그 가장 깊은 신비, 즉 그 안에 감추어진 선율을 발견한 사람이 진술한 사상입니다. 통일성 있는 내적 조화야말로 그 사상의 영혼이며, 그것에 의해 그 사상은 이 세계에 존재하고 또 존재할 권리를 갖습니다. 모든 내적 사물은 그 안에 선율이 있으며, 자연히 스스로를 노래로 표현합니다. 노래의 의미는 깊습니다. 이 세상에서 음악이 우리에게 주는 효과를 논리적 언어로써 표현할 수 있는 사람이 누가 있겠습니까? 명료하지 않고 깊이를 더듬을 수도 없는 말, 우리를 이끌어 무한의 가장자리에 이끌어주는 말, 우리는 잠시 그것을 살펴보기로 하겠습니다!

아니, 모든 말, 가장 평범한 말까지도 그 안에 노래의 요소가 있습니다. 세상의 어떤 마을도 모두 그 마을 특유의 억양이 있습니다. 그것은 사람들이 하고자 하는 말을 그것에 맞추어 노래하는 리듬 또는 곡조입니다! 억양은 일종의 노래입니다. 모든 사람에게는 그 나름의 억양이 있습니다. 물론 그들은 다른 사람의 억양만을 의식하고 있지만 말입니다. 모든 정열적인 말은 자연히 음악적으로 됩니다. 단순한 억양 이상의 훌륭한 음악이 됩니다. 사람의 말은 화가 났을 때조차 일종의 노래가 됩니다.

모든 심오한 것은 노래입니다. 노래는 우리의 핵심적 본질이 아닐까 합니다. 다른 모든 것은 포장지나 껍데기에 지나지 않습니다! 노래는 우리의 근본적인 요소이며 모든 사물의 근본적인 요소입니다. 그리스인은 천체 음악에 대한 우화를 만들어냈습니다. 자연의 모든 음성의 정수는 완전한 음악이라고 하는 것, 그것이 자연의 내부구조에 대해 품은 그들의 감정이었습니다. 그러므로 우리는 시를 '음악적 사상'이라고 부릅니다. 시인이란 그런 방식으로 생각하는 사람입니다. 근본적으로 그것은 지적 능력에 달려 있는 것입니다. 사람을 시인으로 만드는 것은 그의 성실성과 통찰력입니다. 아주 깊이 보십시오. 그러면 여러분은 그것을 음악적으로 보게 될 것입니다. 여러분이 자연의 핵심에 도달할 수만 있다면 그곳은 가는 곳마다 음악입니다.

자연의 선율적 계시를 전하는 시인 바테스는 예언자 바테스에 비해 우리들 사이에 낮은 지위를 갖는 것으로 보입니다. 그의 기능, 그리고 그 기능 때문에 우리가 그에게 드리는 존경은 적습니다. 신으로 나타난 영웅, 예언자로 나타난 영웅, 그다음에는 다만 시인으로 나타난 영웅, 이렇게 우리의 위인에 대한 평가는 시대가 바뀔수록 계속해서 줄어드는 것처럼 보이지 않습니까?

우리는 먼저 그를 신으로 보고, 다음에는 신의 영감을 받은 사람으로 보고, 그리고 이제 다음 단계에 와서는 그의 가장 기적적인 말인데도, 그는 우리에게 단지 시인, 아름다운 시를 쓰는 사람, 천재적인 사람 정도로밖에는 인정을 받지 못합니다! 그렇게 보입니다. 그러나 나는 본질적으로는 그렇지 않다고 생각합니다. 우리가 깊이 생각한다면 인간의 내면에 항상 존재해왔던, 영웅적 자질을 지닌 인물에 대한 저 특이한 찬양이 어떤 이름으로 불리든 간에 여전히 존재하고 있음이 드러날 것입니다.

나는 말합니다. 만일 우리가 위인을 문자 그대로 신적인 존재로 여기지 않는다면 그것은 신―즉 광명, 지혜, 영웅정신이 도달할 수 없는 최고의 원천―에 대한 우리의 관념이 끊임없이 높아지고 있기 때문이며, 우리와 같은 인간이 표시한 이러한 자질에 대한 우리의 존경심이 점점 떨어진다는 것을 결코 의미하지 않습니다. 그것은 생각해볼 만한 가치가 있는 일입니다.

우리 시대의 재앙인 회의적 딜레탕티슴[16]은 비록 오래갈 재앙이 아니지만, 모든 분야에서와 마찬가지로 실로 인간사 최고의 분야에서도 비참한 결과를 낳고 있습니다. 그러므로 위인에 대한 우리의 존경은 오늘날 완전히 절름발이에 눈먼 상태인데다 마비까지 되었으며, 초라한 상태에 빠져 거의 알아볼 수조차 없게 되었습니다. 사람들은 위인의 겉모습을 숭배하며, 대부분의 사람들은 숭배할 만한 위인다운 실체가 존재한다는 것을 믿지 않습니다. 가장 슬프고 치명적인 믿음입니다. 그것을 믿는다면 사람은 그야말로 인간사에 절망을 느낄 것입니다.

---

16) 제2강의 주41)을 참조.

그런데도 예를 들어 나폴레옹을 보십시오! 코르시카 출신 포병 중위, 그것이 그의 겉모습입니다. 그러나 그는 세상의 모든 교황과 황제를 다 합쳐도 못 미칠 만큼 사람들의 복종과 숭배를 받고 있지 않습니까? 지체 높은 공작부인도, 주막집 마부도 스코틀랜드의 촌사람 번스의 주변에 몰려듭니다. 그들은 이런 사람의 말을 들어본 적이 없다는 이상한 느낌, 말하자면 그야말로 참된 사람이라는 느낌을 갖습니다! 검은 눈썹과 빛나는 태양 같은 눈을 가진, 그리고 이상한 말로써 웃기기도 하고 울리기도 하는 이 촌사람이 다른 모든 사람보다 더 큰 위엄이 있고 다른 모든 사람과 비교할 수 없는 사람이라는 느낌, 그러한 느낌이 그것을 표현할 방법은 없어도 이 사람들의 내면 가운데 희미하게 나타납니다. 우리는 그렇게 느끼고 있지 않습니까?

그러나 지금 만일 딜레탕티슴, 회의주의, 경박함 또는 그밖의 모든 비참한 경향이 우리에게서 제거된다면 ─ 신의 축복으로 언젠가는 그렇게 되겠지만 ─ 그리고 사물의 겉모습에 대한 신앙은 완전히 사라지고, 사물 그 자체에 대한 선명한 신앙으로 대치되며, 그 결과 인간은 그저 그 신앙의 충동에 의해서만 행동하고 다른 모든 것은 실재하지 않는 것이라고 생각하게 된다면 이 번스를 향해 얼마나 청신하고 생생한 감정이 우러나겠습니까!

아니 우리 시대가 아무리 이 모양이라고는 하지만, 여기에 신격화되지는 않았어도 성자 취급을 받는 두 시인이 있지 않습니까? 셰익스피어와 단테는 시의 성자입니다. 우리가 깊이 생각할 때 그들은 성자로 모셔진 시인입니다. 따라서 그들에 대해 이러쿵저러쿵 말한다는 것은 모독입니다. 누구도 지도한 바 없는 이 세상의 본능은 모든 완미한 장애에 저항하면서 그런 결과에 도달했습니다.

단테와 셰익스피어는 독특한 인물입니다. 그들은 일종의 제왕적 고립 속에 유리되어 살았습니다. 그들과 어깨를 겨룰 사람도 그들을 따를 사람도 없고, 온 세계 사람들의 감정을 초월한 상태, 완벽한 완성과도 같은 영광이 이 두 사람에게 부여되어 있습니다. 그들은 성자가 되어 있습니다. 물론 어떤 교황이나 추기경이 만들어낸 성자가 아닙니다! 가장 비영웅적인 시대 속에서 왜곡으로 이끄는 온갖 영향력에도 불구하고, 영웅정신에 대한 인간의 불멸의 존경심은 그렇듯 의연하기만 합니다. 우리는 잠시 이들 두 사람, 시인 단테와 시인 셰익스피어를 고찰하기로 하겠습니다. 시인으로 나타난 영웅에 대해 언급할 수 있도록 이 자리에서 허용한 약간의 말미는 그렇게 함으로써 가장 잘 활용할 수 있을 것입니다.

중세의 대변인—단테

단테와 그의 작품에 대한 주해로 수많은 책들이 씌어졌습니다. 그러나 대체로 이렇다 할 성과는 없습니다. 단테의 전기는 사라져버려서 우리로서는 다시 회복한다는 것이 불가능합니다. 그가 살아 있을 때에는 대단치도 않은 떠돌이로 세월을 흘려보냈던 슬픔에 지친 사람이었습니다. 따라서 그에 관해서는 그다지 많은 기록이 작성되지 않았습니다. 그나마 있던 기록도 대부분 오랜 세월이 흐르면서 소멸되고 말았습니다. 그가 이 땅에 살면서 저술하기를 멈춘 지 이미 5백 년이 흐른 것입니다.[17] 그에 관련된 많은 책이 있는데도 그 자신이 쓴 책만이 우리가 그에 관해 알고 있는 거의 전부입니다.

그의 책, 그리고 한 가지 덧붙이자면 대체로 조토(Giotto)가 그렸다고 알려진 초상화(이 책 화보 1쪽 참조)도 그에 관해 알 수 있는 자료로 꼽을 수 있습니다. 이 그림을 바라보고 있노라면 여러분은 과연

---

17) 단테는 1265년에 태어나 1321년에 사망했다.

누가 그린 것이건 진짜라는 생각이 들지 않을 수 없을 것입니다. 이 그림의 얼굴은 지극히 감동적입니다. 내가 아는 모든 얼굴 중에서 가장 감동적인 얼굴이 아닌가 싶습니다. 단순히 월계관만을 두른 채 마치 허공에 그려진 듯이 쓸쓸하게 거기 있습니다.

영원의 슬픔과 고통, 영원의 승리 ― 단테의 전 생애의 의의를 단적으로 드러냅니다! 이 그림은 일찍이 실물을 묘사한 것 중 가장 비통한 얼굴입니다. 실로 비극적인, 가슴을 아프게 하는 얼굴입니다. 그 얼굴에는 마치 바탕색이라도 되는 것처럼 어린이 같은 부드러움과 정답고 온화한 애정이 담겨 있습니다. 그러나 이러한 모든 것은 흡사 날카로운 저항·거부·고독, 그리고 자존심에 찬 절망적 고통으로 응고되어버린 듯이 보입니다. 부드럽고 천국적인 영혼이 그렇게 엄하고 완강하고 음울한 통렬함을 지니고, 마치 두꺼운 얼음 창살로 된 감옥에서 내다보고 있는 것 같습니다!

그러면서도 또한 침묵의 고통, 침묵의 냉소적인 고통이 있습니다. 그의 입술은 그의 심장을 파먹어 들어가는 것에 대한 일종의 거룩한 경멸을 담고 일그러져 있습니다. 마치 그 고통이 하찮고 사소한 것인 듯이, 그리고 그를 고문하고 그를 목 졸라 죽일 힘을 가진 그 고통보다는 자기가 더 위대하다는 듯이 말입니다. 세상에 대해 전력으로 저항하며, 평생토록 불굴의 전투를 감행하고 있는 사람의 얼굴입니다. 완전한 분노로, 풀리지 않는 분노로 응어리진 마음을, 느리고 엄하고 침묵에 싸인, 신의 분노와 같이 표출하고 있습니다!

눈도 마찬가지입니다. 눈은 일종의 놀라움, 어째서 세상은 이 모양인가 하고 힐난하듯이 쳐다보고 있습니다. 이것이 단테입니다. 이 "침묵에 싸인 1천 년의 소리"는 그런 표정을 짓고, 우리에게 "신비스럽고 깊이를 모를 노래"를 불러줍니다.

우리가 단테의 생애에 관해 알고 있는 얼마 되지 않는 사실은 이 그림과 그의 책에 잘 부합합니다. 그는 1265년에 피렌체의 상류사회에서 태어났습니다. 그가 받은 교육은 그 시대에서는 가장 훌륭한 것이었습니다. 상당한 정도의 스콜라 신학, 아리스토텔레스 논리학, 몇몇 라틴 고전 — 일부 분야에 대해서는 적지 않은 통찰력을 갖게 되었습니다. 열정적인 지적 천품을 지닌 단테가 배울 수 있는 것 이상으로 많은 공부를 했음은 의심할 바 없습니다. 그는 명석하고 계발된 이해력을 갖고 있었으며 지적으로 대단히 섬세했습니다. 이러한 교육이 줄 수 있는 최선의 열매를 그는 스콜라 신학자들에게서 얻었습니다.

그는 자기 가까이 있는 사물은 정확하게 잘 파악했습니다. 그러나 인쇄된 책도, 자유로운 의사소통도 없던 시대인지라, 그는 멀리 떨어져 있는 사물을 잘 알 수 없었습니다. 작고 밝은 빛은 가까이 있는 것을 매우 환하게 비춰도, 먼 것을 비출 때는 분산되어 기이한 명암 배분을 만듭니다. 이것이 단테가 학교에서 배운 학문이었습니다. 생활 면에서 그는 그 시대 보통 사람들과 같은 운명의 길을 걸었습니다. 피렌체 정부를 위해 군인으로서 두 번 출정했으며, 외교 사절직도 수행했습니다. 35세 때 그는 수완과 공로가 누적되면서 피렌체의 고위 행정관 중 한 사람이 되었습니다.

소년 시대에 그는 베아트리체 포르티나리[18]라는 소녀를 만났습니다. 나이도 문벌도 그와 비슷한 아리따운 소녀였습니다. 그 후 이 소녀의 모습을 혼자 그리며 다소 거리를 둔 교제를 하는 가운데 성장했습니다. 여러분은 이 일에 관한 아름답고 가련한 이야기 — 그들이

---

18) 베아트리체 포르티나리(Beatrice Portinari, 1266~90): 피렌체의 귀족 여성으로 단테는 아홉 살 때 처음 그녀를 보았다. 그 후 그녀는 단테의 구원의 여인이 되어 그의 거의 모든 시에 영감을 주었다. 그녀는 『신곡』에서 단테에게 천국을 안내한다.

서로 이별한 일, 그 여자가 다른 남자와 결혼한 일, 그 후 얼마 되지 않아 그 여자가 죽은 이야기 ─를 알고 있습니다.

그녀는 단테의 시 중에서 중요한 인물로 등장합니다. 물론 그의 생애에서도 중요한 인물이었을 것입니다. 그와 헤어진 채 결국은 어슴푸레한 영원 속의 거리를 좁히지 못한 베아트리체는 단테가 그의 모든 애정을 다 기울여 사랑한 유일한 존재였던 것으로 보입니다. 그녀는 죽었습니다. 단테 자신도 결혼을 했습니다. 그러나 행복했던 것 같지는 않습니다. 행복과는 머나먼 거리가 있었습니다. 생각건대 예민하고 격정적인 성격을 지닌 이 엄하고 진지한 인물이 행복하게 되기란 극히 어려운 일이었을 것입니다.

우리는 단테의 불행을 한탄하려 하지 않습니다. 만일 만사가 그의 희망대로 되었다면 그는 피렌체의 행정장관 같은 고위직에 올라 사람들에게 훌륭한 대우를 받았을 것입니다. 그리하여 세상은 유사 이래 가장 위대한 시인 하나를 잃었을 것입니다. 피렌체는 한 사람의 훌륭한 시장을 얻고, 침묵의 1천 년은 아무 소리도 없이 계속되어 『신곡』(*La divina commedia*)을 들을 수 없게 되었을 것입니다! 우리는 아무것도 한탄하지 않으려 합니다. 이 단테에게는 더욱 숭고한 운명이 주어져 있었습니다. 그리고 그는 죽음과 고난에 안내받은 사람인 양 몸부림치면서 그 운명을 채우지 않을 수 없었습니다. 그에게 자기의 행복을 선택하도록 허락해보십시오! 그도 우리처럼 무엇이 참된 행복이며 무엇이 정말 불행인지 알 수 없었을 것입니다.

단테가 행정장관으로 재직하고 있을 때 겔프당(Guelf) 대 기벨린당(Ghibelline),[19] 또는 백당(Bianchi; the White) 대 흑당(Neri; the

---

19) 중세 말기 로마 가톨릭 교황과 신성로마제국 황제의 대립에서 교황을 지지한 당파를 겔프당 또는 교황당이라 하고, 황제를 지지한 당파를 기벨린당 또는 황제당이라 한다. 이탈리아 여러 도시들에서 오랜 기간 대립했는데 대체로

Black), 또는 다른 분쟁이 격심해졌고, 비교적 우세를 보였던 당파에 속했던 단테는 동료들과 함께 예기치 못한 추방을 당하게 되었습니다. 이때부터 비애와 방랑의 생애를 보내야 할 운명은 정해진 것입니다. 재산도 몰수당했습니다. 그는 이 일이 신과 사람들 보기에 전적으로 부당하고 사악하다는 격한 감정에 휩싸였습니다. 그는 자기의 소유물을 회복하기에 힘썼습니다. 손에 무기를 들고 기습 전투까지 감행했으나 아무 소용 없었고, 형세는 점점 불리해지기만 했습니다.

피렌체 공문서 보관소에는 이 단테를 어디서든지 체포하기만 하면 산 채로 태워 죽이라고 선고를 내린 기록이 아직도 보관되어 있습니다. 산 채로 태워죽이라는 것입니다. 대단히 진기한 공문서입니다. 또 다른 진기한 문서는 이로부터 여러 해가 지난 후 단테가 피렌체 행정관들에게 보낸 편지입니다. 사죄하고 벌금을 지불할 경우 귀국을 허가한다는, 좀더 관대한 그들의 제안에 대한 답장으로 작성된 것입니다. 그는 긍지를 굽히지 않고 다음과 같이 대답했습니다. "죄를 스스로 인정하고 돌아가는 것이라면 나는 결코 돌아가지 않으련다" (nunquam revertar).

이제 단테는 이 세상에 집이 없었습니다. 그는 자기를 아껴주는 이 사람 저 사람을 찾아 이곳에서 저곳으로 방랑하면서 그 자신의 쓰디쓴 표현을 빌리자면 "세상 행로는 얼마나 쓰라린 것인가"(Come duro calle) 하는 것을 맛보았습니다. 비참한 사람은 유쾌한 친구는 못 됩니다. 빈궁하게 추방된 몸이 된 단테는 자존심이 강한 진지한 성격에 침울한 기질의 사람이라서 사람들과 잘 어울리지 못했습니다.

페트라르카는 그에 대해 이렇게 전해주고 있습니다. 단테가 델라

상류계급은 기벨린당에, 신흥 시민계급은 겔프당에 가담했다. 단테는 겔프당에 속했다.

스칼라(Della Scala)[20]의 궁정에 있을 때 어느 날 단테가 우울해하고 말도 않는다고 비난을 받았습니다. 이때 그는 너무 궁정인답지 않게 대답했다는 것입니다. 델라 스칼라는 그의 정신(廷臣)들과 함께 서서 광대놀음을 흥겹게 구경하고 있었습니다. 그는 단테를 돌아보고 말했습니다. "저 가련한 바보들까지도 이처럼 사람을 재미있게 하는데, 현명한 그대가 그저 날마다 거기 앉아 우리를 전혀 흥겹게 해주지 못한다는 것은 이상한 일이 아닌가?" 단테는 쓰디쓰게 대답했습니다. "이상한 일이 아닙니다. 전하는 '유유상종'(類類相從)이라는 속담을 기억하시지요." 즐겁게 해주는 사람이 있으면 그것을 즐거워하는 사람도 있게 마련이라는 것입니다!

이런 긍지와 침묵을 지키며, 풍자와 슬픔을 가진 사람은 궁정에서 성공할 수 없습니다. 그에게는 이 땅에 더 이상 안식처도 없고, 행복을 얻으리라는 희망도 얻을 수 없다는 것이 차츰 명백해졌습니다. 이 지상의 세계는 그를 버려 방랑에 방랑을 거듭하도록 했습니다. 이제 그를 사랑하는 사람은 아무도 없었습니다. 그의 애절한 불행에 대한 위로가 이 땅에는 없었습니다.

그러므로 영원의 세계가 자연히 그에게 더욱 깊은 인상을 주었을 것입니다. 그 세계의 무서운 실재 앞에서 피렌체니, 추방이니 하는 이 시간의 세계는 결국 영원 위에 걸쳐진 너풀거리는 거짓된 그림자에 지나지 않았습니다. "그대는 결코 피렌체를 보지 못하겠지만, 지옥과 연옥과 천국은 반드시 보게 될 것이다. 피렌체, 델라 스칼라, 그리고 세계와 인생, 이런 것들이 다 무엇인가? 영원의 세계로, 그대도 만물도 모두 그곳으로 가야 한다. 그밖에 다른 어떤 곳도 아니다."

---

20) 베로나(Verona)를 지배한 델라 스칼라 가문(1260~1387)의 칸그란데 1세 (Cangrande I, 1291~1329)를 말한다. 예술의 후원자이자 단테가 피렌체에서 추방당했을 때의 후원자로 알려져 있다.

이 땅에 집이 없는 단테의 영혼은 점점 그 장엄한 다른 세계에서 안식처를 구했습니다. 자연히 그의 사상은 그에게 유일한 중대한 사실이었던 영원의 세계에 집중되었습니다. 유형이든 무형이든 영원의 세계는 모든 사람에게 유일한 중대한 사실입니다. 그러나 그 시대의 단테에게 그것은 과학적 정형으로서 확고히 구현되어 있었습니다. 그는 저 "말레볼제의 주머니"(Malebolge Pool)[21)]에 관해서도, 그것이 여러 개의 음산한 구덩이들, 그리고 깊은 신음과 더불어 거기 놓여 있어 그도 그것을 언젠가 두 눈으로 보게 되리라는 것을 의심하지 않았습니다. 콘스탄티노플로 가면 콘스탄티노플을 보게 되리라는 것을 의심하지 않는 것과 마찬가지로 말입니다. 단테의 가슴은 오랜 세월 이것으로 충만했으며, 침묵의 사색과 공포 속에서 이 생각에 골몰했고, 마침내 "신비한, 깊이를 잴 수 없는 노래"로 넘쳐 흘러나왔습니다. 그리고 『신곡』은 그 결과물로서, 그것은 모든 근대의 책 중에서 가장 탁월한 것이 되었습니다.

그가 추방된 몸으로 이 일을 할 수 있었다는 것, 그리고 피렌체 도시국가도, 어느 누구도 그가 이 일을 하는 데 방해를 할 수 없었고, 도리어 큰 도움이 되기까지 했다는 것은 단테에게 큰 위로가 되었을 것입니다. 그리고 우리가 상상할 수 있듯이 그것은 때로 그에게 자랑스럽게 생각되기도 했습니다. 그는 또한 그 작품이 위대하며, 인간이 할 수 있는 일 중에서 가장 위대한 일이라는 것도 일부나마 알고 있었습니다. "만일 그대가 자기의 별을 따른다면"(Se tu segui tua stella) ── 버림을 받고 지극히 궁핍한 가운데서도 우리의 영웅 단테

---

21) 말레볼제(Malebolge)는 『신곡』, 「지옥편」, 제18곡에 나오는 장소로, 단테가 malo(evil)와 bolgia(pouch)를 결합하여 만든 말로 '악의 주머니'라는 뜻이다. 그것은 10개의 구덩이로 구분되었고, 여기에는 한결같이 악의로 타인을 유혹한 죄인들이 수용되어 있다.

는 이렇게 독백할 수 있었습니다. "자기의 별을 따른다면 반드시 영광의 항구에 도달할 수 있을 것이다!"

그에게 저작의 노고가 실로 막대하고 고통스러웠던 것임을 우리는 알 수 있습니다. 그는 말하기를 "이 책은 나로 하여금 여러 해 동안 살이 빠지게 만들었다." 아, 과연 그렇습니다. 그 책은, 그 책의 모든 내용은 고통과 심한 노력으로써, 유희가 아니고 엄격한 열정으로써 결실을 맺은 것입니다. 사실 대개의 좋은 책이 그렇듯이 그의 책은 여러 의미에서 그의 심장의 피로 씌어진 것입니다.

이 책이야말로 그의 온 생애입니다. 그것을 완성하자 그는 죽습니다. 아직 그다지 많지도 않은 56세의 나이로 실의와 낙담 속에 사망했습니다. 그는 사망지인 라벤나(Ravenna)에 매장되었습니다. "여기 나 단테는 고국에서 추방되어 누워 있다"(Hic claudor Dantes patriis extorris ab oris). 1세기가 지나서 피렌체 사람들은 그의 유해를 돌려줄 것을 요청했으나 라벤나 사람들은 이를 허락하지 않았습니다. "여기 나 단테는 고국에서 추방되어 누워 있다."

단테의 시는 하나의 노래라고 나는 말했습니다. 이것을 "신비한, 깊이를 잴 수 없는 노래"라고 말한 것은 티크[22]였는데, 그 말이야말로 문자 그대로 그 시의 성격을 정확히 요약해주는 것입니다. 콜리지[23]는 어디선가 매우 적절하게 어떤 문장이 음악적으로 엮여 있어 그 이야기 속에 참다운 리듬과 멜로디가 있을 때는 반드시 의미로도 심오하고 훌륭한 그 무엇이 있다고 말했습니다. 왜냐하면 육체와 영혼, 그리고 언어와 관념은 다른 모든 곳에서와 같이 여기서도 이상스러울 만큼 나란히 진행하기 때문입니다.

---

22) 티크(Johann Ludwig Tieck, 1773~1853): 독일의 작가이다.
23) 콜리지(Samuel Taylor Coleridge, 1772~1834): 영국의 시인·비평가이다.

우리는 앞에서 노래야말로 언어의 영웅정신이라고 말했습니다! 모든 옛날의 시, 호메로스 등의 시는 참다운 노래입니다. 엄밀히 말해서 모든 진정한 시는 노래입니다. 그리고 노래로 불려지지 않은 것은 진정한 의미의 시가 아니라, 무리하게 운을 맞춘 시행(詩行) 속에 가두어놓은 일개 산문에 지나지 않습니다. 그나마 그것들은 대부분 문법에 커다란 손상을 입힐뿐더러 독자에게도 심한 불쾌감을 안겨줍니다!

우리가 얻고자 원하는 것은 그 사람이 갖고 있던 '사상'입니다. 만일 그가 자신의 사상을 평이하게 말할 수 있다면 그것을 억지로 구부려서 음운에다 맞출 필요가 어디 있겠습니까? 그의 가슴이 참다운 멜로디의 열정에 황홀해져서 콜리지가 말하듯이 그의 어조가 그 자신의 사상의 위대성과 심오함과 음악성으로 인해 음악적인 것이 될 때, 그때 비로소 우리는 그에게 리듬을 붙여 노래하는 권리를 줄 수 있습니다. 또한 그 때 비로소 그를 시인이라고 부르고 언어의 영웅으로서 그의 말에 귀를 기울입니다. 즉 그 언어는 곧 노래인 것입니다. 이런 권리가 없으면서 시인이라고 주장하는 자는 헤아릴 수 없이 많습니다.

그러나 진지한 독자들은 운문을 읽는다는 것이 참기 어려울 정도까지는 아니더라도 대체로 극히 지루한 노릇임은 틀림없다고 생각합니다! 하등의 운을 붙일 만한 내적 필연성이 없는 운문, 그런 것은 말하고자 하는 바를 어떤 음운에도 기대지 않은 채 평이하게 우리들에게 말해야만 합니다. 나는 자기의 사상을 말할 수 있는 모든 사람들에게 그것을 노래하지 말라고 충고합니다. 진실한 시대에 진실한 사람들 사이에서 그것을 노래로 표현할 필연성이 없다는 것을 이해하라고 충고합니다. 우리는 진정한 노래를 사랑하며, 어떤 신성한 것에 매혹을 당하듯이 그것에 매혹당합니다. 그리고 같은 이유에서 거짓된 노래를 미워하며, 그것을 그저 얼빠진 소음, 공허하고 불필요한 것, 전혀 성실하지 않고 불쾌한 것이라고 생각합니다.

내가 단테의 『신곡』을 일컬어 그것이야말로 모든 의미에서 진정한 노래라고 말할 때 나는 그에 대한 최고의 찬사를 바치는 것입니다. 『신곡』의 음조에는 일종의 '칸토 페르모'24)가 있어 노래를 부르는 듯이 진전합니다. 그의 표현법, 즉 그가 사용한 단순한 '테르차 리마'(terza rima)25)는 의심할 나위 없이 이 점에서 그를 도왔습니다. 우리는 자연히 일종의 가락을 붙여가며 읽게 됩니다. 그러나 덧붙여 말하자면 그것은 그렇게 되지 않을 수 없었습니다. 왜냐하면 그의 작품의 본질과 재료 그 자체가 리드미컬하기 때문입니다. 그 심오하고 황홀한 열정, 그리고 성실성은 그것을 음악적으로 만듭니다. 마음껏 깊이 들어가 보십시오, 도처에 음악이 있습니다.

진정한 내적 균형미, 이른바 건축적 조화가 이 작품을 압도하고 있어 그 전체에 균형을 잡아주고 있습니다. 건축적인 성격, 그것은 또한 음악의 특성 중의 일부분입니다. 세 개의 왕국, 즉 지옥과 연옥 그리고 천국은 거대한 건축물의 구획이라도 되는 것처럼 서로를 바라보고 있습니다. 거대한 초자연적이고도 세계적인 대성당이 거기에 단호하고도 장엄하게 쌓아올려져 있습니다. 그것은 단테의 영혼의 세계입니다!

그것은 근본적으로 모든 시 중에서도 '가장 성실한' 것입니다. 성

---

24) 칸토 페르모(canto fermo, It.): 정선율(定旋律). 대위법 작곡의 기초가 되는 선율로서 여기에 대위 선율이 덧붙여진다. 라틴어로 'cantus firmus'라고 한다.
25) 3운구법(三韻句法). 이탈리아 시의 단장률(iambic verse)의 한 형식으로, 1행 11음절의 3행 연구(聯句, tercet)로 이루어지며, 각 연의 제1행과 제3행이 동일운(韻)을 밟고, 각 연의 제2행은 다음에 오는 연의 제1행과 제3행과 동일운을 밟는다. 압운(押韻) 형식은 aba, bcb, cdc 등으로 이어진다.

실은 이곳에서도 가치의 척도가 되어 있습니다. 그것은 시인의 가슴 깊은 곳에서 온 것입니다. 그리고 그것은 오랜 세대를 통해 깊숙이 우리의 가슴속으로 스며듭니다. 베로나의 시민들은 그와 거리에서 만날 때 다음과 같은 말을 예사로 했습니다. "보라, 저기 지옥에 다녀온 사람이 있다!"(Eccovi l'uom ch'èstato all' Inferno!) 아, 과연 그러했습니다. 그는 지옥에 다녀왔습니다. 오랜 세월 엄혹한 비애와 고투의 지옥 속에 있었습니다. 그와 같은 인물은 모두 그러했습니다. 그의 신성한 코미디는 다른 방도로는 완성을 보지 못했을 것입니다. 사상이나 어떤 종류이든 진실한 노작 또는 최고의 덕, 이런 것들은 모두 고통의 산물이 아닙니까? 말하자면 암흑의 회오리바람에서 탄생한, 자유를 얻으려고 몸부림치는 포로의 노력과 같은 참된 노력, 그것이 바로 사상입니다. 모든 의미에서 우리는 '고난으로 완성'되는 것입니다.

그러나 나는 말합니다. 내가 아는 어떤 저작일지라도 단테의 이 작품처럼 고심 끝에 만들어진 것은 없습니다. 그것은 말하자면 그의 영혼의 가장 뜨거운 용광로에서 용해된 것입니다. 그것은 그를 여러 해 동안 메마르게 했습니다. 단지 하나의 전체로서만이 아니라, 그것의 모든 부분 부분마다 격심한 열정으로 이루어져서 진리와 명료성을 가진 표현으로 산출되었습니다. 각 부분은 다른 부분에 서로 호응하고 있으며, 각 부분은 정확하게 절단하여 닦아놓은 한 조각 대리석과도 같이 제자리에 꼭 맞게 들어차 있습니다. 그것은 단테의 영혼입니다. 그리고 이 속에는 중세의 영혼이 영원히 리드미컬하게 표현되어 있습니다. 그것은 결코 가벼운 일이 아닙니다. 진정 격렬한 일입니다. 그러나 그것은 완성된 일입니다.

아마도 사람들은 이렇게 말할 것입니다. '격정'(intensity)이야말로 그것에 기인하는 여러 가지와 함께 단테의 천재성의 주요한 특징이라고 말입니다. 단테는 우리 앞에 크고 관대한 마음으로 오지 않습니다. 좁은, 종파적이라고까지 할 수 있는 좁은 마음으로 왔습니다. 그것은 일부 그의 시대와 지위의 결과였습니다. 그러나 또 일부는 그의 천성의 결과였습니다. 그의 모든 위대성은 모든 의미에서 불과 같은 강렬함과 깊이에 응집되었습니다. 그의 세계적 위대성은 그의 세계적 넓이 때문이 아니라, 그의 세계적 깊이 때문이었습니다. 그는 만물을 통해, 이를테면 실재의 핵심 속에 깊숙이 파고들어갔습니다.

나는 단테처럼 격정적인 다른 것을 알지 못합니다. 예를 들어 먼저 그의 격정의 가장 외적인 전개를 그가 어떻게 묘사하고 있는지 고찰해보십시오. 그는 위대한 통찰력이 있어서 사물의 특징만을 포착해 오직 그것만을 표현합니다. 여러분은 그가 '디테의 전당'(Hall of Dite)[26]에서 받은 최초의 인상을 기억하고 있을 것입니다. 시뻘건 첨탑, 끝없이 흐릿한 어둠 속에 새빨갛게 타오른 원뿔 모양의 쇠[27] — 너무나 생생하고 너무나 명료하며, 한번 보면 영원히 잊을 수 없습니다! 그것은 단테의 모든 천재성을 상징해주는 것만 같습니다.

그에게는 일종의 간결함, 가파른 정확성이 있습니다. 타키투스[28]도 그보다 더 간결하지는 못했고, 그보다 더 응축되지도 않았습니다. 그러면서도 단테의 경우 그것은 자연스럽기 짝이 없는 응축으로 보입니다. 칼로 베는 듯한 한마디의 말, 그리고 침묵이 옵니다. 그 이상 아무 말도 없습니다. 그의 침묵은 말보다도 웅변적이었습니다. 그는

---

26) 디테(Dite 또는 Dis)는 원래 로마인들이 저승의 신 플루토(Pluto)에게 붙인 이름이다. 단테는 그것을 지옥의 왕 루키페르의 별칭으로도 사용했다. 여기서는 지옥의 주요 도시 이름을 가리킨다. 디테의 도시의 성벽은 『신곡』에서 지옥의 상층과 하층을 구분한다.

27) 『신곡』, 「지옥편」, 제8곡 70~75행에 나오는 구절이다.

28) 타키투스(Cornelius Tacitus, 56?~120?): 로마의 웅변가·정치가·역사가이다.

기이할 정도로 예리하고 단호하게 사물의 참다운 형상을 잡아 불과
도 같은 펜으로 그 사물을 깊이 파고들어갑니다.

그의 플루투스(Plutus)[29]가 마치 미친 듯이 날뛰다가 베르길리우
스(Vergilius)의 한마디 호령에 잠잠하게 숨을 죽이는 모양은 "배의
돛대가 갑자기 부러져서 가라앉는 것"과 흡사합니다. 저 가련한 브
루네토 라티니[30]와 그의 검붉게 그을린 야윈 얼굴,[31] 그리고 그곳에
서 그들 위로 '불의 눈'이 내립니다. "바람도 없는 불의 눈"은 서서히
그치지도 않고 하염없이 내립니다![32] 또는 무덤의 뚜껑들을 생각해
보십시오. 저 침묵의 흐릿한 불타는 전당에는 네모난 석관들이 있습
니다. 그 석관들에는 각각 가책에 번민하는 영혼이 담겨 있고, 그 석
관들의 뚜껑은 거기 그대로 열려 있습니다.[33] 그것들은 최후 심판의
날에 영원히 닫힙니다.

그리고 파리나타(Farinata)[34]는 어떻게 벌떡 일어서며, 또한 카발
칸테(Cavalcante)[35]는 어떻게 그의 아들의 소식과 'fue'라는 말의 과
거형을 듣고 거꾸러집니까![36]

단테에게는 움직임 자체마저도 간결했습니다. 신속·단호하기가

---

29) 그리스 신화에서 '부(富)의 신'이다. 『신곡』에서는 지옥에 있는 탐욕자와 방
　　종자들을 감시한다. 「지옥편」, 제8곡 19~24행에 나온다.
30) 브루네토 라티니(Brunetto Latini, 1212?~94): 피렌체의 겔프당원으로, 단테와
　　는 사제지간이었다.
31) 「지옥편」, 제15곡 26~27행에 나오는 구절이다.
32) 「지옥편」, 제14곡 28~30행에 나오는 구절이다.
33) 「지옥편」, 제9곡 111~118행에 나오는 구절이다.
34) 「지옥편」, 제10곡 22~51행. 파리나타는 피렌체의 귀족으로서 단테가 속했던
　　겔프당과 정적 관계였던 기벨린당의 우두머리였다. 두 차례에 걸쳐 겔프당을
　　피렌체에서 추방했다.
35) 피렌체의 겔프당 귀족이다.
36) 「지옥편」, 제10곡 52~72행에 나오는 구절이다.

마치 군대와도 같았습니다. 이런 종류의 묘사는 그의 천재성의 가장 깊은 핵심입니다. 과묵하고 열정적인, 신속하고 급격한 동작, 무언의 '창백한 분노'를 나타내는 이 사람의 불 같은 신속한 이탈리아적 천성은 이러한 표현 가운데 잘 나타나 있습니다.

이런 종류의 묘사는 인간의 가장 외적인 표현 중의 하나인데도, 다른 모든 것과 마찬가지로 그 사람의 본질적인 능력에서 나옵니다. 그런 묘사는 그 인물 전체를 인상학적으로 나타냅니다. 가령 어떤 사물을 언어로써 제대로 묘사할 수 있는 사람을 찾아냈다고 합시다. 그러면 당신은 가치 있는 한 인간을 찾아낸 것입니다. 그가 묘사하는 방법을 주의해보면, 그의 특성을 잘 알 수 있습니다.

첫째, 그가 그 사물에 '공감'하지 않는 한, 그의 내면에서 그 사물에 공감을 느끼지 않는 한, 그는 그 사물을 전혀 볼 수 없거나 그것의 핵심적인 모습을 볼 수 없습니다. 그는 그것에 또한 성실해야만 했습니다. 성실하고 공감을 느껴야만 합니다. 가치 없는 인간은 어떤 사물도 제대로 묘사할 수 없습니다. 그는 모든 사물에 대해 막연한 외면적 흥미, 그릇된 생각, 우매한 와전 속에 잠겨 있습니다. 그리고 사물이 어떤 것인지를 분별하는 이 능력에는 지적 능력이 고스란히 드러나게 마련 아닙니까? 인간 정신의 모든 능력은 여기에 나타날 것입니다.

그것은 일상 업무에서도 마찬가지가 아닙니까? 천재적인 인물은 사물의 본질을 '간파'하고, 그밖의 모든 것을 쓰레기로 여겨 내다버립니다. 또한 자기가 처리해야 할 사물의 거짓되고 피상적인 면이 아닌, 진정한 모습을 식별하는 것 또한 일상 업무를 맡은 사람의 능력입니다. 그러면 어떤 사물에 대해 우리가 얻는 이런 종류의 통찰 속에는 얼마나 많은 '도덕성'이 있는 것입니까! "눈은 무엇을 보든 그것이 보는 능력이 미치는 것만을 봅니다." 하찮은 자의 눈에는 모든 사물이 사소합니다. 황달병자의 눈에 모든 것이 누렇게 보이는 것과 같습니다. 화가들은 라파엘로가 모든 초상화가 중 가장 우수한 화가라고 말합니다. 가장 천재적인 눈일지라도 어떤 한 가지 사물의 깊은 의의를 남김없이 묘사할 수는 없습니다. 가장 평범한 인간의 모습이라 할지라도 거기에는 라파엘로가 그의 모든 재주로도 그려낼 수 없는 무엇이 있습니다.

단테의 묘사는 회화적일 뿐만 아니라, 간결하고 진실하며, 어두운 밤의 불빛같이 생동감이 있습니다. 더욱 넓은 시야에서 바라본다면 그것은 모든 점에서 숭고하며, 위대한 영혼의 소산입니다. 프란체스카(Francesca)와 그녀의 애인,[37] 거기에는 어떤 특성이 있겠습니까! 그것은 영원의 암흑을 바탕으로 무지개의 실로써 짜인 것이라고 할 수 있습니다. 무한한 슬픔에 젖어 은은하게 들려오는 피리 소리가 울려 퍼져 우리의 마음을 속속들이 적셔주고 있습니다. 거기에는 약간의 여성스러운 표현도 있습니다. "그는 내 아름다운 몸에 사로잡혔고, 나는 그 몸을 죽였으니"(della bella persona, che mi fu tolta). 그러나 비애의 심연 속에 있으면서도 그가 여자와 결코 헤어지지 않는다는 것은 얼마나 위로가 되었습니까! 그들의 '깊은 신음' 중에서도 가장 비참한 비극입니다. 그리하여 모진 열풍은 그 '갈색의 하늘' 속에 또다시 그들을 멀리 불어내어 영원히 울부짖게 합니다.

생각하면 이상하기도 합니다. 이 가련한 프란체스카의 부친은 단테의 친구였습니다. 프란체스카 자신은 투명하고 순진무구한 어린

---

37) 라벤나(Ravenna) 공의 딸인 프란체스카는 1275년경 리미니(Rimini) 공의 둘째아들(그는 신체 불구자였다) 잔치오토(Gianciotto)와 정략결혼을 하게 되었다. 그 후 프란체스카는 잔치오토의 동생 파올로(Paolo)와 밀회를 즐겼고, 이 사실을 알게 된 시종의 밀고를 듣고 달려온 잔치오토에게 파올로와 함께 살해되었다(「지옥편」, 제5곡 74~142행).

아이 시절에 시인의 무릎에 올라앉았던 일이 있었을지도 모릅니다. 끝없는 연민, 그러나 끝없이 준엄한 율법, 단테는 자연이 그와 같이 만들어졌다고 본 것입니다. 그의 『신곡』을 초라하고 심술궂고 무력한 세속적 비방으로 간주하여 그가 세상에서 복수할 수 없었던 사람들을 지옥으로 떨어뜨리고 있다는 관념은 얼마나 하찮은 것입니까! 생각건대 만일 연민의 마음, 어머니의 연민과도 같은 부드러움이 누군가의 가슴에 있다면 그것은 바로 단테의 가슴입니다.

그러나 엄격함을 모르는 사람은 또한 연민도 모릅니다. 그러한 사람의 연민은 비겁하고 이기적이어서 그야말로 감상적인 다감에 지나지 않습니다. 나는 이 세상에서 단테의 애정과 견줄 만한 애정을 모릅니다. 그것은 부드러움이며, 떨면서 그리워하는 연민에 찬 애정입니다. 아이올로스의 하프(Aeolian harps)[38]가 흐느끼는 듯 부드럽고도 부드러운 어린 아기의 가슴과도 같습니다. 그렇지만 준엄하고 비통한 가슴입니다!

베아트리체를 동경하는, 천국에서 그들이 만난 일, 그리고 그와 그토록 멀리 떨어진 채 이미 죽은 지 오래되어 순수함으로 거룩해진 그녀의 눈에 대한 응시─사람들은 이것을 천사의 노래에 견줍니다. 그것은 일찍이 인간의 영혼에서 솟아나온 가장 순수한 애정의 표현 중 하나입니다.

격정적인 단테는 또한 모든 일에서도 격정적이었습니다. 그는 모든 사물의 본질에 통했습니다. 화가로서 또는 이론가로서의 그의 지적 통찰은 모든 다른 종류의 격렬성의 결과였을 뿐입니다. 우리는 무엇보다도 먼저 그가 도덕적으로 위대하다고 하지 않을 수 없습니다.

---

38) 몇 가닥의 같은 길이의 장선(腸線)을 맨 상자 모양의 악기로 바람이 불면 그 압력 때문에 소리가 난다. 아이올로스(Aeolos)는 그리스 신화에 나오는 바람의 신이다.

그것은 모든 것의 출발입니다. 그의 냉소와 비애는 그의 사랑만큼이나 초월적이었습니다. 실로 이것은 그의 애정의 다른 면이 아니고 무엇이겠습니까?

"신에게나 또는 신의 원수들에게도 멸시받는"(A Dio spiacenti e a' nemici sui)[39]이라는 구절을 보십시오. 그것은 고상한 경멸이며, 달랠 길 없는 무언의 힐책과 증오입니다. 시인은 "그들에 대해 아무 말하지 말고, 그저 보고만 지나치자"(Non ragionam di lor, ma guarda e passa)[40]라고 말합니다.

또는 "그들은 죽을 희망조차 갖지 못한 자들"(Non han speranza di morte)[41]이라는 구절을 생각해보십시오. 어느 날 단테의 상처 입은 가슴에 신에게 감사하는 느낌이 엄숙히 떠올랐습니다. 왜냐하면 아무리 비참하고 안식을 얻지 못하고 지쳐 있을지라도 죽을 수만은 있었기 때문입니다. "운명도 나를 죽지 않도록 할 수는 없다." 이런 말이 이 사람에게는 있었습니다. 엄격·진실·깊이, 이런 점에서 근대 세계에 그에게 필적할 사람을 찾아볼 수 없습니다. 그에게 필적할 사람을 찾으려면 우리는 『구약성서』로 가서 거기서 고대의 예언자들과 같이 살아야만 합니다.

「지옥편」을 『신곡』의 다른 두 편에 비해 훨씬 선호하는 많은 근대의 비평가들에 나는 동의하지 않습니다. 그러한 경향은 우리 시대에 널리 퍼진 바이런(Byron) 취향에 기인하는 것이며, 아마도 일시적 감정에 그칠 것이라고 추측합니다. 「연옥편」과 「천국편」, 특히 전자는 「지옥편」보다 더욱 훌륭하다고 해도 좋을 것입니다. 그의 「연옥편」에서 '정죄의 산'은 숭고합니다. 그것은 단테가 살던 시대의 가장 고

---

39) 「지옥편」, 제3곡 63행에 나오는 구절이다.
40) 「지옥편」, 제3곡 51행에 나오는 구절이다.
41) 「지옥편」, 제3곡 46행에 나오는 구절이다.

매한 관념의 상징입니다. 만일 죄가 그토록 치명적인 것이라면 지옥은 지극히 준엄하고 두려운 곳이며, 또 그래야만 합니다.

그러나 인간은 회개로 정화됩니다. 회개는 위대한 기독교적 행위입니다. 단테가 이것을 묘사한 방식은 참으로 아름답습니다. 방황하는 이 두 사람[42]이 멀리서 밝아오는 새벽의 지순한 여명 아래서 듣는 저 대양의 파도의 "일렁임,"[43] 이것은 말하자면 분위기가 변화된 것을 보여줍니다. 이제 희망이 밝아오기 시작했습니다. 비록 무거운 비애가 아직 따른다고는 해도 그것은 결코 꺼질 줄 모르는 희망입니다. 우중충한 악귀와 타락자의 출몰도 발밑에 사라지고, 참회의 부드러운 산들바람은 차차 높아져서 은총의 보좌에까지 도달합니다. "나를 위해 기도해주오." '고통의 산'의 망령들은 모두 그를 향해 이같이 말합니다. "나의 딸 조반나(Giovanna)에게 전해주오, 나를 위해 기도하라고." 나의 딸 조반나. "내 생각에 그애의 어미는 벌써 나를 사랑하지 않습니다!"[44]

그들 중 어떤 자는 "건물의 지붕을 받치는 받침대처럼 심히 꼬부라진 채" 꾸불꾸불한 절벽을 고통스럽게 오릅니다. "거만의 죄 때문에" 짓눌려 있는 것입니다.[45] 그런데도 오랜 세월이 지난 다음, 그들은 천국의 입구인 그 산의 꼭대기에 도달하여 은총으로 그 안에 들어가는 것을 허락받을 것입니다. 한 사람이 성공했을 때 모든 사람이 환희에 차오릅니다. 한 사람이 회개를 완성하여 그의 죄와 불행을 벗을

---

42) 단테와 그의 안내자 베르길리우스를 말한다.
43) 「연옥편」, 제1곡 117행에 나오는 구절이다.
44) 「연옥편」, 제8곡 70~75행에 나오는 구절이다.
45) 「연옥편」, 제10곡 130~135행에 나오는 구절이다. 중세의 건축물에서는 무릎을 가슴에 붙이고 웅크려 있는 사람의 형상을 돌로 만들어 천장과 지붕의 받침대로 사용하곤 했다.

때마다 산 전체가 환희에 진동하며, 찬미의 노래가 울려 퍼집니다![46] 나는 이 모든 것이 진실로 고매한 사상을 숭고하게 표현한 것이라고 부르렵니다.

그러나 이들 3부는 상호 보완관계에 있으며, 서로가 서로에 대해 필수불가결한 것들입니다. 「천국편」은 나에게는 일종의 분명치 못한 음악이지만, 이것은 「지옥편」의 대속적(代贖的) 일면입니다. 「지옥편」은 이것이 없다면 진실치 못한 것이 되었을 것입니다. 이들 3부는 서로 합하여 중세의 그리스도교가 상상한, 진실한 보이지 않는 세계를 형성하고 있습니다. 그것은 모든 사람이 영원히 기억해야 할, 그 본질에서 영원히 진실한 하나의 세계입니다. 그것은 아마 단테의 영혼에 있는 깊고 깊은 진실성을 갖지 못한 어떤 사람의 영혼에도 그려지지 못했을 것입니다. 실로 단테는 그것을 노래하기 위해, 그것을 영구히 기억하게 하기 위해 이 땅에 보내진 사람이었습니다.

그가 단순함과 솔직성으로 일상적 현실에서는 보이지 않는 세계로 들어가는 과정에는 실로 주목할 만한 점이 있습니다. 그리하여 제2연 내지 제3연에 이르면 어느덧 우리들의 몸이 영혼들의 세계에 와 있음을 느낄 수 있습니다. 그리고 마치 당연하고 의심할 바 없는 세계인 듯이 우리는 그 세계에 거하게 됩니다! 단테에게는 그러했습니다. 실재하는 세계, 그리고 그 세계의 사실은 무한히 더 높은 사실의 세계로 들어가는 관문에 지나지 않았습니다. 근본적으로 이 두 세계[47]는 똑같이 초자연적인 것이었습니다. 사람마다 영혼을 갖고 있지 않습니까? 사람은 장차 영혼이 될 수 있을 뿐만 아니라, 현재도 영혼입니다. 진지한 단테에게 이것은 모두 보이는 사실입니다. 그는 그것

---

46) 「연옥편」, 제20곡 121~151행에 나오는 구절이다.
47) '현실의 세계'와 '천국의 세계'를 이른다.

을 믿고, 그것을 보았습니다. 그리고 그로 말미암아 그것에 관한 시인입니다. 나는 성실이야말로 지금이나 어느 때나 구원의 길이라고 거듭해 말합니다.

단테의 지옥과 연옥과 천국은 또한 하나의 상징입니다. 이 우주에 대한 그의 신념의 상징적 표현입니다. 지난번에 언급했던 그 스칸디나비아의 비평가들처럼, 단테가 생각한 것과 같은 것을 전혀 생각지 않게 될 장래의 비평가들 중에는 이것 역시 하나의 '우화'——아마도 근거 없는 우화——로 아는 사람이 있을지 모릅니다! 그러나 이것은 그리스도교 본질의 가장 장엄한 표현입니다.

그것은 세계만큼이나 거대한 건축적 상징을 빌려, 어떻게 크리스천인 단테가 선과 악을 이 우주의 양극적 요소——우주는 그 위에서 회전합니다——로 느꼈는지를 표현하고 있습니다. 그것은 이 양자가 그저 하나를 취하고 다른 것을 버리는 선택에 따라 다른 것이 아니라, 절대적이고 무한한 불가양립성에 따라 다르다는 것을 표현합니다. 그것은 전자는 빛과 천국처럼 훌륭하고 숭고하다는 것, 후자는 게헤나(Gehenna)[48]와 지옥의 심연처럼 무서운 암흑이라는 것을 표현하고 있습니다! 영원한 정의, 그러나 거기에는 회개와 영원한 연민이 더불어 있습니다. 단테와 중세가 지녔던 그리스도교 신앙이 모두 여기에 상징되어 있습니다.

그러나 내가 지난번에도 역설했듯이 목적이 얼마나 완전히 진실하며, 얼마나 무의식적인 상징입니까! 지옥·연옥·천국, 그런 것은 상징을 하기 위해 만든 것은 아닙니다. 우리 근대 유럽인의 정신 가운데 그것들이 상징이라는 생각이 있기라도 했습니까! 그것들은 확실

---

48) 지옥을 말한다. 원래는 예루살렘에 있는 히놈(Hinnom)의 골짜기를 의미했다. 이곳에서는 몰록(Moloch)의 노여움을 달래기 위해 희생물을 바쳤으며, 악취를 없애기 위해 끊임없이 불을 피웠다(「열왕기하」 23장 10절 참조).

히 두려운 사실이 아닙니까? 인간의 모든 가슴은 그것들을 실질적인 진실로 믿고, 모든 자연은 어느 곳에서나 그것을 확증해 나가고 있지 않습니까? 이런 일들에서는 항상 그렇습니다. 인간은 우화를 신앙하지 않습니다. 단테의 사상이 전적으로 하나의 우화로 성립되었다고 생각하는 장래의 비평가는 그의 새로운 사상이 무엇이든 한 가지 중대한 과오를 범하게 될 것입니다!

우리는 이교를 우주에 대한 인간의 진실하고 두려움에 찬 감정을 정직하게 표현한 것으로 간주했습니다. 그 당시에는 성실하고 진실했습니다. 그리고 그것은 지금도 우리에게 가치가 없는 것이 아닙니다. 그러나 이교와 그리스도교 사이에 큰 차이가 있습니다. 이교는 주로 자연의 작용을 상징했습니다. 다시 말하면 이 세계에 존재하는 사물과 사람의 운명·노력·결합·영고성쇠 등입니다. 이에 비해 그리스도교는 인간의 의무의 법칙과 인간의 도덕적 율법을 표상했습니다. 전자는 감각적 본성에 호소한 것으로서, 인간의 최초의 사상의 소박한 표시였습니다. 여기에서 가장 먼저 인정받은 미덕은 공포를 초월하는 용기였습니다. 후자는 감각적 본성에 호소하지 않고 도덕적 본성에 호소했습니다. 그러나 이 한 가지 점에만 국한시켜 보더라도 여기에는 얼마만큼의 진보가 있는 것입니까!

그러므로 이미 말한 것과 같이 침묵의 10세기는 단테에게서 극히 이상스러운 방식으로 목소리를 찾아냈습니다. 『신곡』은 단테의 저작입니다. 그러나 실제로 그것은 그리스도교의 10세기에 속하는 것으로, 그저 작품의 완성만이 단테의 손으로 이룩된 것입니다. 항상 그렇습니다. 저기 있는 장인, 쇠와 연장을 갖고 능숙한 솜씨로 일하는 대장장이, 그가 하는 모든 일은 얼마나 미미한 것입니까! 과거의 모든 창조적인 사람들이 거기에서 그와 함께 일하고 있는 것입니다. 그들은 실로 온갖 사물에서 우리 모두와 함께 일하고 있습니다.

단테는 중세의 대변인입니다. 여기에는 중세의 사상이 영원한 음악으로 존재합니다. 그의 숭고한 사상—거기에는 무서운 것도 있고 아름다운 것도 있습니다—은 그보다 앞서 죽어간 모든 훌륭한 사람의 그리스도교적 명상의 결정체였습니다. 그 사람들은 귀중합니다. 그러나 단테 또한 귀중하지 않습니까? 만일 그가 말하지 않았다면 많은 것들이 침묵 속에 묻히게 되었을 것입니다. 설령 사멸하지는 않았다 하더라도, 아무 소리 없이 살게 되었을 것입니다.

이 신비한 노래는 가장 위대한 인간 영혼의 표현인 동시에, 유럽이 그때까지 스스로 깨달아 알았던 최고의 사상을 표현한 것이 아닙니까? 단테가 노래한 그리스도교는 소박한 북유럽인의 정신 속에 있던 이교와는 다릅니다. 그보다 7백 년 전에 아라비아 사막에서 다소 모호하게 표현된 '사생아적 그리스도교'와도 다릅니다! 일찍이 인류 사이에 실현되어 온 가장 고상한 이상을, 가장 고상한 인간 중 한 사람이 노래하고, 영원한 상징으로 구현한 것입니다. 어떤 의미에서건 간에, 우리가 이것을 소유하게 된 것은 진실로 기쁜 일이 아닙니까? 내 생각으로는, 그것은 앞으로 수천 년의 장구한 세월이 가도록 존속할 것입니다.

인간 영혼의 가장 내적인 부분을 표현한 것은 외적인 부분을 표현한 것과는 전혀 다릅니다. 외적인 것은 일시적인 것이며, 그때그때의 유행의 지배를 받습니다. 외적인 것은 신속하고 끝없는 변화 속에 사라집니다. 가장 내적인 것은 어제도 오늘도 영원히 동일합니다. 전 세계의 모든 세대에 걸쳐 이 단테를 바라보는 진실한 영혼은 그 속에서 일종의 형제애를 느낄 것입니다. 그의 사상, 그의 슬픔, 그의 희망의 깊은 성실성은 그들의 성실성에도 감동을 전해줄 것입니다. 그들은 이 단테도 그들의 형제라고 느낄 것입니다.

세인트 헬레나에서 나폴레옹은 늙은 호메로스의 진실성에 매혹되었습니다. 아득한 고대의 히브리 예언자, 우리와는 전혀 다른 옷을 걸친 그는 인간의 충심으로 말했던 까닭에 아직도 만인의 가슴에 말을 건네고 있습니다. 충심으로 말한다는 것이야말로 오래도록 기억될 수 있는 유일한 비결입니다. 단테는 그 깊은 성실성이란 점에서 고대의 예언자와 흡사합니다. 그의 말은 그들의 경우와 같이 그의 가슴에서 우러나옵니다. 유럽이 일찍이 산출한 시 중에서 그의 시가 가장 오래 존속할 것이라는 예언이 나왔다 해도 아무도 놀라지 않을 것입니다. 진실한 언어만이 오래도록 존속할 수 있기 때문입니다.

대성당, 교황직, 청동이나 돌로 만든 기념물, 외적인 시설물들, 이 모든 것들은 오래 존속하지 못하며, 이 『신곡』과 같이 가슴 깊은 곳에서 나온 시에 비교하면 수명이 짧습니다. 그러한 모든 것이 사멸하여 옛 모습을 알아볼 수 없는 결합물이 되어버리고, 개별적으로 존재하지 않게 되었을 때에도, 그것은 여전히 모든 사람에게 중대한 것으로 남아 있으리라고 생각합니다.

유럽은 많은 업적을 이룩했습니다. 대도시·대제국·백과전서·신조·여론과 실천 기구 등을 만들어냈습니다. 그러나 단테의 사상 같은 것은 별로 만들어내지 못했습니다. 호메로스는 아직도 존재합니다. 우리 중 자유로운 정신을 지닌 모든 사람들과 정녕 얼굴을 마주 대하며 존재합니다. 그러면 그리스, 그리스 그 자체는 어디에 있습니까? 그것은 수천 년간 황량하게 소멸되고 사라졌습니다. 그저 돌조각과 찌꺼기만이 혼란스런 무더기로 쌓여 있을 뿐 그것의 생명과 존재는 모두 사라지고 없습니다. 꿈과도 같이 왕 아가멤논의 시신과도 같이 말입니다! 그리스는 한때 있었습니다. 그러나 그리스는 그것이 남겨놓은 말 이외에는 지금 없습니다.

단테의 유용성이 무엇이냐고요? 우리는 그의 '유용성'에 대해서는 많은 말을 하지 않으려 합니다. 일단 노래의 근본적인 세계에 들어가 거기에서 무엇인가를 적절히 노래해내는 한 인간의 영혼은 우리 인간 존재의 깊은 곳에 작용합니다. 오랜 세월에 걸쳐 모든 탁월한 인간사의 생명의 뿌리를 이른바 '공리성'으로는 제대로 측정할 수 없는 방법으로 키운 것입니다! 우리는 태양을 평가할 때 그것으로 절약되는 가스등의 양으로 하지는 않습니다. 단테는 무한한 가치가 있거나 아니면 아무 가치도 없습니다.

한마디만 더 하겠습니다. 즉 이런 측면에서 영웅시인과 영웅예언자를 비교하고자 합니다. 우리가 보았듯이 불과 1백 년 동안에 마호메트는 그를 따르는 아라비아인을 그라나다(Granada)에도 델리(Delhi)에도 갖게 되었습니다. 단테를 따르는 이탈리아인은 아직도 대부분 옛날 그대로인 것으로 보입니다. 그러면 우리는 단테가 이 세계에 미친 영향이 마호메트에 비해 사소하다고 말해야 하겠습니까? 그렇지 않습니다. 물론 그의 무대는 마호메트보다 훨씬 제한되어 있습니다. 그러나 단테의 영향력은 마호메트보다 훨씬 더 숭고하고, 훨씬 더 선명합니다. 더 중요한 것은 있어도 덜 중요한 것은 없습니다.

마호메트는 거대한 대중을 향해 대중에 적합한 거친 방언, 모순적이고 조잡하며 어리석은 방언으로써 말했습니다. 그의 말은 다만 대중에게 작용할 수 있었습니다. 그리고 그 속에는 선과 악이 이상스럽게 서로 섞여 있습니다. 단테는 모든 시대와 장소에서 고상하고 순수하며 위대한 사람들에게 말하고 있습니다. 또한 그는 마호메트처럼 진부하지도 않습니다. 단테는 저 하늘에 확고한 위치를 점한 순수한 별처럼 타오르고 있습니다. 그 빛을 만나면 모든 시대의 위대하고 고상한 사람들은 그 자신에게도 불을 붙입니다. 그는 헤아릴 수 없이 많은 세월이 세계의 모든 '선택받은 사람들'의 소유가 됩니다. 단테는 마호메트보다 오래 존속할 것으로 보입니다. 그렇게 되어 둘 사이의 균형은 바로잡히게 될 것입니다.

어쨌든 한 사람과 그의 업적에 대한 평가는 이 세계에 대한 그의 영향력, 그가 미친 영향에 대해 우리가 판단할 수 있는 일이 아닙니다. 영향력·감화력·유용성? 그런 것을 따지지 말고, 사람들이 그저 그의 사업을 이루게 하십시오. 그 결과는 우리 아닌 다른 큰 존재가 관여할 일입니다. 그것은 그 자신의 결과를 산출할 것입니다. 따라서 칼리프(Caliph)[49]의 옥좌와 아라비아 정복을 실행하여 "모든 아침 신문과 저녁 신문을 메우고," 또 일종의 승화된 신문이라 할 모든 역사를 장식하는 데 이르건, 또는 전혀 그런 일을 실행하지 않건 그것이 무슨 문제가 되겠습니까? 그런 것은 일의 참된 결과는 아닙니다!

아라비아의 칼리프는 무엇인가를 성취했을 때에만 그 무엇이었습니다. 인간의 큰 목적, 신의 대지에서 벌인 인간의 사업이 아라비아의 칼리프가 아무런 발전도 이룩하지 못했다면 그가 아무리 많은 칼을 뽑았다고 해도, 아무리 많은 금화로 돈주머니를 채웠다고 해도, 그리고 아무리 세상에 대고 소란스럽게 외쳐도 그는 다만 목소리만 큰 텅 빈 헛된 존재에 지나지 않습니다. 근본적으로 그는 아무것도 아니었던 것입니다. 다시 한 번 '침묵'의 거대한 제국을 존경하도록 합시다! 우리의 주머니 속에서 짤랑거리는 소리가 나지 않는, 또는 사람들 앞에서 계산하거나 드러내지 않는 저 무한량의 보배! 그것이야말로 이런 시끄러운 시대에 무엇보다도 우선 우리 각자가 해야 할 가장 유용한 일입니다.

---

49) 예언자(마호메트)의 후계자로 정치권력과 종교상의 권력을 아울러 가진 이슬람 세계의 지배자에 대한 호칭이다.

인도와도 바꿀 수 없는 시인—셰익스피어

이 이탈리아인 단테는 중세의 종교, 우리 근대 유럽의 종교, 그것의 내적 생명을 음악적으로 구현하기 위해 이 세계에 보내졌습니다. 그와 마찬가지로 셰익스피어는 당시에 발전된 우리 유럽의 외적 생명, 즉 기사도, 예절, 유머, 야심, 당시 사람들의 사고방식, 행동방식, 세계를 관찰하는 실질적인 방법 등을 우리를 위해 구현해주고 있다고 말해도 좋을 것입니다. 호메로스를 통해 아직도 고대 그리스를 해석할 수 있듯이 우리는 셰익스피어와 단테를 통해 비록 수천 년이 지났지만, 우리 근대 유럽인의 신앙과 실생활이 어떠했는가를 읽을 수 있습니다.

단테는 우리에게 신앙 또는 영혼을 주었습니다. 셰익스피어는 그와 마찬가지의 숭고한 방법으로 우리에게 실생활 또는 몸을 주었습니다. 이 후자 역시 우리에게 없어서는 안 됩니다. 그 때문에 이 세상에 보내진 사람, 그가 셰익스피어였습니다. 때마침 그의 기사도적 생활방식이 마지막 종결점에 이르러, 그것이 서서히 또는 급속히 와해되던 때에(우리는 오늘날 도처에서 그것을 보고 있습니다), 이 또 한 사람의 시인 왕은 만물을 보는 눈을 가지고, 그의 영원한 노래를 가지고, 그것을 기록하기 위해, 영속적인 기록을 남기기 위해 보내졌습니다.

두 사람의 적합한 인물! 단테는 세계 중심의 불과도 같이 깊고 열렬합니다. 그리고 셰익스피어는 넓고 평온하고 시야가 넓은, 세계의 하늘 위에 밝게 빛나는 태양입니다. 이탈리아는 하나의 세계적인 소리를 산출했고, 잉글랜드는 또 다른 세계적인 소리를 산출하는 영예를 얻었습니다.

이런 인물이 어떤 우연으로 우리에게 오게 되었는가 하는 것은 생각해보면 매우 신기한 일입니다. 이 셰익스피어는 위대하고 고요하며 완벽하고 자족한 인물이어서 만일 워릭셔(Warwickshire)의 지주가 그를 사슴 도둑으로 고소하지 않았다면 우리는 어쩌면 시인으로서의 그에 대해 들어보지도 못했을 것이라고 나는 생각합니다! 숲과 하늘과 스트래트퍼드 온 에이번(Stratford-on-Avon)[50]의 촌스러운 인간생활이 이 인물에게는 충분했으니까요!

그러나 엘리자베스 시대라 부르는, 우리 잉글랜드의 저 기이한 생명의 새싹은 스스로 그와 같이 움트지 않았습니까? '위그드라실 나무'는 그 자신의 법칙에 따라 싹이 트고 시들어 죽습니다. 우리가 탐구하기에는 너무나 심오합니다. 그러나 그것은 싹트고 시들어 죽습니다. 그리고 그 모든 가지나 잎은 영원불변의 법칙에 따라서 거기에 존재합니다. 토머스 루시 경[51] 같은 인물도 그가 올 때가 되어야만 오는 것입니다. 그러므로 나는 이상하다고 말하는 것입니다. 생각이 충분히 미치지 않습니다. 어떻게 모든 개개의 사물이 만물과 협조하는 것입니까! 길가에서 썩어가는 한 잎의 낙엽도 태양계와 은하계의 불가분의 부분이 아닌 경우가 없습니다. 인간의 어떤 사상이나 언어나 행위도 다른 모든 인간에게 발생하지 않은 것이 없습니다. 그리고 그것은 눈에 보이든 안 보이든 간에 조만간 모든 인간에게 작용하게 됩니다!

그야말로 모두가 하나의 거대한 나무입니다. 수액과 세력의 순환,

---

50) 'Stratford-upon-Avon'이라고도 한다. 잉글랜드 중부 워릭셔 주의 서남부에 있으며 셰익스피어의 출생지이자 매장지이다.

51) 토머스 루시 경(Sir Thomas Lucy, 1532~1600): 잉글랜드의 지주·하원의원으로 스트래트퍼드 온 에이번 부근에서 출생했으며 워릭셔의 치안판사를 지냈다. 사슴을 훔쳤다는 혐의로 셰익스피어를 고발한 것으로 알려졌다. 셰익스피어의 작품 『헨리 4세』 『윈저의 명랑한 아낙네들』에서 치안판사 섈로(Shallow)로 풍자되었다.

가장 작은 모든 잎과 가장 깊은 밑뿌리의 상호 연락, 나무 전체의 그 밖의 모든 가장 크고 작은 부분과 취한 상호 연락인 것입니다. '위그드라실 나무'는 그 뿌리를 깊이 헬(Hel)[52]과 죽음의 왕국에 내리고, 그 가지는 가장 높은 하늘까지 뻗어오르고 있습니다!

어떤 의미에서 이 영광스러운 엘리자베스 시대, 그보다 시간적으로 앞선 모든 것의 열매와 꽃으로서 셰익스피어를 가졌던 이 엘리자베스 시대는 중세의 가톨릭 신앙에 기인했다고 말해도 좋을 것입니다. 단테의 노래의 주제였던 그리스도교 신앙이야말로 이 실생활을 산출했고, 셰익스피어는 그 실생활을 노래한 것입니다. 오늘날이나 언제나 그러하듯이 당시에도 종교는 실생활의 핵심이자 인간 생활에서 가장 긴요한 사실이었습니다.

여기서 오히려 주목할 것은 중세 가톨릭 신앙은 가톨릭의 가장 고상한 산물인 셰익스피어가 출현하기 전에 ― 적어도 의회의 법령으로 ― 절멸되었다는 것입니다. 그런데도 그는 나타났습니다. 자연은 이러한 좋은 시기에 가톨릭 또는 다른 모든 필요한 것과 함께 그를 보내주었습니다. 의회의 법령 따위는 고려할 것도 없이 말입니다. 헨리 왕, 엘리자베스 여왕 등은 그들 자신의 길을 가고, 자연 또한 자신의 길을 갑니다. 의회의 법령은 소리는 커도 결과는 매우 사소했습니다. 셰익스피어를 낳은 것이 무슨 의회의 결의였습니까? 세인트 스티븐 예배당(Chapel of St. Stephen)[53] 또는 어떤 선거 연설장이나 그 밖의 장소에서 한 토론이었습니까? 프리메이슨의 술집에서 벌어진 연회도, 기부금 명단의 개시, 주식의 판매, 그밖의 수많은 말다툼, 그리고 진실한 또는 거짓된 노력도 아닙니다!

---

52) 제1강의 주 54)를 참조.
53) 당시의 하원 회의장이다.

이 엘리자베스 시대, 그리고 이 시대의 모든 숭고한 점, 축복할 만한 점은 예고 없이, 아무런 준비도 없이 나타났습니다. 고귀한 셰익스피어는 자연이 베푼 무상의 선물이었습니다. 온전한 침묵 속에 주어졌고, 온전한 침묵 속에 하등 중요하게 여길 것도 못 되는 사물처럼 받아들여졌습니다. 그러나 문자 그대로 그는 가치를 논할 수 없는 존재입니다. 우리는 이 점 또한 관찰해야 합니다.

셰익스피어에 관해서는 때로 다소 우상숭배적으로 표현된 의견을 들을 수 있는데, 사실 그것은 정당한 것입니다. 내가 보기에는 잉글랜드뿐만 아니라, 유럽 전체의 가장 훌륭한 판단은 서서히 다음의 결론으로 모아지고 있습니다. 즉 셰익스피어는 오늘날까지 등장한 모든 시인 중의 제일가는 인물이며, 기록의 세계에서 문학의 형식으로 그 자신의 기록을 남긴, 가장 위대한 지성인입니다. 설령 우리가 문학계의 모든 다른 인물들을 생각해 본다 해도 나는 그러한 통찰력과 그러한 사상의 능력을 찾아볼 수 없습니다. 그토록 깊은 고요, 평온하고 유쾌한 힘, 모든 사물은 그의 진실하고 맑은 위대한 영혼에, 마치 잔잔하고 깊이를 헤아릴 수 없는 바다에 그려진 것처럼 그려졌습니다!

셰익스피어 희곡 구성에는, 다른 모든 '능력'과는 다른, 프랜시스 베이컨의 『신기관』(*Novum Organum*)을 방불케 하는 이해력이 보인다고 사람들은 말합니다. 그것은 진실입니다. 그리고 그 진실은 모든 사람을 감동시키는 진실은 아닙니다. 그것은 우리 가운데 누군가가 셰익스피어 희곡의 재료를 가지고 그런 결과를 만들어낼 수 있을지를 시험해본다면 한층 분명해질 것입니다! 건축이 끝난 가옥은 모든 것이 적당해 보입니다. 모든 점에서 제자리를 잘 잡은 것처럼 보입니다. 마치 그 자체의 법칙과 사물의 본성으로 된 것처럼 보입니다. 우리는 그것을 만드는 데 사용한 조야하고 난잡한 석재들을 잊습니다.

흡사 자연 자체가 그것을 창조해놓은 것처럼 가옥이 완벽하게 되면 그 건축자의 공적은 가려집니다.

완벽하다고, 다른 어떤 사람보다도 완벽하다고 우리는 셰익스피어를 이렇게 말해도 좋습니다. 그는 거의 본능적으로 자기가 일하는 조건과 자기의 재료가 어떤 것인지, 자기의 역량, 그리고 그 역량과 재료의 관계가 어떤 것인지를 압니다. 그저 일시적으로 보는 정도로는 충분하지 않고, 전체 사실을 치밀하게 조명합니다. 그것은 조용히 만물을 통찰하는 눈, 요컨대 위대한 지성입니다. 자기가 목격한 어떤 광범한 사물에서 어떻게 하나의 이야기를 구성하며, 어떤 종류의 묘사와 서술을 행하는지, 그것은 그 사람의 지성을 측정하는 가장 좋은 척도가 됩니다.

어떤 상황이 중심적인 것이어서 강조해야 하고, 어떤 것이 지엽말단에 지나지 않아 제거해야 하는가, 어디에 참다운 '시작'이 있고, 참다운 계속이 있고, 참다운 종말이 있어야 하는가? 이것을 발견하기 위해서 여러분은 그 사람이 가진 모든 통찰력을 동원해야 합니다. 그는 사물을 '이해'해야 하며, 그가 이해한 깊이에 따라서 그것에 대한 그의 대답의 적합성 여부가 결정됩니다. 여러분은 그를 그렇게 시험해야 합니다. 같은 것은 같은 것끼리 결합되고, 혼돈 속에 방법의 정신이 움직여, 그 결과 혼란이 질서로 변했는가? 그 사람이 "빛이 있으라" 하고 외쳐서, 혼돈 속에서 질서 있는 세계를 만들어냈는가? 그는 자기 안에 있는 '빛'의 밝기에 따라 이 일을 성취할 수 있습니다.

셰익스피어가 위대한 것은 그의 이른바 초상화가적 역량, 즉 그가 사람이나 사물, 특히 사람을 그리는 힘이라고 우리는 누누이 말합니다. 그의 모든 위대성은 바로 여기에서 나오는 것입니다. 셰익스피어의 고요한 창조적 통찰력은 달리 그 유례를 찾을 수 없습니다. 그가 보는 사물은 그것의 이런저런 측면을 드러내는 것이 아니라, 그것의 중심적 본질과 전반적 신비를 드러냅니다. 그것은 그의 앞에서는 마치 강한 광선을 쏘인 듯이 해체되며, 그는 그것의 모든 구조를 완전히 파악합니다.

앞에서 창조적이라고 말했지만, 시적 창조라는 것도 사실 사물을 충분히 밝게 보는 것이 아니고 무엇입니까? 그 사물을 묘사하는 데 가장 적절하고 유일한 '언어'는, 그와 같이 사물에 대한 밝고 강렬한 관찰력에 자연히 뒤따르게 마련입니다. 그의 언어에 나타나 보이듯이 그가 그러한 장애를 극복할 수 있다는 것, 그것이야말로 셰익스피어의 '도덕성,'즉 그의 용기·솔직성·관용·진실성이 아닙니까? 세계와 같이 위대합니다! 울퉁불퉁한 거울처럼 왜곡된 형상을 그리지 않는, 완전한 평면을 이룬 거울입니다. 다시 말해서 셰익스피어는 모든 사물이나 사람과 공정한 관련을 유지하고 있는 사람, 하나의 선량한 사람입니다.

이 위대한 영혼의 사람이 모든 종류의 사람과 사물들, 폴스타프,[54] 오셀로(Othello), 줄리엣(Juliet), 코리올레이너스[55] 등과 같은 인물들을 포괄한 것은 실로 장관입니다. 그는 그들 모두의 완전한 모습을 우리에게 제시하여, 사랑스럽고, 공정하며, 모든 사람의 형제로서 보여주고 있습니다.『신기관』도, 그리고 베이컨의 모든 지성도 이것에 비교하면 이차적인 것에 지나지 않습니다. 속되고 물질적이고 빈약합니다. 근대의 사람으로서 그와 같은 지위에 도달한 사람은 엄밀히 말해 거의 없습니다. 셰익스피어 이후의 사람으로는 괴테만이 그 수준에 올랐습니다. 괴테에 관해서도 우리는 그가 사물을 '보았다'고

---

54) 폴스타프(Sir John Falstaff): 셰익스피어의『헨리 4세』『윈저의 명랑한 아낙네들』에 등장하는 쾌활하고 재치 있는 허풍쟁이 뚱뚱보 기사이다.

55) 코리올레이너스(Coriolanus): 기원전 5세기 후반에 활약한 로마의 전설적 장군으로 셰익스피어의 희곡「코리올레이너스」의 주인공이기도 하다.

말할 수 있습니다. 여러분은 그가 셰익스피어에 대해 말한 대로 그를 평할 수 있습니다. 즉 "그가 묘사한 인물들은 투명한 수정의 문자판을 가진 시계와 같다. 그 시계는 다른 시계들처럼 시간을 표시해주기도 하지만, 또한 내부의 구조도 볼 수 있게 해준다."

사물을 볼 수 있는 눈! 이것이야말로 만물의 내적 조화를 드러냅니다. 즉 자연이 의미하는 것, 자연이 흔히 다듬지 않은 사물로 덮어 싸두곤 하는 음악적인 사상을 드러내는 것입니다. 자연은 무엇인가를 의미했습니다. 사물을 볼 수 있는 눈에는 그 무엇이 보였습니다. 그것이 천하고 초라한 것입니까? 여러분은 그것에 대해 웃어도 좋고, 울어도 좋고, 또 이런저런 방법으로 그것과 관련을 가져도 좋습니다. 또 하다못해 침묵을 지키고, 여러분 자신과 다른 사람들까지 그것을 외면하게 하며, 그것이 사실상 절멸될 때를 기다려도 좋습니다!

그러나 근본적으로 충분한 지성을 갖는다는 것은 시인의 — 또한 모든 사람의 — 제일가는 은혜입니다. 그것이 있으면 그는 시인입니다. 언어의 시인이고, 그렇게 되지 못해 행동의 시인이 된다면 더욱 훌륭한 일입니다. 그가 글을 쓰는지 쓰지 않는지, 쓴다면 산문으로 쓰는지 아니면 운문으로 쓰는지 하는 것은 우연으로 결정됩니다. 그것은 지극히 사소한 우연 — 노래 선생을 가졌는지 못 가졌는지, 소년 시절에 노래를 배웠는지 못 배웠는지 하는 정도의 일입니다! 그러나 그에게 사물의 내적 본질과 거기 있는 조화(왜냐하면 존재하는 모든 것은 그 핵심에 조화가 있으며, 그것이 없다면 해체되어 존속할 수 없습니다)를 발견케 하는 힘은 습성이나 우연의 결과로 생기는 것이 아니라 자연의 선물이며, 모든 종류의 영웅적 인물의 일차적 자질입니다.

시인에 대해서 우리는 다른 모든 위인에 대해서와 마찬가지로 무엇보다 먼저 '보라'고 말합니다. 볼 수 없다면 가락에 맞는 말을 주워

대려고 해도, 의미가 통하는 말을 주워섬겨도, 스스로 시인이라고 불러도 다 소용없고 희망도 없습니다. 그러나 볼 수만 있다면 산문으로 글을 쓰든 운문으로 글을 쓰든, 행동으로 하든, 생각으로 하든 그 사람에게는 모든 희망이 있습니다. 괴팍한 늙은 교사는 새로운 학생을 누가 데려오면 "이 애는 바보가 아닙니까?"라고 물었습니다. 사실 무엇인가 일을 하려는 모든 사람에 대해서도 우리는 같은 말로 물을 수 있으며, 그것을 꼭 필요한 질문이라고 생각할 수도 있습니다. "이 사람은 바보가 아닌가?"라고 말입니다. 이 세상에 바보처럼 완전히 가망 없는 사람은 따로 없습 니다.

왜냐하면 사실 한 사람이 갖고 있는 '보는 힘'의 정도는 그 사람을 재는 정확한 척도이기 때문입니다. 셰익스피어의 능력을 규정하라고 한다면 나는 '그의 지성의 탁월성'이라고 대답하고, 그 한 마디속에 모든 것이 포함되었다고 생각할 것입니다. 능력이란 대체 무엇입니까? 우리는 능력을 마치 별개의 것으로 분리할 수 있는 것처럼 말합니다. 마치 사람이 손·발·팔 따위를 가지고 있듯이 지력·상상력·공상 등을 갖고 있다고 말입니다. 그것은 중대한 잘못입니다. 우리는 또 사람에 관해 '지적 자질'이 어떠니, '도덕적 본성'이 어떠니 하며 이들을 따로 떼어 분리할 수 있는 것처럼 말합니다. 언어상의 필요 때문에 이런 표현형식이 생겼을 것입니다. 말은 해야 되겠고 해서 그렇게라도 말하게 된 것임을 나는 알고 있습니다.

그러나 언어가 그것을 의미하려는 사물로 굳어져서는 안 됩니다. 이 문제에 관한 우리의 이해는 대부분 이 때문에 근본적인 오류에 빠져든다고 생각합니다. 우리는 위에서 말한 것과 같은 구분은 근본적으로 명목에 지나지 않는다는 것을 알아야 합니다. 사람의 정신적 본질, 사람이 가지고 있는 생명력은 본질적으로 하나이며 나눌 수 없다는 것을 알아야 합니다. 상상력·공상력·이해력 따위는 모두 단일한 통찰력의 여러 가지 기능이며, 서로 분리할 수 없게 결합되어 있고, 서로 긴밀하게 관련되어 있다는 것을 알아야 합니다. 그러므로 그중 하나를 알면 곧 전체를 알 수 있다는 것을 항상 잊어서는 안 됩니다.

사람의 도덕적 자질이 어떻다고 우리는 흔히 말하지만, 그것도 그 사람의 존재와 행동의 바탕이 되는 단일한 생명력의 다른 '측면'이 아니고 무엇입니까? 사람이 하는 모든 일은 그 사람의 본질에서 나오는 것입니다. 여러분은 그가 어떻게 노래하는지로 미루어 그 사람이 어떻게 싸울 것인지를 알 수 있습니다. 어떤 사람이 용기가 있는지 없는지 하는 것은 그의 주먹이 얼마나 강한지에 못지않게 그 사람의 말, 그의 의견을 들어보면 알 수 있습니다. 사람은 그가 하는 모든 일에서 하나입니다.

사람은 설령 손이 없다 하더라도 발이 있으면 걸을 수 있습니다. 그러나 사람에게 도덕성이 없으면 지성이란 존재할 수 없습니다. 완전히 부도덕한 사람이 어떤 것을 안다는 것은 절대로 불가능합니다! 어떤 사물을 알려면 사람은 먼저 그것을 사랑하고 그것에 공감해야 합니다. 다시 말해서 그것과 도덕적으로 관련이 있어야 합니다. 삶의 모든 고비에서 자기의 이기성을 버리는 정의감, 삶의 모든 고비에서 위험에 처한 진실을 돕기 위해 싸우는 용기가 없다면 그가 어떻게 사물을 알 수 있겠습니까? 사람이 가진 모든 미덕은 그의 지식 속에 새겨져 있습니다. 자연과 자연의 진리는 악하고 이기적이고 무기력한 자에게는 영원히 닫혀 있는 책입니다. 그런 사람이 자연에 대해 알 수 있는 것은 다만 그날그날을 위한, 천박하고 피상적이고 사소한 것에 지나지 않습니다.

그러나 심지어 여우라 할지라도 자연에 대해 다소나마 아는 것이 있지 않습니까? 확실히 그렇습니다. 여우는 어디에 오리가 있는지를 압니다! 그러나 세상 도처에 흔해빠진 '인간 여우들'이 기껏해야 오리가 어디에 있는지 따위의 일 이외에 무엇을 알겠습니까? 그러나 여우도 여우의 '도덕성'을 얼마간 갖고 있지 않으면 그는 오리가 어디에 있는지, 오리를 어떻게 얻는지 알 수 없습니다! 만일 여우가 자기의 불행, 그리고 자연이나 운명이나 또는 다른 여우들에게 받는 푸대접 등을 생각하며 심술이나 부리고 화를 내는 데 시간을 보낸다면, 그리고 용기·민첩성·실제성 등 여우로서 적합한 재주나 미덕을 갖고 있지 못하면 그 여우는 한 마리 오리도 잡지 못합니다.

여우의 경우에도 그의 도덕성과 통찰력은 같은 차원이며, 그 둘은 여우의 삶의 내적 통일성의 두 측면에 지나지 않는다고 말해도 좋을 것입니다. 이 사실은 여기에서 말할 만한 가치가 있습니다. 왜냐하면 그러한 사실과 정반대되는 것이 우리 시대에 갖가지 지극히 해로운 왜곡을 빚어내면서 작용하기 때문입니다. 그것들에 대해 가할 필요가 있는 억제책과 교정책은, 여러분 자신의 정직성에 의해 제공될 수 있습니다.

그러므로 셰익스피어를 가장 위대한 지성이라고 말하는 것은 그에 관한 모든 것을 말하는 것입니다. 셰익스피어의 지성에는 우리가 일찍이 본 이상의 것이 있습니다. 그것은 무의식적 지성이라고 부를 수 있는 것입니다. 그의 지성에는 그 자신이 의식하는 것 이상의 미덕이 있습니다. 노발리스는 그의 희곡을 다음과 같이 아름답게 말했습니다. 즉 "셰익스피어의 희곡은 자연의 소산이며, 자연 그 자체만큼이나 심오하다"는 것입니다. 나는 이 말에서 하나의 위대한 진리를 발견합니다. 셰익스피어의 예술은 기교가 아닙니다. 그것의 가장 고귀한 가치는 계획이나 술책에서 나온 것이 아닙니다. 그것은 자연의 저 깊은 곳에서 나온 것이며, 자연의 음성인 그의 고귀하고 성실한 영혼으로 발현된 것입니다.

후세의 사람들은 셰익스피어에게서 새로운 의의를 발견할 것이며,

자기들 자신의 인간 존재에 대한 새로운 해석을 발견하게 될 것입니다. 즉 그들은 셰익스피어에게서 '우주의 무한한 체계와의 새로운 조화, 새 시대 사상과의 일치, 인간의 훨씬 더 고상한 힘 및 감각과의 친화력'을 발견할 것입니다. 이것은 깊이 생각해볼 가치가 있는 일입니다. 사람이 '자연의 일부'가 된다는 것은, 진실하고 단순하고 위대한 영혼에게 자연이 주는 최고의 보상입니다. 그러한 사람의 작품은 설령 그가 최대한의 의식적인 노력과 기획으로 성취한 것일지라도 그의 내면의 알 수 없는 심연에서 무의식적으로 자라난 것입니다. 마치 대지의 가슴속에서 떡갈나무가 자라나듯이, 마치 산과 강이 스스로 형성되듯이 자연의 법칙에 따른 조화가 있어 모든 진리와 정합하는 것입니다. 셰익스피어에게는 얼마나 많은 것이 숨어 있습니까! 그의 슬픔, 그 자신만이 아는 이루 말로 다할 수 없는 침묵 속의 투쟁, 마치 땅속에서 작용하는 나무의 '뿌리'처럼, 그리고 수액처럼 감추어져 있습니다. 말은 위대합니다. 그러나 침묵은 더 위대합니다.

그런데도 이 사람의 기쁨에 찬 평온은 놀랍습니다. 나는 단테의 불행 때문에 단테를 탓하지는 않습니다. 그것은 승리하지 못한 전투였으나 진실한 전투였습니다. 진실한 전투——이것이야말로 제일 긴요한 것입니다. 그러나 나는 셰익스피어가 단테보다 더 위대하다고 생각합니다. 왜냐하면 그는 진실한 전투를 해서 승리하였기 때문입니다. 그에게도 또한 슬픔이 있었다는 것을 의심해서는 안 됩니다. 그의 저 소네트(Sonnets)는 그가 얼마나 깊은 고해를 건넜는지를 여실히 말해줍니다. 그는 목숨을 걸고 그 속에서 싸웠습니다. 사실 그와 같은 사람으로서 어느 누군들 그런 싸움을 하지 않겠습니까?

나뭇가지에 앉은 새처럼, 아무런 시름도 없이 노래를 부르며 다른 사람의 괴로움을 도무지 몰랐다고 사람들은 흔히 말하지만, 그것은 그를 전혀 모르고 하는 말입니다. 결코 그렇지 않습니다. 어떤 사람의 경우에도 그렇지는 않습니다. 산에서 사슴을 밀렵하며 살던 시골 사람이 그러한 비극을 짓게 되기까지 어찌 슬픔을 겪지 않을 수가 있 겠습니까? 자기의 영웅적 가슴에 고통을 직접 겪어보지 않은 사람이 햄릿, 코리올레이너스, 맥베스 같은 인물들의 영웅적 가슴에 밀어닥 친 수많은 고통을 어떻게 그려낼 수 있었겠습니까?

이러한 모든 것과는 대조적으로 그의 명랑함과 웃음에 대한 넘치 는 진정한 사랑을 보십시오! 다른 어떤 점에서도 과장하지 않는 그 도 웃음에 관한 한 예외적입니다. 셰익스피어에게는 타오르는 듯한 분노, 신랄하고 뜨거운 말이 있습니다. 그러나 이 경우에도 그는 항 상 한도를 넘지 않습니다. 존슨이 말한 것처럼 그는 "훌륭한 증오자" (good hater)는 되지 못합니다. 그러나 그의 웃음은 마치 홍수처럼 쏟 아져 나오는 듯이 보입니다. 그는 자기가 희롱하는 대상에 온갖 우 스꽝스러운 별명을 붙이며, 온갖 야단법석 속에 그것을 던져 굴리며, 가슴이 터질 듯이 웃습니다.

그리고 그 웃음은 가장 아름답지는 않을지라도 언제나 선합니다. 단순한 약점이나 불행, 또는 빈곤을 두고 웃는 일은 결코 없습니다. 정말 웃음다운 웃음을 웃을 줄 아는 사람은 그런 것을 두고 웃지 않 습니다. 그런 것을 두고 웃는 사람은 단지 웃고 싶어하는 사람, 기 지가 있다는 소리를 듣고 싶어하는 한심한 부류에 지나지 않습니 다. 웃음은 동정을 의미합니다. 좋은 웃음이란 "가마솥 밑에서 우지 직 소리를 내며 튀는 엉겅퀴"가 아닙니다. 어리석은 것, 분수에 넘치 는 것에 대해 웃을 때에도 셰익스피어의 웃음은 선합니다. 도그베리 (Dogberry)와 버지스(Verges)[56]는 우리를 포복절도케 합니다. 그리 고 우리는 폭소를 터뜨리는 가운데 그들과 작별합니다. 그러나 우리

---

56) 『헛소동』(*Much Ado about Nothing*)에 나오는 인물들이다.

는 그렇듯 웃음을 터뜨림으로써 가련한 그들을 더욱 좋아하게 되고, 그들이 그대로 잘 살며 도시의 경비 책임자로 오래 있기를 원하게 됩니다. 이런 웃음은 깊은 바다 위의 햇빛처럼 내게는 매우 아름답게 느껴집니다.

셰익스피어의 개개의 작품들에 대해서는 말할 여유가 없습니다. 말을 하려면 할 말이 아주 많습니다. 『빌헬름 마이스터의 수업시대』에서 『햄릿』을 비평하듯이 한다면 말입니다! 그것은 언젠가는 행할 일입니다. 슐레겔[57]은 셰익스피어의 사극 『헨리 5세』 등에 대해 그와 같은 비평을 했습니다. 그는 셰익스피어의 사극을 일종의 국민적 서사시라고 부릅니다. 여러분은 말버러[58] 공이 "셰익스피어에게 배운 것 이외의 잉글랜드 역사는 모른다"고 말한 것을 기억하실 것입니다.

사실 셰익스피어의 사극만큼 훌륭한 역사도 별로 없습니다. 눈에 띄는 특징들을 경탄스럽게 파악하면서도 모든 것이 잘 다듬어져서 일종의 리드미컬한 통일성이 있습니다. 그것은 슐레겔이 말한 것처럼 하나의 서사시입니다. 위대한 사상가가 서술한 것이 모두 그러하듯이 말입니다. 그의 사극 중에는 매우 아름다운 것들이 있으며, 그것들은 모두 모여 하나의 아름다움을 이룹니다. 아쟁쿠르 전투[59]는

---

57) 슐레겔(August Wilhelm von Schlegel, 1767~1845): 독일의 시인·비평가로 셰익스피어 작품을 독일어로 번역했다(1797~1810).

58) 말버러 공(1st Duke of Marlborough인 John Churchill, 1650~1722)을 말한다. 영국의 군인·정치가로 1688년 명예혁명 때 국왕군의 부사령관으로 출전했으나 오히려 윌리엄(William of Orange, William III)에게 가담했다. 혁명이 달성되자 추밀 고문관, 말버러 백(伯)이 되었다. 앤(Anne) 여왕 시대에 에스파냐 왕위계승전쟁에서 잉글랜드와 홀란드군 총사령관을 지냈으며, 잉글랜드의 실질적인 섭정을 맡았다.

59) 아쟁쿠르 전투(Battle of Agincourt, 1415.10.25): 백년전쟁 중 헨리 5세가 이끈 잉글랜드군이 프랑스군을 격파한 싸움이다. 장궁(長弓)·보병(步兵)을 이용

그런 종류의 것으로서 셰익스피어가 지은 어떤 것보다도 가장 완전한 것 중 하나라고 나는 감탄해 마지않습니다. 두 나라의 군대에 대한 묘사, 지치고 곤경에 처한 잉글랜드군, 큰 운명을 긴 전투가 시작되기 전의 그 무서운 시간, 그리고 죽음을 초월한 용기──"선량한 장병들이여, 그대들의 손발은 잉글랜드에서 만들어진 것이다!"

여기에는 숭고한 애국심이 있습니다. 셰익스피어가 '무관심'하다고 흔히 말하지만, 여기서는 그렇지 않습니다. 참다운 잉글랜드인의 심정이 장면 전체에 걸쳐 조용하고 힘차게, 그러면서도 떠들썩하거나 경박하지 않게, 그러므로 더욱 믿음직스럽게 숨쉬고 있습니다. 그속에는 강철이 울리는 듯한 소리가 있습니다. 이 사람이 그 장면에 섰더라면 제법 그럴듯하게 창검을 휘둘렀을 것입니다!

그러나 셰익스피어의 작품을 일반적으로 말하면 거기서는 그에 대한 충분한 인상을 갖지 못합니다. 다른 많은 사람들에게서 얻는 정도의 인상도 받지 못합니다. 그의 작품들은 그의 내면세계를 들여다볼 수 있는 수많은 창문들에 지나지 않습니다. 그의 모든 작품들은 상대적으로 말한다면 서둘러 만든 불완전한 것이고, 힘겨운 상황에서 쓴 것입니다. 그 결과 다만 여기저기에서만 그 사람의 온전한 모습이 드러나 보입니다. 하늘에서 내린 빛과 같이 사물의 중심을 조파하는 구절들을 만날 때 여러분은 "이것은 진리다. 천추의 명언이다. 사람의 심령이 살아 있는 어느 곳 어느 때에도 이것은 진리로써 인정을 받을 것이다!"라고 외치게 됩니다.

그러나 이런 구절은 우리에게 그 전후의 구절들이 빛을 던지지 않음을 느끼게 만듭니다. 다시 말해서 그의 작품에 일부분 또는 일시

한 잉글랜드군이 프랑스군을 완전히 압도했다. 이로써 헨리 5세의 노르망디 정복이 한 발 진전되었다. 셰익스피어의 『헨리 5세』, 4막 4~7장을 참조.

적으로 진부한 부분이 있다는 것입니다. 아, 셰익스피어가 글로브 극장(Globe Playhouse)[60]을 위해 극을 써야만 했던 것이 안타깝습니다. 그의 위대한 영혼은 그 극장이라는 틀에 맞게끔 위축시키지 않으면 안 되었습니다. 그도 모든 사람이 맞이하는 운명을 면치는 못했습니다. 모든 사람은 일정한 조건에서 일합니다. 조각가는 그의 자유분방한 생각을 그대로 우리 앞에 제시하지 못합니다. 그는 주어진 돌과 연장으로 표현할 수 있는 그의 생각만을 보여줍니다. '흩어진 조각들'(disjecta membra)은 모든 시인 또는 모든 사람에게서 찾아볼 수 있습니다.

이 셰익스피어를 제대로 보는 사람은 누구나 그가 또한 예언자였음을, 비록 방법은 다르지만 예언자를 방불케 하는 통찰력이 있었음을 인정합니다. 이 사람에게도 자연은 신성한 것으로, 지옥처럼 깊고 천국처럼 높은, 말로 형언할 수 없는 것으로 보였습니다. "우리는 꿈과 같은 존재다!"[61] 웨스트민스터 성당에 있는 셰익스피어의 초상이 들고 있는 책의 이 구절을 충분히 이해하고 읽는 사람은 몇 안 됩니다. 이 구절은 예언자의 말 같은 깊이가 있습니다. 그러나 셰익스피어는 그것을 노래로 했습니다. 모든 설교를 노래로 했습니다.

우리는 단테를 가리켜 중세 가톨릭교회의 음악적 설교자라고 불렀습니다. 이런 의미에서 우리는 셰익스피어를 '진정한' 가톨릭교회, 즉 미래와 모든 시대의 '보편 교회'의 한층 더 음악적인 설교자라고 부를 수 있지 않겠습니까? 편협한 미신, 가혹한 금욕주의, 종교적 불관용, 광신적 열정 또는 왜곡은 전혀 없습니다. 거기에는 모든 자연에 천겹 만겹으로 아름다움과 신성함이 숨어 있다는 위대한 계시가

---

60) 1599년 런던 사우스워크(Southwark)에 세워진 셰익스피어 극을 초연한 극장이다.
61) 『템페스트』, 4막 1장에 나오는 구절이다.

있습니다. 모든 사람은 이 계시에 대해 할 수 있는 한 경배를 바치도록 해야 합니다!

우리는 이 사람에게서 일종의 보편적인 찬송—그보다 더욱 신성한 찬송과 함께 들려도 부적당하지 않은 찬송—이 솟아난다고 말해도 지나치지 않을 것입니다. 우리가 바르게 이해한다면 그것은 이런 신성한 찬송과 불협화음을 이루는 것이 아니라 잘 조화될 것입니다! 이러한 셰익스피어를 '회의주의자'라고 부르는 사람도 있으나, 나는 그렇게 부를 수 없습니다. 그가 그의 시대의 신조와 종교적 논쟁에 무관심한 것 때문에 그런 오해가 생긴 것입니다. 그렇지 않습니다. 그는 애국심에 대해 별로 말하지 않지만 비애국적이지 않았으며, 신앙에 대해 별로 말하지는 않지만 회의주의자도 아니었습니다. 그러한 '무관심'은 그의 위대성에서 오는 것이며, 그의 온 심령은 그 자신의 광대한 신앙의 세계 속에 있었습니다. 다른 사람들에게는 중대한 관심사였던 이런 논쟁거리가 그에게는 중요한 일이 아니었던 것입니다.

그것을 숭배라 부르건 다른 무엇이라 부르건 셰익스피어가 우리에게 가져다 준 것은 진정 영광스러운 것이 아닙니까? 나로 말하면 이런 사람이 이 땅에 보내졌다는 사실에 정말 일종의 신성함이 있다고 느낍니다. 그는 우리 모두의 눈이며, 하늘이 보내준 '빛의 사도'가 아닙니까? 그리고 근본적으로 이 셰익스피어가 무의식적인 사람이었다는 것, 그리고 하늘의 메시지를 전혀 의식하지 않았다는 것이 아마도 훨씬 다행한 일이 아니었습니까? 그는 내적 광명을 보았다고 해서 마호메트처럼 스스로를 '신의 예언자'라고 느끼지는 않았습니다. 이런 점에서 그는 마호메트보다 더 위대하지 않습니까? 더 위대할 뿐만 아니라, 단테의 경우에서 따졌던 것처럼 엄밀히 따진다면 그는 더욱 성공적이었습니다.

자기가 최고의 예언자라는 마호메트의 생각은 본질적으로 잘못이었습니다. 그것은 벗어날 길 없는 오류에 휩싸여 오늘날까지 전해 내려오고 있습니다. 지어낸 많은 우화, 불순물들, 불관용 등을 수반하고 있기 때문에 앞서도 말했지만 여기에서 마호메트가 진정한 설교자였다고, 그가 야심적인 사기꾼이나 괴팍한 가짜가 아니었다고 말하는 것을 망설이게 됩니다! 그가 설교자가 못 되는 말만 일삼는 부류가 아니었다고 말하기가 주저됩니다! 나는 본고장 아라비아에서조차 마호메트의 밑바닥이 드러나서 과거의 것이 되고 마는 때가 올 것으로 추정합니다. 그러나 이 셰익스피어는 항상 새로운 생명력을 가질 것입니다. 셰익스피어와 단테는 앞으로 무한한 시기에 걸쳐 아라비아를 포함한 온 인류의 설교자로서 자리잡을 것입니다!

세상에 이름 있는 어떤 설교자나 시인과 비교해도, 심지어 아이스킬로스나 호메로스와 비교해도 셰익스피어가 진실과 보편성에서 그들과 마찬가지로 오래도록 살아남지 못할 이유가 무엇이겠습니까? 그는 그들처럼 '성실'하며, 그들처럼 보편적이고 영원한 생명원에 깊이 뿌리를 박고 있습니다.

그런데 마호메트에 관해 말한다면 나는 그가 그처럼 의식적이지 않았더라면 좋았을 것으로 생각합니다. 아, 가련한 마호메트! 그가 '의식한' 모든 것은 오류였을 뿐입니다. 부질없는 사소한 것에 지나지 않았습니다. 그런 것은 늘 그렇지 않습니까? 그에게 진실로 위대한 것은 역시 그가 의식하지 않은 것, 즉 그가 아라비아 사막의 사나운 사자였다는 점, 그리고 그가 스스로 위대하다고 '생각'한 말로가 아닌, '진실로 위대했던' 행동으로, 감정으로, 역사로, 그의 천둥 같은 위대한 음성으로 외쳤다는 점입니다! 그의 『코란』은 우스꽝스러운 장광설이 되고 말았습니다. 우리는 신이 그것을 지었다고 그와 함께 믿지는 않습니다! 어디서나 마찬가지로 여기서도 위인은 자연의 힘이며, 그의 진정한 위대성은 모두 말로 표현할 수 없는 심연에서 솟아나는 것입니다.

자, 이 사람 셰익스피어는 워릭셔의 농민의 신분에서 출세하여 극장의 지배인이 되었고, 구걸하지 않아도 살 수 있게 되었습니다. 사우샘프턴 백(Earl of Southampton)[62]에게는 다소의 친절한 후원을 받았고, 토머스 루시 경은 그를 감옥에 보내려 했습니다! 우리는 그가 우리와 함께 이 세상에 살고 있는 동안 그를 오딘의 경우처럼 신이라고 생각하지는 않았습니다. 이 점에 대해서는 많은 설명이 필요합니다.

그러나 나는 거듭해서 말하고자 합니다. 오늘날 영웅숭배가 이렇게까지 비참한 상태에 빠져 있는데도 셰익스피어가 우리 가운데서 어떤 지위를 차지하는지를 생각해보십시오. 우리의 이 땅에 태어난 어떤 잉글랜드인이, 수백만의 잉글랜드인 중 어느 누가 스트래트퍼드의 이 농부만큼 귀중합니까? 고관대작들을 아무리 많이 준다 해도 그들과 셰익스피어를 바꿀 수는 없습니다. 그는 우리가 이룩한 것 중 가장 위대한 존재입니다.

우리 잉글랜드 가정의 장식품 가운데 다른 나라에 대해 우리 영국의 명예를 드높일 만한 것으로서 그보다 더 귀한 것이 무엇이 있습니까? 생각해보십시오. 만일 다른 나라 사람들이 우리 잉글랜드인을 보고 인도와 셰익스피어 둘 중 어느 것을 포기하겠느냐고 묻는다면 어떻게 하겠습니까? 인도를 전혀 갖지 못한 경우와 셰익스피어 같은 인물을 전혀 갖지 못한 경우 둘 중 어느 것을 택하겠느냐고 묻는다면 어떻게 하겠습니까? 그것은 정말 쉽지 않은 물음입니다. 공직에 있

---

62) 헨리 라이어슬리(Henry Wriothesley, 1573~1624)를 말한다. 셰익스피어의 후원자였다.

는 사람들은 의심할 나위 없이 공식적인 말로 대답할 것입니다. 그러나 우리는 이렇게 말해야 하지 않겠습니까? 인도야 있든 없든 상관 없으나, 셰익스피어가 없이는 살 수 없다고 말입니다!

어쨌든 인도 제국은 언젠가는 잃게 될 것입니다. 그러나 셰익스피어는 결코 사라지지 않습니다. 그는 영원히 우리와 함께 있습니다. 우리는 셰익스피어를 포기할 수 없습니다.

아니, 정신적인 면은 차치하고, 그를 단지 현실적으로 매매할 수 있는 쓸모 있는 소유물로 생각해봅시다. 우리가 살고 있는 이 섬나라 잉글랜드에는 오래지 않아 잉글랜드인의 매우 적은 부분만 남게 될 것입니다. 아메리카에서, 남아프리카에서, 동과 서로 지구의 반대편에 이르기까지 지구의 상당 부분을 덮게 될 색슨 국가가 나타날 것입니다. 그러면 이 모든 지역을 사실상 하나의 나라로 결속시켜 서로 싸우지 않고 평화롭게 형제처럼 사귀며 서로 돕게 할 수 있는 것이 무엇입니까? 이것은 실로 최대의 실제적 문제이며, 우리의 모든 국왕과 정부가 해결해야 할 문제입니다. 그런데 무엇이 이것을 해결하게 합니까? 의회의 법령이나 행정부의 수상들로서는 할 수 없는 일입니다. 아메리카는 이미 우리에게서 분리되었습니다. 의회가 분리시킬 수 있는 만큼은 다 분리되었습니다. 나의 말을 공상적인 것이라고 부르지 마십시오. 왜냐하면 여기에는 많은 진실이 있기 때문입니다.

내가 말하거니와 여기 시간도, 우연도, 의회도, 의원들의 결탁으로도 폐위시킬 수 없는 한 사람의 잉글랜드 왕이 있습니다! 이 왕이 곧 셰익스피어입니다. 그는 왕관을 찬연히 쓰고 우리 위에 군림하여 모든 잉글랜드인을 단결시키는 가장 고상하고 온유하고, 그리고 가장 강한 상징으로 빛나지 않습니까? 그에게는 결코 손상을 입힐 수 없습니다. 실로 셰익스피어는 그 점에서 어떤 수단이나 장치보다도 더 가치 있는 상징입니다.

우리는 지금으로부터 1천 년 후에도 잉글랜드인의 모든 나라 위에서 그가 찬연히 빛나는 광경을 상상할 수 있습니다. 파라마타(Paramatta)[63]에서, 뉴욕에서, 행정구역이야 어떠하든 간에 잉글랜드인이 있는 모든 곳에서 이런 소리가 들려올 것입니다. "아무렴, 이 세익스피어는 우리의 것이다. 우리가 그를 지어냈다. 우리는 그와 더불어 말하고 생각한다. 우리는 그와 피도 같고 본질도 같다." 아무리 상식적인 정치가라도 그것을 생각할 수 있습니다.

그렇습니다. 한 민족이 그 자신을 표현할 소리를 얻는다는 것, 그의 가슴이 말하려는 것을 아름다운 언어로 표현해주는 인물을 갖는다는 것은 실로 위대한 일입니다! 예를 들어 이탈리아의 경우 저 불쌍한 이탈리아는 지금 분열되고 분리되어 어떤 대외관계에도 하나의 통일국가로서 나서지 못합니다.[64] 그러나 저 고귀한 이탈리아는 사실 '하나'입니다. 이탈리아는 단테를 낳았습니다. 이탈리아는 말을 할 수 있습니다!

러시아 전역을 지배하는 황제, 그는 강합니다. 많은 총검, 카자크(Kazak) 병사, 대포를 갖고 있습니다. 그리고 그와 같이 큰 땅덩어리를 정치적으로 결속하는 어려운 일을 능히 해나가고 있습니다. 그러나 러시아는 아직 말을 못하고 있습니다. 그는 위대한 무엇을 가지고는 있으나, 아직 벙어리 상태입니다.[65] 그는 모든 인간과 시대에 들

---

63) 파라마타라는 지명은 존재하지 않는다. 9세기에 전성기를 누렸던 인도의 소왕국 파라마라스(Paramaras)의 오기(誤記)가 아닌가 추정한다.

64) 이탈리아는 1870년에 통일되었다(칼라일의 강연은 1840년에 행해졌다).

65) 러시아의 문호 톨스토이(Tolstoi, 1828~1910), 도스토예프스키(Dostoevskii, 1821~81)는 칼라일보다 한 세대 뒤에 태어나 활동했다. 칼라일은 마치 이들의 출현을 예감이라도 한 것처럼 보인다. 그가 한국을 알았다면 무슨 말을 남겼을지 궁금하다.

릴 만한 천재의 소리를 갖고 있지 못합니다. 러시아는 말하는 것을 배워야 합니다. 그는 아직까지는 거대한 벙어리 괴물입니다. 그의 대포도, 카자크 병사도 모두 녹슬고 없어질 때가 올 것입니다. 그러나 단테의 음성은 아직도 들려옵니다. 단테 같은 인물이 있는 이탈리아는 아직 벙어리 상태인 러시아가 흉내 내지 못할 정도로 결속되어 있습니다. 이것으로써 '영웅시인'의 이야기를 마치겠습니다.

제4강

성직자로 나타난 영웅

루터의 종교개혁 · 녹스의 청교주의

1840년 5월 15일, 금요일

위인은 그의 첫 번째 조건으로서 항상 성실했습니다. 그러나 성실하기 위해서 위대해야 할 필요는 없습니다. 그것은 자연과 모든 시대의 필요조건이 아니며, 단지 타락한 불행한 시대에만 필요한 조건입니다. ……영웅이 '성실한 사람'을 의미한다면, 우리 모두가 영웅이 되어서는 안 될 이유가 어디 있겠습니까?

"보름스에 지붕의 기왓장만큼 많은 악마들이 있다 해도 나는 가겠습니다." 다음날 그가 회의장으로 나갈 때 사람들은 창문과 지붕 위로 몰려들었습니다. 그들 중 일부는 그를 부르며 결코 취소하지 말라고 외쳤습니다. "사람들 앞에서 나를 모른다고 부인하는 자!" 이렇게 그들은 루터에게 외쳤습니다. 그것은 마치 일종의 장엄한 탄원과 간청을 하는 것 같았습니다. 그것은 실로 우리의 탄원이며 온 세계의 간청이 아니었습니까?

정의와 진리, 다른 말로 하면 신의 율법이 인간들 사이에 절대적인 지배권을 갖는 것, 이것이 '하늘의 이상'입니다. ……땅이 하늘을 아주 많이 닮아 해로운 일은 없을 것입니다!

신성한 진리를 숭배하는 영웅

우리의 이번 강연은 성직자로서의 위인에 관한 것입니다. 우리는 모든 종류의 영웅이 동일한 재료로 이루어진 사람이라는 것, 그리고 인생의 신성한 의의에 눈이 열린 위대한 영혼은 이것을 말이나 노래로 표현하고, 이것을 위해 싸우고 일하며, 오래도록 지속적으로 큰 승리를 거두기에 적합한 사람이라는 것을 설명하고자 거듭해서 노력했습니다. 같은 영웅이지만, 그의 외적 형태는 그가 태어난 시대와 환경에 따라 달라집니다.

성직자 역시 내가 생각하기에는 일종의 예언자입니다. 성직자의 내면에도 이를테면 계시의 빛이 요청됩니다. 그는 사람들의 신앙을 주재합니다. 그는 사람들을 눈에 보이지 않는 신성한 존재와 연결시켜주는 사람입니다. 그는 사람들의 정신적 지도자입니다. 그것은 예언자가 많은 정신적 지도자들을 거느린 정신적 왕인 것과 같습니다. 그는 이 땅과 땅의 일 사이를 현명하게 안내함으로써 사람들을 천국으로 인도해줍니다. 그의 이상은 그 자신이 눈에 보이지 않는 하늘의 음성이 되어 예언자들이 한 것과 같이, 그러나 그것보다 훨씬 더 친근하게 그 하늘의 음성을 사람들에게 설명해주는 것입니다. 우주의 공공연한 신비인 눈에 보이지 않는 천국, 지극히 적은 사람만이 볼 수 있는 그것을 설명해주는 것입니다!

그는 사람을 두렵게 만드는 광휘를 갖지 않은 예언자입니다. 그는 고른 빛을 발산하면서 타들어가며, 사람들의 일상생활의 등불이 됩니다. 내가 말하거니와 이것이야말로 성직자의 이상입니다. 고대에 그러했고, 오늘날에 그러하며, 모든 시대에 그러합니다. 우리는 이상을 실현시키기 위해서는 대단히 큰 관용이 필요하다는 것을 알고 있습니다. 대단히 큰 관용이 필요합니다. 그러나 이런 자질을 전혀 갖

추지 못한 성직자는, 그런 자질을 구비하려고 노력하지 않는 성직자
는 여기서 언급하지 않는 편이 좋습니다.

루터[1]와 녹스[2]는 직업상 분명히 성직자이며, 성직자의 직분을 충
실히 수행했습니다. 그러나 여기서는 주로 그들의 역사적 성격에 초
점을 맞춰 성직자로서보다는 개혁자로서의 그들을 고찰하는 것이
적합할 것입니다. 평온한 시대에 태어나 루터와 녹스 못지않게 신앙
의 지도자로서의 직분을 충실히 다한 다른 훌륭한 성직자들도 아마
있을 것입니다. 그들도 역시 루터와 녹스가 발휘했던 것과 같은 성실
한 영웅정신으로써 자기가 이끄는 사람들의 일상생활 속에 천국의
빛을 내려다주고, 신의 인도 아래 그들이 마땅히 가야 할 길로 사람
들을 인도해 나갔을 것입니다.

그러나 그들이 걷는 길이 험악해져서 전투가 벌어지고 혼란에 빠
져들어 위험한 길이 되었을 때 그 길을 용감하게 헤쳐나간 정신적 지
도자는 그의 지도의 은덕으로 살아가는 우리에게 다른 누구보다도
주목받을 만한 인물이 됩니다. 그는 전투적인 성직자입니다. 그는 그
의 인민을 평화로운 시대에서처럼 고요하고 신앙 깊은 일로 이끌지

---

1) 루터(Martin Luther, 1483~1546): 독일의 성직자·성서학자·언어학자로 교회
   의 부패를 공박한 그의 95개 조항은 프로테스탄트 개혁을 촉진시켰다. 그의 사
   상과 저술에서 비롯된 종교개혁운동은 개신교를 낳았으며, 사회·경제·정치·
   사상에 커다란 영향을 미쳤다.

2) 녹스(John Knox, 1514?~72): 스코틀랜드 종교개혁의 선구적인 지도자이다. 스
   코틀랜드 교회의 엄격한 도덕적 기조(基調)를 마련했으며, 스코틀랜드 교회
   가 채택한 민주적인 교회 운영방식의 창안자이기도 하다. 1546년 이단으로 화
   형당한 조지 위셔트의 영향을 받았으며 위셔트가 화형된 다음 해 스코틀랜드
   종교개혁의 대변자가 되었다. 간헐적인 투옥과 영국, 대륙에서 망명생활을 겪
   은 뒤 1559년 스코틀랜드로 돌아왔으며 이곳에서 개혁교회 조직과 제식(祭式)
   을 마련하는 작업을 주도했다. 그의 가장 중요한 저작은 『스코틀랜드 종교개혁
   사』(History of the Reformation in Scotland)이다.

않고, 혼란하고 분열된 시대 속에서 충실하고도 용감한 투쟁으로 인도했습니다. 어느 편이 더 높고 낮은지를 떠나서 그의 임무는 좀더 위험하고 기억할 만한 것입니다.

루터와 녹스, 이 두 사람은 우리들의 가장 훌륭한 개혁자였기 때문에 우리는 그들을 가장 훌륭한 성직자라고 생각합니다. 아니, 모든 진정한 개혁자는 본질적으로 먼저 성직자가 아닙니까? 그는 이 땅의 눈에 보이는 폭력에 대항하여 하늘의 보이지 않는 정의에 호소합니다. 그는 눈에 보이지 않는 그것이 강하다는 것을, 그것만이 강하다는 것을 압니다. 그는 사물의 신성한 진리를 믿는 사람입니다. 만물의 외관을 꿰뚫어 속을 들여다보는 사람이며, 방법의 차이는 있을망정 만물의 신성한 진리를 숭배하는 사람, 즉 성직자입니다. 그는 무엇보다 먼저 성직자가 아니라면 개혁자로서도 대단한 존재가 될 수 없습니다.

우리는 위인들이 그들이 처한 다양한 환경에 따라 종교——즉 이 세상에서의 인간 생존의 영웅적 형식——를 세우는 것을 보았습니다. 그것은 단테 같은 인물이 노래할 가치가 있는 '인생의 이론'이며, 셰익스피어 같은 인물이 노래할 가치가 있는 '인생의 실제'입니다. 우리는 이제 그와 반대의 과정을 보려 합니다. 이 과정 또한 필요합니다. 이 과정 또한 영웅적인 방식으로 실행될 수 있을 것입니다. 이것이 어째서 꼭 필요한지에 대해서는 의문이 생길 수 있습니다. 그러나 실제로 그것은 필요합니다.

시인의 온화한 빛은 개혁자의 경우에는 격렬한 번갯불이 됩니다. 그러나 유감스럽게도 개혁자 역시 역사상 없어서는 안 될 인물입니다! 사실 시인의 온화한 성품이라고 하지만, 그 또한 격렬성이 수반된 개혁 또는 예언의 결과물 내지 그것의 조절된 형태가 아니고 무엇이겠습니까? 성 도미니쿠스[3]와 테베의 은자들(Thebaïd

Eremites)[4] 같은 강렬한 사람들이 없었더라면 음악적인 필치의 단테는 태어나지도 못했을 것입니다. 그리고 오딘에서부터 월터 롤리[5]에 이르기까지 울필라스[6]에서부터 크랜머[7]에 이르기까지의 스칸디나비아인과 그밖의 사람들의 투박한 실천적 노력이 없었다면 셰익스피어의 작품도 없었을 것입니다. 나는 때때로 말합니다. 완성된 시인은 그의 시대가 완전에 도달하여 종결되었다는 표시이며, 오래지 않아 새로운 시대가 와서 새로운 개혁자가 필요하게 된다는 징조라고 말입니다.

우리가 항상 '음악'의 길을 따라갈 수 있었다면 마치 들짐승들이 오르페우스(Orpheus)[8]를 따랐듯이 우리가 시인들의 가르침을 받아 왔다면 매우 좋은 일이었을 것입니다. 이 리드미컬한 '음악적인' 길을 갈 수 없었다면, 적어도 '평화로운' 길이라도 갈 수 있었다면 얼마나 좋았겠습니까. 내가 말하고자 하는 것은 '평화로운' 성직자가 날마다 개혁을 행하여 항상 우리에게 만족을 주었으면 좋으리라는 것입니다! 그러나 현실은 그렇지 않습니다. '평화로운' 성직자의 등장

---

3) 성 도미니쿠스(Saint Dominicus, 1170~1221): 에스파냐의 성직자로 도미니쿠스 수도회(Dominican Order)를 창설했다.
4) 고대 이집트 테베(Thebes) 부근에서 수도생활을 했던 은자들을 말한다. 이 지역은 콘스탄티누스 황제가 개종한 이후 그리스도교의 극단적인 금욕적 수도생활이 처음 시작된 곳이기도 하다.
5) 월터 롤리(Walter Raleigh, 1552?~1618): 잉글랜드의 군인·탐험가·정치가로 엘리자베스 1세의 총애를 받았다.
6) 울필라스(Ulfilas, 311?~382?): 고트족에게 그리스도교를 포교한 사제로 성서를 고트어로 번역했다.
7) 토머스 크랜머(Thomas Cranmer, 1489~1556): 잉글랜드의 종교개혁 지도자로 신교도로는 최초로 캔터베리(Canterbury) 대주교가 되었다. 메리 여왕이 이단 자로 몰아 화형을 시켰다.
8) 그리스 신화에 등장하는 하프의 명수로서, 절묘한 음악으로 짐승과 무생물까지 감동시켰다.

마저 가능하지 않습니다. 아, 싸우는 개혁자도 이따금 필요불가결합니다. 장애가 없는 때란 없습니다. 한때 필요불가결한 추진력이었던 것도 어느덧 장애물로 변하여 제거해버리지 않으면 안 되는 물건이 되고 맙니다. 그것은 때로 대단히 어려운 일입니다.

한때 우주를 포괄했고, 세계에서 가장 위대한 인물 중 하나였던 단테의 지극히 광범하고 고도로 예민한 지성을 모든 부분에서 완전히 만족시켰던 하나의 공리 또는 정신적 상징이 다음 세기에 와서 보통 정도의 지성을 가진 사람이 보아도 의심스럽고 그릇된 것이 되고, 오늘날에 이르러서는 우리가 보기에 전혀 믿을 수 없는 것, 오딘의 신화와도 같은 낡아빠진 것이 되고 말았다는 것은 실로 놀라운 일입니다!

단테가 볼 때 인간의 존재 또는 인간에 대한 신의 섭리는 그의 지옥과 연옥으로 훌륭하게 표현한 것이었습니다. 그러나 루터가 보기에 그것은 잘 표현한 것이 아니었습니다. 이것은 어떻게 된 일입니까? 왜 단테의 가톨릭교회는 영속하지 못하고, 루터의 프로테스탄티즘이 필연적으로 오지 않으면 안 되었습니까? 아, 세상에는 영속하는 것이란 있을 수 없습니다.

나는 오늘날 떠들어대는 '종의 진화'라는 말을 대수롭게 생각하지 않습니다. 여러분도 그것에 별다른 관심이 있으리라고는 생각하지 않습니다. 그 일에 관한 이야기는 흔히 너무도 과장되어 있고 혼란스럽습니다. 그러나 그 사실 자체는 아주 확실합니다. 그것의 필연성을 만물의 본질에서 찾아낼 수 있습니다. 다른 곳에서 말한 것과 같이 모든 사람은 단지 배우는 존재일 뿐만 아니라, 행동하는 존재입니다. 그는 자기에게 주어진 지성으로 기왕의 것을 배웁니다. 그러나 그는 자신의 지성으로 또한 새로운 것을 찾아냅니다. 그는 어느 정도 자기의 것을 고안해내고 생각해냅니다. 독창성이 전혀 없는 사람은 없습니다. 어떤 사람도 그의 조부가 믿던 것과 똑같이 믿을 수는 없습니다. 그는 새로운 발견으로 우주에 대한 자기의 견해, 즉 자기의 우주관을 확대시킵니다.

물론 우주란 무한한 것이어서 어떤 견해나 가설로써—설령 그것이 아무리 거창한 것일지라도—완전히 또는 궁극적으로 포괄할 수는 없습니다. 따라서 그는 얼마간 우주관을 확장시킨다고 말할 수 있습니다. 그의 조부가 믿던 것의 일부를 그로서는 믿을 수 없으며, 그것이 그가 발견 또는 관찰한 새로운 사실과 부합하지 않는 허위라는 것을 그는 알게 됩니다. 그것이 모든 사람의 역사이며, 그것이 인류의 역사에 쌓이고 쌓여 커다란 역사적 결과—혁명 또는 새로운 시대—를 이룹니다.

단테의 "연옥의 산"은 콜럼버스가 그곳으로 가보았더니 "다른 반구의 대양 한가운데" 있지 않았습니다![9] 이제 사람들은 다른 반구에 그와 같은 것이 있지 않다는 것을 알고 있습니다. 그것은 거기에 없습니다. 거기에 연옥의 산이 있다고 더 이상 믿어서는 안 됩니다. 이 세상의 모든 신조는 이렇습니다. 모든 신앙체계, 그리고 그것에서 발생한 모든 실천체계는 이런 것입니다.

신앙이 불확실하게 되고, 따라서 실제 생활도 건전성을 잃어 오류와 부정과 불행이 도처에 더욱 팽배하게 되었을 때 우리는 혁명의 충분한 재료를 보게 됩니다. 모든 전환점에 처하여 충실히 '행동'하려는 사람은 확고한 믿음이 있어야 합니다. 길이 바뀔 때마다 세상의 동의를 구해야 하고, 세상의 동의 없이는 자기의 소신대로 밀고 나가지 못하는 사람은 눈치만 살피며 알랑거리는 가련한 사람이며, 그에

---

9) 단테의 『신곡』에서 연옥의 산은 예루살렘의 정반대 방향인 남반구의 바다 한가운데 우뚝 솟아 있었다.

게 맡긴 일은 잘못될 수밖에 없습니다. 그러한 모든 사람은 매일매일 필연적인 몰락을 위해 기여하는 자입니다. 외관만 갖추려 하며, 불성 실하게 하는 그의 모든 일은 다른 사람에게 돌아갈 새로운 불행의 원 인을 제공합니다. 죄과가 쌓이고 쌓여 지탱할 수 없을 지경에 이르 면 급기야 맹렬히 파열되어 마치 폭발이라도 한 것처럼 사라지고 맙 니다.

단테의 장엄한 가톨릭교회도 지금은 이론상 믿을 수 없는 것이 되 었고, 신앙 상실과 회의적이고 부정직한 의식으로 더욱 손상되어 루 터 같은 인물이 파괴하기에 이르렀습니다. 셰익스피어의 고귀한 봉 건주의는 한때 외관이나 실제 면에서 매우 아름다운 것이었으나, 프 랑스혁명으로 종말을 고했습니다. 죄과가 쌓이고 쌓이면 언제나 문 자 그대로 폭발하고 말았습니다. 활화산처럼 터졌습니다. 그리하여 다시 일이 안정될 때까지는 오랜 기간이 필요합니다.

사태의 이러한 국면만을 보고, 인간의 모든 견해나 제도가 모두 불 확실하고 일시적이며 죽음의 법칙의 지배만을 받는다고 간주하는 것은 매우 슬픈 일입니다! 그러나 근본적으로는 그렇지 않습니다. 여 기서 말하는 모든 죽음이란 육체에 관한 것이며, 본질과 정신에 관한 것이 아닙니다. 모든 파괴는 설령 그것이 아무리 무서운 혁명에 의한 것일지라도 더 큰 규모로 이루어지는 새로운 창조에 지나지 않습니 다. 오딘의 종교는 '용기'를 중시했고, 그리스도교는 더욱 고상한 용 기인 '겸손'을 가치 있게 보았습니다. 인간의 가슴속에 진리로서 정 직하게 살아 있었던 모든 사상은 인간의 입장에서 바라본 신의 진리 에 대한 정직한 통찰이었습니다. 그리고 그것은 그 안에 본질적인 진 리가 있으며, 그 진리는 모든 변화를 초월하여 우리 모두의 영원한 소유물이 되어 있습니다.

그런데 우리나라와 우리 시대를 제외한 모든 나라와 모든 시대의 사람들이 맹목적이고 죄악에 가득 찬 오류를 믿으며 생애를 보낸, 구제의 길을 잃은 이교도들이었다고 생각한다면, 고대 스칸디나비아인도 이슬람교도들도 다 그러했다고 생각한다면, 오직 우리만이 진정하고 궁극적인 지식을 갖고 있다고 생각한다면 그것은 얼마나 우울한 관념입니까! 모든 세대의 인간은 타락과 오류에 빠져 있었고, 다만 현재의 미미한 세대만이 구원받은 의로운 사람이라고 생각할 수는 없습니다. 이 세상이 시작된 이래 모든 세대의 인간들이 슈바이드니츠 성(Schweidnitz Fort)[10]의 도랑 속에 고꾸라진 러시아 병사들처럼 그들의 시체로 도랑을 메워 우리가 그것을 타고 넘어 성을 함락할 수 있게 하기 위해, 오직 그것을 위해 전진해왔다는 것입니까! 그것은 도저히 믿을 수 없는, 터무니없는 가설입니다.

우리는 그러한 믿을 수 없는 가설을 힘주어 역설하는 모습을 보았습니다. 한 개인이 자기와 같은 분파의 개인들과 함께 세상을 살다 간 모든 인류의 시체 위를 걸어 확고한 승리로 나아간다는 말입니까? 그러나 이런 가설과 확고부동한 신조를 가진 사람, 그 사람마저 도랑에 빠져 시체가 됐을 때는 무어라 말해야 하겠습니까? 인간이 자기가 본 것을 궁극적인 것으로 생각하고, 그것에 따라 행동한다는 것은 인간 본성상 중요한 사실입니다. 그는 어떤 길을 걷든 항상 그렇게 할 것입니다. 그러나 그것은 이보다는 좀더 넓고 현명한 방법이 되지 않으면 안 됩니다.

살아 있는, 또는 일찍이 살았던 모든 진실한 인간은 다같이 하늘이 통솔하는 군대의 일원이며, 암흑과 불의의 왕국이라는 단일한 적과 싸우는 것이 아닙니까? 왜 우리는 서로를 오해하여 적과 싸우지

10) 폴란드의 도시 이름. 폴란드어 표기로는 'Swidnica'라고 한다('Schweidnitz'는 독일어 표기). 후스 전쟁(15세기), 30년전쟁, 실레지아 전쟁 등의 격전지이다.

않고, 단지 우리가 입은 군복이 다르다고 해서 우리끼리 싸우는 것입니까? 모든 제복은 진실하고 용감한 인간이 그것을 입고 있기만 하다면 아무런 문제도 될 것이 없습니다. 모든 형태의 무기도, 아라비아의 터번이나 반월도(半月刀)도, 요툰들을 내려찍는 토르의 무서운 쇠몽둥이도 모두 상관없습니다. 루터의 함성도, 단테의 행진곡도, 모든 진실한 것은 우리 편이지, 우리의 적이 아닙니다. 우리는 모두 하나의 지도자를 섬기는 같은 부대의 병사입니다. 이제 이 루터의 싸움을 살피고, 그것이 어떤 종류의 전투였으며, 이 전투에서 그는 어떻게 행동했는지를 보기로 하겠습니다. 루터 또한 우리의 정신적 영웅이었으며, 그의 조국과 그의 시대에 대한 예언자였습니다.

전체에 대한 서론으로서 우상숭배에 대해 한마디해두는 것이 좋을 것 같습니다. 마호메트의 특징 중 하나—그것은 모든 예언자에게 속하는 것이기는 하지만—는 우상숭배에 대한 무제한적이고 준엄하며 열렬한 반감입니다. 우상숭배는 예언자들의 가장 중대한 관심사였습니다. 생명 없는 우상을 신으로 숭배한다는 것은 그들이 허용할 수 없는, 지속적으로 배격하고 철저한 비난의 낙인을 찍어야 할 행위였습니다. 그것은 그들이 해 아래서 목도하는 모든 죄 가운데 가장 큰 것이었습니다. 이것은 주목할 만한 일입니다.

우리는 여기에서 우상숭배에 대한 신학적인 문제로 들어가려는 것은 아닙니다. 우상(Idol)은 아이돌론(Eidolon),[11] 즉 눈에 보이는 것, 상징입니다. 그것은 신이 아니라 신의 상징입니다. 여러분은 아마 제아무리 미개한 인간이기로 우상을 상징 이상의 것으로 생각했을까 의심스러운 마음이 들 것입니다. 상상해보건대 그는 자기 손으로 만

---

11) 그리스어 아이돌론(Eidolon)에는 유령·허깨비·환영 등의 의미가 있다. 'Idol'은 여기서 파생된 말이다.

든 하찮은 형상을 신이라고 생각하지는 않았을 것입니다. 그러나 그것에는 신이 상징되어 있습니다. 그는 그 안에 신이 이런저런 방식으로 들어 있으리라 생각한 것입니다.

이런 의미에서 우리는 다음과 같이 물을 수 있을 것입니다. 모든 숭배는 그것이 어떤 숭배가 되었든 상징에 의한, 아이돌론에 의한, 또는 눈에 보이는 것을 매개로 한 숭배가 아닌가 하는 물음입니다. 육신의 눈에 하나의 초상 또는 그림으로 보이는가, 아니면 마음의 눈과 상상력과 지적인 눈에만 보이는 것인가 하는 것은 피상적인 차이일 뿐 결코 본질적인 차이는 아닙니다. 어떤 경우든 그것은 보이는 물건이며, 신을 나타내는 상징, 즉 우상임이 틀림없습니다.

아무리 엄격한 청교도라도 그에게는 신앙고백이 있고, 신성한 사물에 대한 지적 표현물이 있어 그것으로써 예배하며, 그것으로써 비로소 그의 예배도 가능케 됩니다. 모든 신조와 성가, 종교의식, 그리고 종교적 감정을 적절히 둘러싸고 있는 개념들은 이런 의미에서 볼 수 있는 물건, 즉 아이돌론입니다. 모든 예배는 상징에 의해, 우상에 의해 이루어집니다. 그러므로 우리는 모든 우상숭배가 상대적인 것이며, 가장 심한 우상숭배라는 것도 결국은 상대적으로 '더' 우상숭배적이라는 뜻에 지나지 않는다고 말할 수 있습니다.

그러면 우상숭배의 나쁜 점은 어디에 있습니까? 우상숭배에는 어떤 지극히 나쁜 점이 있는 것이 틀림없습니다. 그렇지 않고야 모든 진지한 예언자들이 그렇게 하나같이 규탄하지는 않았을 것입니다. 예언자들은 어째서 그토록 우상숭배를 증오했습니까? 내가 볼 때 예언자들의 비위를 거슬러 그를 분노와 미움으로 충만케 한 나무로 만든 저 변변치 못한 상징들은 예언자가 생각하고 있던 것, 그리고 다른 사람들에게 말로 전파한 것과 정확하게 일치하지 않았기 때문인 것 같습니다. 앞에서도 보았지만, 카노푸스(Canopus)[12]나 카바의 검은 돌을 숭배한 가장 미개한 이교도도 아무것도 숭배하지 않은 짐승보다는 훨씬 훌륭했습니다! 그의 변변치 못한 행동 속에는 일종의 영속적인 가치가 있습니다.

오늘날의 시인들도 그와 비슷한 것을 갖고 있습니다. 그것은 별들과 모든 자연계의 사물에서 어떤 한없이 '신성한' 아름다움과 중요성을 인정하는 일입니다. 예언자들은 왜 그토록 가차 없이 그를 규탄했습니까? 물신(Fetish)을 숭배하는 가장 가엾은 인간도 그의 마음이 숭배로 가득 차 있는 동안은 동정받을 만한 사람입니다. 경멸하여 피해야 할 사람일 수는 있겠으나, 미워할 사람은 아닙니다. 그의 가슴이 진정 그것으로 차 있다면 그의 어둡고 좁은 마음속을 그것으로 두루 비추게 하십시오. 한 마디로 말해서 그에게 자신의 물신을 전적으로 믿게 하십시오. 그러면 아주 잘 됐다고는 할 수 없어도 적어도 그로서는 다행일 것입니다. 그리고 우리는 그를 그대로 내버려두고 방해하지 않는 것이 좋습니다.

그러나 여기서 우상숭배의 치명적인 상황이 돌발합니다. 즉 예언자들이 등장한 시대에 이르러서는 어떤 인간의 마음도 그의 우상 또는 상징으로 정직하게 충만되어 있지 않다는 것입니다. 우상이 단지 나무토막에 지나지 않는다는 사실을 간파한 예언자들이 나타나기 전에 많은 사람들은 막연하게나마 우상이 나무토막에 지나지 않는다는 의심을 품기 시작했음이 틀림없습니다.

배척할 우상숭배는 '성실하지 않은' 우상숭배입니다. 의심이 우상숭배의 심장을 좀먹어 들어가서 인간의 영혼은 '언약의 궤'——그는 그것이 이미 허깨비가 되어버렸다고 반쯤 느끼고 있습니다——에 경련적으로 집착하는 모습이 보입니다. 이것은 세상에서 가장 불길한

---

12) 제1강의 주 7)을 참조.

광경 중의 하나입니다. 사람의 영혼은 이제 물신으로는 더 이상 채워지지 않습니다. 채워졌다고 스스로 믿고 싶지만, 그렇게 되지 않아서 그 시늉을 하는 데 지나지 않습니다. 콜리지는 "여러분은 믿지 않습니다. 단지 자신이 믿는다고 믿고 있을 따름입니다"라고 말했습니다.

그것은 모든 종류의 신앙과 상징의 마지막 장면이며, 이제 사멸이 임박했다는 확실한 징조입니다. 그것은 오늘날 우리가 형식주의 또는 형식의 숭배라고 부르는 그것과 같은 것입니다. 인간이 할 수 있는 행위치고 이보다 더 부도덕한 것은 없습니다. 그것은 모든 부도덕의 시작, 아니 앞으로는 어떤 도덕성도 존립할 수 없음을 의미합니다. 인간 내면 가장 깊은 곳의 도덕적 정신은 이로써 마비되고, 치명적인 최면상태에 빠지게 됩니다! 그는 더 이상 '성실한' 인간이 아닙니다. 그러므로 내가 볼 때 진지한 사람들이 이것을 규탄하고 낙인찍고 억제할 수 없는 증오로 박멸하려 하는 것은 이상한 일이 아닙니다. 진지한 사람과 우상숭배, 모든 선과 우상숭배는 불구대천의 적입니다. 규탄할 우상숭배는 위선적인 말입니다. 진지한 위선이라는 것 역시 같습니다. 진지한 위선, 이것은 생각해볼 만한 것입니다! 모든 종류의 숭배는 이 단계에 이르러 종말을 고하게 됩니다.

나는 루터가 다른 어떤 예언자에 못지않은 우상파괴자였다고 봅니다. 나무토막과 밀랍을 갖고 만든 쿠라이시 부족의 우상을 마호메트가 미워한 것처럼 루터는 양피지에 잉크로 쓴 테첼[13]의 면죄부를 미워했습니다. 어떤 시대, 어떤 장소, 어떤 상황에서도 진실로 돌아가 사물의 외관이 아니라 사물 그 자체 위에 서는 것, 그것이 모든 영웅

---

13) 테첼(Johann Tetzel, 1465?~1519): 독일의 도미니쿠스 수도사로 마인츠 (Mainz) 대주교 알브레히트(Albrecht)의 지시로 면죄부 판매에 나섰다. 그의 설교는 1517년에 루터가 비텐베르크(Wittenberg)에서 95개조 논제를 발표하는 계기가 되었다.

의 특성입니다. 그가 말로써 또는 말로 표현 못할 깊은 생각으로 사물의 두려운 진실을 사랑하고 존경하는 정도에 따라 아무리 정돈되고 단장되어 쿠라이시 부족이나 추기경 회의에서 인정되었을지라도 사물의 헛된 외관은 그에게는 참을 수 없을 만큼 혐오스런 것입니다. 프로테스탄티즘 역시 예언자의 사업입니다. 16세기의 예언자적 사업입니다. 그것은 거짓되고 우상숭배적인 것으로 타락한 낡은 것을 파괴하는 최초의 일격이었으며, 새로운 것—그것은 진실하고, 정녕 신성한 것입니다—을 준비하기 위한 시도였습니다.

얼핏 생각하기에 프로테스탄티즘은 영웅숭배—그것은 종교적으로 또는 사회적으로 인류를 위해 모든 가능한 선의 기초가 되었다고 여겨집니다—에 대해 철두철미 파괴적으로만 작용했다고 보기 쉽습니다. 우리는 프로테스탄티즘이 세계가 종래에 보아온 것과는 근본적으로 다른 새로운 시대, 이른바 '개인적 판단'(private judgement)의 시대를 출발시켰다는 말을 흔히 듣습니다. 교황에 대한 반란으로써 모든 사람은 자신의 교황이 되었으며, 그 결과 무엇보다도 먼저 어떤 교황도, 정신생활에 영향을 미친 어떤 영웅적 지도자도 더 이상 믿어선 안 된다는 것을 배우게 되었다는 것입니다! 그러므로 인간 상호간의 정신적인 결합, 모든 신분 질서도 복종도 앞으로는 존립할 수 없지 않겠는가 하는 말을 우리는 듣습니다.

프로테스탄티즘이 정신생활에 영향을 미친 지도자·교황 등에 대한 반란이었다는 점을 나는 부정하려 하지 않습니다. 아니, 그뿐만 아니라 세상의 주권자에 대한 반항인 잉글랜드의 청교주의는 그 제2막이었고, 저 거대한 프랑스혁명은 그 제3막이었다는 것, 그로써 모든 세속적 또는 정신적 주권이 제거되었거나 제거할 수밖에 없었다는 점을 나는 인정합니다. 프로테스탄티즘은 그 후의 유럽 역사 전체가 거기서 가지처럼 뻗어나온 거대한 뿌리입니다. 정신적 역사는 항상 인간의 세속적 역사에 구현되려고 하며, 정신적 현상은 세속적 현상의 출발이기 때문입니다. 그리하여 오늘날에는 자유와 평등과 독립을 요구하는 소리, 그리고 국왕 대신 투표함과 참정권을 요구하는 소리가 도처에서 시끄럽습니다.

세속적인 일에서도 정신적인 일에서도 영웅적 지도자가 등장하거나 또는 인민이 한 사람의 위인에게 진심으로 순종하는 일은 이 세상에서 완전히 자취를 감춘 듯이 보입니다. 만일 그렇다면 나는 이 세상에 대해 절망하지 않을 수 없습니다. 그러나 나의 가장 깊은 신념 중 하나는 사태가 그렇지 않다는 것입니다. 세속적이며 정신적인 면에서의 지도자, 진정한 지도자가 없다면 무정부적 혼란—그것은 가장 혐오할 일입니다—이외에는 아무것도 가능하지 않습니다. 그러나 프로테스탄티즘은 그것이 어떤 무질서한 민주주의를 초래했다고 해도 새로운 진정한 주권과 질서의 출발이라고 나는 봅니다. 그것은 '거짓된' 지도자들에 대한 반란이며, 우리의 '진정한' 지도자를 얻기 위한 고통스러운, 그러나 불가결한 첫 번째 준비라고 나는 봅니다! 이것은 좀더 설명할 만한 가치가 있습니다.

먼저, 이 '개인적 판단'이라는 것은 사실 이 세상에서 처음 보는 현상이 아니라, 다만 그 시대에 새로운 것이었음에 지나지 않습니다. 종교개혁에는 새로운 것이나 특이한 것이 전혀 없습니다. 그것은 허위와 외관을 버리고 진리와 진실로 돌아간 것이었습니다. 유사 이래 모든 종류의 개혁과 진정한 가르침은 항상 그러했습니다. 개인적 판단의 자유란 생각하면 이 세상에 항상 있었던 것입니다. 단테는 자기의 눈을 도려내지도 스스로에게 족쇄를 채우지도 않았습니다. 그는 그의 가톨릭 신앙 안에서 자유로이 볼 수 있는 영혼이 있었습니다. 호호슈트라텐,[14] 테첼, 에크 박사[15] 같은 많은 초라한 인간들이 가톨릭 신앙의 노예가 되어버리기는 했지만 말입니다.

'판단의 자유' 말입니까? 어떤 종류의 쇠사슬이나 외적 폭력도 사람의 영혼이 그것을 믿거나 믿지 않게 만들 수는 없습니다. 사람의 판단이란 그 자신도 끌 수 없는 빛입니다. 그는 오직 신의 은총에 의해 그 빛으로 지배하고 신앙할 것입니다! 가장 지독한 궤변가인 벨라르민16)은 맹목적 신앙과 피동적 복종을 역설했지만, 그도 일종의 '확신'으로 자신의 신념을 가질 권리를 스스로 버렸음이 틀림없습니다. 그의 '개인적 판단'이 '그'가 취할 수 있는 가장 현명한 수단으로서 그것을 지시한 것입니다.

진정한 인간이 있는 곳이라면 어디든지 반드시 개인적 판단의 권리가 온전한 힘으로 존재합니다. 진정한 인간은 그의 모든 판단력을 가지고, 그리고 그의 모든 빛과 분별을 가지고, 믿고 있으며 항상 그렇게 믿어왔습니다. 거짓된 사람은 '자기가 믿는다고 믿고자' 애쓸 따름이며, 다른 어떤 방법으로도 그렇게 하는 것입니다. 프로테스탄티즘은 후자에 대해서는 "화 있을지어다!"라고 말했고, 전자에 대해서는 "잘했다!"라고 말했습니다. 근본적으로 이것은 결코 새로운 말이 아니며, 늘 회자되었던 옛 격언을 다시 쓴 것에 지나지 않습니다. 그것의 의미는 이번에도 역시 "진실하라, 성실하라"는 것이었습니다. 마호메트는 그의 온 마음으로 믿었고, 오딘도 그의 온 마음으로 믿었습니다. 오딘과 오딘 종교의 모든 '진정한' 신봉자들도 그랬습

---

14) 호흐슈트라텐(Jacob von Hochstraten): 도미니쿠스 수도사이자 종교재판관으로서 루터를 화형에 처할 것을 주장한 인물이다.

15) 에크(Johann Mayer vor Eck, 1486~1543): 독일의 로마 가톨릭 신학자. 라이프치히(Leipzig)에서 1519년 카를슈타트(Karlstadt), 루터와 논쟁을 벌였다.

16) 벨라르민(Robert Bellarmine, 1542~1621): 이탈리아의 예수회 소속 신학자. 루뱅(Louvain) 대학 신학 교수(1569~76), 추기경(1599), 카푸아(Capua) 대주교(1602~1605)를 지냈다. 종교개혁에 맞서 가톨릭의 정통을 옹호한 인물이며, 갈릴레오(Galileo)의 저작을 정죄하는 데 가담했다.

니다. 그들은 모두 자기들의 개인적 판단으로 그렇게 '판단'했던 것입니다.

내가 감히 단언하지만, 개인적 판단의 행사는 그것을 성실히 행하기만 하면 결코 필연적으로 이기적인 독립과 고립에 귀착하는 것이 아니라, 오히려 반드시 그 반대의 것에 귀착하고 마는 것입니다. 무정부상태를 조장하는 것은 올바른 탐구가 아니라, 오류·불성실·반신반의·비진리입니다. 오류에 대항하는 사람은 진리를 믿는 모든 사람과 자신을 결속시키는 방향으로 가고 있는 사람입니다. 오류만을 믿는 사람들 상호간에 화합이란 있을 수 없습니다. 각 사람의 마음은 죽어 있으므로 심지어 사물에 대해서조차 공감할 수 없습니다. 그렇지 않다면 그는 오류가 아니라 사물을 믿을 것입니다. 사물과도 공감을 하지 못하는 마당에 어떻게 사람과 공감을 할 수 있겠습니까? 그는 사람과 화합하지 못합니다. 그는 무정부적인 사람입니다. 화합이란 오직 성실한 사람들의 세계에서만 가능하며, 거기서만 '확실'합니다.

이 논의에서 너무나 자주 도외시되는 한 가지 사실을 생각해보십시오. 사람은 그가 믿고자 하는 진리, '성실하게' 믿고자 하는 진리를 자기 스스로 '발견'해야 할 필요는 없다는 것입니다. 앞에서 말한 것과 같이 위인은 그의 첫 번째 조건으로서 항상 성실했습니다. 그러나 성실하기 위해서 위대해야 할 필요는 없습니다. 그것은 자연과 모든 시대의 필요조건이 아니며, 단지 타락한 불행한 시대에만 필요한 조건입니다. 사람은 다른 사람에게 받은 것을 가장 진정한 의미에서 믿고 자기의 것으로 만들 수 있습니다. 그것도 그 사람에 대한 무한한 감사의 염을 갖고서 말입니다.

'독창성'의 가치는 새롭다는 것이 아니라, 성실하다는 데 있습니다. 믿는 사람은 독창적인 사람입니다. 그는 무엇을 믿든지 다른 사람을 대신해서 믿는 것이 아니라, 자기 스스로 믿습니다. 이런 의미에서 아담의 모든 후손은 성실한 사람, 독창적인 사람이 될 수 있습니다. 불성실한 자가 될 운명을 타고난 사람은 하나도 없습니다. 모든 시대, 신앙의 시대라고 일컫는 모든 시대는 독창적이고, 그러한 시대에 사는 모든 사람 또는 대부분의 사람은 성실합니다. 이러한 시대는 위대하고 풍성한 시대이며, 모든 분야의 모든 일꾼은 외관이 아니라 실체를 위해 일하는 사람입니다. 모든 일은 일종의 결과를 낳으며, 그러한 일들을 합친 총계는 위대한 것입니다. 그 모든 일은 진실하므로 하나의 목적을 지향하며, 모두가 전체에 '플러스'가 되지 마이너스가 되지는 않기 때문입니다. 여기에 진정한 화합, 진정한 왕권, 진정한 충성이 있고, 이 가련한 땅이 인간을 위해 줄 수 있는 한의 모든 진정한 축복된 일이 있습니다.

영웅숭배? 아, 사람이 자립적이고 독창적이고 진실하면서 다른 사람의 진실성을 존경하고 믿지 않는다는 것은 세상에 있을 수 없는 일입니다! 그것은 오직 사람의 마음을 다른 사람의 죽은 형식, 와전, 허위를 믿지 않게끔 필연적으로 불가항력적으로 강제할 뿐입니다. 사람은 그의 열린 눈으로 진리를 받아들입니다. 그런데 그것이 가능한 것은 그의 눈이 열려 있기 때문입니다.

사람이 자기에게 진실을 가르쳐주신 이를 사랑하기 전에 어찌 눈을 감을 수 있겠습니까? 그런 사람만이 그를 암흑 속에서 광명 속으로 구해주신 영웅적 스승을 진정한 감사와 참된 충성으로 사랑할 수 있습니다. 그런 사람이야말로 존경을 받아 마땅한 진정한 영웅이며, 악마의 정복자가 아닙니까? 검은 괴물, 이 세상에서 우리의 유일한 적인 '거짓'은 그의 용기에 정복되어 쓰러져 있습니다. 우리를 위해 세상을 정복해준 것은 그 사람입니다! 그러므로 루터는 진정한 교황으로서, 정신적 아버지로서 존경을 받지 않았습니까? 그는 진실로 그런 존재였습니다. 나폴레옹은 상퀼로티슴(Sansculottism)[17]의 수많은 반란 속에서 왕이 되었습니다.

영웅숭배는 결코 사멸하지 않습니다. 사멸할 수 없습니다. 충성과 주권은 이 세상에 영원히 존재합니다. 그것들은 허식과 외관이 아니라, 실제와 성실 위에 서 있습니다. 우리의 눈, 우리의 '개인적 판단'을 닫음으로써가 아니라, 그것을 열고 무엇인가를 바라봄으로써 말입니다! 루터의 사명은 모든 거짓 교황과 거짓 왕을 타도하고, 새로운 진정한 교황과 진정한 왕에게 생명과 힘을 먼 곳에서나마 가져다주려는 것이었습니다.

그러므로 우리는 자유·평등·참정권·독립 등의 이 모든 것은 일시적 현상이지 결코 궁극적인 것은 아니라고 생각합니다. 비록 우리 모두에게 비통한 혼란을 가져오고, 상당히 오랫동안 계속될 가능성이 있지만, 우리는 그것을 과거의 죄에 대한 벌이며, 장차 올 더할 나위 없는 축복의 약속으로 환영해야 합니다. 모든 면에서 거짓을 버리고 사실로 돌아가는 것이 사람으로서 마땅하며, 어떤 값을 치르든 그렇게 하는 것이 마땅합니다. 거짓된 교황이나 개인적 판단을 갖지 못한 신자들—바보들을 지배하려 드는 가짜들—그런 것들이 무엇을 할 수 있겠습니까? 불행과 해악만을 가져올 뿐입니다.

성실치 않은 인간들을 가지고 공동체를 형성할 수는 없습니다. 수직과 수평을 맞추어 서로 직각이 되게 하지 않고서는 건축물을 세울 수 없습니다! 프로테스탄티즘 이래의 이 모든 험난한 혁명적 사업에

---

17) 상퀼로트(sanculotte)는 프랑스혁명기의 혁명적인 대중을 일컫는 말이다. 귀족적인 퀼로트(반바지)를 입지 않은 사람이라는 뜻으로 귀족이 경멸해서 부른 말이었지만, 나중에는 혁명가들이 자기 자신을 일컬어 일반적으로 쓰이게 되었다. 이런 의미에서 상퀼로티슴은 과격 공화주의 또는 급진 혁명주의를 뜻한다.

서 나는 가장 축복된 결과가 예비되고 있음을 봅니다. 즉 영웅숭배의 근절이 아니라, 오히려 온통 영웅들로 가득 찬 세계(a Whole World of Heroes)라고 부르고 싶은 것이 준비되고 있는 것입니다. 영웅이 '성실한 사람'을 의미한다면 우리 모두가 영웅이 되어서는 안 될 이유가 어디 있겠습니까? 전적으로 성실한 세계, 신앙의 세계, 그러한 세계는 과거에 있었으며, 미래에도 있을 것입니다. 없을 수 없습니다. 그것이 올바른 종류의 영웅숭배입니다. 모든 사람이 진실하고 선한 곳에서만 진실로 더 선한 인물이 제대로 숭배를 받습니다! 이제 우리는 루터와 그의 생애로 들어가겠습니다.

거짓에 항거한 예언자—루터

루터는 작센(Sachsen)의 아이슬레벤(Eisleben)에서 1483년 11월 10일에 탄생했습니다. 아이슬레벤이 이와 같은 영광을 갖게 된 것은 우연한 일이었습니다. 그의 부모는 모라(Mohra)라는 그 지역의 한 마을에 사는 가난한 광산 노동자였는데, 아이슬레벤으로 장을 보러 갔다가 산모에게 갑자기 진통이 와서 그곳의 어느 초라한 집에 들어가 아기를 낳았는데, 그 아기가 마르틴 루터(Martin Luther)였습니다. 생각하면 참으로 이상한 일입니다. 이 가난한 부인은 그의 남편과 함께 장을 보려고 아마 집에서 뽑은 실 몇 꾸러미를 팔아서 작은 살림에 쓸 겨울철 필수품이나 사려고 했을 텐데 말입니다.

그날 온 세상에서 이 광부와 그의 아내보다 더 초라한 부부는 없었습니다. 그러나 비교하면 모든 황제·교황·세력가 들이 다 무엇이겠습니까? 여기에 다시 한 번 하나의 강력한 인물이 탄생하여 그의 빛은 오랜 세기와 시대에 걸쳐 세계의 횃불로 타오르게 되었습니다. 전 세계와 그 역사는 이 사람을 기다리고 있었습니다. 그것은 기이하고 또 위대합니다. 그것은 우리에게 1,800년 전에 한층 더 초라한 환경에서 태어난 또 다른 하나의 탄생을 생각하게 합니다. 그것에 대해서는 아무 말도 하지 않고, 오직 침묵으로 생각하는 것이 마땅합니다. 말이 무슨 소용이 있겠습니까! '기적의 시대'가 지났다고 생각하십니까? 기적의 시대는 영원히 여기 있습니다.

루터가 가난한 집에 태어나 가난하게 자란, 가장 곤궁한 사람 중 하나라는 것은 이 땅에서 그가 맡은 사명에 전적으로 합당하며, 의심할 나위 없이 그와 우리와 만물을 주재하시는 섭리에 의해 현명하게 배려된 것이라고 나는 봅니다. 그는 그 시대의 어린 학생들이 그러했던 것처럼 자선금과 빵을 구하기 위해 이집 저집을 돌며 노래를 부르면서 구걸해야만 했습니다. 고난과 궁핍이 이 가난한 소년을 그림자처럼 따라다녔습니다.

그러나 루터는 사람이건 물건이건 거짓된 모습을 달가워하지 않았습니다. 그는 사물의 외관이 아니라 사물 그 자체 속에서 자라지 않을 수 없었습니다. 소박한 용모에 몸은 허약했으며, 능력과 감수성이 충만한 그의 탐구심 많은 영혼은 많은 어려움을 겪었습니다. 그러나 어떤 희생을 치르더라도 '진실'에 접근하는 것이 그의 본분이었습니다. 온 세계를 다시 진실로 돌아가게 하려는 것이 그의 본분이었습니다. 세계는 너무도 오랫동안 허울과 더불어 살아왔기 때문입니다! 겨울바람, 그리고 황량한 암흑과 곤궁 속에서 자란 소년은 폭풍이 휘몰아치는 스칸디나비아와 같은 그의 세계에서, 진정한 인간으로서, 하나의 신으로서, 그리스도교적 오딘으로서 힘차게 전진했습니다. 그는 천둥방망이를 휘둘러 추악한 요툰과 거대한 괴물들을 때려눕히는 정녕 또 하나의 토르였습니다!

생각건대 그의 일생에서 큰 전환점이 되었던 사건은 아마 친구 알렉시스(Alexis)가 에르푸르트(Erfurt) 시의 성문에서 벼락을 맞아 사망한 일이었을 것입니다. 그때까지 루터는 온갖 어려움을 헤치며 탐구심에 불타는 크나큰 지성을 보여주면서 소년 시절을 보내고 있었습니다. 그의 부친은 아들의 장래가 매우 유망하다고 보고 법학을 공부시켰습니다. 이것이 출세하는 길이었던 것입니다. 루터는 이렇다 할 적극적인 의견 개진 없이 부친의 뜻에 따랐습니다. 이때 그의 나이는 열아홉 살이었습니다. 알렉시스와 루터는 만스펠트(Mansfeldt)에 있는 일가 노인을 뵈러 갔다가 돌아오는 길이었습니다. 그들이 에르푸르트 부근에 왔을 때 갑자기 소나기가 쏟아졌습니다. 그때 알렉시스는 벼락을 맞고 루터의 발밑에 쓰러졌습니다.

우리의 인생이란 무엇입니까? 한순간에 사라져, 종잇장같이 불타서 텅 빈 영원으로 돌아갔습니다! 세속적 출세, 장관직, 왕권이 모두 무슨 소용입니까? 그들은 저기 모두 죽었습니다! 그들 앞에 세상이 펼쳐져 있는가 하면 다음 순간에 그들은 없고 영원만이 남아 있습니다. 루터는 가슴 깊이 충격을 받아 신과 신을 섬기는 일에만 생애를 바치기로 결심했습니다. 부친과 다른 사람들의 모든 반대를 물리치고, 그는 에르푸르트의 아우구스티누스 교단 수도원으로 들어가 수도사가 되었습니다.

이것이 아마 그의 생애에서 최초의 발광점(發光點)이며, 그의 순수한 의지는 이제야 비로소 명확하게 표현된 것입니다. 그러나 당분간 그것은 완전한 암흑 속에 있는 오직 하나의 발광점에 지나지 않았습니다. "나는 경건한 수도사였다"(Ich bin ein frommer Mönch gewesen)고 그는 말했지만, 실로 그는 자기의 이 고상한 행동의 진실성을 남김없이 불사르기 위해 충실히 고통스럽게 싸웠습니다. 그러나 아무런 성과도 없었습니다. 그의 고통은 줄어들지 않고, 그야말로 무한대로 커졌습니다. 그는 수도원에 갓 들어온 사람이 하는 온갖 고된 일을 불평하지 않았습니다. 그의 깊고 성실한 영혼은 온갖 종류의 암흑의 의혹 속으로 빠져 들어갔습니다.

그는 자기가 곧 죽음에, 아니 죽음보다 더한 것 속으로 빠져들 것이라고 믿었습니다. 이 시절에 그가 형언할 수 없는 고통에 대한 공포 속에서 살았으며, 그 자신이 영원한 벌을 받을 운명에 처해 있다고 생각했다는 이야기를 들으면 우리는 그에 대해 새로운 흥미를 느낍니다. 그것은 그의 겸손하고 성실한 성격에서 나온 것이 아닙니까? 자기가 무엇이기에 장차 천국으로 올라간다고 감히 생각했겠습니까! 고통과 고역만을 알아왔던 그에게 천국 이야기는 너무나도 복된 것이어서 믿지 않았습니다. 금식·철야기도·의식·미사 등으로 사람의 영혼이 구제된다는 것은 그로서는 불분명한 일이었습니다. 그는 가장 암담한 비참 속에 빠져 끝없는 절망의 낭떠러지 앞에서 비틀거려야만 했습니다.

바로 이 무렵 그가 에르푸르트 도서관에서 라틴어로 된 『성경』을 보게 된 것은 가장 축복받은 일이었습니다. 그는 이때 처음으로 『성경』을 보았습니다. 『성경』은 금식과 철야기도가 아닌 다른 것을 그에게 가르쳐주었습니다. 또한 신앙생활의 경험이 풍부한 한 동료 수도사도 도움이 되었습니다. 루터는 이제 사람은 미사 때에 노래를 부름으로써가 아니라, 신의 무한한 은혜로 구원받는다는 것을 알게 되었습니다. 그것은 한층 믿을 만한 가설이었습니다. 이리하여 그는 점차 반석 위에 기반을 두게 되었습니다. 이 복된 도움을 가져다 준 『성경』을 그가 존중한 것은 전혀 이상스러운 일이 아닙니다. 그는 『성경』을 최고의 신의 말씀으로서 존중했습니다. 그는 그 말씀을 따라 살기로 결심하고, 일생 동안 죽을 때까지 그렇게 했습니다.

이것이 암흑에서 얻은 그의 구원, 암흑에 대한 그의 결정적 승리였으며, 이것이 이른바 그의 회심입니다. 그 자신에게는 가장 획기적인 사건이었습니다. 그는 이제 평온과 밝음 속에서 나날이 발전했습니다. 그가 타고난 위대한 소질과 미덕을 새로이 전개하여 수도원에서, 그의 나라에서 더욱 중요한 지위에 오르고, 인생의 모든 정직한 사업에서 더욱 유용한 존재가 된 것은 당연한 결과라 할 것입니다.

그는 그가 소속되어 있던 아우구스티누스 교단이 명한 임무를 띠고 여러 곳으로 파견되었습니다. 그러한 임무를 잘 수행할 수 있는 자질과 성실함이 있는 사람임이 알려졌기 때문입니다. 작센 선제후 프리드리히(Friedrich) — 현자(the Wise)라는 별명을 얻었을 정도로 현명하고 공정한 그는 루터를 귀중한 인물로 인정하고, 그가 새로 설립한 비텐베르크 대학의 교수이며 설교자로 임명했습니다. 루터는 일찍이 맡아보았던 모든 일에서 그랬던 것처럼 이 두 직무에서도 일상생활의 평온한 세계에서 모든 선량한 사람들에게 더 큰 존경을 받게 되었습니다.

그가 처음으로 로마를 가본 것은 27세 때였습니다. 앞에서 말한 것처럼 그는 수도원의 사절로서 임무를 띠고 파견되었던 것입니다. 교황 율리오 2세(Julius II)와 당시 로마의 형편은 루터의 마음을 경악으로 가득 채웠을 것입니다. 그는 신의 대제사장이 머무르는 옥좌가 있는 거룩한 도시라고 생각하고 왔습니다. 그런데 와서 보니 — 우리가 아는 그대로였습니다! 그에게는 많은 생각이 떠올랐을 것입니다. 그러나 그것에 대해서는 기록이 없습니다. 아마 그는 어떻게 표현해야 할지 몰랐을 것입니다.

이 로마, 사이비 성직자들의 무대, 신성한 아름다움에 싸이지 않고, 그와 전혀 다른 의상에 둘러싸여 있는 이 로마는 '거짓'이었습니다. 그러나 그것이 루터에게 무슨 상관이 있었겠습니까? 미천한 그가 무슨 재주로 세계를 개혁하겠습니까? 그로서는 상상도 할 수 없는 일이었습니다. 겸손하고 외로운 사람인 그가 무엇 때문에 세계를 상대로 대들겠습니까? 그것은 루터보다 훨씬 높은 지위의 사람들이 할 일이었습니다. 그가 할 일은 이 세상에서 자기의 발걸음이나 올바르게 옮겨놓는 일이었습니다. 그는 자기 자신의, 남의 눈에 띄지 않는 일이나 제대로 하고, 나머지는 엉망으로 보이더라도 신이 하실 일이지 그의 일은 아니라고 생각했습니다.

로마 교황청이 이 루터를 그냥 내버려두었더라면, 이 사람의 좁은 길로 뛰어 들어와 그가 공격하게 하지 않고, 그 거대한 파멸적인 궤도를 계속 나아갔더라면 그 결과는 어떠했겠습니까! 그랬더라면 이 사람은 로마의 악폐에 대해 침묵한 채 다만 높이 계신 신의 섭리에 그 처리를 일임했으리라고 생각합니다! 그는 겸손하고 조용한 사람이었으니 권력을 쥔 자를 분수에 없이 공격하지는 않았을 것 같습니다. 그의 분명한 임무는 자기가 할 일을 하는 것, 이 어지러운 죄악의 세상을 현명하게 걸어가는 것, 그리고 자기의 영혼이나 구하는 일이었습니다. 그러나 로마 교황청은 이 사람의 길로 끼어들었습니다.

멀리 비텐베르크에 떨어져 있던 루터는 그 때문에 마음 편히 있을 수 없게 되었습니다. 그는 항의하고 저항하며 극한투쟁을 하게 되었습니다. 치고받으며 서로 크게 싸우게 되었습니다! 루터의 생애에서 이것은 주목할 점입니다. 그처럼 겸손하고 조용한 성격의 사람으로서 세상을 분쟁으로 채운 사람은 일찍이 없었습니다. 우리는 그가 사람의 눈을 피하면서 그늘에서 조용히, 부지런히 자기의 의무나 다하고 싶어했다는 것, 그의 이름이 널리 알려지게 된 것이 그의 뜻이 아니었다는 것을 인정하지 않을 수 없습니다.

이름이 알려지는 것이 그에게 무슨 소용이었겠습니까? 이 세상을 살아가는 그가 목적지로 삼은 곳은 영원한 천국이었습니다. 이것이 그의 분명한 목적지였습니다. 몇 해만 지나면 그는 그곳에 이르게 되거나, 그렇지 못하면 그것을 영원히 잃게 되었을 것입니다! 루터가 분노를 터뜨려 프로테스탄트 종교개혁을 일으킨 최초의 동기가 아우구스티누스 교단 수도사인 그가 도미니쿠스 교단에 대해 구멍가게 주인 같은 옹졸한 시기심을 발동한 데 있었다는 어처구니없는 가설에 대해서는 상대도 하지 않겠습니다. 아직도 그렇게 주장하는 사람이 있다면 이렇게 말하겠습니다. "루터 같은 사람에 대해 빗나간 평가만 일삼지 말고, 그를 제대로 판단할 만한 사상의 세계에 우선 들어가라. 그런 다음에 우리 서로 따져보자"고 말입니다.

레오 10세,[18] 그리스도교인이라기보다는 오히려 이교도였던 그는 몇 푼의 돈을 마련하려고, 늘 하던 버릇대로 태평하게 테첼이라는 수도사를 비텐베르크에 보내 그곳에서 수치스러운 장사를 하게 했습니다. 루터를 따르는 양들도 면죄부를 샀습니다. 루터의 교회에 와서 고해를 할 때 그들은 벌써 죄를 다 용서받았노라고 주장했습니다. 루터는 자기의 직분에 충실하지 않은 사람이 되지 않으려면, 그리고 다른 누구의 것도 아닌 자기 자신의 작은 세상의 한가운데에서 거짓되고 게으르며 비겁한 자가 되지 않기 위해서는 면죄부에 대항하고 일어서서 '면죄부'는 아무런 쓸데도 없는 조롱거리에 지나지 않으며, 그런 것 따위로 사람의 죄가 사해질 수 없음을 선언하지 않을 수 없었습니다. 그것이 종교개혁의 발단이었습니다.

우리는 그 경위를 잘 알고 있습니다. 1517년 10월의 마지막 날,[19] 그가 처음으로 공공연하게 테첼에게 도전하여 항의와 논쟁을 제기

---

18) 레오 10세(Leo X, 1513~21 재위): 로마의 교황. 르네상스 시대 교황들 가운데 가장 사치스러웠던 인물로 손꼽힌다. 로마를 유럽 문화의 중심지로 만들고 교황권을 유럽의 중요한 정치권력으로 끌어올렸다. 교황청 재산을 탕진하고, 당시 진전되어가던 종교개혁에 맞서 통일된 서방 교회를 분열시키는 데 한몫했으며 1521년에는 마르틴 루터를 파문했다.

19) 1517년 10월 31일 루터는 가톨릭의 면죄부를 반박하는 95개조 논제를 비텐베르크 성(城) 교회 대문에 못으로 박아 내걸었다. 프로테스탄트 종교개혁은 루터의 이 행동에서 출발했다고 간주한다.

하면서부터 그것은 차츰 더 넓고 높게 파급되어 급기야 억제할 수 없는 세력이 되어 온 세계를 휩싸게 되었던 것입니다. 루터의 간절한 소원은 이 통탄스러운 잘못을 고치려는 것이었지, 교회 내부에 분열을 조성하거나 그리스도교 세계의 아버지인 교황에게 반란을 일으키려는 것은 아니었습니다. 기품 있는 이교도적 교황은 이 수도사나 그의 주장을 대수롭게 여기지 않았습니다. 그러나 교황은 그의 입을 틀어막으려고 노력했습니다.

약 3년 동안 이런저런 온건한 방책을 써본 끝에 그는 '불'로써 사태의 결말을 지으려고 결심했습니다. 그는 이 수도사가 쓴 글을 사형집행인을 시켜 불살라버리고, 수도사의 몸뚱이를 묶어서 로마로 데려오라고 했습니다. 아마 루터에게도 같은 운명을 주어 불태워 죽이려고 했을 것입니다. 그들이 한 세기 앞서 후스[20]와 제롬[21]을 제거할 때 써먹었던 수법으로 말입니다. 그것은 화형이라는 간단한 수법이었습니다. 가련한 후스는 온갖 좋은 말로 신변 안전을 약속받아 콘스탄츠 종교회의에 왔습니다. 그는 진지하고, 결코 반란적인 인물은 아니었습니다. 그러나 그들은 그가 오자마자 곧 그를 '넓이 3피트, 높이 6피트, 길이 7피트'의 돌감방에 던져 넣었다가 그의 진리의 소리를 이 세상에서 태워 없애버렸습니다. 연기와 불로 질식시키고 태워

---

20) 후스(Johannes Huss, 1372~1415): 체코의 종교지도자로 프라하(Plague) 대학에서 신학을 배웠고, 졸업 후 같은 대학의 교수로 있다가 1402~1403년에 이 대학의 총장을 지냈다. 잉글랜드의 급진 종교개혁자 위클리프(John Wycliffe)의 영향을 받았다. 1414년에 콘스탄츠 종교회의(Council of Konstanz)에 소환되어 1415년에 이단자로 화형에 처해졌다.

21) 제롬(Jerome of Prague, 1365?~1416): 체코의 신학자로 후스의 신학적 관점을 받아들였다. 옥스퍼드(Oxford) 대학에서 위클리프의 지도를 받았다. 후스와 함께 면죄부 판매에 대해 비난했다가 콘스탄츠 종교회의의 정죄를 받아 화형당했다.

버렸습니다. 그것은 결코 잘된 일이 아닙니다!

나는 루터가 교황에게 전면적인 반란을 일으킨 것을 용서합니다. 그 우아한 이교도는 화형 명령을 내림으로써 당시 온 세상에서 가장 용감한 심정을 지니고 있던 루터의 정당한 분개에 불을 질렀습니다. 가장 겸손하고 조용하면서도 가장 용감한 심정에 이제 불이 붙어 타올랐습니다.

나의 이 말은 진리의 말, 건실한 말이며, 인간의 능력으로 가능한 한 충실히 땅 위에 하나님의 진리를 장려하고 인간의 영혼을 구하려는 것이다. 그런데 그대는 현세에서의 하나님의 대리인이라면서 사형 집행인과 화형으로 대답하는가? 하나님의 말씀을 그대에게 전하려 한 까닭으로 나와 내 진리의 말을 화형에 처하려는 것인가? 그대는 하나님의 대리인이 아니라, 악마의 대리인이라는 생각이 든다! 그대의 교서라는 것은 종이를 더럽힌 거짓말이다. 그것이나 태워버려라. 그대는 그대가 하고 싶은 대로 할 것이다. 나는 이렇게 하겠다.

1520년 12월 10일, 종교개혁이 시작된 지 3년이 지난 후 루터는 "수많은 인민의 합세를 얻어" 교황의 화형 영장을 "비텐베르크의 엘스터 문(Elster-Gate)"에서 태워버리는 의분에 찬 거사를 했습니다. 비텐베르크는 "환호성을 올리며" 바라보았고, 온 세계가 바라보았습니다. 교황은 그 '환호성'을 도발하지 말았어야 했습니다! 그것은 인민들이 잠에서 깨어나는 함성이었습니다. 조용하고 겸손하고 인내심이 강한 독일 민족의 심정은 드디어 인내의 한계점에 도달했습니다. 형식주의, 이교도적 교황, 그밖의 거짓과 타락한 허울은 충분히 오랫동안 지배해왔습니다. 이제 여기에 다시 한 번 "하나님의 세계는 허울이 아니라 진실 위에 서 있다. 인생은 거짓이 아닌 진실이다"라고 모든 인민에게 서슴지 않고 외치는 사람이 왔던 것입니다!

앞에서 말한 것과 같이 우리는 루터를 궁극적으로 말해서 우상파괴적인 예언자이자, 사람들을 진실로 되돌린 사람으로 보아야 합니다. 이것은 위인들과 스승들의 사명입니다. 마호메트는 말했습니다. "너희들의 이 우상은 나무토막이다. 너희들은 그것에 밀랍과 기름을 칠하고 파리들은 이것에 달라붙는다. 그런 것은 하나님이 아니다. 나는 분명히 말한다. 그 우상들은 나무토막이라고!" 루터는 교황에게 이렇게 말했습니다.

죄를 사해준다고 하는 너의 이 물건은 잉크로 더럽혀진 종잇조각이다. 그것은 다른 아무것도 아니다. 이따위 것은 모두 아무것도 아니다. 오직 하나님만이 죄를 용서할 수 있다. 교황, 하나님의 교회의 정신적 아버지는 헝겊과 종이로 얼버무린 알맹이 없는 허울인가? 무서운 일이다. 하나님의 교회는 결코 허울이 아니다. 천국과 지옥은 허울이 아니다. 내가 여기 서 있는 것은 이러지 않을 수 없도록 그대가 밀어냈기 때문이다. 여기 서 있으니 보잘것없는 한낱 독일 수도사에 지나지 않는 나지만, 그대들 모두보다 강하다. 외롭고 친구도 없는 나지만, 하나님의 진리 위에 서 있다. 교황관, 삼중관을 쓴 그대, 보물과 무기를 지닌 그대, 그리고 영계와 속계의 천둥방망이를 가지고 악마의 거짓 위에 서 있는 그대는 결코 나보다 강하지 않다.

보름스 국회(Diet of Worms)에 1521년 4월 17일 루터가 출두한 일은 근대 유럽 역사상 최대의 장면이라고 생각합니다. 이 사건을 출발점으로 그 후의 문명의 역사가 전개됩니다. 수많은 교섭과 논쟁 끝에 드디어 이곳에 왔습니다. 젊은 황제 카를 5세(Karl V)가 독일의 모든 제후와 교황 사절단, 그리고 교·속 양계의 고위 인사들과 회동했습니다. 루터는 이 자리에 출두하여 그의 주장을 취소할 것인지 여부를 분명히 대답하게 되었습니다. 세계의 호화와 권세는 이편에 앉아 있고, 저편에는 미천한 광부 한스 루터의 아들이 홀로 신의 진리 위에 서 있습니다. 루터의 친구들은 후스의 일을 상기하며 가지 말라고 충고했으나, 그는 듣지 않았습니다. 많은 친구들이 말을 타고 와서 더욱 간곡한 충고를 했습니다. 이때 그는 "보름스에 지붕의 기왓장만큼 많은 악마들이 있다 해도 나는 가겠습니다"라고 대답했습니다.

다음날 그가 회의장으로 나갈 때 사람들은 창문과 지붕 위로 몰려들었습니다. 그들 중 일부는 그를 부르며 결코 취소하지 말라고 외쳤습니다. "사람들 앞에서 나를 모른다고 부인하는 자!"[22] 이렇게 그들은 루터에게 외쳤습니다. 그것은 마치 일종의 장엄한 탄원과 간청을 하는 것 같았습니다. 그것은 실로 우리의 탄원이며 온 세계의 간청이 아니었습니까? 검은 유령 같은 삼중관을 쓴 괴물 아래서, 자칭 종교적인 아버지니 무엇이니 하는 존재 아래서 마비된 채 영혼이 암흑 속에 속박되어 있는 세상이 "우리에게 자유를 가져다주십시오. 우리와 함께 계시고 버리지 말아주십시오!"라고 외치는 소리였습니다.

루터는 우리를 버리지 않았습니다. 두 시간 동안 계속한 연설에서 그는 공손하고 현명하며 솔직했고, 마땅히 복종해야 할 것에는 복종하고, 그렇지 않은 것에 대해서는 굽히지 않았습니다. 그는 이렇게 말했습니다.

---

22) "누구든지 사람 앞에서 나를 부인하면 나도 하늘에 계신 내 아버지 앞에서 저를 부인하리라"(「마태복음」, 10장 33절).

나의 저작은 더러는 나 자신에게서 나온 것이고, 더러는 하나님의 말씀에서 나온 것이다. 나에게서 나온 것은 인간적인 약점, 즉 경솔한 분노, 맹목성, 또는 완전히 취소할 수 있다면 다행으로 여길 많은 것들이 개재되어 있다. 그러나 건전한 진리와 하나님의 말씀 위에 서 있는 것은 취소할 수 없다. 어떻게 취소할 수 있겠는가? 『성경』의 증거로, 또는 솔직하고 공정한 논증으로 나의 말을 반박하라. 그렇지 않다면 나는 취소할 수 없다. 왜냐하면 양심에 어긋나는 일을 한다는 것은 안전하지도 않고 현명하지도 않기 때문이다. 내가 여기 서 있나이다. 나는 달리 어찌할 수 없다. 하나님이여 이 몸을 도우소서!

그것은 앞에서 말한 것과 같이 인류의 근대 역사에서 가장 위대한 순간이었습니다. 잉글랜드의 청교주의, 잉글랜드와 그 의회, 남북아메리카, 그리고 최근 2세기 동안의 거대한 일과 프랑스혁명, 유럽, 그리고 오늘날 도처에서 보이는 그 사업, 이 모든 일의 싹은 이때에 심어졌습니다. 루터가 그 순간 달리 행동했다면 이 모든 것은 달라졌을 것입니다! 유럽 세계는 그에게 묻고 있었습니다. "나는 더 저열한 거짓, 침체된 부패, 저주의 사망 속으로 떨어질 것인가, 아니면 어떤 시련을 겪더라도 나의 거짓을 버리고 치료하여 살 수 있을 것인가?"라고 말입니다.

이 종교개혁이 있은 후 큰 전쟁·대립·분열이 생겨 오늘날까지 계속되고 있으며, 끝날 날은 아직도 아득합니다. 그리하여 많은 시비와 비난이 생기게 되었습니다. 그것은 유감스러운 일이며 또한 부정할 수 없는 일입니다. 그러나 이것이 루터 또는 루터의 대의명분과 무슨 상관이 있습니까? 이 모든 것의 책임을 종교개혁에 돌린다는 것은 이상한 논리입니다. 나는 헤라클레스가 아우게아스(Augeas) 왕의 마구간에 강물을 끌어들여 청소했을 때 그 결과로 주변 전체에 야기된 혼란이 상당했으리라는 것을 의심하지 않습니다. 그러나 그것은 헤라클레스의 책임이 아니라, 다른 누구의 책임이었습니다! 종교개혁이 닥쳐왔을 때도 그와 비슷한 여러 가지 결과를 가지고 왔습니다. 그러나 종교개혁은 오지 않을 수 없었습니다. 훈계하고 통탄하며 비난하는 모든 교황과 그들의 옹호자들에게 주는 세계의 답변은 다음과 같았습니다.

이제 너희들의 교황제도는 허위가 되어버렸다. 과거가 아무리 좋았던들, 지금도 좋다고 너희가 아무리 말한들 우리는 믿을 수 없다. 우리의 모든 마음의 빛은, 하늘이 주신 빛은 너희들의 그것이 믿을 수 없는 것임을 보여주었다. 우리는 그것을 믿지도 믿으려고도 하지 않는다. 감히 그렇게는 하지 않겠다! 그것은 진리가 아니다. 그것이 진리라고 감히 생각하는 체한다면 그것은 모든 진리를 주시는 분을 배반하는 것이다. 그것을 집어치워라. 그 대신 무엇이 온다 해도 알 바가 아니지만, 그것은 다시는 상대하지 않겠다!

루터와 그의 프로테스탄티즘은 전쟁의 원인이 아니었습니다. 그가 항거하게끔 만든 거짓된 허구, 그것이 원인입니다. 루터는 신이 만드신 사람이라면 누구나 할 권리와 신성한 의무가 있는 일을 했을 뿐입니다. 허위가 "나를 믿느냐"고 물었을 때, "아니다!"라고 대답했을 뿐입니다. 어떤 대가를 치르더라도 가차 없이 그렇게 해야만 옳습니다. 가장 진실했을 때의 교황정치나 봉건제보다 훨씬 더 고귀한 결속 — 즉 정신적·물질적 조직 — 이 이 세계에 오고 있습니다. 오고야 맙니다. 그러나 그것은 가상이나 허위가 아니라, 오직 사실 위에만 올 수 있으며, 오더라도 사실 위에만 서 있을 수 있습니다. 허위에 바탕을 두고 거짓을 말하고 행하라고 우리에게 명령하는 결속, 우리는 그런 결속과 관련을 맺고 싶지 않습니다. 평화? 짐승의 무기력 상태도 평화롭고 무덤도 평화롭습니다. 우리는 살아 있는 평화를 희망하지 죽은 평화를 원치 않습니다!

그러나 새로운 것의 불가결한 축복을 지나치게 소중히 하는 나머지 오랜 것을 부당하게 취급하지 않도록 합시다. 오랜 것도 한때는 진실이었습니다. 지금은 진실이 아니지만 말입니다. 단테의 시대에 그것은 궤변이나 자기기만 또는 다른 부정직에 호소하지 않아도 진실한 것으로 여겨졌습니다. 그것은 그 당시에는 선이었습니다. 아니, 지금도 그 본질에는 어떤 불멸의 선이 있습니다.

오늘날에는 "교황파 타도"(No Popery)[23])를 외친다는 것은 어리석기만 합니다. 교황파가 새로운 성당들을 지으며 세력이 성장한다고 생각한다면 그것은 가장 어리석은 일입니다. 참 이상한 일입니다. 교황파가 지은 몇 개의 성당을 계산하며, 몇몇 프로테스탄트 신도의 서투른 논리, 프로테스탄트를 자처하는 자들의 잠꼬대 같은 헛소리를 듣고, "보라, 프로테스탄티즘은 죽었다. 교황주의에 더 많은 생명이 있다. 앞으로 더욱 생명이 충만할 것이다!"라고 말합니다. 프로테스탄트라고 자처하면서 늘어놓는 잠꼬대 같은 헛소리는 죽은 것입니다.

그러나 '프로테스탄티즘'은 내가 아는 바로는 아직 죽지 않았습니다! 보십시오, 프로테스탄티즘은 오늘날 그의 괴테, 그의 나폴레옹을 산출했습니다. 독일문학과 프랑스혁명을 낳았습니다. 이 정도면 살아 있다는 증거로서 상당한 것이 아닙니까! 아니, 근본적으로 프로테

---

23) 근대 초기 이래 잉글랜드인은 흔히 '가톨릭'을 대신하여 경멸하는 의미에서 '교황파'(popery)라는 말을 사용했다. 이 말은 1534년에 윌리엄 틴들(William Tyndale)이 처음으로 사용했다.

스탄티즘 말고 무엇이 살아 있단 말입니까? 우리가 마주치는 대부분의 것의 생명이란 건전지로 이어가는 생명에 지나지 않습니다. 생명치고는 상쾌한 것도 오래 계속될 것도 아닙니다.

교황파도 새로운 성당들을 지을 수 있습니다. 어디까지나 환영할 만한 일입니다. 그러나 교황파가 다시 살아남을 수 없음은 이교가 다시 살아날 수 없음과 같습니다. 이교도 어떤 나라에서는 아직 남아 있습니다. 그러나 이들의 운명은 바다의 썰물과 같습니다. 바닷가에서 이쪽저쪽으로 오가는 파도를 잠시 동안 보아서는 그것이 어디로 가는 것인지 알 수 없습니다. 그것이 어디로 가는지를 반시간 동안만 보십시오. 교황제도가 어디로 가는지 반세기 동안만 보십시오. 그 가련한 낡은 교황제도가 다시 살아나는 것보다 더 큰 위험이 유럽에 있을 수 없습니다! 차라리 토르가 되살아나는 편이 낫습니다. 더욱이 이 움직임에는 어떤 의미가 있습니다.

그 허술한 오래된 교황제도는 아직도 얼마 동안은 토르가 죽은 듯이 완전히 죽지는 않을 것입니다. 죽어서도 안 됩니다. 그 오랜 것이 가지고 있는 좋은 것의 본질이 실제적인 새로운 것에 옮겨질 때까지, 그때까지 그것은 죽지 않는다고 말할 수 있습니다. 그 로마교의 형식이 할 수 있는 선행이 남아 있는 동안, 또는 그것이 할 수 있는 '경건한 생활'이 남아 있는 동안은 그것을 채택하여 그것의 산 증인 역할을 하는 이런저런 사람이 있을 것입니다. 그때까지 그것은 그것을 배척하는 우리 눈앞에 나설 것이며, 우리가 그 속에 있는 진실을 모두 우리 실제 생활에 흡수할 때까지 그러할 것입니다. 그런 후에는 아무도 그것에 끌리지 않을 것입니다. 그것은 할 일이 있어서 여기 남아 있습니다. 있을 때까지 있게 하십시오.

나는 루터와 지금 벌어지고 있는 이 모든 전쟁과 유혈에 관련하여 다음의 주목할 만한 사실을 덧붙이고 싶습니다. 즉 그러한 전쟁과 유혈은 루터가 살아 있던 동안에는 시작조차 되지 않았다는 것입니다. 그가 생존해 있는 동안에는 논쟁이 전쟁으로 비화되지 않았습니다. 내가 볼 때 이 사실은 모든 의미에서 그의 위대성을 증명해주는 것입니다.

어떤 대대적인 소요를 일으키고, 자신이 그 속에 휩쓸려 들어가서 몸을 망치지 않는 사람을 찾아보기란 얼마나 어려운 일입니까! 그것이 대개의 혁명가들이 걷는 경로가 아닙니까? 루터는 이 위대한 혁명의 지도자 역할을 상당한 정도로 지속했습니다. 모든 프로테스탄트는 지위와 직능을 막론하고 그의 지도를 기대했던 것입니다. 그는 그 역할을 평화롭게 수행했고, 그 중심에 서서 확고하게 지속했습니다. 이런 일을 하는 인물은 군주의 능력이 있어야만 합니다. 그는 어떤 위기에 처해서도 사태의 진정한 핵심이 어디에 있는지를 분별하여 강건하고 진실된 인간으로서 거기에 용감하게 자리를 잡고, 다른 진실한 사람들을 그의 주위에 규합시킬 수 있는 탁월한 자질을 구비해야만 합니다. 그렇지 않으면 그는 지도자의 지위를 유지하지 못합니다. 루터의 명석하고 깊은 판단력, 모든 종류의 그의 힘, 특히 그의 침묵과 관용과 절제의 힘이 이러한 상황에서 매우 분명하게 드러나 보입니다.

관용이라고 나는 말합니다. 루터에게는 매우 순수한 관용이 있었습니다. 그는 근본적인 것과 그렇지 않은 것을 분별합니다. 근본적이지 않은 것은 내버려둬도 좋습니다. 어떤 프로테스탄트 설교자에게서 "성직복 없이는 설교하지 않겠다"는 불평이 그에게 들려옵니다. 루터는 대답합니다. "좋다, 성직복을 입는 것이 그 사람에게 무슨 해를 입히는가? 성직복을 입고 설교하게 하라. 유익이 된다면 세 벌을 겹쳐 입어도 무방하다." 카를슈타트[24]의 난폭한 우상파괴 사건, 재세례파 사건, 농민전쟁에서 보여준 그의 행동은 발작적 폭력과는 매우 다른 고상한 힘을 보여주었습니다. 확실하고 민첩한 통찰력으로 그는 사태의 본질을 식별합니다. 강건하고 올바른 사람으로서 현명한 길을 보여줍니다. 그러므로 만인은 그를 믿고 따릅니다. 루터의 저술은 그에 관해서 마찬가지 증거를 보여줍니다. 그의 글은 지금은 진부해졌습니다. 그러나 우리는 지금도 특이한 매력을 느끼면서 그것을 읽습니다. 단순한 문법적 어법은 아직도 충분히 읽을 수 있습니다.

문학사상 루터의 공적은 가장 위대한 것입니다. 그의 용어는 온갖 저술의 용어가 되었습니다. 4절판으로 출간된 그의 24권의 저서는 잘 씌어진 것은 아닙니다. 문학적인 목적은 전혀 없이 서둘러 쓴 것입니다. 그러나 나는 다른 어떤 책에서도 이 책들에서 볼 수 있는 것 이상으로 강건하고 참되며 고상한 인간의 능력을 보지 못했습니다. 그 안에는 강건한 정직성·소박성·단순성이 있습니다. 견실하고 순수한 판단력과 힘이 있습니다. 그에게서는 섬광이 번뜩입니다. 그의 감동적인 관용적 어구는 사물의 핵심을 파고드는 것 같습니다. 그에게는 훌륭한 유머 감각도 있고, 감미로운 애정, 그리고 고귀함과 깊이가 있습니다. 이 사람은 위대한 시인도 될 수 있었음이 틀림없습니다! 그는 한 편의 서사시를 쓰는 것이 아니고, 몸소 만들어내지 않으면 안 되었습니다. 나는 그를 위대한 사상가라고 부릅니다. 실로 그의 가슴의 위대성이 이미 그것을 증명해주고 있습니다.

---

24) 카를슈타트(Andreas Rudolf Bodenstein von Karlstadt, 1480?~1541): 비텐베르크 대학 교수(1505~21)로서 종교개혁 초기에는 루터의 협력자였으나 나중에 성찬 문제 등과 관련하여 급진적 종교개혁을 주장함으로써 루터와 결별했다. 그의 주장은 그 후 재세례파가 등장하는 근거가 되었다. 그러나 그가 쫓기는 신세가 되었을 때 루터는 비텐베르크에서 그에게 은신처를 마련해주었다 (1525~29).

리히터[25)]는 루터의 언어를 평하여 "그의 언어는 반(半)전투이다"라고 말합니다. 그렇게 불러도 좋을 것입니다. 그의 근본 특성은, 그는 싸워서 이길 수 있다는 것, 그는 인간이 지닌 용기의 진정한 표본이라고 하는 것이었습니다. 용기를 그 특징으로 하는 튜턴족 중에도 그보다 용기 있는 인물, 그보다 더 용감한 인간이 살았다는 기록을 찾을 수 없습니다. 보름스의 '악마들'에 대한 그의 도전은 만일 오늘날 누군가가 그 말을 했다면 단순히 허풍으로 그치겠지만, 루터에게는 결코 호언장담이 아니었습니다. 루터는 지옥에 사는 정신적 존재인 악마가 있어서 끊임없이 인간을 괴롭히고 있다고 믿었습니다. 그의 저작에는 여러 차례에 걸쳐 이 믿음이 나타나 있습니다. 그 때문에 몇몇 사람들에게 더러 비웃음도 샀습니다.

루터가 들어앉아 『성경』을 번역했던 바르트부르크(Wartburg) 성의 한 방에는 지금도 벽에 검은 얼룩이 있다고 합니다. 루터가 악마와 싸웠다고 전하는 이상한 흔적입니다. 루터는 책상에 앉아 『시편』을 번역하고 있었습니다. 그는 장시간의 작업과 나쁜 건강, 그리고 금식 때문에 몹시 지쳐 있었습니다. 그때 그의 눈앞에 어떤 끔찍한, 형언할 수 없는 형상이 나타났습니다. 그는 그것을 자기 일을 방해하려는 악마로 보았습니다. 그는 분연히 벌떡 일어나서 잉크병을 악령을 향해 집어던졌습니다. 그러자 그것은 사라졌습니다! 그 얼룩은 지금도 거기에 남아 있습니다. 기묘한 흔적입니다.

오늘날은 아무리 하찮은 견습 약제사일지라도 이 유령을 과학적 의미에서 어떻게 생각해야 할 것인지에 대해 이러니저러니 말을 할 수 있습니다. 그러나 지옥 그 자체에 대해 정면으로 도전하고자 했던 이 인물의 심정은 두려움 없는 최고의 용기가 무엇인지를 보여주고

---

25) 제1강의 주6)을 참조.

있습니다. 그에게 겁을 주는 것은 이 땅 위에도 밑에도 존재하지 않았습니다. 그는 도대체 두려움을 몰랐습니다! 그는 이런 글을 쓴 적이 있습니다. "악마는 이것이 나의 내면의 두려움에서 나온 것이 아니라는 것을 알고 있다. 나는 수많은 악마를 보았고 또 꾸짖어 물리쳤다." 라이프치히(Leipzig)의 게오르크 공(Duke Georg)[26]은 루터의 강력한 적이었습니다. 그러나 루터는 이렇게 말합니다. "게오르크 공 따위는 악마 하나에도 못 미친다." 훨씬 못 미친다는 것입니다! "내가 만일 라이프치히에 볼일이 있다면 아흐레 동안 연이어 게오르크의 패거리가 밀려온다 해도 나는 라이프치히로 달려 들어가겠다." 루터에게는 헤쳐나가야 할 귀족들이 얼마나 많았습니까!

그러나 이 사람의 용기가 사나움을 띠었고, 거칠고 복종적이지 않은 고집과 야만에 지나지 않았다고 생각하는 사람들은 —— 많은 사람들이 그렇게 생각하고 있습니다만 —— 커다란 오류를 범하는 것입니다. 전혀 그렇지 않습니다. 세상에는 분별력이나 사랑이 없기 때문에, 그리고 미움 또는 어리석은 분노가 있는 까닭에 두려움을 느끼지 않는 사람이 있습니다. 우리는 호랑이의 용기를 높이 평가하지 않습니다! 루터의 경우는 전혀 달랐습니다. 그에게 다만 흉포한 폭력성만 있었다고 하는 비난보다 더 부당한 것도 없습니다. 그는 모든 진정으로 용감한 사람이 그렇듯이 동정심과 사랑이 충만한 지극히 온유한 마음을 가지고 있었습니다.

호랑이는 용기 있는 것이 아니라, 흉포하고 잔인할 뿐입니다. 따라서 '더 강한' 적을 만나면 도망칩니다. 루터의 위대하고 소박한 가슴 속에 있는 저 부드러운 사랑의 숨결, 어린아이나 어머니의 사랑처럼 부드러운 저 숨결보다 더 감동적인 것을 나는 알지 못합니다. 그처

---

26) 라이프치히 논쟁에서 에크를 내보내 루터와 논전을 벌이게 한 인물이다.

럼 정직하면서도 위선으로 오염되어 있지 않으며, 그 표현은 꾸밈없고 거칠지만, 바위틈에서 흘러나오는 샘물같이 맑습니다. 그의 청년 시절에 볼 수 있었던 억압당한 절망과 비난의 감정은 모두 유난히 사려 깊은 온유함, 너무도 예민하고 섬세한 사랑에서 비롯된 것이 아니고 무엇입니까? 그것이야말로 가련한 시인 쿠퍼[27] 같은 사람이 빠져들어가는 경로입니다. 루터는 피상적인 관찰자에게는 소심하고 유약한 사람으로 보였을 것입니다. 겸손과 소심한 애정이 그의 특징으로 비쳤을 것입니다. 그러나 이러한 심정 속에서 일어나는 용기야말로 고상한 것이며, 그것은 일단 고무되어 적개심이 타오르면 하늘까지 치솟는 불꽃으로 타오르는 것입니다.

루터가 죽은 후 친구들이 그의 일화와 언행을 수집하여 출판한 『탁상담화』(*Table-Talk*)는 그의 모든 저술 가운데 가장 흥미로운 것입니다. 거기에는 그가 어떤 성격의 사람이었는지를 은연중에 보여주는 많은 아름다운 이야기가 있습니다. 그의 어린 딸이 죽었을 때 그가 보여준 조용하고 위대하며 사랑이 넘친 태도는 대단히 감동적입니다. 그는 어린 딸 막달레네(Magdalene)가 죽을 것으로 체념하면서도 살아주었으면 하고 이루 말할 수 없이 간절하게 열망합니다. 두려움에 질린 채 어린 딸의 영혼이 날아간 미지의 나라의 길을 더듬습니다. 두려움에 찬 지극히 애절하고 진실한 마음으로 말입니다. 그토록 독단적인 신조와 교리가 있었는데도, 그는 우리가 아는 것, 알 수 있는 것은 아무것도 없다는 것을 느낍니다. 그의 어린 막달레네는 신의 뜻에 따라 신에게로 가 있게 됩니다. 루터에게도 그것이 전부였습니다. 이슬람(Islam)[28]이 전부였습니다.

---

27) 쿠퍼(William Cowper, 1731~1800): 영국의 시인으로 정신이상 증세 때문에 자살을 기도하는 등 고통을 당했으며, 이를 극복하기 위해 라틴과 이탈리아 시를 번역했고 밀턴(Milton)의 작품을 편찬했으며 시작(詩作)에 몰두했다.

언젠가 그는 그의 고적한 파트모스(Patmos)[29]인 코부르크 성 (Castle of Coburg)에서 한밤중에 밖을 내다봅니다. 광대무한한 창공, 그것을 헤치고 지나가는—말없고 무시무시하고 거대한—구름, 이 모든 것을 누가 지탱하고 있는가? "그 기둥을 본 사람은 일찍이 없다. 그러나 그것은 지탱되고 있다." "하나님이 그것을 지탱하신다. 우리는 하나님이 위대하심을, 하나님이 선하심을 알아야 하며, 우리는 볼 수 없더라도 믿어야 한다."

한번은 라이프치히에서 집으로 돌아오다가 곡식이 무르익은 벌판의 아름다움에 감동합니다. 황금빛의 곡식이 그 아름다운 가느다란 줄기 위에서 황금빛의 고개를 숙이고 풍요롭게 파도치고 있습니다. 온유한 대지는 신의 뜻을 따라 다시 그것을 산출했습니다. 인간의 양식을 말입니다!

해질 무렵 비텐베르크의 정원에 작은 새 한 마리가 횃대를 찾아 앉았습니다. 루터는 "저 작은 새, 그 위에는 세계를 감싸는 별들과 높은 하늘이 있다. 그러나 새는 작은 날개를 접고 그것을 집으로 삼아 믿음 속에서 포근히 쉬고 있다. 그를 지으신 이가 그것을 집으로 주셨으니까!"라고 말합니다.

루터에게는 쾌활한 면도 없지 않습니다. 이 사람에게는 위대하고 자유로운 인간의 가슴이 있습니다. 그의 예사로운 말에도 꾸밈없는 고상함이 있으며, 어법에 잘 맞고, 의미심장하며, 성실하고, 여기저기에 아름다운 시적 색조가 빛을 뿜어냅니다. 우리는 그가 인간의 위대한 형제임을 느낍니다. 그가 음악을 사랑했다는 것은 그의 내면에 가득 찬 이러한 모든 사랑을 잘 요약해주는 것이 아닙니까? 말로 표

---

28) 아랍어에서 '이슬람'이란 '신의 뜻에 대한 절대 복종'을 의미한다.

29) 소아시아 서남 해안 먼 바다에 있는 섬이다. 성 요한(St. John)이 이곳에 유배되어 『요한계시록』을 집필한 것으로 알려졌다.

현하기 힘든 많은 거친 생각을 그는 피리와 같은 음조로 말했습니다. 그는 악마도 그의 피리 소리에 달아났다고 말합니다. 한편에는 필사적인 도전, 다른 한편에는 음악에 대한 이러한 사랑이 있습니다. 나는 이 둘을 가리켜 위대한 영혼의 양극이라고 부르렵니다. 이 양극 사이에 모든 위대한 것이 자리를 잡고 있습니다.

루터의 얼굴은 그의 사람됨을 보여준다고 나는 생각합니다. 나는 크라나흐[30]가 그린 참으로 잘 그린 초상화(이 책 화보 2쪽 참조)에서 진정한 루터의 모습을 봅니다. 소박한 평민의 얼굴, 크고 바위 같은 이마와 광대뼈는 강건한 활력을 보여줍니다. 처음에는 가까이 가기가 어려울 정도의 얼굴입니다. 그러나 눈에는 야성적인 침묵의 슬픔과 표현하기 힘든 우울함이 있어—그것은 모두 온유하고 섬세한 애정의 요소입니다—그의 얼굴에 진실로 숭고한 성격을 가져다줍니다.

앞에서 말한 것과 같이 이 루터에게는 웃음이 있었습니다. 그러나 그에게는 또한 눈물도 있었습니다. 그에게는 눈물과 고난도 주어져 있었습니다. 그의 생애의 바탕은 슬픔과 열정이었습니다. 만년에 접어들어 모든 승리를 거둔 뒤에 그는 정녕 삶에 지쳤다고 말합니다. 그는 오직 신만이 만물이 갈 길을 조정할 수 있고 또 조정할 것이며, 심판의 날이 머지않았을 것이라고 생각합니다. 자기에 관한 한 그는 단 한 가지 소원, 곧 신의 은총으로 고역에서 풀려 세상에서 떠나 편히 쉬고자 하는 소원만이 있었습니다.

이런 점을 지적하면서 그를 불신하려 하는 사람은 그를 거의 이해하지 못하는 사람들입니다! 나는 이러한 루터야말로 진정한 위인이

---

30) 크라나흐(Lucas Cranach, 1472~1553): 독일의 화가로 루터의 초상화를 그린 것으로 유명하다.

라고 부릅니다. 그는 지적 능력에서, 용기와 애정과 성실성에서 위대합니다. 그는 우리가 가장 존경할 만한 고귀한 사람 중 하나입니다. 그는 깎아 다듬은 오벨리스크처럼 위대하지 않고, 알프스 산처럼 위대합니다. 단순하며 충실하고 자발적이며, 결코 위대하려고 일부러 꾸미는 일이 없습니다. 그는 위대해지고자 하는 것과는 전혀 다른 목적 때문에 거기 있습니다! 아, 그렇습니다. 하늘을 향해 높이, 그리고 넓게 솟은, 제어할 수 없는 화강암 산입니다. 그러나 그 산의 여러 바위들 틈에는 샘물들이 솟아나고, 꽃으로 뒤덮인 초록빛의 아름다운 계곡이 펼쳐져 있습니다! 그는 진정한 정신적 영웅이며 예언자입니다. 자연과 사실의 진정한 아들 루터, 그를 보내주신 데 대해 작금의 수백 년, 그리고 앞으로 올 수백 년은 하늘에 감사를 표하지 않을 수 없습니다.

땅 위에 하늘나라를 세우려 한 성직자—녹스

각별히 우리 잉글랜드인에게 종교개혁의 가장 흥미로운 국면은 청교주의입니다. 루터의 나라 독일에서 프로테스탄티즘은 곧 쇠퇴하여 아무런 열매도 맺을 수 없게 되었습니다. 종교도 신앙도 아니고, 그것은 이제 시끄러운 신학적 논쟁이 되었습니다. 그것은 사람들의 가슴에 자리를 잡지 못하게 되었으니, 그 본질은 회의주의적 논쟁이었습니다. 그것은 더욱 소란스럽게 되어 볼테르주의 같은 것으로 전락했습니다. 구스타부스 아돌푸스[31]의 전쟁을 거쳐 프랑스혁명에 이르렀습니다!

---

31) 구스타부스 아돌푸스(Gustavus II Adolphus, 1594~1632): 스웨덴의 왕으로 30년전쟁에서 프로테스탄트의 대의를 지지하여 싸웠으며, 이 전쟁에서 발군의 지도력을 발휘했다.

그러나 우리의 섬에서는 청교주의가 발생하여 스코틀랜드에 장로교가 국교로서 확립되기까지 했습니다. 그것은 진정한 심정의 사업으로서 왔으며, 매우 괄목할 만한 열매를 이 세상에 산출했습니다. 어떤 의미에서 그것은 프로테스탄티즘의 다양한 양상들 중에서 하나의 신앙의 반열에 올라 천국과 참다운 심정적 교통을 나누며, 역사적으로 그 모습을 나타낼 수 있는 위치에까지 도달한, 프로테스탄티즘의 유일한 국면이라고 말할 수 있습니다.

그러므로 우리는 녹스(Knox)에 대해 몇 마디 말하고자 합니다. 그는 개인으로서도 용감하고 탁월한 인물이었지만, 그보다는 스코틀랜드의 신앙과 뉴잉글랜드의 신앙, 그리고 크롬웰의 신앙을 창시해준 대제사장으로서 더욱 중요한 인물입니다. 역사는 앞으로도 상당한 기간 이 일에 대해 할 말이 있을 것입니다!

우리는 청교주의를 마음대로 비난할 수 있습니다. 누가 보아도 그것은 매우 거칠고 결점도 있습니다. 그러나 우리, 그리고 모든 사람은 그것이 진실한 것이었음을 알 수 있습니다. 자연에 의해 선택된 후 그것은 지금까지 성장했고 또 성장을 계속하고 있기 때문입니다. 나는 가끔 말합니다. 이 세상에서 모든 것은 전쟁이며, 참된 의미의 '힘'이 모든 가치의 척도라고 말입니다. 어떤 사물에 시간을 주십시오. 만일 성공한다면 그것은 옳은 일입니다.

아메리카에 건설된 색슨 민족의 국가를 보십시오. 2백 년 전 메이플라워(Mayflower) 호가 홀란드의 델프트 항(Delft Haven)에서 출범한 저 작은 사건을 보십시오! 만일 우리가 고대 그리스인처럼 감각이 열려 있다면 우리는 여기에서 한 편의 시를, 자연이 스스로 노래한 시, 자연이 여러 대륙에 걸쳐 매우 중요하다는 사실에 대해 쓴 시를 보게 될 것입니다. 그것이야말로 아메리카의 진정한 출발이었기 때문입니다.

물론 그전에도 아메리카 여기저기에 흩어져 살던 원주민은 있었습니다. 그러나 그들은 이를테면 육신이고, 그 영혼이 이제 처음 여기 도착했습니다. 조국에서 쫓겨난, 홀란드에서는 살 수 없게 된 이 가련한 사람들은 신세계로 이주할 것을 결심합니다. 그곳에는 검은 야생의 밀림과 사납고 잔인한 짐승들이 있습니다. 그러나 그들은 성실청(Star Chamber)[32]의 사형집행인들만큼 잔혹하지는 않았습니다. 그들은 정직하게 농사를 지으면 땅이 그들에게 양식을 베풀어주리라고 생각했습니다. 그곳에도 끝없는 하늘은 그들의 머리 위를 덮을 것이라고 생각했습니다. 그들은 우상숭배의 방식으로서가 아닌, 그들이 진리라고 믿는 것에 따라 이 시간의 세계를 올바르게 삶으로써 영원한 세상으로 갈 길을 평화롭게 닦을 수 있으리라고 생각했습니다. 그들은 작은 살림들을 함께 모아 '메이플라워'라는 작은 범선 한 척을 세내어 출범을 준비했습니다.

닐의 『청교도의 역사』[33]에는 그들이 출발에 앞서 의식을 거행하는 장면이 나옵니다. 우리는 그것을 장엄하다고 말할 수 있습니다. 그것은 진정한 숭배 행위였기 때문입니다. 그들의 목사는 그들을 따라 바닷가로 내려갔습니다. 그들이 뒤에 남겨둘 형제들도 모두 함께 모였습니다. 그들은 모두 장엄한 기도를 올려 이 가련한 백성들에게 신이 자비를 내리시고, 이들이 황량한 광야로 갈 때 동행해주시기를 빌었

---

32) 성실(星室) 재판소라고도 부른다. 웨스트민스터 궁전(Westminster Palace)의 천장에 별 모양의 장식이 있는 방의 명칭에서 그 이름이 유래하였다. 성실청은 원래 보통법 재판소에서 다루기 힘든 형사재판을 다루는 기관이었으나, 16세기 왕권강화와 더불어 보통법 재판소의 권한을 침범하여 그 관할권을 확장했으며, 왕의 정치적 반대자를 처벌함으로써 잉글랜드 절대주의 시대의 지배도구가 되었다.

33) 닐(Daniel Neal, 1678~1743): 영국의 성직자이며 역사가이다. 『청교도의 역사』(History of the Putitans, 1732~38)는 그의 대표적 저술이다.

습니다. 그 광야도 신이 만드셨으니 신은 여기에 계신 것처럼 거기에도 계실 것이기 때문이었습니다.

아, 생각건대 이 사람들은 하나의 사업을 하고 있었습니다! 그 사업이 진정한 것이라면 그것은 미약한, 실로 어린아이보다 약한 것일지라도 언젠가는 강해집니다. 청교주의는 당시에는 경멸과 조롱의 대상이었습니다. 그러나 오늘날은 누구도 감히 비웃을 수 없습니다. 청교주의는 무기와 힘을 가졌습니다. 육군과 해군도 갖게 되었습니다. 그의 열 손가락에는 기술이 있고, 오른팔에는 힘이 있어 선단을 조종하며, 삼림을 개간하고, 산들을 움직입니다. 그것은 오늘날 해 아래에 있는 것 중 가장 강한 것 가운데 하나가 되었습니다.

스코틀랜드의 역사에서도 나는 엄밀히 말해 단 하나의 시대만을 봅니다. 오직 녹스의 종교개혁만이 세계사적 의의가 있습니다. 끊임없는 분쟁과 분열과 살육으로 충만한 가난한 불모의 나라, 오늘날의 아일랜드보다 나을 것이 없는 미개하고 궁핍한 인민이 살고 있던 나라였습니다. 탐욕스럽고 흉포한 귀족들은 가련한 노동자들에게 박탈한 것을 '분배하는 방법'에 대해서도 합의를 하지 못해서 마치 오늘날의 콜롬비아 공화국(Columbian Republics)처럼 모든 사소한 변화를 혁명으로 확대시켰습니다. 내각을 교체할 때에는 반드시 전임 각료를 교수대에 매달아야만 했습니다. 이것은 그다지 자랑스러운 역사의 장면이 아닙니다!

그들이 '용감'했다는 사실에는 의문할 여지가 없습니다. 실로 처절한 전란이 많았습니다. 그러나 그들의 조상인 스칸디나비아의 해적 왕보다는 용감하지도 맹렬하지도 않습니다. 그런 종류의 위업에 대해서는 길게 이야기할 가치도 없습니다! 스코틀랜드는 아직도 영혼이 없는 나라였습니다. 이 나라에는 거칠고 외형적이며 동물적인 것 말고는 아무것도 발달하지 않았습니다. 그런데 이제 종교개혁이 와서 이 생명 없는 외적 존재의 갈비뼈 속에 내적 생명의 불을 붙였습니다. 가장 고귀한 하나의 목적이 타올라 높이, 저 하늘 높은 곳 — 그러나 땅에서 올라갈 수 있는 높이 — 에서 하나의 횃불이 되었습니다. 이 횃불로 지극히 미천한 사람마저도 단지 시민이 아닌, 그리스도 교회의 구성원이 되었습니다. 그가 참다운 사람인 경우에는 실로 영웅이 되었습니다!

이것이 내가 말하는 '영웅으로 이루어진 나라' — 신앙의 나라 — 입니다. 위대한 영혼을 가져야만 영웅이 되는 것은 아닙니다. 필요한 것은 본원에 충실한, 신이 창조한 정신입니다. 그것이 나아가 위대한 영혼이 됩니다. 우리는 이런 예를 보았습니다. 장로교보다 더욱 광대한 형식 밑에서 우리는 그것을 또다시 보게 될 것입니다. 그때까지는 영속적인 선이 행해질 수 없습니다. 불가능하다고 말하는 사람들이 있습니다. 가능하겠습니까? 이 세상에서 이루어진 사례가 있지 않습니까? 영웅숭배는 녹스의 경우에는 실패한 것입니까? 또는 오늘날의 우리는 다른 흙으로 만들어진 존재들입니까? 웨스트민스터 신앙고백이 사람의 영혼에 어떤 새로운 것을 더해주었습니까? 사람의 영혼은 신이 만드신 것입니다. 신은 사람의 영혼이 하나의 가설과 와전으로서 살도록 하지 않으셨습니다. 가설과 와전이 충만한 세상에서 그런 것들의 치명적인 작용과 결과에 묻혀 사는 운명을 사람의 영혼에 지우시지는 않았습니다!

본론으로 돌아가도록 합시다. 녹스가 그의 국민을 위해 한 일은 사망에서 생명으로 부활시킨 것이라고 말할 수 있습니다. 그것은 결코 쉬운 일은 아니었습니다. 그러나 그것은 확실히 환영할 만한 일로서, 설령 그보다 훨씬 어려웠다 해도 그 값은 지극히 싼 것이었습니다. 어떤 대가를 치르더라도 그것은 싼 것이었습니다. 생명 역시 어떤 대가를 치르더라도 싼 것이 아닙니까? 사람들은 비로소 '생명'을 갖게 되었습니다. 어떤 대가를 치르더라도 그들은 먼저 생명을 가져야만 했습니다.

스코틀랜드의 문학과 사상, 스코틀랜드의 산업, 제임스 와트(James Watt), 데이비드 흄(David Hume), 월터 스콧(Walter Scott), 로버트 번스(Robert Burns), 나는 이런 모든 사람들과 사업의 중심에 녹스와 종교개혁이 작용하고 있음을 봅니다. 종교개혁이 없었다면 그들은 존재할 수 없었을 것입니다. 스코틀랜드에 관해 말해볼까요? 스코틀랜드의 청교주의는 잉글랜드의 청교주의, 뉴잉글랜드의 청교주의로 확대되었습니다.

에든버러의 한 교회에서 일어난 소동은 모든 나라들에 파급되어 전 세계적인 전투와 투쟁으로 퍼져나갔습니다. 50년 동안의 투쟁이 있은 끝에 '명예혁명', 인신보호령, 자유의회 등등의 많은 것들이 실현되었습니다! 진두에 선 많은 사람들이 마치 슈바이드니츠(Schweidnitz)의 도랑으로 뛰어 들어간 러시아 군대처럼 그들의 시체로 도랑을 메워 그 뒤를 따르는 사람들이 발을 적시지 않고 건너가 영광을 얻는다고 우리는 앞서 말했습니다만, 그것은 너무나 분명한 일이 아닙니까? 얼마나 많은 열정적이고 강직한 크롬웰과 녹스, 그리고 농민 맹약자(Peasant Covenanter)[34]들이 목숨을 걸고 험한 진창에서 싸우며, 고난을 당하고 쓰러지며, 몹쓸 비난을 받고, 흙투성이가 되어야만 했습니까? 그런 후에야 비로소 1688년의 아름다운 혁명이 신사 구두와 명주 양말을 신고 온 세상의 환호 속에 그 장애를 딛고 넘어섰던 것입니다.

이 스코틀랜드인이 3백 년이 지난 오늘날에도 세계 앞에 죄인처럼

---

34) 맹약자란 스코틀랜드에서 장로주의(Presbyterianism)의 지지를 맹약한 사람을 말한다.

변명해야만 한다는 것은 가혹한 조치라고 생각합니다. 그는 그 시대로서 할 수 있는 한 가장 용감한 스코틀랜드인이었던 것입니다! 그가 만일 하찮은 중간 정도의 사람이었다면 그는 많은 다른 사람들처럼 한쪽 구석에 쪼그리고 앉아 있었을 것이며, 따라서 스코틀랜드는 구원받지 못하고, 녹스 자신은 아무런 비난도 받지 않았을 것입니다. 그는 그의 조국과 세계에 다른 누구보다도 더 많은 이익을 준 스코틀랜드인이었습니다. 아무런 용서 구할 일을 한 바 없는 수백만의 '흠 없는' 스코틀랜드인이 감당할 일을 나라를 위해 떠맡았다는 이유로 그가 용서를 구해야 합니까!

그는 가슴을 헤치고 전투에 나섰고, 프랑스의 갤리선에서 노를 저었으며, 추방되어 구름과 폭풍우 속을 방랑했고, 비난을 받았으며, 창 너머에서 저격을 당했으니 실로 비통한 전투의 생애를 보냈습니다. 만일 이 세상이 그가 보상을 받는 장소라면 그는 실로 어리석은 짓을 했습니다. 나는 녹스를 위해 변명할 수가 없습니다. 그는 작금의 250여 년에 걸쳐 사람들이 그를 뭐라고 평할 것인지에 대해 전혀 무관심했습니다. 그러나 그가 치른 전투의 세세한 상황을 알며, 지금 그의 승리의 열매를 즐기며 살고 있는 우리는 우리 자신을 위해서라도 그를 싸고도는 풍설과 논쟁을 헤치고 그 사람의 참모습을 직시해야만 합니다.

먼저 나는 그가 결코 자기 백성의 예언자라는 지위를 탐내지 않았음을 말해두고자 합니다. 녹스는 저명해지기 전 40년 동안을 별로 이름도 알려지지 않은 채 조용히 살았습니다. 그는 가난한 부모의 아들로 태어나 대학교육을 받고 성직자가 되었습니다. 종교개혁에 공감하고 그 빛으로 자신의 생활을 밝히는 것만으로 만족하고, 결코 그것을 남에게 강요하지도 않았습니다. 그는 시골 신사들의 가정에 가정교사로 있으면서 어떤 단체가 그의 설교를 듣기 원하면 설교를 했습니다. 그는 진리에 따라 결연히 걸어 나갔으며, 필요한 때를 당하면 진심을 말했습니다. 그 이상의 포부를 갖지 않았습니다. 그 이상의 능력이 자기에게 있다고 상상도 하지 않았습니다.

이리하여 전혀 두각을 나타내지 않고 나이 사십에 이르러 세인트 앤드류 성(St. Andrew's Castle)에 포위되었던 소수의 개혁 교회 신도들 속에 끼어 있게 되었습니다. 하루는 예배 도중 설교자가 절망에 빠진 이들 용사들에게 격려의 말을 한 다음, 느닷없이 이렇게 말했습니다. "설교할 다른 사람이 있을 것입니다. 성직자의 심정과 자질이 있는 사람은 누구나 나와서 설교하십시오. 우리 가운데 한 사람인 존 녹스가 이런 마음과 소질이 있습니다. 그렇다면 그의 의무는 무엇이겠습니까?" 이렇게 설교자는 사람들에게 호소했습니다.

사람들은 긍정적인 대답을 하고 나서 "그런 사람이 마음속에 있는 말을 침묵으로 묻어둔다면 그것은 자기의 의무를 저버리는 범죄적인 행동"이라고 말했습니다. 가련한 녹스는 일어서지 않을 수 없었습니다. 답변하려고 했으나 말이 나오지 않았습니다. 갑자기 눈물을 쏟으면서 밖으로 달려 나갔습니다. 이 광경은 기억할 만한 것입니다. 그는 여러 날 비통한 번민에 싸였습니다. 이 거대한 사업을 하기에 자신의 능력이 얼마나 미약한지를 통감했습니다. 그는 자기가 무엇으로 세례를 받아야 할 것인지를 느꼈습니다. 그는 "눈물을 쏟았습니다."

영웅이 첫째로 성실해야 한다고 한 말은 단연코 녹스에게 적용됩니다. 그의 다른 특징이나 결점이 무엇이든 간에 그가 가장 진실한 사람이었다는 사실은 어디서도 부정되지 않았습니다. 특이한 본능을 가지고 그는 진리와 진실을 견지합니다. 그에게는 오직 진리만이 이 세상에 있었으며, 다른 모든 것은 그림자이며 실체 없는 기만적인 존재였습니다. 진리가 아무리 미약하고 비참하게 보이더라도 그는 그것 위에만 설 수 있습니다.

루아르(Loire) 강의 갤리선—세인트 앤드류 성이 함락된 뒤 녹스와 그 일행은 갤리선 노예로 이곳에 압송되었습니다—에서 어느 날한 관리 또는 신부가 성모상을 그들에게 보여주면서, "신을 모독한이단자들, 성모에게 경배하라"고 명령했습니다. 녹스의 차례가 왔을때 그는 "성모? 하나님의 어머니?" 하며 냉소했습니다. 그는 "이것은하나님의 어머니가 아니다, '색칠한 나뭇조각'이다! 이따위는 경배하기는커녕 강물에 내던지는 것이 알맞다"고 하면서 성모상을 강물에 내던졌습니다. 그것은 당시의 여건을 감안할 때 결코 시시한 장난이 아니었습니다. 녹스에게 그것은 설령 어떤 대가를 치르더라도 색칠한 나뭇조각 이상의 어떤 것도 아니었습니다. 결단코 경배하지 않겠다는 것이었습니다.

가장 암담한 이때에도 그는 동지들을 격려하며 용기를 북돋아주었습니다. "우리의 주장이 진실이니 반드시 이겨야 하고 또 이기고말 것이다. 온 세계의 힘으로도 꺾지 못할 것이다. 진실은 하나님이만드신 것이며, 그것만이 무적이다. 아무리 많은 '색칠한 나뭇조각'이 진실인 체해도 그것은 경배는커녕 강에 던지기에 알맞다!" 녹스는 진실을 따르지 않고서는 살 수가 없었습니다. 그는 조난당한 선원이 벼랑에 달라붙듯이 진실에 달라붙었습니다. 그는 진실한 사람이면 영웅이 될 수 있다는 것을 증명했습니다. 그의 이런 성격은 위대한 천품이었습니다.

우리는 녹스에게서 선하고 정직하고 지적인 재능을 봅니다. 그러나 그것은 초월적인 것은 아닙니다. 루터와 비교하면 편협하고 부족한 사람입니다. 그러나 진리에 대한 본능적인 애착에서 이른바 '성실성'에서 그는 누구에게도 지지 않습니다. 그와 견줄 만한 사람이어디 있습니까? 그의 심정은 진정한 예언자의 그것이었습니다. 그의 무덤에서 모턴 백작(Earl of Morton)[35]은 "사람의 얼굴을 두려워한 일이 없는 사람, 여기 잠들다"라고 말했습니다. 그는 근대의 어떤 사람보다도 고대 히브리의 예언자를 닮았습니다. 불요불굴, 불관용, 신의 진리에 대한 엄격하고 편협한 애착, 진리를 저버리는 모든 것에 대해 신의 이름으로 하는 엄한 힐책, 실로 그는 16세기 에든버러의 목사의 모습으로 태어난 히브리 예언자였습니다. 우리는 그를 그런 사람으로 받아들일 것이며, 다른 사람일 것을 요구하지 않습니다.

메리 여왕에 대한 녹스의 행동, 왕궁으로 찾아가서 여왕을 꾸짖기를 예사로 한 그의 행동 등에 대해서는 많은 이야기가 있습니다. 그러한 가혹하고 거친 행동은 우리를 분노케 합니다. 그러나 그 일의 실제적인 내용, 녹스가 무슨 말을 했으며 그가 무슨 의도를 갖고 있었는지를 읽어보면 우리의 분노는 없어집니다. 그가 한 말은 그다지 거친 것이 아니었습니다. 내가 보기에 그것은 상황이 허락하는 한 고상한 것이었습니다!

녹스는 정신(廷臣)처럼 아첨하기 위해 온 사람이 아니고 다른 사명이 있었습니다. 그와 여왕의 대화를 읽고, 일개 평민 성직자가 고귀한 숙녀에게 거칠고 무례하게 말했다고 생각하는 사람은 그가 한 말의 목적과 본질을 오해하고 있는 것입니다. 불행하게도 스코틀랜드와 스코틀랜드의 대의에 진실하면서 동시에 스코틀랜드 여왕에게 정중하게 대할 수는 없었습니다. 자신의 조국이 음모와 야심에 가득 찬 기즈 일족(Guises)의 사냥터가 되고, 신의 진리가 허위와 형식과 악마의 뜻에 짓밟히는 것을 보기를 원치 않는 사람이면 상대방의 기분에 맞는 말만 할 수는 없었습니다. "수염 기른 남자들이 우는 것보

---

35) 제임스 더글러스(James Douglas, 1516?~81)를 말한다. 1572년부터 1578년까지 스코틀랜드의 섭정이었다.

다 여자들이 우는 편이 낫다"고 모턴 백작은 말했습니다.

녹스는 스코틀랜드의 헌정상 야당 사람이었습니다. 신분으로 보아 그 역할을 할 만한 마땅한 귀족들이 그 자리에 없었으므로 녹스가 아니면 할 사람이 없었습니다. 불행한 여왕이었습니다. 그러나 여왕이 행복해지면 나라는 더욱 불행해질 것입니다! 메리 자신도 날카로운 사람이었습니다. 언젠가 그녀는 이렇게 말했습니다. "이 나라의 귀족과 주권자를 교육하려고 드는 그대는 누구인가?"라고 물었습니다. 녹스는 대답했습니다. "전하, 이 나라에 태어난 신하입니다." 과연 합당한 대답이었습니다! 만일 '신하'가 말해야 할 진실이 있으면서도 하지 않는다면 그것은 '신하'의 도리가 아닙니다.

우리는 녹스의 불관용을 비난합니다. 물론 사람은 가능한 한 서로 관용으로 대하는 것이 좋습니다. 그러나 관용에 관한 온갖 이야기가 있긴 했지만, 결국 관용이란 무엇입니까? 관용이란 '중요하지 않은 것'을 용인해야 하며, '중요하지 않은 것'이 무엇인지를 잘 살펴보아야만 합니다. 관용은 고상하고 신중해야 하며, 더 이상 용납할 수 없어서 분개했을 때는 공정성을 잃지 말아야 합니다. 그러나 도대체 우리는 용인만 하려고 이 세상에 와 있는 것이 아닙니다! 우리는 또한 저항하고 지배하며 정복하려고 와 있습니다. 우리는 허위·도둑질·죄악이 우리를 잡으려 할 때 '관용'하지 않습니다. "너는 허위이다, 너를 용인할 수 없다"고 우리는 외칩니다! 우리는 허위를 근절시키고 현명한 방법으로 그것을 박멸하기 위해 여기에 와 있습니다! 나는 방법에 대해서는 별로 말하고 싶지 않습니다. 그 일을 행하는 것, 그것이 우리의 커다란 관심사입니다. 이런 의미에서 녹스는 분명 비관용적이었습니다.

자기 나라에서 진리를 가르쳤다는 이유로 프랑스의 노예선 따위에 압송된 사람의 기분이 항상 온화할 수는 없을 것입니다! 나는 녹스가 온유한 성품의 소유자였다고 주장할 생각이 없습니다. 그렇다고 해서 그가 까다로운 성미의 소유자였다고는 생각하지 않습니다. 그는 분명 화를 잘 내는 성미는 아니라고 생각합니다. 많은 것을 인내하고, 어려운 시련에 지치며, 항상 투쟁해온 이 사람에게는 친절하고 정직한 사랑이 있었습니다. 그는 여왕을 질책했으며, 거만하고 사나운 귀족들 사이에 위엄을 지켰으며, 그 황량한 나라에서 마지막까지 사실상 군주 노릇을 했습니다. '이 나라에서 태어난 신하'에 지나지 않는 그가 그렇게 할 수 있었습니다. 그러한 사실은 가까이에서 보면 그는 결코 조야하고 신랄한 사람이 아니라, 실제는 건전하고 강하고 현명한 사람이었음을 증명합니다. 그런 사람만이 그와 같이 지배할 수 있습니다.

그가 성당을 파괴한 일 따위를 비난하며, 마치 그를 광포한 선동자처럼 취급하는 사람들이 있습니다. 그러나 성당 파괴조차도 자세히 검토해보면 사실은 그와 정반대입니다! 녹스는 석조 건축물들을 파괴하기를 원치 않았습니다. 그는 사람들의 생명에서 부패와 암흑을 축출하기를 원했습니다. 소요는 그의 본질이 아니었습니다. 그토록 오랫동안 소요 속에서 살게 된 것은 그의 생애의 비극이었습니다. 그와 같은 사람은 누구나 태어날 때부터 무질서의 적이며, 무질서 안에 있기를 싫어합니다. 그러면 어찌 된 일입니까? 평온한 거짓은 질서가 아닙니다. 그것은 총체적 무질서의 덩어리입니다. 질서는 진리입니다. 질서와 진리, 이 둘은 각기 공통의 기반 위에 서 있습니다. 질서와 허위는 공존할 수가 없습니다.

그런데 뜻하지 않은 일이지만, 녹스는 유머 감각도 제법 있었습니다. 나는 그의 다른 여러 특성과 함께 이 성격을 매우 좋아합니다. 그의 『스코틀랜드 종교개혁사』(*History of the Reformation in Scotland*)는 소박한 열정과 함께 이상하게도 이러한 성격 때문에 생명을 얻습니다.

글래스고(Glasgow)의 한 성당으로 두 명의 주교가 들어와 서로 윗자리에 앉으려고 다툽니다. 그들은 재빨리 달려가서 서로 밀치며 성직복을 붙잡고, 급기야 홀장(笏杖)을 마치 몽둥이를 휘두르듯 하며 활극을 연출했습니다. 녹스에게는 어느 모로 보나 큰 구경거리였습니다! 조롱과 경멸 그리고 신랄한 표현도 물론 있었습니다. 그러나 그것이 전부는 아니었습니다. 녹스의 진지한 얼굴에는 진정한 사랑이 감도는 밝은 웃음이 감돌았습니다. 소리 높은 웃음이 아니라, 눈으로 웃는 웃음 말입니다.

그는 마음씨 바르고 우애가 깊은 사람이었습니다. 높은 자에게도 형제이며, 낮은 자에게도 형제였습니다. 누구에 대한 동정에도 성실함이 깃들여 있었습니다. 그는 에든버러에 있는 그의 옛 집에 커다란 보르도(Bordeaux) 포도주 한 통을 가지고 있었습니다. 그는 친근한 사람들과 함께 있을 때는 유쾌하고 사교적인 사람이었습니다! 이러한 녹스가 우울하고 발작적으로 고함이나 지르는 광신자라고 생각한다는 것은 이만저만한 잘못이 아닙니다. 전혀 그렇지 않았습니다.

그는 지극히 건실한 사람이었습니다. 실제적이고, 조심스럽게 희망적이며, 인내심 강하고, 지극히 예민하며, 주의 깊고, 조용히 분별하는 사람이었습니다. 사실 그는 우리가 오늘날 스코틀랜드인의 성격 유형이라고 부르는 특징을 갖고 있었습니다. 그는 약간의 냉소적인 침묵과 통찰력, 그리고 그가 스스로 알고 있는 것 이상의 강건한 심정을 가졌습니다. 그에게는 자기에게 중요치 않은 많은 일에 대해서 침묵을 지키는 힘이 있었습니다. "그런 일? 그런 일은 왜 끄집어내시오?" 그러나 극히 중요한 일에 대해서는 말하기를 주저하지 않았습니다. 그것도 온 세계가 들을 수 있게 말했습니다. 오랜 침묵을 깨고 하는 말이니 더욱 단호했습니다.

내가 보기에 스코틀랜드의 이 예언자는 결코 싫어할 사람이 아님니다! 그는 일생을 격심한 투쟁으로 보냈습니다. 많은 교황 및 군주들과 힘을 겨루었습니다. 지기도 하고, 논쟁도 하며, 일생 동안 투쟁했습니다. 갤리선의 노예로 잡혀가서 노를 젓기도 하고, 추방되어 이역을 방랑하기도 했습니다. 격심한 투쟁이었습니다. 그러나 그는 승리했습니다. 운명하는 순간 더 이상 말도 할 수 없게 된 그에게 사람들은 물었습니다. "희망이 있으십니까?" 그는 손가락을 들어 "위를 가리키며" 숨졌습니다. 그에게 영광이 있을 것입니다! 그의 사업은 죽지 않았습니다. 모든 사람의 경우와 같이 그의 사업은 비록 형체는 죽을지언정 그 정신은 결코 죽지 않습니다.

녹스의 사업 형체에 관해 한 가지만 추가하고자 합니다. 그가 범한 용서할 수 없는 죄는, 성직자를 왕 위에 두기를 원했다는 사실입니다. 다시 말해서 그는 스코틀랜드의 정부를 '신정정치'(Theocracy)로 만들고자 했습니다. 이것은 실로 그가 저지른 과오의 전부이며 근본적인 죄였습니다. 그에 대해 어떤 용서가 있을 수 있겠습니까? 그가 의식적으로든 무의식적으로든 근본적으로 일종의 신정정치, 즉 신의 정부를 목표로 삼고 있었음은 사실입니다. 그는 왕도, 수상도, 그리고 외교 활동이든 무엇이든, 공적이든 사적이든 모든 일에 종사하는 사람이 그리스도의 복음에 따라 걷고, 이것을 모든 법 위에 있는 최고의 법으로 알기를 원했습니다. 그는 이 일이 언젠가 실현되어 "나라가 임하옵소서"라는 기도가 헛된 말이 되지 않기를 희망했습니다.

탐욕스러운 현세의 귀족들이 교회의 재산을 빼앗을 때 그는 크게 슬퍼했습니다. 그때 그는 그것이 세속적 재산이 아니라 성령의 재물이며, '진정한' 교회의 용도인 교육과 학교와 선교에 사용해야 한다고 충고했습니다. 그러자 섭정 머레이(Regent Murray)는 별 도리가 없다는 듯이 어깨를 으쓱해 보이며, "경건한 망상에 잠겨 있구려!"라고 대답했습니다. 이것이 정의와 진리에 대한 녹스의 계획이었으며, 이것을 실현하려고 그는 줄기차게 노력했습니다. 진리에 대한 그의 계획이 너무 편협하고 진실하지 못하다고 말하렵니까? 그렇다면 우리는 그가 그것을 실현하지 못한 것을 기뻐해도 좋을 것입니다. 그것이 2세기에 걸친 노력 끝에도 실현되지 않고, 아직도 '경건한 망상'으로 남아 있는 것을 기뻐해도 좋습니다.

그러나 그것을 실현하려 했다고 해서 어찌 '그를' 비난할 수 있겠습니까? 신정정치, 신의 정부, 그것이야말로 투쟁해야 할 목표입니다. 모든 예언자, 열정에 찬 성직자는 이 목적을 위해 세상에 왔습니다. 힐데브란트(Hildebrand)[36]는 신정정치를 원했습니다. 크롬웰도 그것을 원하고 그것을 세우려고 싸웠습니다. 마호메트는 그것을 세우는 데 성공했습니다. 아니, 그것은 열정적인 사람이면 성직자·예언자, 또는 어떤 이름으로 불리든 모두 본질적으로 소망하고 또 소망해야만 하는 제도가 아닙니까? 정의와 진리, 다른 말로 하면 신의 율법이 인간들 사이에 절대적인 지배권을 갖는 것, 이것이 '하늘의 이상'입니다(녹스의 시대에 이것을 일컬어 계시된 '신의 뜻'이라고 부른 것은 잘 지은 이름이며, 어떤 시대에도 그렇게 부를 수 있을 것입니다). 종교개혁자는 세상의 모든 일이 이러한 이상에 더욱 근접해야 한다고 주장할 것입니다. 앞에서 말한 것처럼 모든 진정한 종교개혁자는 그들의 본질상 성직자이며, 신정정치를 위해 싸우는 인물입니다.

이러한 이상이 현실적으로 얼마나 이루어질 수 있는지, 그리고 이

---

36) 교황 그레고리우스 7세(Gregorius VII, 1073~85 재위). 베네딕트 수도사 출신 교황이다. 중세 전성기의 교황권 강화에 결정적인 역할을 한 인물로 저 유명한 '카노사의 굴욕' 사건의 장본인이다. 이 사건에서 그는 신성로마황제 하인리히 4세(Heinrich IV)를 파문하는 등 전대미문의 획기적인 조치를 취함으로써 서유럽에 엄청난 종교적 활력을 불어넣었다.

루어지지 않는 것이 어느 정도에 이르면 우리는 더 인내해서는 안 되는지, 이것이 항상 문제입니다. "가능한 한 이루어지도록 하라!"고 말하면 무방하리라고 생각합니다. 만일 그것이 사람들의 진정한 신앙이라면 그것이 이루어지지 않는 경우 모든 사람이 참지 못하고 어느 정도 의분을 느끼는 것이 마땅합니다. 섭정 머레이처럼 별 도리가 없다는 듯이 어깨를 움츠리며 "경건한 망상!"이라고 말하는 사람은 앞으로도 항상 있을 것입니다. 그러나 우리는 그것을 이루어보려고, "그가 할 수 있는 역량"을 다하여 고난과 중상과 반대에 맞서 싸우며, 숭고한 생애 가운데 이 땅에 신의 나라를 세우려 했던 영웅성직자를 찬양하고자 합니다. 땅이 하늘을 아주 많이 닮아 해로운 일은 없을 것입니다!

문인으로 나타난 영웅

존슨 · 루소 · 번스

1840년 5월 19일, 화요일

우리는 사람이 이 세상에서 할 수 있는 또는 하는 모든 일 가운데, 가장 중요하고 놀랍고 가치 있는 것이 책이라고 결론을 내리지 않을 수 없습니다! ……그것의 외형은 종잇조각에 잉크가 묻은 것에 지나지 않지만, 책을 만든다는 것은 근본적으로 인간 능력의 최고 행위가 아닙니까?

우리는 "어떤 인물도 그의 하인에게는 영웅이 아니다"라고 하는 재치 있는 프랑스인의 말을 전적으로 부인하게 됩니다. 만일 그렇다면 잘못은 영웅에게 있는 것이 아니라, 하인에게 있습니다. 그의 정신이 종놈의 정신이기 때문입니다! ……하인이 영웅을 알아보려면 그는 일종의 '영웅'이어야 합니다. 어떤 의미에서든 이 세상에 부족한 것이 바로 이런 사람입니다.

그러나 역경을 이기는 사람이 백이라면 번영에 지지 않는 사람은 하나입니다. 나는 이때 번스가 번영에 지지 않은 것을 찬양합니다. 그처럼 큰 시련을 겪고서도 그처럼 자신을 망각하지 않은 사람을 달리 지적할 수가 없습니다. 고요히, 놀라지 않고, 수줍어하지 않고, 뽐내지도 않고, 그는 자기가 인간 로버트 번스라는 사실을 느꼈습니다. "지위란 한낱 명색에 지나지 않는다. 명성은 한낱 등불일 따름이어서 사람을 비춰줄 뿐이지 더 좋은 사람이나 다른 사람으로 만들어주지는 않는다"는 것을 느끼고 있었습니다!

새로운 시대의 영웅

신으로 나타난 영웅, 예언자로 나타난 영웅, 시인으로 나타난 영웅, 성직자로 나타난 영웅 등은 고대에 속하는 영웅정신의 형태로서 아득한 옛날에 나타났습니다. 그 가운데 어떤 종류의 영웅은 다시 세상에 나타날 수 없게 된 지가 이미 오래입니다. 오늘 말하고자 하는 '문인'(Man of Letters)으로 나타난 영웅은 오늘날의 새 시대의 소산입니다. 글이라는, 그리고 인쇄술이라는 놀라운 기술이 존속하는 한, 그러한 영웅은 앞으로 모든 시대의 주요한 형태의 영웅으로서 남아 있을 것입니다. 그는 여러모로 보아 대단히 특이한 존재입니다.

분명히 말해두지만, 그는 새로운 존재입니다. 그는 이 세상에 등장한 지 아직 1세기도 채 못 되었습니다. 약 1백 년 전까지만 해도 자기가 받은 영감을 인쇄된 책으로 발표하고, 그 일의 대가로 세상이 그에게 준 지위와 생계를 얻는, 그런 이례적인 방식으로 살아온 위대한 영혼은 없었습니다. 시장에서 팔고 사는 대상이 된 물건은 지금까지 많았으나, 영웅적 영혼의 고상한 지혜가 그토록 노골적으로 매매된 일은 그때까지는 없었습니다. 그는 저작권인지 뭔지 하는 것을 가지고 누추한 다락방에 기거하며 남루한 옷을 입고 살다가, 죽고 난 뒤에는 무덤 속에서 그의 생전에 그에게 빵값이나마 제대로 지불했는지 안 했는지 모를, 모든 민족들과 세대들을 지배하는 이것이 바로 그가 하는 일입니다. 지극히 이상한 존재입니다! 이렇게 이상스러운 형태의 영웅은 찾아보기가 어렵습니다.

아, 영웅은 유구한 옛날부터 이상한 모습이어야만 했습니다. 세상은 어느 시대에나 영웅을 어떻게 대할 것인지 잘 알지 못했습니다. 이 세상에서 그의 모습은 그토록 이질적인 것이었습니다! 우리가 보기에도 어처구니없는 일은 인류가 아무리 소박한 감탄으로 그랬다

할지라도 현명하고 위대한 오딘을 신으로 간주하여 신으로 숭배한 일, 그리고 현명하고 위대한 마호메트를 신의 계시를 받은 인물로 인정하여 12세기 동안이나 그의 율법을 종교적으로 추종해왔다는 사실입니다.

그보다도 더욱 어처구니없는 일은 인류가 현명하고 위대한 존슨,[1] 번스,[2] 루소[3]를 일하기 싫은 시간을 심심하지 않게 해주기 위해 세상에 와 있는 실없는 인간으로 간주하고, 몇 푼의 돈과 칭찬을 던져주어 그것을 받아먹고 살도록 방임한 것입니다. 이 사실은 앞으로 언젠가는 더더욱 어이없는 이상한 일로 여겨질 것입니다! 그러나 물질적인 것을 결정하는 것은 항상 정신적인 것이므로 이 문인으로 나타난 영웅은 우리 새 시대의 가장 중요한 인물이라고 간주되어야 합니다. 그는 모든 것의 영혼입니다. 그가 가르치는 것을 온 세상은 실행할 것입니다. 그를 대하는 세상의 태도는 세상이 처한 일반적 상황을 보여주는 가장 중요한 척도입니다. 그의 생애를 자세히 살펴봄으로써 우리는 우리로서 가능한 한, 그를 산출해낸 특이한 시대, 즉 우리가 살며 일하고 있는 시대 — 의 생명을 엿볼 수 있을 것입니다.

문인에는 순수한 문인과 그렇지 않은 문인이 있습니다. 모든 것에 진짜가 있고 가짜가 있는 것과 같은 이치입니다. 영웅이란 것이 성실

---

1) 제1강의 주 14)를 참조.

2) 제2강의 주 1)을 참조.

3) 장-자크 루소(Jean-Jacques Rousseau, 1712~78): 프랑스의 철학자·교육학자·음악가·음악평론가로 이성의 시대를 끝맺고 낭만주의를 탄생시킨 사상을 전개했다. 그의 개혁사상은 음악을 비롯한 여러 예술에 혁신을 가져왔고 사람들의 생활방식에 큰 영향을 미쳤으며 자녀에 대한 부모의 교육방식에도 변화를 일으켰다. 우정과 사랑에서 예의바른 절도보다는 자유로운 감정표현을 중시했다. 종교를 버린 이들에게는 종교적 감성을 숭배하도록 인도했으며, 누구나 자연의 아름다움에 눈뜨고 자유를 가장 보편적 동경의 대상으로 여길 것을 역설했다.

함을 의미한다면 문인으로 나타난 영웅은 항상 명예롭고 지극히 고귀한 역할을, 그리고 한때 지극히 고귀하다고 알려진 기능을 우리를 위해 수행하고 있습니다. 그는 그 나름의 방법으로 영감을 얻은 자기의 정신을 표현합니다. 그것은 어떤 경우에도 인간이 할 수 있는 것입니다. 나는 "영감을 얻은"(inspired)이라는 표현을 썼습니다만, 우리가 '독창성', '성실성', '천재성'이니 하며 마땅한 이름을 찾지 못하는 영웅적 자질이란 바로 그것을 의미하는 것입니다.

영웅이란 사물의 내적인 세계, 즉 진실하고 신성하고 영원한 것 속에 사는 사람입니다. 그 세계는 항상 덧없고 사소한 것으로 뒤덮여 있어서 대부분의 사람에게는 보이지 않습니다. 그의 존재는 그 세계에 있으며, 그는 말이나 행동으로 자기 자신을 세상에 선포하고, 자신이 살고 있는 그 세계를 세상에 널리 선포합니다. 앞에서 말한 것처럼 그의 생명은 영원한 자연 자체의 가슴의 일부입니다. 모든 사람의 생명이 다 그런 것이지만, 유약한 많은 사람은 그 사실을 모르며, 대부분의 경우 그 사실에 대해 충실하지 않습니다. 다만 소수의 강한 사람들만이 강하고 영웅적이고, 영원한 생명을 가지고 있습니다. 왜냐하면 그 사실이 그들에게는 감추어질 수가 없기 때문입니다. 문인은 모든 종류의 영웅과 마찬가지로 자기가 할 수 있는 방법으로 이것을 선포하기 위해 세상에 있는 사람입니다. 본질적으로 그의 직분은 과거의 세대들이 예언자·성직자·신이라고 부르는 사람들의 직분과 같습니다. 모든 종류의 영웅은 이 직분을 말로 또는 행동으로 다하기 위해 이 세상에 온 것입니다.

독일의 철학자 피히테[4]는 약 40년 전에 에를랑겐(Erlangen)에서 대단히 탁월한 일련의 강연을 했습니다. 강연의 주제는 "학자의 본

---

4) 제3강의 주9)를 참조.

질"(Über das Wesen des Gelerten)이었습니다. 피히테는 선험주의 철학의 탁월한 교사답게 이렇게 선언했습니다.

이 세상에서 우리가 보거나 함께 일하고 있는 모든 것, 특히 우리 자신과 모든 사람은 일종의 의복 또는 감각적 외관에 지나지 않는다. 그들의 내면에는 본질이 들어 있는데, 그것이 바로 '우주의 신성한 개념'이다. 곧 '모든 외관의 근저에 가로놓인' 실재이다.

대부분의 사람은 이 세상에서 그런 신성한 개념을 인식할 수 없습니다. 피히테의 말을 빌리면 그들은 이 세계의 피상성·실용성·외관 속에서만 살면서 그 밑에 신성한 존재가 있다는 것을 꿈에도 생각하지 못합니다. 그러나 문인은 이 신성한 개념을 발견하고, 그것을 우리에게 알려주기 위해 특별히 이 세상에 보내진 인물입니다. 시대가 새로워질 때마다 그것은 새로운 언어로 전달되어야 하는데, 문인은 그 일을 하기 위해 존재합니다.

피히테가 한 말은 이상과 같이 요약됩니다. 우리는 그의 주장을 두고 논란을 벌일 필요는 없습니다. 현재 표현되지 못하고 있는 것을 내가 불완전하게나마 표현하려고 애를 쓰고 있는 것처럼 문인은 그 나름의 방식으로 표현하고 있는 것입니다. 그는 모든 인간과 모든 사물의 존재 밑에 가로놓인, 빛과 경이와 공포에 충만한, 형언할 길 없는 '신성한 개념'—즉 모든 사람과 물건을 지으신 신의 실재—을 그 나름의 언어로 표현하는 것입니다. 마호메트는 그 자신의 언어로 이것을 가르쳤고, 오딘은 그 나름의 언어로 이것을 가르쳤습니다. 모든 생각하는 심령은 제각기 자신의 언어로 이것을 가르치기 위해 이 세상에 존재합니다.

그러므로 피히테는 문인을 가리켜 신성한 존재를 사람들에게 부단히 보여주는 예언자 또는 성직자——그는 성직자라는 말을 더 좋아합니다——라고 부릅니다. 문인은 모든 시대에 걸쳐 존속하는 영속적인 성직자로서, 만인을 향해 신은 아직도 그들의 삶 속에 실재하며, 우리가 이 세상에서 보는 모든 "외관"은 "세계의 신성한 개념", 곧 "외관의 밑바닥에 가로놓인 것"을 에워싸고 있는 의복에 지나지 않는다고 가르친다는 것입니다. 그러므로 진정한 문인에게는 세상이 인정하든 않든 항상 어떤 신성함이 있습니다. 그는 세상의 빛이며, 세상의 성직자입니다. '시간'이라는 황야를 지나가는 암흑의 순례길에서 신성한 불기둥처럼 세상사람들을 인도합니다.

피히테는 '진정한' 문인——즉 우리가 말한 것처럼 문인으로 나타난 영웅——그리고 영웅 축에 끼지 못하는 거짓된 무리를 확연히 구분합니다. 전적으로 이 신성한 이념 속에 살지 않는 사람, 또는 일부분만 신성한 이념 속에서 살면서 신성한 이념을 유일한 선으로 보고 철저히 그 속에서 살고자 하지 않는 사람, 그런 사람은 다른 어떤 곳에서 살면서 어떤 세도와 번영을 누리든 간에 그는 결코 문인이 아니며, '얼뜨기'(Stumper)에 지나지 않는다고 피히테는 말합니다. 만일 그가 산문의 영역에 속해 있다면 기껏해야 '날품팔이'(Hodman)일 것입니다. 피히테는 다른 글에서 그런 사람을 '무용지물'(Nonentity)이라고 부르며, 조금도 동정을 베풀어주지 않습니다. 그가 우리와 더불어 세상에서 살아가는 것도 바라지 않습니다! 이것이 피히테의 문인 개념입니다. 그것은 독특한 형태를 취하고 있습니다만, 우리가 이 자리에서 개진하려는 문인 개념도 그와 똑같은 것입니다.

이런 관점에서 볼 때, 과거 1백 년 동안 가장 탁월한 문인은 피히테와 같은 나라 사람인 괴테(Goethe)라고 생각합니다.[5] 그 사람에게

---

5) 괴테는 칼라일의 이 강연이 있기 8년 전, 즉 1832년에 사망했다.

는 기이한 방식으로 우주의 신성한 이념 속의 삶, 우주의 내적 신비에 대한 통찰력이 주어졌습니다. 그리하여 기이하게도 그의 책에서 이 세계는 다시금 신적인 것으로서, 신의 작품이자 성전(聖殿)으로서 나타나고 있습니다. 여기에서 만물은 마호메트에게서처럼 격렬하고 불순한 화염 같은 것이 아니라, 온화한 하늘의 빛으로 조명되어 있습니다. 실로 그것은 이 예언자 없는 시대에 찾아보기 힘든 진정한 예언입니다. 그것은 이 시대에 일어난 모든 위대한 일 중에서 가장 고요한 것의 하나이면서도 단연 가장 위대한 것이라고 생각합니다.

그러므로 우리는 문인영웅의 표본으로서 괴테를 드는 것이 가장 적절합니다. 그리고 여기에서는 진정한 영웅으로 여겨지는 괴테의 영웅정신에 대해 이야기하는 것이 나로서는 가장 즐거운 계획입니다. 그는 말과 행동에서 영웅적이었으며, 그가 하지 않은 말과 하지 않은 행동에서는 더욱 영웅적이었습니다. 내게 그것은 하나의 고귀한 구경거리입니다. 하나의 위대한 영웅적 고대인이 문인 — 가장 근대적이고, 고귀하게 자라나며, 교양이 있는 — 의 모습을 빌려 고대의 영웅처럼 이야기하고, 또 침묵을 지킨 것입니다! 과거 150년 동안 우리는 그와 같은 사람을 달리 보지 못했습니다.

그러나 오늘날 괴테는 일반에 아주 널리 알려져 있어서 이 자리에서는 그에 대해 말하지 않는 편이 오히려 나을 것입니다. 내가 말한다 해도 여러분 대부분에게 괴테는 석연치 않고, 모호한 채로 남아 있게 될 것입니다. 단지 그릇된 인상만이 남게 될 것입니다. 그러므로 그에 대해서는 앞날로 미루기로 하겠습니다. 이 자리에서는 그보다 앞선 시대의, 훨씬 열악한 환경에서 태어난 세 위대한 인물, 즉 존슨·번스·루소가 우리에게 더욱 적합합니다. 18세기를 살았던 이 세 사람의 생활조건은 독일에서의 괴테의 생활조건보다는 오늘날 잉글랜드에서의 우리의 생활조건과 훨씬 흡사합니다.

아, 이 사람들은 괴테처럼 승리를 거두지는 못하고, 용감히 싸우다 쓰러진 사람들입니다. 그들은 세상에 빛을 가져온 영웅이 아니라, 그것을 찾으려고 영웅적으로 싸운 사람들입니다. 그들은 몹시도 괴로운 조건에서 살며, 산과도 같은 장애물을 짊어지고 싸웠던 까닭에 그들 자신을 명쾌하게 천명하거나 저 '신성한 개념'을 의기양양하게 해석해주지는 못했습니다. 내가 여기에서 보여줄 수 있는 것은 이들 세 문인영웅의 무덤입니다. 이 무덤은 세 사람의 정신적 거인이 묻혀 있는 기념비적 유물들입니다. 대단히 비통합니다. 그러나 또한 우리로서는 위대하고 흥미가 가득합니다. 우리는 그들 곁에 잠깐 머물도록 하겠습니다.

이 시대에 자주 들리는 불평은 이른바 사회의 와해상태입니다. 조직을 가진 수많은 사회적 힘들이 그의 일을 하기에 얼마나 장애가 많습니까? 얼마나 많은 강력한 세력들이 소모적이고 혼란스러운, 전적인 무질서 속에서 작동하고 있습니까? 그것이 너무나 당연한 불평임은 우리 모두가 알고 있는 바입니다. 그러나 책과 책을 지은 사람들에게 초점을 맞추어 살펴보면 우리는 모든 다른 와해상태의 축도를 보는 느낌을 받습니다. 모든 다른 혼돈의 소용돌이의 중심에 선 기둥을 보는 느낌입니다!

책을 쓰는 사람들이 이 세상에서 어떤 일을 하며, 세상이 그들을 어떻게 대우하는지를 고찰하면 이 세상이 오늘날 보여주는 것들 중 가장 기괴한 일이 보인다고 나는 말하지 않을 수 없습니다. 이것을 설명하려면 우리는 수심도 측정할 수 없는 깊은 바다로 들어가야 합니다. 그러나 우리는 우리의 주제를 다루기 위해 잠깐 그 바다를 보지 않을 수 없습니다. 이들 세 사람의 문인영웅의 생애에서 가장 불리한 요소는 그들에게 주어진 일과 지위가 지극히 혼란스러웠다는 사실입니다. 많은 사람이 지나간 길을 가기는 힘이 덜 듭니다. 그러나 전인미답의 험난한 지역에 새 길을 뚫고 나아간다는 것은 고통스러운 일이며, 그것은 많은 사람의 생명을 빼앗기까지 합니다!

우리의 경건한 선조들은 사람이 사람들에게 하는 말 가운데 얼마나 중요한 의미가 담겨 있는지를 절실히 느끼고, 교회들을 세우고, 기부금을 바치며, 규정들을 만들었습니다. 오늘날 문명 세계에는 어디나 설교단과 연단이 있고, 할 말이 있는 사람이 다른 사람들에게 설교하기에 적합한 시설이 갖추어져 있습니다. 그들은 이것이 가장 중요한 일이며, 이것이 없이는 아무런 좋은 것도 있을 수 없다고 느꼈습니다. 그것은 정녕 경건한 일이며, 보기에도 아름다운 일입니다! 그러나 오늘날에는 저술의 기술, 인쇄의 기술이 등장하면서 상황이 전면적으로 변하고 말았습니다.

책을 쓰는 사람, 그는 어떤 특정한 교구에서 특정한 날에 설교하는 사람이 아니라, 모든 시간과 장소의 모든 사람들을 상대로 설교하는 사람이 아닙니까! 글 쓰는 사람이 자기 일을 올바르게 한다는 것, 그의 '눈'이 거짓 보고를 하지 않는다는 것은 대단히 중요합니다! 눈이 그 역할을 그릇되게 하면 사람 전체가 그릇된 길로 가게 되기 때문입니다. 그런데 그가 그의 일을 어떻게 하는가, 올바르게 하는가, 아니면 그릇되게 하는가 하는 것은 이 세상 사람 누구도 일찍이 생각해본 적이 없는 문제입니다. 책을 팔아서 돈을 벌어보려는 상인에게는 다소 중요한 문제이지만, 다른 사람에게는 아무런 관심사도 아닙니다. 그가 어디서 와서 어디로 가는 것인지, 어떤 길로 거기까지 왔으며, 거기서 어느 곳으로 가야 하는지를 묻는 사람은 아무도 없습니다. 그는 이 사회에서 있으나 없으나 마찬가지의 존재입니다. 그는 사람들을 바르게 인도하든 그르게 인도하든 간에 자기가 정신적 빛으로서 기능하고 있는 세계 속에서 마치 이스마엘의 아들(Ishmaelite)[6]처럼 방황하고 있습니다!

글을 쓴다는 일은 실로 인간이 고안해낸 모든 것 중에서 가장 기적적인 일입니다. 오딘의 룬 문자(Runes)가 영웅이 만들어낸 최초의 작품 형태라면 '책'은 더욱 기적적인 룬 문자이며, 가장 최근의 형태입니다! 책 속에는 과거 전체의 '영혼'이 담겨 있습니다. 책은 과거의 형체와 물질적 존재가 꿈처럼 완전히 사라진 뒤에도 또렷하게 들려오는 과거의 소리입니다. 막강한 함대와 육군, 항구와 무기고, 거대한 도시들, 거창하고 성능이 막강한 그것들은 모두 귀중하고 위대합니다. 그러나 그것들은 결국 어떻게 되고 맙니까?

아가멤논, 수많은 아가멤논들, 수많은 페리클레스들과 그들의 그리스, 모두가 지금은 황폐한 단편으로 사라져버리고, 폐허와 돌더미만 남은 채 처량한 벙어리의 모습입니다. 그러나 그리스가 남긴 책들은 어떻습니까! 모든 생각하는 사람에게 그리스는 책 속에서 문자 그대로 아직도 살아 있습니다. 우리는 그것을 다시 불러일으켜 살려낼 수 있습니다. 룬 문자가 기적적이라고는 하나, 책보다 신기하지는 않습니다. 인류가 행하고 생각하고 얻은 것 또는 생활한 것 모두가 책의 페이지 속에 마술처럼 보존되어 있습니다. 책은 인간의 선택을 받은 소유물입니다.

룬 문자가 기적을 낳았다는 옛이야기가 있지만, 책은 오늘날에도 '기적'을 낳고 있지 않습니까? 책은 사람을 설득합니다. 벽촌의 어리석은 처녀들이 뒤적거리는 초라한 순회도서관의 소설책일지라도 그 어리석은 처녀들의 결혼과 가정생활을 영위하는 데 실질적인 도움을 주지 않는 경우가 없습니다. '실리어'(Celia)가 그렇게 했고 '클리퍼드'(Clifford)가 그렇게 생각했다는 등의 하찮은 인생철학이 저 젊은이들의 머리에 새겨졌다가 먼 훗날 그대로 실천되는 것입니다. 신

---

6) 제1강의 주8)을 참조.

화작가들의 자유분방한 상상력 속에서 룬 문자가 이룩한 기적과, 현실의 굳은 대지 위에서 몇 권의 책들이 이룩한 기적을 어떻게 비교할 수 있겠습니까!

세인트 폴 성당(St. Paul's Cathedral)[7]을 건축한 사람은 누구입니까? 핵심을 찔러 말한다면 그것은 히브리어로 기록된 저 신성한 책입니다. 그 책에 적힌 말의 일부는 4천 년 전 황량한 시대(Sinai) 광야에서 미디안 사람의 양떼를 돌보던 추방자 모세가 한 말입니다! 그것은 너무나도 이상한 일이지만, 분명 사실입니다. 저작의 기술과 더불어—인쇄는 이 기술의 더욱 단순하고 필연적인, 비교적 사소한 결과이지만—인류에게는 진정한 기적의 시대가 도래했습니다. 이 기술은 놀랍도록 새로운 접근방식과 지속적인 긴밀성을 가지고, 시간적·공간적으로 과거에 속한 것과 멀리 떨어진 것을 현재와 연결시켜 모든 시대와 장소를 우리의 이 시대, 이 장소와 직접 연결시켰습니다. 이제 사람에게는 모든 것이 변했습니다. 인간의 중요한 사업의 모든 형식, 즉 교육·설교·정치 등 그밖의 모든 것이 변했습니다.

예를 들어 가르치는 일을 보도록 합시다. 대학은 근대의 주목할 만한 훌륭한 산물입니다. 그런데 대학 역시 책이 나타나면서 근본적으로 변화되었습니다. 대학이 처음 생겼을 때에는 아직 책을 얻을 길이 없었습니다. 책 한 권을 사려면 상당한 토지 재산을 내놓아야만 했습니다. 그와 같은 상황에서 어떤 사람이 자기의 지식을 전달하기 위해서는 배울 사람들을 자기 곁에 모아놓고 서로 마주앉아야만 했습니다. 만일 아벨라르[8]가 가진 지식을 배우고 싶으면 아벨라르를 찾아

---

7) 런던 소재의 성당. 크리스토퍼 렌(Christopher Wren)이 설계하여 1675년부터 1710년 사이에 건립된 바로크 양식의 건물이다. 그 자리에 원래 있던 성당은 1666년의 런던 대화재로 전소되었다.

8) 피에르 아벨라르(Pierre Abélard, 1079~1142): 12세기 전반기 프랑스 최고의 신

가 그의 말을 들어야만 했습니다. 수천 명이, 많을 때는 3만 명이나 되는 학생들이 그를 찾아가서 그의 형이상학적 신학 강의를 들었습니다. 그러자 가르칠 것이 있는 또 다른 교사도 매우 편리하게 되었습니다. 배움을 갈구하는 수천 명의 학생들이 이미 그곳에 모여 있었으므로 그로서는 최적의 장소가 마련된 셈이었습니다. 한편 가르칠 것이 있는 제3의 교사에게는 그곳이 더더욱 좋은 장소였습니다. 그 결과 학생들은 자꾸 더 많아지고, 교사들도 더 많이 모이게 되었습니다.

이러한 새로운 상황을 왕이 알고 여러 학교들을 하나로 합쳐 거기에 건물과 특권과 장려금을 주고, '모든 학문의 집'(School of all Sciences)이라는 뜻으로 대학(University)이라는 이름을 붙인 것입니다. 이렇게 해서 생긴 것이 파리 대학(University of Paris)입니다. 그 후에 설립된 모든 대학들은 이것을 모델로 삼아 오늘날까지 6세기 동안 꾸준히 늘어났습니다. 이것이 내가 알고 있는 대학의 기원입니다.

그러나 책을 쉽게 얻을 수 있게 되었다는 단순한 사실로 상황은 완전히 바뀌었습니다. 일단 인쇄술이 발명되자, 모든 대학들은 변화해

학자이자 논객으로 파리 대학의 전신인 파리 성당학교의 교사로 재직했다. 전 유럽에서 그의 강의를 들으러 수많은 학생들이 구름처럼 모여들었다. 전거가 다소 의심스럽지만, 그 당시 유포되었던 이야기를 소개하면 다음과 같다. 그는 어찌나 강의를 잘 했던지, 그의 신학적 입장이 문제가 되어 프랑스 '땅'에서 강의하는 것이 금지되자 나무 위로 올라가 강의를 했고, 그의 강의를 듣고자 학생들이 그 아래로 떼지어 몰려들었다고 한다. 또 프랑스 '공중'에서 강의하는 것마저 금지하자 강에 배를 띄워 그 위에서 강의를 했고, 학생들은 강둑으로 몰려들었다고 한다. 아벨라르의 학문적 명성 때문에 많은 다른 교사들이 파리에 정착하게 되었고, 그 결과 파리 성당학교는 프랑스의 다른 어떤 성당학교보다도 다양하고 수준 높은 강의를 하게 되었다. 1200년경 파리 성당학교는 파리 대학으로 발전하고 있었다(주디스 코핀 외 지음, 박상익 옮김, 『새로운 서양문명의 역사(상)』, 소나무, 2014, 506쪽 참조).

갔습니다! 교사는 이제 학생들을 자기 곁으로 모아 자기가 아는 것을 '말로 설명할' 필요가 없었습니다. 자신의 지식을 책으로 인쇄해 내놓으면 멀리 떨어져 있는 배우고자 하는 모든 사람은 약간의 금액을 지불하고 구입하여 자기 집에서 훨씬 효과적으로 배울 수 있었습니다. 물론 그래도 말에는 특별한 장점이 있습니다. 책을 쓰는 사람도 때로는 말하는 것이 더 편리할 때가 있습니다. 우리가 지금 이렇게 모여 있는 것이 그것을 증명합니다! 사람이 혀를 가지고 있는 한, 말에는 저작 및 인쇄와 마찬가지로 하나의 뚜렷한 영역이 있으며, 또 있어야만 합니다. 대학에서는 특히 그렇습니다.

그러나 이 양자의 범위가 아직 어디서건 지적되지도 확정되지도 않았고, 뿐만 아니라 양자의 구분이 실행된 일도 없습니다. 13세기의 파리 대학이 그랬듯이 인쇄된 책이 존재한다는 새로운 엄청난 사실을 완전히 받아들이고, 19세기라는 시대적 기반 위에 확고히 서 있는 대학은 아직도 나타나지 않았습니다. 따지고 보면 대학 또는 최고학부가 우리를 위해 할 수 있는 것은 고작해야 초등학교에서 시작했던 일, 즉 곧 읽기를 가르쳐주는 일에 지나지 않습니다. 우리는 거기서 여러 나라 말로 여러 분야의 글을 '읽는 것'을 배웁니다. 모든 종류의 책들의 글자를 배웁니다. 그러나 우리가 정작 지식을, 이론적인 것일지라도 지식을 얻는 곳은 바로 책입니다. 모든 교수들이 우리를 위해 최선을 다해준다 해도 만사는 우리가 무엇을 읽느냐에 달려 있습니다. 오늘날 우리의 진정한 대학은 장서입니다.

그러나 앞에서도 언급한 것처럼 책이 등장하면서 교회의 설교도 목회 활동도 모두 달라졌습니다. 교회란 우리의 성직자나 예언자들—현명한 가르침으로 사람들의 영혼을 지도하는 사람들—로 이루어진 공인된 단체입니다. 아직 아무런 저작도 없었을 때, 그리고 인쇄술이 발명되기 전에는 목소리로 설교하는 일이 자연스럽고 유일한 방법이었습니다. 그러나 책이 등장한 오늘날은 어떻습니까! 참다운 책을 써서 잉글랜드 전체를 상대로 설교할 수 있는 사람, 그야말로 주교요 대주교가 아닙니까? 잉글랜드에서, 모든 잉글랜드에서 제일가는 성직자가 아닙니까? 나는 몇 번이고 거듭해서 말합니다. 신문과 잡지를 쓰고 시와 서적을 쓰는 사람들, 이들이야말로 근대 국가의 진정한, 실질적인 교회입니다.

우리의 설교뿐만 아니라 우리의 예배도 또한 인쇄된 책을 매개로 성취되는 것이 아닙니까? 재능을 타고난 사람이 아름다운 말에 담아 우리에게 주는 고상한 정서는 우리의 가슴에 멜로디를 가져다줍니다. 그런데 본질적으로 말해서 이것이야말로 진정한 예배가 아닙니까? 이 혼탁한 시대에 이것말고는 다른 예배방법을 가지지 못한 사람들이 모든 나라에 숱하게 있습니다. 들의 백합이 갖는 아름다움을 우리가 종래 알고 있던 것 이상으로 우리에게 보여주는 사람은 그것을 모든 아름다움의 원천에서 흘러나오는 한 줄기의 흐름으로써 우리에게 보여주는 것이 아닙니까? 그것을 이 우주의 위대한 조물주가 눈에 보이도록 써놓은 글씨로 우리에게 보여주는 것이 아닙니까? 그는 거룩한 시편의 한 구절을 우리를 위해 노래하고, 우리에게 자기와 함께 노래부르도록 한 것입니다. 본질적으로 그러한 것입니다. 그의 이웃 형제들의 고상한 행동과 감정과 용기와 인내를 노래하거나 말하거나 또는 어떤 방법으로든 우리의 마음 가운데 스며들게 하는 사람은 더 말할 것도 없습니다! 그는 진실로 '제단 위의 산 불덩어리' 같은 것으로 우리의 가슴을 녹여준 것입니다. 이보다 진정한 예배는 아마 없을 것입니다.

문학은 그것이 문학인 한 '자연의 계시'이며, '공공연한 신비'를 드러낸 것입니다. 그것은 피히테식으로 말하자면 세속적인 것, 범속한 것 속에 담겨 있는 신적인 것의 '부단한 계시'라고 부를 수 있습니다.

문학에는 신적인 것이 항상 담겨 있습니다. 때에 따라 이런 언어 또는 저런 언어로써 표현되고, 내용의 명료성에서도 차이가 있으나, 모든 진정하고 소질 있는 시인과 작가는 의식적·무의식적으로 그렇게 하고 있습니다. 바이런(Byron)의 저 어둡고 거센 분노도 그토록 고집스럽고 괴팍하기는 할망정 그런 기미를 띠고 있습니다. 신앙을 잃은 저 프랑스인의 힘없는 조롱——허위에 대한 조롱——도 진리에 대한 일종의 사랑과 숭배를 가지고 있습니다. 하물며 하늘나라의 음악 같은 셰익스피어, 괴테 같은 사람의 작품과, 성당에서 울려 나오는 노래 같은 밀턴(Milton)의 작품이야 말해서 무엇하겠습니까!

소박하고 진실하여 마치 종달새의 노래와도 같은 번스의 시 또한 마찬가지입니다. 그는 초라한 밭고랑을 날아올라 머리 위 창공 높이 솟구쳐 천진난만하게 우리에게 노래를 들려주는 종달새입니다! 모든 진실한 노래는 예배의 성질을 띠고 있습니다. 모든 진실한 '활동'이 예배의 성질을 갖고 있는 것과 마찬가지입니다. 이러한 노래는 결국 진실한 활동에 대한 기록이며, 음악적인 표현인 것입니다. 진정한 '교회기도서'와 '설교집'의 단편들은 보통 사람의 눈에서 이상하게 모습을 숨겨 우리가 막연히 문학이라고 부르는 활자화된 언어의 양양한 바다 속에 넘실거리고 있습니다! 책은 또한 우리의 교회이기도 합니다.

이제는 인간의 정치로 화제를 옮기도록 하겠습니다. 앵글로색슨 시대의 우리의 의회(Witenagemote),[9] 즉 옛 의회(old Parliament)는

---

9) 영국 의회의 기원은 색슨 시대의 현인회의(Witenagemote)까지 소급할 수 있다. 그 기본 임무는 왕이 자문을 구하는 제반사항에 관해서 왕에게 조언을 하는 것이었다. 교회나 평신도에 대한 국왕의 토지 하사를 인증하고, 옛 관습에 대한 새로운 해석이나 새로운 법률의 선포에 동의하며, 반역자와 모반혐의자 처분에 관여했다. 그 구성과 회기는 왕의 뜻에 따라 결정했다. 보통 대귀족과 주교

위대한 것이었습니다. 나라의 일은 그곳에서 심의되고 결정되었습니다. 우리가 국민으로서 해야 할 일을 그곳에서 한 것입니다. 그러나 의회라는 말이 아직도 남아 있기는 하지만, 오늘날 의회의 토론은 의회 '밖에서' 어느 곳에서나 어느 때에나 훨씬 더 광범하게 행하고 있지 않습니까? 버크[10]는 말했습니다.

의회에는 3대 계급이 있다. 그러나 저편 기자석에는 다른 모든 것보다도 더 큰 세력을 가진 '제4계급'(Fourth Estate)이 앉아 있다.

그것은 정녕 말장난이 아니라, 문자 그대로 사실입니다. 이 시대에 사는 우리로서는 매우 중요한 사실입니다. 문학은 또한 우리의 의회이기도 합니다. 문자 때문에 필연적으로 생긴 인쇄술은 내가 종종 말했듯이 민주주의와 동일한 것입니다. 일단 저술이란 것이 발명되기만 하면 거기에는 필연적으로 민주주의가 뒤따릅니다. 문자는 인쇄술을 가져오고, 우리가 오늘날 보는 바와 같이 도처에서 날마다 그때 그때 인쇄하도록 합니다.

오늘날 말을 할 줄 아는 사람은 누구나 전 국민을 상대로 말하게

들이 참석했던 이 기구는 결코 국민의 의회는 아니었다. 그 구성과 임무는 그 후신(後身)인 앵글로노르만 왕들의 콤무네 콩킬리움과 아주 흡사했지만, 가장 기본적인 차이점은 콤무네 콩킬리움의 경우 귀족 자문위원들이 봉건제도에 의해 국왕에 예속되어 있었다는 점이다.

10) 에드먼드 버크(Edmund Burke, 1729~97): 아일랜드 더블린(Dublin)에서 태어나 그곳의 트리니티 대학(Trinity College)에서 고전학·역사학·문학을 공부했다. 런던에 진출하여 정계에 입문했으며 1790년에 『프랑스혁명에 대한 고찰』(*Reflections on the Revolution in France*)을 저술하여 보수적 입장을 분명히 했다. 그는 기독교적 세계관을 지닌 정치사상가로서, 철학적 보수주의의 창시자이자 그 전형적 인물로 알려져 있다(박상익, 「버크의 보수주의의 철학적 기초」, 『역사학보』 제101집, 1984. 3, 135~67쪽 참조).

되고, 하나의 세력을 이루어 정부의 일부분이 되며, 법을 제정하고 권한을 행사하는 당국의 모든 행위에 막대한 영향력을 가지게 됩니다. 그의 지위나 재산 또는 복장은 문제가 되지 않습니다. 다른 사람이 귀를 기울일 만한 말을 가지고 있기만 하면 되며, 다른 아무것도 더 필요치 않습니다. 국가는 말의 힘을 가진 모든 사람이 다스리고 있습니다. 민주주의가 바로 여기에 있습니다. 이와 같이 하여 생긴 힘은 점차 조직화되어 여러 가지 장애에도 은밀히 활동을 계속해 마침내 모든 사람이 보는 가운데 자유로이 활동하게 될 때까지 그치지 않을 것입니다. 실질적으로 존재하는 민주주의는 명명백백히 존재하는 것이 되기를 주장할 것입니다.

우리는 사람이 이 세상에서 할 수 있는 또는 하는 모든 일 가운데 가장 중요하고 놀랍고 가치 있는 것이 책이라고 결론을 내리지 않을 수 없습니다! 검은 잉크가 묻은 종잇조각 — 일간 신문에서부터 『성경』에 이르기까지 —, 그것이 하지 않은 일이, 하지 않는 일이 무엇입니까! 그것의 외형은 종잇조각에 잉크가 묻은 것에 지나지 않지만, 책을 만든다는 것은 근본적으로 인간 능력의 최고 행위가 아닙니까?

인간이 하는 모든 일의 원동력은 인간의 '생각'이며, 그것은 마술적인 힘이 있습니다. 인간이 하는 또는 지어내는 모든 것은 다 생각에다 옷을 입힌 것입니다. 집들과 궁전, 증기기관, 성당, 그리고 엄청난 교통량으로 소음이 심한 이 런던 시도 다만 하나의 생각 또는 수백만의 생각을 하나로 만든 것입니다. 벽돌·철·연기·먼지·궁궐·의회·마차·부두 등으로 구체화된, 헤아릴 수 없이 거대한 정신입니다. 벽돌 하나만 하더라도 누가 벽돌을 만들겠다는 '생각'을 하지 않았더라면 만들지 않았을 것입니다. 우리가 '잉크 묻은 종잇조각'이라고 부르는 그것은 인간이 가질 수 있는 '가장 순수한' 사상이 구체화된 것입니다. 모든 면에서 그것이 가장 활동적이고 가장 고상한 것이 되어 있다는 것은 전혀 이상한 일이 아닙니다.

이 모든 사실, 근대 사회에서 문인의 절대적 중요성, 그리고 인쇄술이 종교·정치·학문 등의 분야를 그렇게까지 지배하고 있다는 사실은 인정된 지가 이미 상당히 오래되었으며, 또 근년에 와서는 일종의 감상적 승리감과 경탄으로써 빈번히 재확인되었습니다. 그러나 감상적인 것은 오래지 않아 실제적인 것으로 될 것입니다. 만일 문인이 그렇게 큰 세력이 있고, 각 시대마다 그리고 매일매일 우리를 위해 그렇게 큰일을 실제로 하고 있다면 문인은 우리 사이에서 이스마엘의 자손처럼 언제나 백안시되거나 우리 사이를 방황하지는 않으리라고 결론을 내릴 수 있을 것입니다!

앞서 말한 것과 같이 인정은 못 받는다 하더라도 실제적인 힘이 있는 것은 그 어떤 것이나 언젠가는 장애물과 구속을 벗어던지고 우렁차게 외치며 온 세상이 볼 수 있는 권능이 되어 나타날 것입니다. 어떤 사람이 옷을 입고 다른 사람이 한 일에 대한 삯을 받습니다. 여기에는 아무런 유익이 없습니다. 옳지 않은 일입니다. 잘못된 일입니다. 그러나 아, 이것을 '제대로 만든다는 것'은 앞으로 올 여러 세월에 걸쳐 부딪쳐야 할 어려운 문제입니다! 이른바 '문인 길드'의 결성은 아직도 요원하기만 합니다. 온갖 종류의 복잡한 장애물이 있기 때문입니다.

만일 여러분이 내게 근대 사회에서 가장 좋은 문인의 조직, 즉 그들의 세상에서 그 지위에 가장 잘 부합하는 발전적이고 정규적인 체계가 무엇이냐고 묻는다면 나는 그 문제가 나의 능력을 훨씬 뛰어넘는 것이라고 대답하지 않을 수 없습니다! 그것은 어떤 한 사람의 능력으로 풀 수 있는 것이 아닙니다. 그것은 여러 세대에 걸친 많은 사람이 진지하게 연구함으로써 비로소 비슷한 해결이나마 얻을 수 있는 그런 문제입니다. 어떤 조직이 가장 좋겠는지에 대해서는 우리 중 누구도 알 수 없습니다. 그러나 만일 어떤 것이 가장 나쁘냐고 묻는다면, 그렇다면 나의 대답은 이렇습니다. 즉 우리가 지금 가지고 있는 이것, 혼란이 심판자로 앉아 있는 이 상태가 가장 나쁘다는 것입니다. 최선의 것, 또는 어느 정도 좋은 것에 이르려면 가야 할 길이 까마득하기만 합니다.

한 가지 꼭 말해둘 것은 왕실이나 의회가 문인에게 금전을 지불하는 것, 그것은 결코 긴요한 일이 아니라는 것입니다! 문인에게 연금·기부금, 그밖의 온갖 장려금을 주는 것은 아무런 도움도 되지 않습니다. 금전이 만능이라는 이야기를 우리는 싫도록 들었습니다. 나는 오히려 성실한 사람에게 빈곤이란 결코 나쁜 일이 아니라는 것을 말하고 싶습니다. 성실한 사람인지 아닌지를 알아보기 위해 문인은 빈곤해야 합니다!

탁발 수도회라는 것이 그리스도 교회 내에 설치되어 선량한 사람들이 구걸하며 돌아다닌 일도 있습니다. 그것은 그리스도교 정신의 가장 자연스럽고도 필수적인 발전입니다. 그리스도교 정신 그 자체가 빈곤·슬픔·핍박·십자가, 온갖 종류의 세속적 고초와 모욕 위에 세워졌습니다. 이런 것을 모르는 사람, 이런 것이 가르쳐주는 값진 교훈을 얻지 못한 사람들은 하나의 좋은 교육 기회를 잃는 것이라고 말할 수 있습니다. 거친 털옷의 허리춤에 밧줄을 두르고, 맨발로 구걸하러 다니며 온 세상의 경멸을 받는 것은 어떤 눈으로 보아도 결코 아름다운 노릇은 아닙니다. 물론 종국에는 이렇게 수행한 사람의 고귀함이 일부 사람들에게 존경을 받게 되기는 합니다!

오늘날에는 구걸하러 다닌다는 것이 우리에게 주어진 길이 아닙니다. 그러나 존슨의 경우 가난한 것이 오히려 다행이었다고 누가 말하지 않겠습니까? 외형적인 이득이나 성공이 그가 추구해야 할 목적이 아니라는 것을 아는 것이 그에게 필요한 일이었습니다. 모든 사람의 경우와 마찬가지로 그의 마음 속에서도 교만·허영·이기심 등이 싹 텄고, 그것들을 제거할 필요가 있었습니다. 어떤 고통이 수반되더라도 단호히 뿌리를 뽑아 내던질 필요가 있었습니다. 부유하고 고귀한 집안에서 태어난 바이런은 가난하고 미천한 집안에서 태어난 번스보다 더 큰 성공을 거두지는 못했습니다.

아직도 요원하기만 한 저 '가장 좋은 조직'에서 빈곤이 하나의 중요한 요소가 될지 누가 알겠습니까? 우리의 문인들, 즉 정신적 영웅이 되고자 하는 사람들—그들은 예나 지금이나 빈곤한 처지이면서 일종의 '비(非)자발적인 수도회'를 이루고 있습니다—이 빈곤을 맛보고 빈곤에서 무엇인가를 배운다면 어떻겠습니까! 돈은 사실 많은 일을 할 수 있습니다. 그러나 모든 일을 하지는 못합니다. 우리는 돈의 영역을 알고, 돈을 그 영역에 국한시켜야 합니다. 그리고 그 한계를 넘으려고 하면 다시 거기다 차 넣어야 합니다.

장려금이 있고, 그것을 지급할 적절한 시기와 그것을 지급할 적당한 기관 등 모든 것이 정해졌다고 합시다. 그러나 그것을 받을 자격이 있는 번스 같은 사람을 어떻게 찾아낼 수 있겠습니까? 그는 시련을 이기고 자기 자신을 증명하지 않으면 안 됩니다. 이 시련, 문인 생활이라고 부르는 이 거친 파도는 여간한 시련이 아닙니다! 사회의 낮은 계급에서 높은 지위와 보수로 올라가려는 싸움이 지속되어야 한다는 생각에는 분명히 진실이 있습니다. 이 생활에서는 다른 곳에서도 굳건히 설 수 있는 강한 사람이 탄생합니다. 이런 사람들이 수행하는 가지각색의 뒤얽히고 복잡하고 거창한 투쟁이 사회의 발전을 이루는 것입니다.

다른 모든 사람들의 경우와 마찬가지로 문인의 경우에도 가장 큰 문제는 이 투쟁을 어떻게 규제할 것인가 하는 것입니다. 이것을 지금처럼 맹목적인 우연에 맡겨보십시오. 혼란스럽게 서로 배척하는 원자들의 소용돌이, 1천 명 중 겨우 한 명이 살아남고 나머지 999명은 자취도 없이 사라집니다. 여러분의 제왕다운 존슨이 인쇄업자 케이브(Cave)의 멍에를 짊어지고 다락방에서 지쳐 움직이지 못하게 된 것, 여러분의 번스가 술통과 씨름하다 절망 속에서 죽는 것, 여러분의 루소가 미칠 지경으로 핍박을 받아 그가 처한 모순된 운명으로 프랑스혁명의 불을 지르게 되는 것, 이것은 이미 말한 것과 같이 '가장 나쁜' 규제입니다. 아, '가장 좋은' 규제는 아직도 멀기만 합니다!

그러나 그것이 오고 있다는 사실에는 의심할 여지가 없습니다. 미래의 세기들 속에 깊이 숨어 있으나 그것이 우리에게로 다가오고 있다는 것을 나는 서슴지 않고 예언할 수 있습니다. 왜냐하면 인간은 어떤 사물이 중요하다는 것을 알아채자마자, 반드시 그것이 올 것을 대비하는 작업에 착수하며, 그 작업이 어느 정도까지 성취될 때까지 결코 그치지 않기 때문입니다.

오늘날 세상에 있는 모든 성직자 계급, 귀족 계급, 지배 계급 가운데 책을 쓰는 저술가들의 계급처럼 중요한 것은 없습니다. 이것은 아무리 바쁜 사람일지라도 납득할 수 있고 그것에서 결론을 도출할 수 있는 사실입니다. 번스에 대해 보조를 해줄 것을 요청받자, 정치가 피트[11]는 대답했습니다. "문학은 스스로를 돌볼 것이다." 이에 대해 시인 사우디[12]는 이렇게 덧붙였습니다. "그럼요, 문학은 제 자신을 돌보겠지요. 뿐만 아니라 만일 당신이 돌보지 않으신다면 당신까지도 보살펴줄 것입니다."

문인 개개인은 대단치 않습니다. 그들은 개개인에 지나지 않습니

---

11) 소(小)피트(William Pitt the Younger, 1759~1806): 잉글랜드의 정치가로 대(大)피트(Pitt the Elder)의 차남이다.
12) 로버트 사우디(Robert Southey, 1774~1843): 잉글랜드의 시인·전기작가로 계관시인(1813~43)이다.

다. 인류라는 큰 전체의 미미한 일부에 지나지 않으며, 늘 그래왔듯이 싸우다 살아남거나 또는 죽고 맙니다. 그러나 사회가 그 '빛'을 높은 곳에 올려두고 그 빛으로 길을 밝혀 걸어가는가, 아니면 지금까지 그랬듯이 그 빛을 짓밟아 황량한 벌판에 산산이 흩어놓는가(화재가 발생할 수 있습니다) 하는 것은 사회 전체로서는 중대한 문제입니다. 세상에게 가장 필요한 것은 빛입니다. 세상의 앞머리에 지혜를 두십시오. 그러면 세상은 그의 전투를 승리로 수행해 나아가고 인간이 이룩할 수 있는 가장 좋은 세상이 될 것입니다.

나는 조직이 결여된 문인 계급의 이러한 변칙적인 상태를 다른 모든 변칙적인 상태의 핵심이라고 봅니다. 그것은 다른 모든 변칙적 상태의 결과이며, 동시에 원인이라고 나는 생각합니다. 그것을 합당하게 조정하고 나면 다른 모든 것은 새로운 활력, 올바른 조정을 되찾게 될 것입니다. 프랑스, 프로이센 같은 유럽 대륙 국가들에서는 이미 문인 계급이 조직되어가는 징조가 보입니다. 나는 이것이 가능하며 가능해야만 한다고 믿습니다.

내가 중국인에 대해 듣고 있는 사실들 가운데 가장 흥미로운 것—우리로서는 분명히 알 수 없지만 그래도 무한한 흥미를 자아내는 것—은 그들이 문인을 통치자로 삼으려 한다는 사실입니다! 그것이 어떻게 행해졌으며, 얼마만큼의 성공을 거두었는지에 대해서는 알 수 없습니다. 그런 모든 제도는 대단히 '비'성공적일 것이라고 생각합니다. 그러나 미미한 정도의 성공을 거둔다 할지라도 그렇게 한다는 것 자체가 대단히 귀중합니다!

중국에서는 젊은 세대에서 유능한 인재를 찾아내려는 일이 전국적으로 추진되고 있는 듯이 보입니다. 도처에 학교가 있습니다. 대단치 않기는 하지만, 그래도 학교임이 틀림없습니다. 하급 학교에서 우수한 성적을 보인 소년은 유망한 상급 학교에 진학하여 거기서 더욱 우수한 성적을 낼 기회를 갖게 됩니다. 앞으로 계속 나아갑니다. 처음으로 관리가 되는 사람은 이러한 과정을 거쳐 선발됩니다. 인민을 다스릴 만한 인물인지 아닌지를 먼저 시험해봅니다. 과연 그들은 가장 유망한 사람들입니다. 왜냐하면 그들은 자신들의 지성을 이미 보여준 사람들이기 때문입니다. 그들을 시험해 보십시오. 그들은 아직 나라나 인민을 다스려보지 못했으니까 말입니다. 그들에게 그런 능력이 없을 수도 있습니다. 그러나 그들이 어느 정도의 지식을 갖고 있음은 의심할 수 없습니다.

지식이 없이는 어느 누구도 사람을 다스릴 수 없습니다! 지식은 일종의 도구라고 생각하기 쉽습니다. 그러나 지식은 도구가 아니라 '어떤 도구도 다룰 수 있는 손'입니다. 이 사람들을 써보십시오. 그들에게는 다른 어떤 사람보다도 활용해볼 만한 가치가 더 많습니다. 내가 아는 한, 어떠한 정부나 헌정이나 혁명이나 사회적 제도 가운데 이것만큼 우리의 과학적 호기심을 충족시켜주는 것도 세상에 없습니다. 지성적인 사람이 일을 주관하게 하는 것, 이것이 모든 헌정과 혁명의 목적입니다. 왜냐하면 내가 항상 주장하고 또 확신하는 것이지만, 참다운 지성을 가진 사람은 또한 고상하고 진실하고 정의롭고 인자하며 또 용감한 사람이기 때문입니다. 그 사람을 얻어 통치자의 직분을 맡기면 모든 사람을 얻는 것이고, 그 사람을 얻지 못하면 아무리 많은 헌법을 가지고 있더라도, 마을마다 의회를 가지고 있더라도 여러분은 아무것도 얻지 못할 것입니다!

이 일은 정말 이상스럽게 보입니다. 우리가 흔히 생각해보는 것이 아닙니다. 그러나 이상스러운 것은 우리가 처한 시대입니다. 이런 일은 깊이 생각해보아야 할 일이며, 어떤 방법으로든 실천해야 할 일입니다. 이 일과 또 많은 일들을 말입니다. 우리의 오랜 관례의 제국이 이미 종말을 고했다는, 그리고 오래전부터 존속했다는 사실이 어떤 제도가 앞으로도 있어야 할 이유는 안 된다는 그러한 목소리가 사방에 높습니다. 오랜 제도는 쇠락하여 무능해졌습니다. 우리 유럽의 모든 사회의 수많은 사람들은 기존의 체제에서는 더 이상 살 수 없게 되었습니다. 수백만의 사람들이 죽도록 일을 해도 먹을 것을 얻지 못할 때, '사람이 해마다 36주 동안이나 썩은 감자마저 구하지 못할' 때 기존의 제도는 단연 스스로를 개혁할 준비를 해야 합니다. 문인의 조직화에 대해서는 이 정도로 마치겠습니다.

아, 우리의 문인영웅들에게 부과된 무거운 고난은 문인들의 조직화가 결여되었기 때문이 아니라 훨씬 더 깊은 데 그 원인이 있었습니다. 문인과 모든 사람을 덮친 불행은 실로 그 원인에서 솟아나왔습니다. 우리의 문인영웅들은 무질서한 혼돈 속을 길도 없이 친구도 없이 헤치고 나가며, 그의 생명과 역량을 던져 그곳을 통과해 지나가는 도로를 건설하는 데 기여합니다. 만일 그의 능력이 마비되어 있지 않았다면 그는 이것이 영웅의 일반적인 운명이라고 생각하고 달게 받았을 것입니다. 그의 치명적인 불행은 그가 살던 시대가 '정신적으로 마비'되어 있었다는 것입니다. 그 때문에 그의 생활도 절반쯤 마비되어 있었던 것입니다!

18세기는 '의심'의 시대였습니다. 이 의심이라고 하는 대수롭지 않은 말 속에는 불행으로 가득 찬 '판도라의 상자' 전체가 담겨 있습니다. 회의주의란 지적인 의심만을 뜻하는 것이 아니라, 도덕적인 의혹, 즉 모든 종류의 불신, 불성실, 정신적 마비를 의미합니다. 영웅적으로 사는 것이 이렇게까지 어려웠던 세기는 이 세상이 시작된 이래 아마 별로 없었을 것입니다. 그것은 신앙의 시대, 즉 영웅들의 시대는 아니었습니다! 영웅적 정신의 가능성마저 모든 사람의 마음속에서 공공연하게 거부되었습니다. 영웅적 정신은 영원히 자취를 감추고 범용과 형식주의와 진부함이 활개를 쳤습니다. 그 앞 시대에는

'기적의 시대'라는 것이 있었다면 있었고, 없었다면 없었습니다. 그러나 그 시대, 즉 18세기는 정녕 '기적의 시대'가 아니었습니다. 그것은 나약한 세기였습니다. 그것은 경이로움·위대성·신성함이 존재할 수 없는 시대, 단적으로 말해 신이 없는 세기였습니다.

이 시대에는 사고방식이 얼마나 저속하고 옹졸하기만 합니까! 그리스도교적인 셰익스피어나 밀턴 같은 이들과 비교하는 것은 고사하고, 저 옛날의 이교도 스칼드(Skald)들이나 어떠한 종류의 신앙을 가진 사람들과 비교해 보아도 그렇습니다! 생명의 나무 위그드라실—온 세상을 덮은 그 나무의 가지들은 음악적인 예언으로 넘실거리고, 하계에까지 깊이 뿌리를 뻗고 있습니다—은 죽고, 그 대신 덜컹거리며 소음을 내는 기계가 온 세상을 채웠습니다. '나무'와 '기계,' 이 둘을 비교해 보십시오. 나는 선언합니다. 세상은 기계가 아닙니다! 세상은 톱니바퀴 같은 '동기', 자기중심, 억제, 균형 등으로 돌아가는 것이 아닙니다. 방직기계의 소음, 의회의 다수결 등과는 전혀 다른 무엇인가가 있습니다. 요컨대 세상은 도대체 기계가 아닙니다!

옛날 북유럽의 이교도들은 이 가엾은 기계론적 회의주의자들보다도 신의 세계에 대해 훨씬 더 참된 견해를 갖고 있었습니다. 저 옛날의 이교도 북유럽인들은 '성실한' 사람들이었습니다. 그러나 이 가엾은 회의주의자들은 성실도 진리도 가지고 있지 않았습니다. 반(半)진리와 허위를 진리라고 부르고 있었습니다. 대부분의 사람에게 진리란 투표수로 헤아릴 수 있는, 눈으로 보기에 그럴듯한 것을 의미했습니다. 그들은 성실이 무엇인지를 전혀 잊고 있었습니다. 얼마나 많은 사이비 진실들이 정색을 하고 깜짝 놀라 화를 내며 반문했습니까? "뭐야! 내가 진실하지 않다고?"라고 말입니다.

내가 분명히 말씀드립니다만, 정신적 마비는 기계적인 삶밖에는 아무것도 남기지 않았습니다. 이것이 18세기의 특징이었습니다. 보통 사람은 그가 다행히 이 세기보다 뒤 또는 앞에 속하지 않고서는 신념을 가진 사람, 영웅이 된다는 것이 전혀 불가능했습니다. 그는 이러한 시대적 해독의 영향력 아래에 무의식적으로 묻히게 되었습니다. 가장 강한 사람만이 끝없는 투쟁과 혼란 끝에 가까스로 그 영향을 반쯤 벗어날 수 있었습니다. 그리하여 마치 마술에 걸린 것처럼 지극히 비극적인 방식으로 살아 있기는 하지만 정신적으로는 죽은 생활, 반(半)영웅적 생활을 했습니다.

이 모든 상태를 가리켜 우리는 회의주의라고 부릅니다. 그것이 이러한 모든 것을 빚어낸 원인입니다. 여기에 대해 말한다면 할 말이 많이 있습니다. 18세기와 그 시대사조에 대해 말하려 한다면 한 번의 강연 중에 잠시 언급하는 정도가 아니라, 여러 차례에 걸쳐 강연을 해야 할 것입니다. 회의주의는 인간 생활이 시작된 이래의 모든 가르침과 강의가 공격의 대상으로 삼아온 암담한 병폐이며 생명의 적입니다. 신앙 대 불신앙의 싸움은 끝이 없는 전쟁입니다!

그렇다고 해서 여기서 어떤 시대를 탓하고자 하는 것은 아닙니다. 18세기의 회의주의라는 것도 기존의 신앙 방식이 노쇠한 결과, 새롭고 더 나은, 그리고 좀더 넓은 길을 준비하기 위한 하나의 필연으로 생각해야 합니다. 그러므로 우리는 그 시대의 사람들을 탓하지 않으며, 다만 그들의 어려운 운명을 슬퍼하렵니다. 우리는 낡은 '형식'의 파괴가 영원한 '본질'의 파괴가 아니라는 것, 그리고 회의주의가 비참하고 혐오스런 것이기는 하지만 끝이 아니라 시작이라는 것을 이해하고자 합니다.

지난번 강연에서 나는 미리 그런 의도를 가지고 말한 것은 아니지만, 어쩌다가 인간과 인생에 대한 벤담(Bentham)의 학설을 언급하여 그것이 마호메트의 가설보다도 빈약한 것이라고 말한 적이 있습니다.[13] 그런데 그 말을 하고 나서 지금 생각해보니 그것이 나의 진정한 의견이라고 말하지 않을 수 없습니다. 그렇다고 해서 벤담의 인물 됨됨이나 그를 존경하고 믿는 사람들을 나무라려는 뜻은 조금도 없습니다. 벤담 그 자신은 물론 그의 신조도 상대적으로 말하면 훌륭합니다. 비겁하게 우물쭈물하는 가운데서도 온 세상이 지향하고 있는 목표는 확고한 인간 존재입니다. 우리는 이 시련에 당당하게 직면하도록 합시다. 죽임을 당하거나 그렇지 않으면 치료를 받아야 합니다.

나는 이 엄청난 증기기관 같은 공리주의를 어떤 새로운 신앙을 향한 접근이라고 부릅니다. 그것은 위선을 벗어던지고 "그렇다, 이 세계는 생명이 없는 철로 만든 기계이고, 이 세계의 신은 만유인력과 굶주린 이기심이다. 억제하고 균형을 취하며, 톱니바퀴의 이를 잘 조정하면 무엇이 이루어질 수 있는지 보자" 하며 혼잣말을 중얼거리는 것입니다.

공리주의에는 어떤 완벽하고, 단호한 점이 있습니다. 진실이라 생각되는 것에 대담하게 뛰어드는 점에서 그렇습니다. 그것을 영웅적이라고 부를 수도 있습니다. 그러나 이것은 '눈'이 빠져버린 영웅심입니다! 그것은 미지근한 상태로 18세기 사람들의 생활 전면에 퍼져 있던 풍조가 그 절정에 이른 것이며, 그것에서 도출된 대담한 궁극적 결론입니다. 신을 부인하거나 입으로만 믿던 모든 사람들은 만일 그들이 용기 있고 정직하다면 모두 공리주의자가 되어야 할 것이라고 나는 생각합니다.

공리주의는 일종의 '눈이 없는' 영웅정신입니다. 불운하게도 눈이 멀어 블레셋인의 맷돌을 돌려야만 했던 삼손처럼 인류는 제분공장의 기둥을 발작적으로 움켜잡아 일대 파멸을 초래했지만 궁극적으로는 구원을 얻게 됩니다. 나는 벤담을 비난할 생각은 없었습니다.

---

13) 이 책의 제2강을 참조.

그러나 나는 이 말만은 하고자 합니다. 그리고 이 말을 모든 사람이 알고 마음에 새겨두기를 원합니다. 즉 이 우주를 기계로만 보는 사람은 우주의 깊은 신비를 전혀 파악하지 못하는 극히 치명적인 오류에 빠져 있다는 사실입니다. 이 우주에 대한 인간의 관념에서 모든 신적 존재를 제거한다는 것은 인간이 범할 수 있는 가장 비인간적인 과오—나는 이것을 이교적 과오라 불러 이교를 모욕할 생각은 없습니다—라고 나는 생각합니다. 그런 생각은 옳지 않습니다. 그것은 완전히 그릇됩니다. 그렇게 생각하는 사람은 세상의 모든 것도 그릇되게 생각하는 것입니다. 이 원죄야말로 그가 도출해낼 수 있는 모든 결론의 가치를 손상시키는 것이기 때문입니다.

이것보다도 통탄스러운 망상은 없습니다. 귀신을 믿는 것보다도 못합니다. 귀신을 믿는 사람은 그래도 산 것을 믿었으니까 말입니다. 그러나 이것은 생명이 없는 쇠붙이를 믿는 일입니다. 신도 아니고 귀신도 아닙니다! 그러므로 이것을 믿게 되면 고귀하고 신성하며 넋이 있는 것은 모두 사멸하게 됩니다. 인생의 도처에 흉측한 잔해만이 남습니다. 일체의 영혼이 나가고 없는 기계 껍데기만 남게 됩니다.

이런 상황에서 사람이 어떻게 영웅적으로 행동할 수 있겠습니까? '동기설'(Doctrine of Motives)은 얼마간 가장을 하고는 있지만, 인생이 고작해야 쾌락을 즐기고 고통을 싫어하는 것에 지나지 않다고 가르칩니다. 그것은 인기와 금전과 음식물에 대한 욕망이 인간 생활의 궁극적 현실이라는 것을 사람들에게 가르칠 것입니다. 간단히 말해서 그것은 무신론입니다. 그것은 그 자신에게 실로 무서운 벌을 내립니다. 사람은 정신적으로 마비되고, 신성한 우주는 생명이 없는 기계적인 증기기관이 되어 모든 것이 동기·억제·균형, 그밖의 이름도 모를 여러 장치에 의해 작동됩니다. 그리하여 사람은 팔라리스(Phalaris)처럼 자기가 만들어낸 놋쇠 황소의 뱃속에 들어앉아 죽어

갑니다.[14]

나는 신앙이란 인간의 심령의 건전한 움직임이라고 정의합니다. 믿게 된다는 것은 신비하고, 뭐라고 형언할 수 없는 과정입니다. 모든 생명의 움직임은 그렇듯 형언할 수 없는 것입니다. 우리에게 정신이 주어진 이유는, 그것을 가지고 트집잡고 논쟁이나 하라는 것이 아니라, 그것으로 사물을 밝게 보고 사물에 대한 명확한 신념과 이해를 하게 되어 행동으로 옮기기 위한 것입니다.

의심 그 자체는 죄가 아닙니다. 사실 우리는 갑자기 밖으로 뛰쳐나가 맨 먼저 눈에 띄는 것을 붙잡고 즉각 믿지는 않습니다! 모든 종류의 사물에 대한 모든 종류의 의심과 탐구심은 이성이 있는 모든 사람의 정신 속에 있습니다. 그것은 사람이 알고 믿고자 하는 것에 대한 정신의 신비한 작용입니다. 신앙은 그것에서 나옵니다. 마치 땅속에 뻗은 보이지 않는 '뿌리'에서 나무가 솟아오르듯이 말입니다.

그러나 일반적인 사물의 경우에도 우리는 의심을 함부로 발설하지 말고 '침묵'으로 감춰둘 것을, 그리고 옳고 그름이 어느 정도 판명될 때까지 실없이 지껄이지 말 것을 요구합니다. 그러니 하물며 전혀 말로 표현할 수 없는 최고의 사물의 경우에는 어떻겠습니까! 사람이 자기의 의심을 자랑 삼아 떠벌리며, 토론과 논리(그것은 기껏해야 어떤 사물에 대한 자기의 생각 또는 믿음이나 불신을 우리에게 말하는 방식을 의미할 뿐입니다)가 자기가 가진바 지성의 승리요 진정한 사업

---

14) 팔라리스(Phalaris, 기원전 ?~554?): 시칠리아 아크라가스(Acragas, 지금의 아그리젠토Agrigento)의 참주로 잔인성으로 악명이 높다. 그는 자신의 적을 놋쇠로 만든 황소 안에 집어넣고 불에 구워 죽였다고 알려졌는데, 희생자가 타죽으면서 내는 비명소리는 짐승의 울부짖음처럼 들렸다고 한다. 이 놋쇠 황소의 제작자인 페릴라우스(Perilaus, 또는 Perillus)는 이 사형 도구의 첫 번째 희생자가 되었다고 전해진다. 원문에서 칼라일은 참주인 팔라리스와 희생자인 페릴라우스의 이름을 혼동한 것으로 보인다.

이라고 생각한다면 어떻겠습니까? 아, 이것은 나무를 '거꾸로' 세워, 푸른 가지와 잎과 열매 대신 추하고 엉긴 뿌리를 공중에 치켜드는 것이나 같습니다. 성장이란 있을 수 없고, 다만 사망과 불행이 있을 뿐입니다!

앞서 말한 것과 같이 회의주의는 지성의 문제일 뿐만 아니라 도덕의 문제이기도 합니다. 그것은 영혼 전체의 만성적 위축이며 질병입니다. 사람은 무엇인가를 믿음으로써 살 수 있는 것이지, 많은 것에 대해 토론하고 논의함으로써 살 수 있는 것은 아닙니다. 사람의 신앙이라는 것이 고작 호주머니 속에 넣고 어떤 신체기관으로 소화시킬 수 있는 물건일 뿐이라면 그 사람은 다 된 사람입니다. 사람이 그 이하로 떨어질 수는 없습니다.

우리는 사람이 그렇게까지 낮게 떨어지는 시대를 가장 비참하고 병적이고 저열한 시대라고 부릅니다. 세계의 심장이 마비되고 병들었으니 어느 지체가 건전할 수 있겠습니까? 세상일의 모든 분야에서 진정한 행동은 그치고, 행동 비슷한 교활한 시늉만이 시작하고 있습니다. 세상일에 대한 삯은 주머니에 들어가는데, 정작 세상일은 제대로 되는 것이 없습니다. 영웅들은 자취를 감추어 없고, 협잡꾼들만이 등장합니다.

로마 세계가 종말을 고한 때 그때도 역시 회의주의와 가짜와 전면적 타락의 시대였습니다. 그때 이래 어떤 세기에 이 18세기에서처럼 협잡꾼이 날뛰고 설쳤습니까? 미덕이니 자비니 하고 감상적인 허풍을 떠벌렸으나, 그 모두가 협잡꾼의 떼거리였으며 그 선두에 선 자가 바로 칼리오스트로[15]였습니다! 협잡병에 걸리지 않은 사람은 거의 없었습니다. 그들은 심지어 진리에는 반드시 협잡이 필요하며 또 협

---

15) 제2강의 주 5)를 참조.

잡이 섞여야 한다고 생각하기에 이르렀습니다.

월폴(Walpole)이 전하는 것에 따르면 채텀,[16] 저 용감한 채텀까지도 붕대를 칭칭 감고 의회에 나왔습니다. 그는 대단히 괴로운 듯이 엉금엉금 기다시피 나왔습니다. 이렇게 병자처럼 나온 그가 그만 토론에 열중한 나머지 자기가 병자 시늉을 하는 사람임을 잊고 어깨에 맨 삼각건에서 팔을 빼내 휘두르며 열변을 토했습니다! 채텀 같은 큰 인물도 평생을 반(半)영웅, 반(半)협잡꾼으로서 기이하기 짝이 없는 시늉의 생활을 보냈던 것입니다. 그도 그럴 것이 세상에는 바보가 가득하며, 우리는 '세상사람'의 동의를 받아야만 하기 때문입니다! 이런 상태로 세계의 의무가 어떻게 수행될 것인지, 그리고 많은 사람들에게 실패와 슬픔, 불행을 의미하는 수많은 오류가 세상일의 모든 분야에서 얼마나 쌓이게 될지 우리는 계산해볼 필요도 없습니다.

한 시대를 일컬어 불신의 세상이라고 말하는 것은 그 시대가 가진 모든 병의 근원을 지적하는 것이라고 나는 생각합니다. 그것은 성실하지 않은 세계, 신이 없는 허위의 세계입니다! 사회의 모든 병폐, 프랑스혁명, 차티스트운동 등 많은 것이 생겨난 원인은 여기에 있습니다. 그것들이 일어날 수밖에 없었던 필연성이 여기에 있는 것입니다. 이것은 바뀌지 않으면 안 됩니다. 이것이 달라지지 않고는 다른 어떤 것도 좋아질 수 없습니다.

세상에 대한 나의 단 하나의 희망, 세상의 불행을 바라보면서 내가 갖게 되는 확고부동한 위안은 이것이 지금 달라지고 있다는 사실입니다. 이 세상이 하나의 진리라는 것, 허울도 허위도 아니라는 것을

---

16) 채텀 백(伯)(1st Earl of Chatham, 1708~78): 앞에서 언급한 소(小)피트(Pitt the Younger)의 아버지로 대(大)피트(Pitt the Elder)라고 부른다. 영국을 문자 그대로 세계 제국으로 만듦으로써 '위대한 평민'(Great Commoner)이라는 명성을 얻었다.

아는 사람이 여기저기 보입니다. 내가 살아 있으며 죽어 있거나 마비되어 있지 않다는 것을 아는 사람이 보입니다. 세계는 살아 있으며, 시간의 시초에서처럼 세상은 아름답고 두려운 신성함으로 가득 차 있다는 것을 아는 사람이 여기저기 보입니다! 한 사람이 이것을 알게 되면 오래지 않아 많은 사람이, 그리고 마침내 모든 사람이 알게 됩니다. 색안경을 벗고 제대로 보는 사람이면 누구나 알 수 있도록 그 사실은 바로 눈앞에 놓여 있습니다! 그런 사람에게는 그 믿음을 잃은 세기도 그 세기의 저주받은 많은 산물과 더불어 이미 과거의 것이 됩니다. 그에게는 새로운 세기가 이미 와 있는 것입니다.

종래의 그 저주받은 산물과 사업들은 견고한 것처럼 보이지만 사실은 허깨비에 지나지 않습니다. 곧 사라지고 말 것들입니다. 이 허깨비, 그리고 온 세상이 환호하며 추종하는 아주 대단하게 보이는 가짜에 대해 그는 "너는 '진짜'가 아니다. 너는 있지도 않은 것이다. 있는 듯이 보일 뿐이다. 사라져라!"고 호령할 수 있습니다. 그렇습니다. 공허한 형식주의와 야비한 공리주의, 그리고 그밖의 비영웅적이고 무신론적인 불성실은 눈에 띄게 빠르게 물러가고 있습니다. 신앙 없는 18세기 같은 것은 이따금씩 생겨나곤 하는 하나의 예외에 지나지 않습니다. 나는 예고합니다. 세상은 다시 '성실한' 것으로, 믿는 세상으로 될 것입니다! '많은' 영웅이 있는, 영웅적인 세상이 될 것입니다! 그때는 승리의 세상이 올 것입니다. 그때가 오기 전에는 승리는 오지 않습니다.

세상이니 승리의 세상이니 말해서 무엇 합니까? 사람들은 세상 이야기를 지나치게 많이 합니다. 세상이야 어떻게 되든, 승리하든 승리하지 않든 사람마다 자기의 삶을 영위하고 있지 않습니까? 한 인생은 두 개의 영원 사이에 끼여 있는 작은 시간의 빛입니다. 사람에게는 또 한 번의 기회란 영원히 없습니다! 그러므로 '우리'는 바보로,

허깨비로 살지 않고 현명하고 진실하게 살아 마땅합니다. 세상이 구원되는 것이 자기의 구원을 의미하지 않으며, 세상의 멸망이 나의 멸망을 의미하지는 않습니다.

우리는 스스로를 돌봐야 합니다. "자기 집을 지킬 의무"라는 말에는 큰 의미가 담겨 있습니다. 다른 어떤 방법으로 '세상'을 '구원'했다는 말을 나는 듣지 못했습니다. 이 세상을 구원한다는 미친 생각 그 자체는 수다스러운 감상주의에 빠져 있었던 18세기의 한 부분입니다. 그 말을 지나치게 유념하지 않도록 합시다. "'세상'을 구원하는 일은 세상을 만드신 이에게 맡기고 나는 마음 편히 있으련다. 그리고 다만 나 자신만을 구원하련다." 그 정도가 나로서 할 수 있는 일입니다. 간단히 말해서 세상을 위해서나 우리 자신을 위해서나 크게 기뻐할 일은 회의주의·불성실·기계론적 무신론, 그리고 여기서 오는 모든 해독이 사라지고 있다는 것입니다. 다 사라졌다고 해도 과언이 아닙니다.

이상이 존슨의 시대에 우리의 문인들이 살지 않으면 안 된 조건이었습니다. 그 시대는 인생에서 진리라는 것이 없었던 한 시대였습니다. 옛 진리는 소리를 멈추고 새로운 진리는 아직 나타나지 않았습니다. 새로운 진리는 말을 하려고도 하지 않았습니다. 이 세상에서 인간의 삶은 진실이고 사실이며, 그것이 영원히 지속된다는 생각도, 다른 어떤 새로운 암시도 그 어두운 시대에는 떠오르지 않았습니다. 아무런 암시도, 프랑스혁명 같은 것도 나타나지 않았습니다. 프랑스혁명은 비록 지옥불에 휩싸인 진리이기는 했으나, 하나의 진리였음을 여기에서 다시 한 번 말해둡니다!

확실한 목적지가 있는 루터의 순례와, 이제는 믿을 수도 없고 이해할 수도 없게 된 전설·가설 따위에만 둘러싸인 존슨의 순례는 얼마나 달랐습니까! 마호메트에게 장애가 되었던 신앙 형식은 "밀랍과 기름을 바른 나무"로 되어 있으므로 "불로 태워버리고" 길을 낼 수 있었습니다. 그러나 가련한 존슨이 직면한 장애는 태워버리기가 훨씬 어려운 것이었습니다.

강한 사람에게는 항상 '일'이 생깁니다. '일'이란 그에게는 전력을 다 기울일 것을 요구하는 난관과 고통을 의미합니다. 그러나 우리의 가엾은 문인영웅들이 그들이 처한 조건에서 승리를 거둔다는 것은 다른 어떤 조건에서 하는 것보다 한층 더 어려운 일이었을 것입니다. 그가 감내한 어려움은 온갖 방해와 혼란, 서적상인 오스본(Osborne), 하루에 네 푼 반의 품삯만이 아니었습니다. 심지어 그의 영혼의 빛마저 빼앗겼던 것입니다. 땅에는 목표로 삼을 물건이라고는 하나도 없고, 하늘에는 길 안내로 삼을 별이 하나도 없었습니다!

그러므로 우리 세 사람이 모두 다 성공에 이르지 못한 것은 이상한 일이 아닙니다. 진실로써 싸웠다는 것만 해도 최고의 찬사를 받을 일입니다. 그러므로 우리는 살아서 승리를 거둔 세 명의 영웅들이 아닌, 세 명의 전사한 영웅들의 무덤을 애처로운 동정의 눈길로 바라보도록 하겠습니다! 그들 또한 우리를 위해 쓰러진 인물들입니다. 우리를 위해 길을 닦은 사람들입니다. 거인들과 뒤섞여 싸우다가 그들이 내던진 산들이 있습니다. 그 산들을 짊어지고 있는 동안 그들은 힘과 생명을 소모시켰으며, 이제 그들은 그 산들 밑에 묻혀 잠들어 있습니다.

정복당하지 않는 영혼—존슨

이 세 명의 문인영웅들에 대해 나는 이미 명시적으로 또는 우연히 언급한 바 있습니다. 생각건대 그것은 여러분이 다 아시는 것으로 두 번 다시 말하거나 또는 쓸 필요도 없을 것입니다. 여기서 말하고자 하는 점은 그들이 이상한 시대의 이상한 '예언자'였다는 사실입니다. 과연 그들은 그런 사람들이었습니다. 그들과 그들의 세계가 보여주는 특색은 이런 견지에서 볼 때 우리에게 많은 시사점을 줍니다!

나는 이 세 사람을 어느 정도 진정한 사람들이라고 부릅니다. 그들은 무의식적으로 진실하고자, 자기들 자신을 사물의 영원한 진리 위에 세우고자 충실하게 싸운 사람들입니다. 이것이 그들을 그 시대의 가련한 비(非)자연적인 대중과 크게 다른 사람들로 만들어 그들을 영원한 진리의 대변자, 그들 시대의 예언자로 만든 것입니다. 그들에게 그러한 필연성을 준 것은 다름 아닌 자연 그것이었습니다. 그들은 사실 아닌 것에 바탕을 두고 생계를 유지하기에는 대단히 위대한 사람들이었습니다. 뜬구름, 거품, 그밖의 모든 종류의 헛된 것은 그들의 발 아래서 사라졌습니다. 그들은 굳은 땅 위에만 설 수 있었고, 그 위에서만 쉴 수 있었으며, 제대로 움직일 수 있었습니다. 어느 정도까지 그들은 인위적 시대에 나타난 자연의 아들들이었습니다. 다시한 번 나타난 참다운 사람들이었습니다.

존슨에 관해 말한다면 나는 그가 원래 우리 잉글랜드의 위인 중 한 사람이었다고 늘 생각해왔습니다. 그는 강건하고 고귀한 천품을 타고난 사람이었습니다. 그러나 그는 그가 가진 많은 것을 끝내 충분히 발현하지 못했습니다. 만일 더 좋은 시대에 태어났더라면 그는 시인·성직자·왕, 그 어떤 것도 될 수 있었을 것입니다! 그러나 사람은 자신의 '운명'이나 '시대' 등을 탓할 것은 아닙니다. 그렇게 한다 해도 아무 소용이 없습니다. 그의 시대는 나빴습니다. 그러나 그래도 좋습니다. 그는 그것을 좀더 좋게 하기 위해 그 시대에 삶을 부여받은 것입니다.

존슨의 젊은 시절은 빈곤·고독·절망의 비참한 시절이었습니다. 사실 그가 아무리 좋은 외적 조건에 있다 하더라도 그의 생애가 고통스럽지 않았으리라고는 생각되지 않습니다. 세상은 그에게 더 유익한 '일'을 시킬 수 있었을지도 모릅니다. 그러나 세상의 일에 저항한 그의 '노력'은 결코 가벼울 수는 없었을 것입니다. 자연은 존슨의 고결함에 대한 대가로 병든 슬픔의 세계에서 살라고 그에게 명했습니다. 아니, 슬픔과 그 고귀함은 분리할 수 없이 서로 연결되어 있었을 것입니다.

아무튼 가엾은 존슨은 항시 슬픔 속에 물질적·정신적 고통을 옷처럼 입고 다녀야만 했습니다. 그는 불로 태우는 듯한 고통을 주는 네수스의 셔츠(Nessus'-shirt)[17]를 입은 헤라클레스와도 같았습니다. 그 셔츠는 그에게 씻을 수 없는 불행을 가져다주었습니다. 이 셔츠는 벗어버릴 수도 없었습니다. 그것은 그가 태어날 때부터 입고 있던 피부였습니다! '그'는 이렇게 살아야만 했습니다. 불치의 병에 걸린 몸, 무척이나 탐욕적인 마음, 사상적으로 이루 말할 수 없이 혼돈스런 그가 이 땅 위를 이방인처럼 서글피 걸어다닙니다. 그는 정신적 양식을 만나면 닥치는 대로 섭취했습니다. 더 나은 것이 없다 싶으면 학교 용어나 문법적인 문제까지도 가리지 않고 탐식했습니다. 그 당시 잉글랜드에서 가장 위대한 영혼의 소유자였으나 그에게 주어진 보수는 "하루에 네 푼 반"의 돈이었습니다. 그래도 그는 거인같이 정복당하지 않는 영혼, 진정한 인간의 영혼을 가진 사람이었습니다. 그가 옥스퍼드 대학을 다닐 때의 구두 이야기는 잊혀지지 않고 전해 내려옵니다. 거칠고 우툴두툴한 얼굴에 빼빼 마른 이 대학 장학생

---

17) 네수스(Nessus)는 헤라클레스의 아내인 데이아네이라(Deianeira)를 겁탈하려다가 헤라클레스의 독화살에 맞아 죽은 반인반마(半人半馬)의 괴물 켄타우루스(Centaurus)이다. 네수스는 죽기 직전에 데이아네이라를 속여 헤라클레스의 속옷을 자기의 피(독혈毒血)에 담그면 그의 사랑을 잃지 않는다고 했다. 그 속옷에 묻은 독이 결국 헤라클레스를 죽음으로 몰아넣었다.

(servitor)[18]은 겨울철에도 밑창이 다 떨어져 나간 구두를 신고 성큼 성큼 걸어다녔습니다. 그것을 본 어떤 유복한 집안 학생이 불쌍하게 여기고 새 구두 한 켤레를 그의 방문 앞에 몰래 갖다 놓았습니다. 수 척한 장학생이 그것을 집어들고 침침한 눈으로 물끄러미 바라볼 때 그에게 과연 무슨 생각이 떠올랐겠습니까? 그는 그것을 창밖으로 집 어던졌습니다! 젖은 발, 흙탕물, 추위, 굶주림, 그밖의 어떤 고생도 참 을 수 있었으나 동정만은 참을 수 없었던 것입니다.

그에게는 소박하고 강인한 자립정신이 있었습니다. 모욕·야만· 불운·궁핍으로 가득 찬 세상이지만 그에게는 고귀하고 남자다운 의 지가 또한 있었던 것입니다. 새 구두를 집어던진 행동이 그의 삶을 압축해서 잘 보여줍니다. 그는 독창적인 인물입니다. 남의 것을 빌리 거나 구걸해 사는 이류 인간이 아닙니다. 사람마다 자기 힘으로 서 있게 합시다. 자기 힘으로 얻을 수 있는 구두를 신고 서 있도록 합시 다. 추위든 흙탕물이든 다 좋으나 정직한 기반 위에 서 있도록 합시 다. 자연이 우리에게 주는 사실과 진실 위에 서도록 합시다. 자연이 우리에게 준 것이 아닌 다른 것, 껍데기 위에 서 있지 맙시다!

그는 이렇듯 남자답고 자립적인 억센 자부심이 있지만, 자기보다 진실로 더 고상한 일체의 것에 대해서는 어떤 사람보다도 더 부드러 운 사랑과 충성스러운 복종을 드렸습니다. 위대한 영혼은 항상 자기 위에 있는 것에 복종과 존경을 드립니다. 작고 저열한 사람만이 그 렇게 하지 않습니다. 나는 지난번에 내가 말한 것에 대해 이보다 더 좋은 실례를 찾지 못할 것입니다. 지난번에 한 말이란 "성실한 사람 은 본질상 항상 충실한 사람이다, 영웅들의 세계에서만 비로소 영웅 적인 것에 대한 충성스러운 복종이 이루어졌다"는 것입니다. '독창

---

18) 옥스퍼드 대학에서 학교 일을 맡아 하는 학비면제생(근로장학생)을 말한다.

성'의 본질은 새롭다는 것이 아닙니다. 존슨은 철두철미하게 오랜 것만을 믿었습니다. 그는 오랜 견해가 믿을 만한 것임을, 자기에게 맞는 것임을 깨닫고, 진정 영웅적인 태도로 그것을 섬기며 살았습니다. 이 점에서 그는 깊이 연구해볼 만한 가치가 있습니다. 왜냐하면 존슨은 말과 형식만의 사람이 아니라 진리와 사실의 사람이었기 때문입니다.

그는 오랜 형식을 지지한 사람이었습니다. 그렇게 살았다는 것은 그로서는 좋은 일이었습니다. 그러나 그가 지지한 모든 형식은 가장 진정한 실체가 들어 있어야만 했습니다. 기이한 것은, 저 가련한 명목뿐인 시대, 그토록 빈약하고 인위적이고 현학과 허위로 가득 찬 그 시대 가운데서도 이 사람에게는 이 우주의 위대한 사실이 항상 놀랍고, 의심할 수 없으며, 형언할 수 없는, 천국 같고 지옥 같은 것으로 보였다는 점입니다! 그가 그의 형식들을 그 사실에 어떻게 조화시켰으며 그 시대의 조건 아래서 그의 일을 어떻게 처리했는가 하는 것은 눈여겨볼 만한 가치가 있습니다. '존경·연민·경외로써 바라볼' 일입니다. 볼테르의 시대에 이르러서도 존슨이 여전히 예배를 드렸던 세인트 클레멘트 데인스(St. Clement Danes) 교회가 나에게는 숭엄한 장소입니다.

존슨이 예언자가 된 것은 그의 '성실성' 때문이었습니다. 비록 그가 당시 유행했던 인위적인 말을 쓰기는 했으나 그래도 아직 어느 정도 자연의 가슴으로 말했다는 사실의 결과였습니다. 모든 시대의 말은 '인위적'이 아닙니까? 인위적인 것이 모두 허위는 아닙니다. 자연의 모든 참된 산물은 반드시 형체가 있습니다. 모든 인위적인 사물도 처음에는 다 진실합니다. 우리가 '형식'이라고 부르는 것도 원래는 나쁜 것이 아니라 반드시 선입니다. 형식은 '방법'이고 습관이며, 사람이 있는 곳에는 어디든지 있습니다.

형식들은 사람들이 많이 다녀서 생겨난 큰길 같아서 많은 사람들이 목적지로 삼는 어떤 신성한 것, 높은 것으로 통합니다. 생각해보십시오. 어떤 한 사람이 진지한 충동에 넘쳐 어떤 일을 하는 방법을 발견합니다. 그것은 지고한 존재에 대한 충심에서 솟아나오는 숭배일 수도 있고, 단지 이웃사람에게 행하는 적절한 인사법일 수도 있습니다. 그것을 발견하기 위해 그는 하나의 발명가, 하나의 '시인'이어야 했습니다. 그는 그 자신과 다른 많은 사람들의 마음 속에서 표현을 찾아 몸부림치는 몽롱한 사상에 형체를 주었습니다. 이것이 그가 그 일을 하는 방법입니다. 거기에는 그가 남긴 발자국이 있습니다. 그것은 하나의 '길'의 시초입니다.

　이제 보십시오. 그러면 그다음에 오는 사람은 자연히 먼저 간 사람의 발자국을 따라가게 됩니다. 그것이 '가장 쉬운' 방법이기 때문입니다. 그는 먼저 간 사람이 낸 길을 가긴 하되 길을 고칩니다. 적어도 확장을 하게 됩니다. 많은 사람이 걸을수록 길은 더욱 넓어집니다. 그 결과 마침내 온 세상사람이 다닐 수 있는 큰길이 됩니다.

　이 큰길 끝에 어떤 도시나 성당 또는 어떤 종류의 실체가 있는 한 그것은 좋은 길입니다! 그러나 도시가 사라지고 말면 우리는 그 길을 버립니다. 세상의 모든 제도·관습·규율이 이런 과정을 밟아서 생기고 사라집니다. 모든 형식은 처음에는 그 속에 실체를 '가득' 담고 있었습니다. 형식은 이미 존재했던 실체에 형상을 가져다준 표현 또는 외피입니다. 그렇게 생겨나지 않은 것은 하나도 없습니다. 앞서도 말했듯이 우상은 숭배하는 사람이 생각하기에 의심스럽고 텅 빈 것이 될 때까지는 결코 우상숭배적인 것이 아니었습니다. 우리는 형식을 심히 규탄하지만, '진정한' 형식의 커다란 의의를 모르는 사람은 없을 줄 압니다. 그것은 우리가 이 세상을 살아가는 데 결코 없어서는 안 될 도구였으며, 또한 영원히 도구로서 남을 것입니다.

또한 존슨이 자기의 '성실성'을 자랑하는 일이 얼마나 드문지를 보십시오. 자기가 특별히 성실하다는 생각이, 자기가 특별히 대단하다는 생각이 그에게는 전혀 없습니다! 고된 투쟁을 하는 마음이 지친 사람 또는 그 자신의 표현대로 하자면 굶어죽지 않고 이 세상에서 정직하게 벌어먹으며 도둑질을 하지 않고 살아가고자 싸우는 '학자'! 그에게는 고귀한 무의식이 있었습니다. 그는 자기의 시계에 '진리'라는 말을 새겨서 다니지는 않았습니다. 그러나 그는 진리에 입각하여 말하고 일하고 삽니다. 항상 그런 것입니다.

다시 한 번 생각해보십시오. 자연이 큰일을 하도록 맡긴 사람은 무엇보다도 우선 자연에 대한 열린 마음이 있으므로 그는 불성실할 수가 없습니다. 그의 크고 열리고 깊이 느끼는 마음에 자연은 하나의 사실로 다가옵니다. 허위는 모두 허위일 뿐입니다. 이 생명의 신비라는 표현할 수 없는 위대성은 그가 그것을 인정하든 않든, 아니 심지어 그것을 망각한 듯이 부정하는 듯이 보이더라도 항상 '그의' 눈앞에 있습니다. 두렵고 놀라운 것으로서 도처에 실재하는 것입니다.

그는 성실성이라는 기반 위에 서 있습니다. 그러나 그는 그것을 인식하지 않습니다. 의심하는 일도 의심할 수도 없기 때문입니다. 미라보, 마호메트, 크롬웰, 나폴레옹, 내가 알고 있는 모든 위인은 근본적 자질로서 이것을 가지고 있습니다. 무수한 평범한 사람들은 논리와 암송으로 사람들에게 전해들은 평범한 이론들을 도처에서 토론하고 담론하고 있습니다. 그러나 이런 모든 것은 위인에게는 아무것도 아닙니다.

위인은 진리를, 자기가 진리라고 생각하는 것을 가져야 합니다. 진리를 가지지 않고야 어찌 그가 서 있을 수 있겠습니까? 그의 온 영혼은 항상 온갖 방법으로써 진리 아니고는 서 있을 수 없음을 그에게 일러줍니다. 그는 진리를 가져야 한다는 고귀한 필요성 아래에 있습니다. 이 세계에 대한 존슨의 사고방식은 우리의 그것과는 다릅니다. 그것은 마호메트의 사고방식이 우리의 사고방식과 다른 것과 마찬가지입니다. 나는 이 두 사람 모두에게 '성실성'이라는 영속적 요소가 있음을 인정합니다. 그리고 두 사람의 성실이 다 소용없는 것이 아님을 보고 기쁨을 느낍니다. 두 사람이 땅에 뿌린 것은 '겨'가 아니라, '성장할 수 있는' 그 무엇입니다.

존슨은 그의 국민들에게는 예언자였습니다. 그는 그들에게 하나의 복음을 전했습니다. 그와 같은 인물들이 언제나 그랬듯이 말입니다. 그가 전한 최고의 복음을 일종의 도덕적 분별이라고 말해도 좋을 것입니다. 즉 '할 일은 많고 아는 것은 적은 이 세상'에서는 그 일을 '실행'하는 방법에 주의하지 않으면 안 된다는 것입니다! 그것은 가르칠 만한 가치가 충분히 있는 물건입니다. '할 일은 많고 아는 것은 적은 이 세상'에서 의심의 밑바닥 없는 심연에 빠지지 않도록, 신을 잊어버린 비참한 불신의 심연에 떨어지지 않도록 하십시오. 그렇지 않으면 무기력하게 미쳐버려 불쌍한 처지에 빠지게 됩니다. 어찌 무엇인들 성취하거나 일할 수 있겠습니까? 존슨은 이런 복음을 전하고 가르쳤습니다.

그와 동시에 "마음에서 위선을 일소하라!"는 또 하나의 큰 복음을 이론적으로 실제적으로 전해주었습니다. 위선과 인연을 끊어라. 추운 날이라도 자기의 찢어진 구두를 신고 차가운 흙탕물에 서 있어라. 마호메트도 가르쳤듯이 "그것이 너를 위해 더 좋다." 나는 이 두 가르침을 합쳐서 하나의 위대한 복음, 아마 그 시대로서 가능했던 가장 위대한 복음이라고 부릅니다.

존슨의 저작이 그 당시에는 그처럼 유행과 명성을 얻었으나, 지금에 와서는 젊은 세대들에게 거부당하고 있습니다. 그것은 조금도 이상한 일이 아닙니다. 존슨의 관점은 급속도로 낡은 것이 되어가고 있습니다. 그렇지만 우리는 그의 사상과 생활방식만은 결코 진부한 것이 되지 않으리라고 기대합니다. 존슨의 책에는 위대한 지성과 위대한 가슴의 뚜렷한 흔적이 보입니다. 그것은 어떤 장애와 역경 아래에 있더라도 언제나 환영할 만한 것입니다. 그가 하는 말은 모두 진실합니다. 그는 그것으로 사물을 의미합니다. 놀랍도록 장중한 문체, 그것은 그 시대의 그가 도달할 수 있었던 최상의 것입니다.

지금은 낡은 것이 되어버렸지만, 운율적인 웅변은 자못 장엄하게 흐릅니다. 때로는 그 내용에 어울리지 않게 과장된 문체입니다. 그러나 여러분은 이것을 관대히 용서해야 합니다. 왜냐하면 과장되었건 안 되었건 간에 그 속에는 항상 무엇인가 들어 있기 때문입니다. 아름다운 글과 책이지만 아무것도 들어 있지 않은 것이 얼마든지 있습니다. 그런 것을 쓰는 사람은 세상에 해독을 끼치는 사람입니다! 그런 사람은 피해야 하는 종류에 속합니다. 만약 존슨이 그의 『사전』[19] 이외에 아무것도 남기지 않았더라도 그 속에서 그의 위대한 지성, 그의 사람됨을 엿볼 수 있을 것입니다. 그가 내린 정의의 명확성과 내용의 충실성과 엄정성, 통찰력, 그리고 성공적인 편찬 방법, 이런 것들로 보아 그것은 모든 사전 중 가장 우수한 것이라고 말할 수 있습니다. 그 사전에는 일종의 건축적 숭고함이 있어서, 웅대하고 견실한 건축물처럼 완벽한 균형을 갖추고 서 있습니다. 진정한 건축가가 지은 것임을 알 수 있습니다.

시간이 넉넉하지 못하지만, 그의 전기를 쓴 보즈웰[20]에 대해 한마디 하지 않을 수 없습니다. 그는 비루하고 허풍을 떠는 탐욕스런 인물로 알려져 있습니다. 많은 면에서 과연 그런 사람입니다. 그러나

---

19) 『영어사전』(*Dictionary of the English Language*, 1755)을 말한다.
20) 제1강의 주 13)을 참조.

존슨을 숭배했다는 사실만은 길이 남을 훌륭한 일입니다.

어리석을 정도로 자부심이 강한, 그 시대의 가장 젠체하는 인물 축에 드는 스코틀랜드 출신의 지주가 주눅 들린 태도로 초라한 다락방을 찾아갑니다. 그곳에는 먼지를 뒤집어쓴 위대하고 성질 급한 선생이 기거합니다. 그것은 탁월한 자에 대한 진정한 존경입니다. 영웅도 숭배도 전혀 모르던 시대에 그는 영웅을 '숭배'한 것입니다. 이런 사실로 미루어 볼 때 영웅이란 어떤 시대에도 있는 것이며, 그들에 대한 어느 정도의 숭배는 반드시 있게 마련이라고 생각합니다!

우리는 "어떤 인물도 그의 하인에게는 영웅이 아니다"라고 하는 재치 있는 프랑스인의 말을 전적으로 부인하게 됩니다. 만일 그렇다면 잘못은 영웅에게 있는 것이 아니라, 하인에게 있습니다. 그의 정신이 종놈의 정신이기 때문입니다! 그는 영웅이란 마땅히 화려한 무대의상을 입고 의젓한 걸음으로 우렁찬 나팔 소리와 함께 자기 앞으로 행차할 것으로 기대합니다. 따라서 앞에서 나온 프랑스인의 말은 "어떤 인물도 하인 앞에서는 왕이 될 수 없다"로 고쳐야 할 것입니다. 루이 14세의 왕복을 벗겨보십시오. 밭에서 뽑아낸 무 모양의 괴상한 헤어스타일을 한 가련한 사람에 지나지 않습니다. 옷 벗은 왕, 그것은 어떤 하인이 보아도 대단한 물건이 아닙니다. 하인은 그를 보아도 영웅으로 알아보지 못합니다! 아, 못 알아봅니다. 하인이 영웅을 알아보려면 그는 일종의 '영웅'이어야 합니다. 어떤 의미에서든 이 세상에 부족한 것이 바로 이러한 사람입니다.

잉글랜드 전역에서 존슨 이외에 숭배할 만한 다른 사람을 발견하지 못했다는 것은 보즈웰이 사람을 볼 줄 아는 인물이었음을 입증한다고 말할 수 있지 않겠습니까? 한편 위대하고 가련한 존슨의 경우를 보면 그는 정녕 용감한 사람답게 그의 어렵고 혼란스런 생애를 현명하게 잘 살았다고 말할 수 있지 않겠습니까? 그의 생업인 저술활동은 황량한 혼돈 속에 빠져 있었습니다. 종교와 정치에서도, 그리고 인생이론과 인생실제에서도 회의주의라는 황량한 혼돈이 맴돌고 있었습니다.

그는 빈곤과 먼지 속에서 사람들에게 버림을 받았으며, 병든 몸에는 남루한 옷을 걸쳤습니다. 그러나 그는 용감한 사람답게 그 모든 어려움을 자기를 위해 활용했습니다. 영원한 세계에 목표로 삼을 북극성이 전혀 없었던 것은 아닙니다. 그에게는 북극성이 있었습니다. 모든 용감한 사람은 자신의 북극성을 가지고 있지 않습니까? 그는 시선을 그 별에 고정시킨 채 그 혼란스러운 '시간'이라는 바다의 소용돌이 속에서도 결코 자신의 진로를 바꾸려 하지 않았습니다. 그는 "죽음과 굶주림을 견디어 나가며, 거짓된 정신에는 절대로 의기를 꺾으려 하지 않았습니다." 용감한 노(老) 새무얼, 마지막 로마인이여!

광기 속에 피어난 진실의 불꽃—루소

루소와 그의 영웅정신에 대해서는 말할 것이 많지 않습니다. 그는 강한 사람이 아닙니다. 병적이고 쉽게 흥분하고 발작적인 사람입니다. 강건하기보다 오히려 격렬한 사람입니다. 그는 지극히 귀중한 자질인 '침묵'을 가지고 있지 않았습니다. 프랑스인 중에는 이런 자질을 가진 사람이 거의 없으며, 또 오늘날에는 어떤 부류의 사람도 이런 자질을 별로 가지고 있지 않습니다! 고생하는 사람은 마땅히 "자기 자신의 연기를 마셔 없애야 합니다." 모락모락 '연기'를 내뿜어보았자 그것이 '발화'—물론 비유적인 의미에서 모든 연기는 불이 될수 있습니다—될 때까지는 아무런 소용도 없습니다!

루소는 진정한 위대성의 특질인 깊이와 넓이, 그리고 곤란에 부딪혔을 때의 침착한 힘을 가지고 있지 않았습니다. 격렬하고 엄격한 것을 힘이라고 부르는 것은 근본적인 착오입니다. 발작을 일으키는 사람은 여섯 사람이 달라붙어도 억제할 수 없지만, 그렇다고 해서 그를 보고 강한 사람이라고 할 수는 없습니다. 아무리 무거운 짐을 짊어지고도 비틀거리지 않는 사람만이 강한 사람입니다. 우리는 항상, 특히 목소리만 높이는 시대에는 이 사실을 잊어서는 안 됩니다. 말하고 행동할 때가 오기까지 '조용히 침묵을 지키지 못하는 사람'은 진정한 사람이 아닙니다.

가엾은 루소의 얼굴은 그의 사람됨을 잘 보여줍니다. 고상하긴 하나 편협하고 위축된 격렬성을 보여줍니다. 앙상한 이마, 깊고 작은 눈, 그 눈에는 어리둥절한 표정이 담겨 있습니다. 당황하여 스라소니처럼 응시하고 있습니다. 그의 얼굴에는 불행 ―그것도 저열한 불행― 과 그에 대한 반항이 가득합니다. 그의 표정에는 천하고 평민적인 무엇이 있는데, 그것은 그나마 그의 '격렬성' 덕분에 완화되었습니다. 그것은 '광신자'의 얼굴입니다. 그는 슬프게도 위축된 영웅입니다!

우리가 여기에서 그의 이야기를 하는 것은 그에게는 많은 결점이 있는데도 영웅의 첫째 조건에 해당하는 특성이 있기 때문입니다. 즉 그는 정녕 '진지'합니다. 어떤 사람에 못지않게 프랑스의 어떤 철학자보다도 더 진지합니다. 그는 다감하고 유약한 성격에 비해서 아주 많이 진지합니다. 사실 그것이 결국에는 그를 광기에 가까운 기이한 자아모순으로 몰아넣었습니다. 그는 마침내 광적 상태에 이르렀습니다. 그의 사상은 마귀처럼 그를 사로잡았으며, 그를 내몰아 가파른 낭떠러지로 달리게 했습니다.

루소의 결함과 불행은 한마디로 쉽게 줄여 말할 수 있습니다. 그것은 '이기심'이었습니다. 이기심은 실로 모든 잘못과 불행의 원천이며 핵심입니다. 그는 단순한 욕망을 이겨낼 수 있을 정도로 자신을 완성하지 못했습니다. 여러 종류의 굶주린 욕망이 그의 강력한 동기였습니다. 그는 또 사람들의 찬사를 구하는, 허세가 심한 사람이었습니다.

여러분은 장리스(Genlis)의 이야기를 기억할 것입니다. 이 부인은 장-자크를 극장으로 데리고 갔습니다. 장-자크는 절대로 자기가 누구인지 알리지 않는다는 조건을 내세웠습니다. "그이는 사람들의 눈에 띄는 것을 굉장히 싫어했어요." 그런데 그만 그가 앉은 좌석의 커튼이 열리는 바람에 관객들은 장-자크를 알아보았습니다. 그러나 그다지 크게 주목하지는 않았습니다. 그는 몹시 화를 냈습니다. 저녁 내내 불쾌해하며 퉁명스러운 말만 했습니다. 같이 간 백작부인은 장-자크가 화를 낸 것이 사람들의 눈에 띄었기 때문이 아니라, 자신을 보고도 갈채를 보내지 않았기 때문이라고 확신했습니다.

그의 성격은 완전히 비틀려서 의심과 자기고립 그리고 심한 우울증만 남았습니다! 그는 누구하고도 어울려 살 수 없었습니다. 시골 출신으로 지위가 상당한 어떤 사람이 종종 찾아와서 그에 대한 존경을 표시하곤 했습니다. 그가 어느 날 장-자크를 찾아와보니 장-자크는 까닭없이 심기가 몹시 불편한 상태였습니다. 이글거리는 눈으로 장-자크는 말했습니다.

이봐요, 당신이 왜 날 찾아오는지 나는 알고 있소. 내가 얼마나 초라하게 살고 있는지를 보려고 왔겠지. 자, 그 속을 보여드리지! 고기 반 파운드, 당근 하나, 양파 셋, 그뿐이오. 자, 가서 온 세상에 알려주시구려!

이쯤 되면 지나친 사람이 아닐 수 없습니다. 온 세상은 가련한 장-

자크의 이러한 심술궂고 위축된 성질에서 연극적인 웃음거리를 즐겼습니다. 그러나 장-자크는 사람들이 가볍게 웃는다고 생각하지 않았습니다. 그에게는 그것이 너무도 심각한 문제였습니다! 그것은 죽어가는 검투사의 일그러진 모습입니다. 관람석을 메운 사람들은 재미있게 구경을 하고 있습니다. 그러나 검투사는 단말마적인 고통 속에서 죽어가고 있습니다.

그러나 이 루소는 모성에 대한 정열적인 호소를 통해 『사회계약론』을 저술함으로써, 그리고 자연을—심지어 자연 속의 야만생활까지도—찬양함으로써 진실에 접근했고 진실을 추구하며 싸웠습니다. 그는 자기 시대에 대해 예언자의 본분을 다했던 것입니다. 그로서, 그 시대로서 할 수 있는 한 그 일을 했습니다!

기이한 것은 그 모든 위축·타락·광증 속에서도 가련한 루소의 가슴 깊은 곳에는 진정 천국적인 불꽃이 있었다는 것입니다. 그 시들어 빠진 조소적인 철학, 회의주의, 농지거리의 시대에도 이 사람의 심정에는 우리가 사는 이 세상이 '진실'한 것으로 떠올랐습니다. 회의주의, 논리적 명제, 농지거리가 아니라, 하나의 사실이며 하나의 두려운 실재라고 하는 느낌과 지식이 솟아났습니다. 자연은 이 계시를 그에게 주고, 선언하라고 명령했습니다. 그는 그것을 선언했습니다. 훌륭하고 분명하게 하지 못하고 서툴고 모호하게 했을망정, 그가 할 수 있는 한 분명하게 선언했습니다.

우리는 그의 모든 잘못과 단점, 리본을 훔친 사건, 목적의식도 없이 혼란스럽기만 했던 그의 불행과 유랑마저도 호의적으로 해석할 수 있습니다. 그것은 너무나 힘에 겨운 임무를 맡은 사람, 아직 찾아내지도 못한 길로 심부름을 가는 사람이 어리둥절해하며 이리저리 비틀거리는 것이 아니고 무엇이겠습니까? 우리는 항상 사람을 너그럽게 대해주며 그 사람에 대한 희망을 버리지 말고 기다려보아야 합니다. 그가 하고자 하는 일을 하도록 두고 보아야 합니다. 어떤 사람이나 살아 있는 동안은 희망이 있습니다.

루소의 문학적 소질은 그의 나라 사람들 간에는 아직까지도 대단한 것으로 되어 있으나, 그것에 대해서 나는 할 말이 많지 않습니다. 그의 책은 루소 자신과 같아서 건강하지 않습니다. 좋은 종류의 책이 아닙니다. 루소에게는 일종의 관능성이 있습니다. 그것이 그의 지성과 결합되었을 때 그려지는 그림은 찬란한 매력을 지닙니다. 그러나 그것은 순수한 시적인 것은 아닙니다. 투명한 햇빛이 아니라 오페라 풍의, 마치 장미의 분홍빛 같은 야한 치장입니다. 그것은 그의 시대 이후 프랑스인들의 저술에 종종 나타납니다.

아니, 보편적으로 나타납니다. 그것은 스탈 부인[21]에게도 더러 있고, 생 피에르,[22] 그리고 오늘날의 놀라운 '절망의 문학'에 이르기까지 어디에나 널려 있습니다.

이 '장미의 분홍빛'은 올바른 경향이 아닙니다. 셰익스피어, 괴테, 그리고 하다못해 월터 스콧(Walter Scott)[23]을 보십시오! 이들을 본 사람은 진리와 거짓의 차이를 본 것이며, 한번 그 차이를 보면 영원히 구별할 수 있습니다.

---

21) 스탈 부인(Madame de Staël, 1766~1817): 프랑스의 작가로 루이 16세의 재무상인 네케르(Necker)의 딸이다. 어려서부터 계몽사상의 영향을 받았다. 프랑스혁명 기간에 스위스로 망명했으며, 1794년 파리에 정착한 후 지식인들을 위한 살롱을 운영했다. 그 후 나폴레옹이 추방하여 독일과 이탈리아 각지를 전전하던 중 특히 독일의 많은 문인들과 접촉했다. 콩스탕(Benjamin Constant)과 애정행각(1794~1808)을 벌인 것으로 유명하며, 슐레겔(Schlegel)과 바이런(Byron)의 친구이기도 했다. 낭만주의를 소개하고 발전시키는 데 공헌했다.

22) 생 피에르(Bernardin de Saint-Pierre, 1737~1814): 프랑스의 소설가로 프랑스 낭만주의의 선구자이다.

23) 제2강의 주22)를 참조.

우리는 존슨에게서 온갖 불행과 위축 속에서도 예언자가 세상을 위해 얼마나 많은 좋은 일을 할 수 있는지를 보았습니다. 그러나 루소에게서는 불리한 조건 속에서 얼마나 많은 악이 선에 수반되는지를 보게 될 것입니다. 역사적으로 보면 루소는 지극히 많은 결실을 초래했습니다. 그는 파리의 다락방 속으로 추방되어 자신의 사색과 궁핍에 묻혀 살았습니다. 이리저리 내몰리며 그는 광기에 빠질 정도로 고민하고 분노했습니다. 그는 점차 세상이나 세상의 법이 자기의 친구가 아니라는 것을 사무치게 느꼈습니다. 할 수만 있다면 그런 사람은 세상과 적대 관계에 서지 '않는' 편이 좋았을 것입니다. 세상은 그를 다락방 속에 가두어 미친 사람 취급하고 조소하면서 들짐승처럼 그 안에서 굶도록 방임할 수는 있었습니다. 그러나 그가 세상에 불을 지르는 것을 막을 수는 없었습니다.

루소는 프랑스혁명의 복음 전도자였습니다. 문명생활의 불행에 대한 거의 광적인 사색, 야만상태가 문명생활보다 낫다는 사상 등은 온 프랑스를 열광의 도가니로 만드는 데 크게 기여했습니다. 세상은, 또는 세상의 지배자들은 이런 사람을 어떻게 할 수 있습니까? 세상의 지배자들이 이런 사람을 어떻게 할 수 있는지는 실로 대답하기가 곤란합니다! 불행한 일이지만, 이런 사람이 세상의 지배자들을 어떻게 할 수 있었는가 하는 것이 우리로서는 더 알기가 쉽습니다. 실로 간단합니다. 즉 많은 지배자들이 '길로틴'으로 처형당했던 것입니다. 루소에 대해서는 이 정도로 마치겠습니다.

비극적 성실성의 생애—번스

위축되고 신앙 없고, 독창성도 없는 18세기의 종이로 만든 허수아비 같은 사람들 속에서 한 영웅이 로버트 번스의 모습을 빌려 나타난 것은 이상한 일입니다. 바위투성이 사막에 솟은 작은 우물인 듯 인위적인 냄새가 물씬 풍기는 복스홀(Vauxhall)[24]에 천국의 빛이 갑자기 비쳐 들어온 듯합니다! 사람들은 어찌할 바를 몰랐습니다. 그들은 그것을 다만 유원지에서 벌이는 불꽃놀이 정도로 생각했습니다. 아, 그는 모든 인위적인 것에 대해 거의 맹목적으로 목숨이라도 건 듯이 싸웠음에도 사람들이 자신을 그렇게 생각하도록 내버려두었습니다. 아마 이 사람처럼 세상으로부터 오해를 받은 사람은 없었을 것입니다. 다시 한 번 억울한 인생 드라마가 태양 아래에서 상연되었습니다.

번스가 살아온 생의 비극은 여러분이 다 아는 것입니다. 사람이 차지한 지위와 그 사람에게 어울리는 지위의 차이가 운이 나쁘다는 것을 의미한다면 번스처럼 운이 나쁜 사람도 없습니다. 18세기의 싸구려 등장인물—그 대부분은 광대들이었습니다—가운데 다시 한 번 한 사람의 독창적인 거인, 즉 영원한 생명의 깊은 곳에 뿌리를 뻗은 영웅적인 인물이 나타났습니다. 그는 에어셔(Ayrshire)의 가난한 오두막집에서 태어났습니다. 영국 전체에서 가장 위대한 영혼이 억센 손을 가진 스코틀랜드 농부의 모습으로 세상에 왔던 것입니다.

가난한 그의 아버지는 여러 일에 손을 댔으나 곤궁에서 벗어날 수 없었습니다. 마름(토지관리인)들은 툭하면 위협적인 편지를 보내와 번스 자신의 표현을 빌리자면 "그 편지를 받고 우리 집안은 눈물바다가 되었다"는 것입니다. 용기 있고 열심히 일하며 고생하는 아버지와 그의 씩씩한 아내, 그리고 번스의 형제들이 한 가족을 이루었습니다! 이 넓은 세상에 그들이 의지할 곳은 없었습니다. "그 편지를 받고 우리 집안은 눈물바다가 되었다"는 말을 한번 생각해보십시오.

---

24) 제3강의 주13)을 참조.

그 씩씩한 아버지, 그는 '침묵'의 영웅이고 시인이었습니다. 그가 아니었더라면 그의 아들은 언어를 다루는 영웅과 시인이 되지 못했을 것입니다!

번스의 학교 선생님은 나중에 런던으로 와서 상류사회가 어떤 것인지를 알게 되었습니다. 그러나 그는 어떤 사람들의 집회에 가보아도 이 농부의 화롯가에서 즐긴 것보다 더 좋은 담화는 가져보지 못했노라고 단언했습니다. 그러나 이 농부의 보잘것없는 '7에이커의 농장'도, 생계를 유지하려고 시작한 다른 어떤 일도 뜻대로 되지 않았습니다. 그는 일생 동안 힘에 겨운 싸움을 치렀습니다. 그러나 그는 현명하고 성실하게, 불요불굴의 정신으로 용감하게 맞섰습니다. 날마다 쓰라린 고통을 묵묵히 인내하며, 영웅답게 싸웠습니다. 그의 고귀함을 신문기사로 쓰거나 그에게 투표를 던지는 사람도 없었습니다! 그러나 그는 패배하지 않았습니다. 아무것에도 굴하지 않았습니다. 로버트 번스는 살아 있습니다. 그의 업적이 남아 있습니다. 실로 수많은 세대에 걸친 그와 같은 사람들의 업적이 남아 있습니다.

이 번스는 온갖 불리한 조건 아래서 나타났습니다. 교육을 받지 못했고, 가난하여 고된 육체노동을 해야만 했습니다. 글을 짓는 일로 말하더라도 그가 살고 있던 좁은 지방에서만 통용되는 사투리로 썼습니다. 만일 그가 잉글랜드에 널리 통용되는 말로 글을 썼더라면 그는 이미 우리의 가장 큰 위대한 인물 중 한 사람으로 널리 인정받았을 것입니다. 그가 많은 사람들을 부추겨서 사투리의 굳은 딱지를 깨뜨리게 했다는 사실은 그 사투리 속에 심상치 않은 무엇이 들어 있다는 증거가 됩니다. 그는 상당히 인정을 받게 되었으며, 색슨 말을 쓰는 넓은 세상 모든 지역에서 그는 지금도 점점 더 널리 알려지고 있습니다. 색슨 말이 쓰이는 곳이면 어디서나 18세기 색슨 세계에서 가장 위대한 사람이 에어셔의 농부 로버트 번스였다는 사실이 인식되어가고 있습니다.

그렇습니다. 여기에 또한 진정한 색슨적인 것이 있습니다. 하르츠 (Harz) 산맥[25]의 암석처럼 강하며, 세계의 심연에 뿌리를 박고 있습니다. 암석이라고는 하지만 그 속에 생명의 샘이 있습니다! 정열과 힘의 거센 소용돌이가 그 속에 고요히 잠들어 있습니다. 그 중심에는 그토록 천국적인 멜로디가 깃들여 있습니다. 고상하고 소박한 순수함이 있으며, 허식 없고 흙 냄새 나며 정직하고, 진정한 힘에서 오는 단순성이 있습니다. 그것에는 번갯불이 있고 이슬같이 부드러운 연민이 있습니다. 옛날 북유럽 신화에 나오는 천둥의 신 토르같이, 농부의 신같이 말입니다!

번스의 동생 길버트(Gilbert)는 분별이 있는 훌륭한 사람입니다. 그가 이런 이야기를 내게 들려준 적이 있습니다. 번스는 어린 시절 가난한 집안 형편 때문에 고생이 심했으나 언제나 매우 명랑했습니다. 한없이 쾌활한 아이여서 웃음과 분별과 인정이 많았다고 합니다. 나는 이 말을 그대로 믿을 수 있습니다. 노후작 미라보의 말을 빌리자면 그는 "명랑한 친구"였습니다. 이 명랑성은 광명과 기쁨의 근본요소로서 그것은 그의 깊고 진실한 다른 성품과 결부되어 번스의 가장 매력적인 성격 중의 하나를 이루었습니다. 그에게는 희망이 넘칩니다. 그는 비극적인 생애를 살았음에도 슬퍼하는 사람이 아닙니다. 그는 씩씩하게 슬픔을 떨치고 그것을 뛰어넘어 승리하는 사람이었습니다. 마치 '갈기에 묻은 이슬방울을 떨어버리는' 사자와도 같고, 휘두르는 창도 아랑곳하지 않은 채 질주하는 말과도 같습니다. 사실 번스의 낙관주의와 명랑성은 따스하고 너그러운 사람에게서 나오는

---

25) 엘베(Elbe) 강과 베저(Weser) 강 사이에 가로놓인 낮은 산맥으로 독일 동서에 걸쳐 있다. 오랫동안 이교의 본거지였던 지역으로 수많은 전설이 깃들여 있다.

것이며, 어떤 사람에게나 모든 것의 시초가 아닙니까?

내가 번스를 가리켜 그의 시대에서 가장 뛰어난 천품을 타고난 영국인이었다고 한다면 여러분은 이상하게 생각할 것입니다. 그러나 그렇게 말해도 전혀 이상하지 않을 날이 다가오고 있다고 나는 믿습니다. 많은 어려움을 딛고 쓴 그의 모든 저술은 그의 사소한 일부분에 지나지 않습니다. 스튜어트(Stewart) 교수는 "그의 시는 어떤 특정한 소질에서 온 것이 아니라, 타고난 활기 있고 독창적인 정신의 일반적 결과가 그런 식으로 표현된 것에 지나지 않는다"고 말했습니다. 실로 이 말은 아주 정당하며, 모든 훌륭한 시인의 경우에 해당하는 말입니다.

번스가 일상생활에서 보여준 말솜씨에 대해서도 많은 사람들이 감탄해 마지않았습니다. 부드러운 인사말부터 가장 치열한 불과도 같은 정열적인 말에 이르기까지 그에게는 모든 종류의 소질이 있었습니다. 기쁨에 넘친 우렁찬 홍수, 애정 어린 가녀린 울음, 간결한 웅변, 명확한 통찰력, 이 모든 것이 그에게는 있었습니다. 재치 있는 귀부인들도 그의 말에는 당할 수가 없었다고 감탄했습니다. 이것은 아름답습니다. 그러나 더욱 아름다운 것은 록하트 씨[26]가 전하는 이야기입니다. 나는 이에 대해 전에도 몇 번 말한 적이 있습니다. 여관집 웨이터나 마부들이 자다가도 나와서 번스의 이야기를 들었다는 것입니다. 웨이터나 마부들, 그들도 사람이었습니다. 그리고 여기도 하나의 인간이 있었습니다!

나는 그가 한 말에 대해 많이 들었지만, 그 가운데 가장 좋은 말은 오랫동안 그와 가까이 지낸 일이 있던 어느 덕망 있는 신사에게서 작

---

26) 록하트(John Gibson Lockhart, 1794~1854): 스코틀랜드의 편집자·소설가·전기작가로 월터 스콧의 딸과 결혼했으며, 번스의 전기를 썼다(1828).

년에 들은 것입니다. 번스의 말의 특색은 그 안에 반드시 '알맹이가 있다'는 것입니다. 그 신사는 내게 이렇게 말했습니다. "그는 오히려 말을 많이 하지 않았다. 마치 윗사람 앞에 있는 듯이 말을 삼갔다. 그리고 입을 열었다 하면 항상 화제에 새로운 빛을 던졌다." 사람이란 모름지기 말을 하려면 이렇게 해야 합니다! 그의 영혼의 전반적인 힘과 모든 면에 보이는 그의 건강한 기백, 그리고 소박한 솔직성, 통찰력, 너그러운 용기와 씩씩함 등을 생각할 때, 그보다 더 천품이 훌륭한 사람을 어디에서 찾겠습니까?

18세기의 위인들 가운데 번스는 누구보다도 미라보를 닮았다고 생각합니다. 그들은 외면적으로는 크게 다릅니다. 그러나 두 사람을 본질적인 면에서 바라보십시오. 두 사람에게는 모두 억센 육체적·정신적 힘이 있습니다. 두 사람 모두 미라보가 말한 "명랑한 친구"였습니다. 그러나 타고난 천성이나 교육, 국민성으로 보면 미라보는 번스 이상으로 고함을 꽥꽥 지르며 시끄럽고 급진적이며 참을성이 없는 사람이었습니다. 그러나 미라보의 특성 역시 진실성과 분별력, 참된 '통찰력,' 그리고 넓은 시야라고 할 수 있습니다. 그가 하는 말은 기억할 가치가 있습니다.

두 사람의 말에는 통찰력이 번뜩입니다. 두 사람 모두 격한 정열이 있으면서도 부드럽고 고상한 사랑을 보여줄 줄 알았습니다. 재치와 거친 웃음, 힘, 솔직성, 성실성이 두 사람 모두에게 있었습니다. 두 사람은 다른 종류에 속하지 않습니다. 번스 역시 의회에서 나라를 다스리고 토론을 할 수 있었습니다. 누구 못지않게 정치를 잘했을 것입니다. 솔웨이 만(Solway Frith)에서 밀수선을 잡을 때 보여준 용기, 제대로 말을 할 수 없고 울분만이 끓어올랐을 때 침묵을 지킬 줄 알았던 용기, 이 용기라면 모든 사람 위에 우뚝 서서 나라를 다스릴 수도 있고, 영원히 기억에 남도록 한 시대를 지배할 수도 있었을 것입니다!

그러나 세상사람과 관리들은 그에게 이렇게 말했습니다. "자네는 일을 해야 해. 생각을 해서는 안 돼. 자네의 생각이 이 땅에서 가장 훌륭한 것이라 할지라도 우리는 필요 없네. 저기 있는 맥주통이나 거들어주게. 그것이 자네가 할 일일세." 매우 주목할 만한 말입니다. 할 말을 한 것입니다. 그러나 우리는 이에 대해 무슨 말을 해야 하고 무슨 대답을 해야 할지 알고 있습니다! 실로 사고 또는 사고력이야말로 이 세상에서 어느 때, 어느 곳, 어떤 사정에서도 가장 필요한 것이 아닙니까?

구제할 수 없는 사람이란 생각하지 않는 사람, 생각하고 볼 줄 모르는 사람, 장님처럼 암중모색하면서 환각에 빠진 나머지 사물의 본질을 제대로 못 보는 사람을 말하는 것이 아닙니까? 그는 잘못 보고 잘못 짚습니다. 그는 이것이라고 여기는데 사실은 저것입니다. 그래서 그것은 그를 무용지물처럼 거기에 버리고 갑니다! 그는 죽을 수밖에 없는 사람입니다. 이런 사람이 사회적으로 높은 지위에 올라앉으면 절망적입니다. 어떤 사람은 "웬 불평이냐? 옛날부터 능력 있는 사람에게는 활동무대가 주어지지 않았다"라고 말합니다. 과연 그렇습니다. 그러나 손해를 보는 것은 그 사람이 아니라 '활동무대'입니다. '불평'은 소용없는 일입니다. 그러나 진실을 말하면 유익이 있을 것입니다. 즉 프랑스혁명이 터지기 직전의 유럽이 번스에게 준 사명이 고작 술통을 거들어주는 일이었다는 사실을 말입니다. 나는 이런 사태를 도저히 기뻐할 수 없습니다.

우리는 여기에서 다시 한 번 번스의 제일가는 특성은 그의 '성실성'이었다고 말하지 않을 수 없습니다. 그는 시에서도 생활에서도 성실했습니다. 그가 부른 노래는 환상에서 온 것이 아니라 그가 느낀 것, 실제로 있었던 것입니다. 그의 전 생애의 가치가 진실에 있듯이 그의 노래의 가장 큰 가치도 진실에 있습니다. 번스의 생애는 하나의 위대한 비극적 성실성이었다고 말할 수 있습니다. 일종의 야생적 ―
그러나 결코 잔인하지는 않은 ― 성실성, 사물의 진리와 거칠게 씨름
하는 성실성이었습니다. 그런 의미에서 모든 위인에게는 야생적인
면이 있습니다.

오딘, 번스에 대한 영웅숭배는 어떠했습니까? 그렇습니다. 여기서
말한 문인들도 일종의 영웅숭배를 받았습니다. 그러나 영웅숭배는
얼마나 이상한 상태에 도달해 있습니까! 스코틀랜드의 여관집 웨이
터, 마부들이 문에서 기웃거리며 번스의 말을 엿들으려 하는 것도,
본인들은 그렇게 의식하지 않았을지라도 일종의 영웅숭배였습니다.
존슨은 보즈웰의 숭배를 받았습니다. 그리고 루소로 말하면 많은 사
람들의 숭배를 받았습니다. 귀족들이 초라한 다락방으로 그를 방문
했습니다. 권세 있는 사람들과 아름다운 귀부인들이 이 가련하고 광
기가 있는 그에게 존경을 드렸습니다. 그것은 루소 자신에게 더할 수
없이 기괴한 모순이었습니다.

그는 자기 생활의 양극단을 조화시키지 못했습니다. 고관들에게
초대를 받아 식사를 같이 하면서도 자신의 생계를 위해 악보를 베껴
야만 했습니다. 그는 "나는 나가서 식사를 하느라고 일을 못해서 집
에서는 굶어죽을 지경이다"라고 말했습니다. 그들 숭배자들에게는
납득할 수 없는 일이었습니다! 만일 숭배를 옳게 하고 그르게 하는
것이 한 시대의 옳고 그름을 말해준다면 우리는 이 시대가 가장 좋은
종류의 시대라고 말할 수 있겠습니까?

그러나 우리의 문인영웅들은 우리를 가르치고 다스립니다. 그들은
왕·성직자, 그밖의 어떤 사람으로도 됩니다. 어떤 수단을 써도 이것
을 막을 수는 없습니다. 세상은 생각하고 보는 사람에게 복종해야만
합니다. 복종하는 방식은 달라질 수 있습니다. 우리는 영웅을 축복받
은 긴 여름의 햇빛처럼 누리거나, 또는 불행한 검은 천둥과 태풍으로

누릴 수도 있습니다. 두 경우에서 세상이 얻는 이익에는 이루 말로 다할 수 없는 큰 차이가 있습니다!

영웅숭배의 방식은 쉽사리 달라질 수 있습니다. 그러나 그 실질과 사실은 하늘 아래 어떤 힘으로도 달라지지 않습니다. 성공하면 '빛'이지만 실패하면 '벼락'입니다. 세상은 둘 중의 하나를 선택할 수 있습니다. 오딘 같은 영웅을 신·예언자·성직자, 또는 무엇으로 우리가 부르느냐가 문제가 아니라, 그가 하는 말을 우리가 믿느냐 믿지 않느냐가 중대한 문제입니다. 그것이 만일 진실한 말이면 우리는 믿어야 하며, 믿으면 그것을 실행해야 합니다. 어떤 이름을 그에게 주는가, 그리고 그를 환영하는가 않는가 하는 것은 주로 우리에게만 관련되는 일입니다. 새로운 진리 —즉 우주의 비밀에 대한 새롭고 깊은 계시—는 하늘에서 오는 메시지입니다. 그러므로 세상은 마땅히 복종을 해야만 합니다.

마지막으로 번스의 생애에서 가장 주목할 만한 일, 즉 그가 에든버러를 방문한 것에 대해 몇 마디 하고자 합니다. 그곳에서 취한 그의 행동은 그가 얼마나 가치 있고 용기 있는 인물이었나를 잘 보여주는 것이라고 생각합니다. 이때 번스에게 주어진 것보다 더 무거운 짐이 사람에게 주어질 수는 없을 것입니다. 너무도 갑작스러운 일이었습니다. 그처럼 돌연히 인기의 절정에 도달하면 대부분의 사람들은 파멸하는 법인데, 그는 아무렇지도 않았습니다. 이 변화는 마치 라 페르(La Fère) 연대의 일개 포병 소위로 있던 나폴레옹이 일약 황제가 된 것이나 다름없는 일이었습니다.

아직 27세에 지나지 않던 번스는 이때 농부도 아니고, 치욕과 감옥생활을 피해 서인도제도로 도망가려 하고 있었습니다. 이 달에 그는 파산한 농부 신세라서 1년에 7파운드의 일감마저 잃었습니다. 그런데 그 다음 달에 고관과 미인들에게 둘러싸이고 보석에 묻힌 귀부인과 식사를 같이 하며, 세상의 이목을 한 몸에 집중시켰습니다!

역경은 종종 사람에게 지나치게 가혹한 것입니다. 그러나 역경을 이기는 사람이 백이라면 번영에 지지 않는 사람은 하나입니다. 나는 이때 번스가 번영에 지지 않은 것을 찬양합니다. 그처럼 큰 시련을 겪고도 그처럼 자신을 망각하지 않은 사람을 달리 지적할 수가 없습니다. 고요히 놀라지 않고, 수줍어하지 않으며, 뽐내지도 않고, 그는 자기가 인간 로버트 번스라는 사실을 느꼈습니다. "지위란 한낱 명색에 지나지 않는다. 명성은 한낱 등불일 따름이어서 사람을 비출 뿐이지 더 좋은 사람이나 다른 사람으로 만들어주지는 않는다"는 것을 느꼈습니다! 사람이 여간 정신을 차리지 않으면 번영은 그를 '더 나쁜' 사람, 부풀어오른 풍선으로 만들어 터져 죽은 개구리가 되도록 만듭니다. 그에게는 누군가 말했듯이 "육신의 부활이란 없습니다." 살아 있는 개보다 못하게 됩니다! 이 점에서 번스는 칭송을 받을 만합니다.

아, 그러나 이들 인기인을 쫓아다니는 사람들이 번스를 멸망과 사망에 이르게 했습니다. 그들은 그를 살아 있을 수 없게 만들었습니다! 그들은 그의 농장으로 찾아와서 둘러싸고 그의 일을 방해했습니다. 그들에게는 먼 곳이란 있을 수 없었습니다. 그는 자기가 유명하다는 것을 잊으려 무척 애를 썼으나 되지 않았습니다. 그는 불만과 불행과 과오 속에 빠지고, 세상은 그에게 점점 더 황량한 것으로 되어갔습니다. 건강, 품격, 마음의 평화, 이 모두를 잃고 고독하게 되었습니다. 생각하면 비극입니다! 이 사람들은 단지 그를 '보려고' 왔을 뿐이지, 그에게 무슨 공감을 느껴서 방문한 것이 아니었습니다. 하다 못해 그를 증오해서 찾아온 것도 아니었습니다. 약간의 오락거리를 얻고자 왔던 것입니다. 그들은 목적한 오락을 얻었습니다. 그러나 그 때문에 영웅은 생명을 잃게 된 것입니다.

리히터가 전하는 것에 따르면, 수마트라 섬에는 커다란 반딧불이 있는데, 원주민들은 그것을 쇠꼬챙이 끝에 달고 밤길을 비추며 다닌다고 합니다. 지위가 높은 사람들은 이리하여 유쾌한 등불을 가지고 돌아다니기를 자랑으로 삼습니다. 반딧불로서는 큰 영광입니다. 그러나 그것이 정말 큰 영광일까요? 판단은 여러분에게 맡기겠습니다.

제6강

제왕으로 나타난 영웅

근대의 혁명운동: 크롬웰 · 나폴레옹

1840년 5월 22일, 금요일

사람들 사이에 행해지는 행동 가운데 지배하고 복종하는 일보다 더 도덕성을 띠고 있는 일도 없습니다. 정당하지 않으면서 복종을 요구하는 사람에게 재앙이 있을 것이며, 정당한데도 복종을 거부하는 사람에게도 재앙이 있을 것입니다!

'사람 앞에 절하는 것'은 다만 빈 시늉이 아닌 이상은 영웅숭배입니다. 우리 형제의 모습 가운데 어떤 신성한 것이 깃들여 있다는 것입니다. 모든 피조물은 노발리스가 말한 것과 같이 "육신에 담긴 신의 계시"라는 것을 인정하는 행위입니다. 인생을 고귀한 것으로 만드는 우아한 예의를 만들어낸 사람들은 또한 시인이기도 합니다! 예의는 허위나 시늉이 아닙니다. 그런 것이 될 수 없습니다.

성실한 사람만이 성실을 알아볼 수 있습니다. 영웅만 있으면 되는 것이 아니라 영웅에 적합한 세상이 또한 있어야 합니다. 종놈들의 것이 아닌 세상이 말입니다. 그렇지 않으면 영웅이 와도 거의 아무런 소용이 없습니다!

영웅정신의 마지막 국면

우리는 이제 영웅의 마지막 형식인 왕으로 화제를 옮깁니다. 왕은 사람들을 통솔하는 지휘관입니다. 우리는 그의 뜻에 복종하고, 충성으로 섬기며, 그렇게 함으로써 우리는 우리의 복리를 발견합니다. 그러므로 왕은 위인들 가운데서 가장 중요한 사람이라고 볼 수 있습니다. 그는 사실상 영웅정신의 '모든' 다양한 모습을 한 몸에 지닌 사람입니다. 성직자의 모습과 교사의 모습, 그리고 우리가 인간에게 내재해 있다고 생각하는 모든 세속적·정신적 위엄이 그에게 구현되어 있습니다. 그는 우리를 '지휘'하고, 우리에게 부단한 실제적 가르침을 주며, 날마다 시간마다 우리가 해야 할 일을 지시합니다. 그는 라틴어로는 'Rex,' 프랑스어로는 'Roi'라고 합니다. 우리말로는 'King,' 'Könning'라고 하는데, 이것은 'Can-ning,' 즉 유능한 사람이라는 뜻입니다.

깊고 헤아릴 수 없는 경지를 가리키는 숱한 생각이 여기에서 떠오릅니다. 그 대부분의 생각에 대해서는 여기에서는 전혀 언급하지 않겠습니다. 일찍이 버크[1]는 이렇게 말했습니다. "공정한 배심 재판이 정치의 생명이며, 모든 입법·행정·의회의 토론 등은 배심원석에 열두 명의 공평무사한 사람들을 보내기 위해서 있는 것이다." 그와 마찬가지로 아니 더욱 강력한 근거에서 나는 여기에서 이렇게 말하려고 합니다. 즉 유능한 사람을 찾아서 그에게 '능력의 상징'과 위엄, 숭배('worship'이란 'worth-ship' 즉 가치 있는 일이라는 뜻입니다), 주권, 그리고 왕위를 드려서, 그의 능력대로 사람을 지도할 수 있도록 하는 것, 그것이 이 세상에서 이루어지는 모든 사회적 절차의 핵심이

---

1) 제5강의 주10)을 참조.

라고 말입니다! 정견 발표와 의회에서의 제안, 개혁법안, 프랑스혁명, 이 모두가 본질에서는 다른 어떤 것도 아닌 바로 이것을 의미합니다.

어떤 나라에서든지 그 나라의 가장 유능한 사람을 찾아 그를 최고의 자리에 모시고 충심으로 존경하십시오. 그러면 그 나라는 완전한 정부를 가지고 있는 것입니다. 투표함, 의회에서의 웅변과 투표, 헌법 제정, 또는 그밖의 다른 어떤 장치를 덧붙인다 해도 그것을 조금이라도 개선할 수 없습니다. 그 나라는 완전한 나라, 이상적인 나라입니다. 가장 유능한 사람은 또한 가장 진실하고 가장 정의로우며 가장 고상한 마음을 가진 사람을 의미합니다. 그가 우리에게 지시하는 일은 우리가 어디에서나 어떤 방법으로나 배울 수 있는 것 중 가장 현명하고 가장 적절한 일이게 마련입니다. 그러므로 우리는 충성과 감사로써 아무런 의심을 품지 않고 그대로 행할 의무가 있습니다! 그러면 우리가 하는 일과 삶은 정치로써 할 수 있는 한, 잘 조절될 것입니다. 그것이 이상적인 헌정입니다.

아, 우리는 그러한 이상이 실제적으로는 완전히 실현될 수 없음을 압니다. 이상은 항상 매우 멀리 있습니다. 따라서 우리는 어느 정도 그것에 가까운 것으로 만족하며, 그것을 고맙게 생각해야 합니다! 실러[2]는 투덜거리며 이렇게 말했습니다. "어떤 사람도 이 세상에서 완전을 척도로 삼아 현실의 초라한 산물을 재서는 안 된다." 우리는 그런 사람을 현명하다고 존경하지 않고, 병적이고 불만이 있는 어리석은 사람이라고 봅니다.

그러나 한편 우리는 이상이라는 것이 있다는 것을, 그것에 가까이 나아가려고 하지 않는다면 일을 완전히 그르치고 만다는 점을 잊어서는 안 됩니다! 반드시 그르치고 맙니다. 어떤 벽돌공도 '완전한' 수

---

2) 제1강의 주 47)을 참조.

직으로 벽을 쌓을 수는 없습니다. 이것은 수학적으로 불가능합니다. 어느 정도 수직으로 쌓는 것으로 충분합니다. 그렇게 했으면 일을 다한 것으로 알고 그만둡니다. 그만하면 그는 훌륭한 벽돌공입니다. 그러나 수직선에서 '지나치게' 기울게 쌓았다면! 다림줄이나 수평측정기를 내버리고 마구잡이로 벽돌을 쌓았다면! 그런 벽돌공은 일을 그르친 것입니다. 그는 자기 자신을 망각한 것입니다. 그러나 만유인력의 법칙은 그에게 작용하기를 잊지 않습니다. 그와 그의 벽은 무너지고 맙니다.

이것이 모든 반란과 프랑스혁명, 고대 또는 근대의 모든 사회적 폭발의 역사입니다. 아무 능력도 없는 사람에게 일을 맡겼기 때문입니다! 너무도 저열하고 용기가 없고, 우둔한 사람에게 맡겼기 때문입니다. 유능한 사람을 택하는 법칙 또는 자연적 필연성이 있다는 것을 사람들이 망각했기 때문입니다. 벽돌은 가능한 한 벽돌 위에 쌓아야 합니다. 능력이 없으면서 있는 듯이 가장하는 자, 다시 말해서 '가짜'는 모든 종류의 인간사에서 가짜와 어울릴 수밖에 없습니다. 그러면 그 일은 일같이 되지 않고 터무니없는 실패와 괴로움을 초래합니다.

외면적으로나 내면적으로 곤경에 빠진 수백만의 사람들은 그들이 의당 가져야 할 것을 요구하여 손을 내뻗습니다. 그러나 아무것도 받지 못합니다. '만유인력의 법칙'이 작용합니다. 자연의 법칙들은 모두 작용하기를 잊는 법이 없습니다. 비참한 가운데 있는 무수한 사람들은 상퀼로티슴 같은 광적인 사태로 폭발합니다. 벽돌도 벽돌공도 다 치명적 혼란에 빠집니다.

1백 년도 더 되는 오랜 옛날에 '왕권신수설'에 대해 씌어진 그 많은 사료가 지금은 읽는 사람도 없어서 이 나라의 공공도서관에서 썩고 있습니다. 그것이 서가 속에 깊이 파묻혀서 세상에 아무런 해도 끼치는 일 없이 이 지상에서 사라져가는 이 조용한 과정을 결코 방해하지 마십시오! 그러나 동시에 그 거대한 휴지가 그 안에 담고 있는 약간의 정신을 우리에게 남겨주지 않은 채 그냥 사라지게 하지는 마십시오.

그것은 한때 무엇인가를, 진실한 무엇인가를 의미했습니다. 우리 모든 사람이 그것을 마음에 새기는 것이 중요합니다. 아무 사람이나 골라서 머리에 둥근 쇠붙이를 씌워놓고 왕이라고 부르기만 하면, 그 사람에게 신성한 미덕이 생겨나고, 그 결과 그는 곧 일종의 신이 되어 영세토록 사람들을 지배할 수 있는 능력과 권리를 하늘의 신에게서 부여받게 된다고 주장하는 일, 이런 것을 우리는 어떻게 할 것입니까? 공공도서관에서 조용히 썩어가게 버려두지 않을 수 없습니다.

그러나 왕권신수설과 비슷한 맥락에서 나는 이렇게 말하려 합니다. 즉 왕, 모든 인간적 권위자들, 그리고 신이 창조한 인간들, 이들 상호간에 형성된 모든 관계에는 '신성한 정의'가 있거나 아니면 '악마적 불의'가 있거나 둘 중의 하나가 있다는 것입니다! 지나간 회의주의적 세기가 우리에게 가르쳐준 대로 이 세계가 하나의 증기기관이라는 것은 완전한 거짓입니다. 이 세상에는 신이 존재하며, 인간이 행하는 모든 일에는 신이 허락하는 것, 또는 신을 거역하는 것이 있습니다. 그리고 신은 모든 인간을 지배와 복종, 그리고 도덕적 행동의 견지에서 내다봅니다.

사람들 사이에 행해지는 행동 가운데 지배하고 복종하는 일보다 더 도덕성을 띠고 있는 일도 없습니다. 정당하지 않으면서 복종을 요구하는 사람에게 재앙이 있을 것이며, 정당한데도 복종을 거부하는 사람에게도 재앙이 있을 것입니다! 나는 말합니다. 신의 율법이 그 안에 있습니다. 비록 양피지 위에 법률이 무어라고 씌어져 있든지 간에 말입니다. 한 사람이 다른 사람에게 제기하는 모든 요구의 중심에는 신성한 정의 또는 악마적인 불의가 있습니다.

사람이 살아가며 맺는 모든 관계에서 충성심의 중요성을 아는 것을 생각하는 것은 어떤 사람에게도 해가 되지 않습니다. 근대의 그릇된 견해는 이기심과 탐욕스러운 부정행위에 대한 '억제'와 '균형'을 통해 모든 것을 유지할 수 있다고 생각하는 데 있습니다. 간단히 말해서 인간의 상호관계에 신적인 요인이 없다는 것입니다. 이런 잘못된 생각은 신을 믿지 않는 세기로서는 당연한 일이기는 하지만, 그것은 왕이 '신성한 권리'를 가지고 있다는 사상—즉 왕권신수설—보다 더 심한 오류입니다.

나는 말합니다. 우리를 위해 진정한 왕, 또는 유능한 사람을 찾아내서 보여주십시오. 그는 나를 지배할 신성한 권리가 있습니다. 그런 사람을 찾아내는 방법을 아는 것, 그런 사람을 찾아냈을 때 그의 신성한 권리를 모든 사람이 서슴지 않고 인정하는 것, 이것이야말로 병든 세상이 모든 곳, 모든 시대에서 찾고 있는 치유책입니다. 진정한 왕은 현실생활의 지도자적인 항상 성직자적인 성격—즉 모든 현실적인 것의 원천인 정신생활의 지도자로서의 성격—을 띠고 있습니다. '왕'이 또한 '교회'의 우두머리라는 말은 진실입니다. 그러나 죽은 세기의 신학적 이론은 서가에 조용히 누워 있게 두고 건드리지 않기로 합시다.

유능한 사람을 꼭 '찾아야' 하겠는데 어떻게 그 일을 해나갈 것인지 방법을 모른다는 것은 확실히 두려운 일입니다! 우리의 이 시대가 맞이한 곤란한 문제는 바로 이것입니다. 이 시대는 혁명의 시대입니다. 이미 오래전부터 그렇습니다. 벽돌공이 다림줄도 만유인력도 생각하지 않고 일을 한 결과, 여러분이 보는 것과 같이 그 자신도 그의 벽돌들도 비틀거리며 다 허물어졌습니다!

그러나 그것의 발단은 프랑스혁명이 아니었습니다. 프랑스혁명은 차라리 '결과'였다고 생각하고 싶습니다. '발단'은 그보다 3세기 전인 루터의 종교개혁이었다고 말하는 편이 더 진실할 것입니다. 그 당시 그리스도 교회라고 자처하던 것이 거짓으로 전락하고, 뻔뻔스럽게도 쇠붙이로 만든 돈을 받고 사람들의 죄를 용서한다고 사칭하며, 자연의 진리에 위배되는 많은 다른 짓을 하면서 돌아다닌 것, 이것이 병의 근본이었습니다. 속이 잘못되어 있으니 겉은 차츰차츰 더 잘못되어갔습니다. 신앙은 사라지고 모든 것은 의심과 불신으로 변했습니다. 벽돌공은 다림줄을 내던지고 "만유인력이 다 무엇인가? 벽돌 위에 벽돌이 놓여 있으면 그만이지!"라고 말합니다. 아, 우리 중 대다수에게 아직도 낯설게 생각되지 않습니까? "신이 지으신 인간이 하는 사업 속에 신의 진리가 있으며, 세상일은 편의주의, 권모술수 따위가 아니다"라는 것 말입니다.

"아버지로 자처하는 교황, 그대는 절대로 신에 의한 아버지가 아니다. 그대는 괴물이다. 나는 점잖은 말로 그대를 무엇이라고 부를 것인지 알지 못한다"고 처음으로 외쳤던 것은 마르틴 루터였습니다. 그러나 그 후 팔레 루아얄(Palais-Royal)에서 카미유 데뮬랭[3]을 중심으로 한 시민들이 '모든' 종류의 괴물에 저항하여 일어섰을 때 "무기를 잡아라!" 하고 외친 그 소리에 이르기까지 나는 하나의 자연스러운 역사적인 연계성을 봅니다. 그토록 무섭고 지옥 같았던 그 함성도 또한 중요했습니다.

다시 한 번 잠에서 깨어난 인민들의 고함소리, 마치 악몽에서 깨어

---

3) 카미유 데뮬랭(Camille Desmoulins, 1760~94): 프랑스의 문필가·혁명지도자로 1785년에 파리 고등법원의 변호사가 되었으며, 1789년 네케르(Necker) 파면에 즈음하여 파리 시민을 상대로 열정적인 선동 연설(1789. 7. 12)을 하여 시민 혁명운동의 방향을 결정했다. 프랑스혁명은 사실상 이때 시작한 것이다. 바스티유(Bastille)는 그로부터 2개월 후에 함락되었다. 그는 프랑스혁명 기간 중 로베스피에르(Robespierre)파에게 처형되었다.

난 듯, 죽음의 잠에서 깨어난 듯 혼돈 속에서 놀라 일어나 삶이란 진지한 것, 신의 세계는 편의주의나 권모술수가 아니라는 것을 막연하게 느끼게 되었습니다. 지옥적입니다. 그렇습니다. 다른 것을 가질 수 없으니 지옥적일 수밖에 없습니다. 천국적·현세적인 것이 될 수 없으니 지옥적일 수밖에 없습니다. 공허와 불성실은 그쳐야만 합니다. 성실성이 시작되지 않으면 안 됩니다. 어떤 값을 치르고서라도 공포정치든 프랑스혁명의 전율이든 그밖의 어떤 것을 치르더라도 우리는 진리로 돌아가야만 합니다. 여기에 진리가 있습니다. 지옥불로 옷을 차려 입은 진리가 있습니다. 다른 것으로 옷을 입을 수 없으니 그럴 수밖에 없습니다.

잉글랜드 등지에서 많은 사람들이 가지고 있던 일반적인 견해는 "그 당시의 프랑스는 미쳐 있었다. 프랑스혁명은 전반적으로 광적인 행동이었다. 프랑스와 세계의 많은 부분이 한때 일종의 정신병원으로 변했다"는 것입니다. "그 사건은 일단 터지자 미친 듯 날뛰었다. 그것은 광기의 사태이며, 실체가 없었다. 그러나 지금은 다행히 꿈과 그림의 영역으로 물러가고 말았다!"는 것입니다.

이렇게 낙천적인 철학자들에게 1830년의 '7월혁명'은 실로 뜻밖의 현상이었을 것입니다.[4] 여기서 프랑스 국민은 다시 일어나 총을 잡고 목숨을 건 싸움에 나섰으며 총을 쏘고 총에 맞으며, 그 미치광이의 프랑스혁명을 완성시키려 했습니다! 프랑스혁명 세대의 아들과 손자들은 여전히 아버지·할아버지의 일에 집착하는 듯 보입니다. 그들은 그것을 부인하지 않습니다. 그것을 완성하겠다는 것이며, 만일 완성하지 못한다면 싸우다 총에 맞아 죽고 말겠다는 것입니다!

'광기론' 위에 인생관을 세우고 있는 철학자들로서는 이보다 더 무

---

4) 칼라일의 이 강연은 '7월혁명'이 있었던 지 꼭 10년 후(1840년)에 행해졌다.

서운 현상은 없을 것입니다. 프로이센의 대학교수이며 역사가인 가련한 니부어[5]는 '7월혁명' 때문에 상심한 나머지 병이 나서 죽었다고 합니다! 그것은 분명 영웅적인 죽음은 아닙니다. 루이 14세가 한번 흘겨보았기 때문에 죽었다는 라신(Racine)의 죽음보다 별로 나을 것이 없습니다. 이 세계는 상당한 충격에도 버틴 적이 있었으니 7월혁명쯤은 견뎌내고 그 일이 있은 뒤에도 계속해서 돌아가리라는 것을 예상할 수 있었을 것입니다! 그 '7월혁명'이 모든 인간에게 말해준 것은 무엇입니까? 그것은 앞서의 프랑스혁명이 비록 광적인 것으로 보였을망정 일시적인 광란이 아니라, 우리가 모두 살고 있는 이 땅의 진정한 산물이라는 것입니다. 그것은 정말 하나의 사실이었습니다. 그리고 그것을 이와 같이 보는 것이 세상을 위해 좋다는 것입니다.

정말이지 프랑스혁명이 아니었다면 우리는 오늘날 같은 시대를 어떻게 이해할 것인지 알 수 없습니다. 마치 난파된 선원들이 아무리 험한 암초라도 반가워하듯이, 우리는 끝없는 바다와 파도뿐인 이 세상에서 프랑스혁명을 환영하렵니다. 그것은 무서운 것이기는 하지만, 이 거짓되고 위축되고 인위적인 시대에 주어진 하나의 참된 계시입니다. 그것은 자연이 초자연적(preternatural)인 것임을 다시 한 번 증언합니다.

자연은 신적인 것이 아니면 악마적인 것입니다. 가상은 실재가 아닙니다. 그것은 실재로 변해야 합니다. 그렇지 않으면 불에 타서 그것의 본연인 무로 돌아가야 한다는 것을 세상은 증언합니다! 기만은 종말을 짓고, 공허한 관례도 종말을 지으며, 많은 것이 종말을 고

---

5) 니부어(Barthold Georg Niebuhr, 1776~1831): 독일의 역사가로 사료 비판의 방법론에 의해 역사 연구의 새로운 시대를 열었다. 대표작으로는 『로마사』(Römische Geschichte, 3 vols., 1811~32)가 있다.

했습니다. 이것은 운명의 나팔로서 모든 사람에게 선포되었습니다. 이것을 가장 빨리 아는 사람이 가장 현명합니다. 이것을 알기까지는 오랜 혼돈의 시대가 계속될 것이고 그때까지 평화는 불가능할 것입니다.

진지한 사람들은 늘 그렇듯이 부조리의 세상에 에워싸여 있어도 그 속에서도 '자기의 일'을 다하려고 인내로써 기다리고, 인내로써 싸울 것입니다. 이러한 세상의 모든 것에 대하여 하늘에서 사형선고 문이 작성되어 바야흐로 땅에 선포되고 있음을 그는 눈으로 볼 수 있습니다. 그런데 달리 생각하면 가로막고 있는 어려움이 얼마나 크며, 얼마나 빨리, 무섭도록 빨리 모든 나라에서 그 어려움을 해결하라고 촉구하고 있습니까? 그는 오늘날 같은 시대에 상퀼로티슴의 영역에서 노력하는 것 말고도 다른 사업을 쉽게 발견할 수 있을 것입니다.

이러한 처지에서 내게는 '영웅숭배'가 형언할 수 없을 만큼 귀중한 사실이며, 요즘 같은 세상에서 위안을 주는 유일한 사실이 됩니다. 영웅숭배에는 이 세상을 운영해 나아갈 수 있는 무한한 희망이 있습니다. 인간이 일찍이 만든 전통·제도·신조·사회가 모두 소멸하더라도 이것만은 남을 것입니다. 우리에게 영웅이 임한다고 하는 확실성, 영웅을 보냈을 때 그를 존경할 수 있는 우리의 능력, 그리고 영웅을 존경하지 않을 수 없는 필연성, 그것은 연기의 구름, 먼지의 구름, 그리고 모든 종류의 몰락과 화재 속에서도 북극성처럼 빛납니다.

프랑스혁명의 투사들에게 영웅숭배는 대단히 이상스럽게 들렸을 것입니다. 그들에게는 위인에 대한 존경도 없었고, 위인이 다시 이 세상에 나타나리라는 희망·신념·소망도 없었습니다! 자연은 하나의 '기계'가 되고 생명이 없어져서 더 이상 위인을 생산할 수 없었습니다. 그렇다면 나는 자연을 보고 "너의 일을 그만두라, 우리는 위인이 없어서는 안 되겠다"고 말하렵니다.

그러나 나는 저 '자유와 평등'의 신념 — 즉 현명하고 위대한 사람을 더 이상 얻을 수 없으므로 똑같이 어리석고 하찮은 사람들을 헤아릴 수 없이 많이 가짐으로써 만족할 수밖에 없다는 신념 — 과 다툴 생각은 없습니다. 그때 그곳에서 그것은 자연스러운 신조였습니다.

자유와 평등, 아무런 권위도 이젠 필요치 않다. 영웅숭배, 그따위 권위에 대한 존경은 거짓이라는 것이 판명되었다. 그것은 도대체가 거짓이다. 진절머리가 난다! 그따위 거짓에는 속을 만큼 속았다. 우리는 이제 아무것도 믿지 않겠다. 너무도 많은 저급한 도금 화폐가 시장에 나돌았으므로 이 세상에 이제 순금이란 있지도 않다. 순금이 없더라도 걱정 없이 지낼 수 있다는 생각이 세상을 휩쓴다!

나는 자유와 평등에 대한 저 일반적인 외침 속에 이러한 신념이 있음을 압니다. 그리고 그것이 그때의 사정으로서는 그다지 무리한 일이 아니라는 것도 압니다.

그러나 그것은 허위에서 진실로 넘어가는 '과정'에 지나지 않습니다. 진리 전체로 생각하면 그것은 모두가 허위입니다. 전적으로 회의주의적인 맹목성, 단지 바라보고자 '안간힘을 쓰는' 맹목성의 산물입니다. 영웅숭배는 어느 때 어느 곳에도 있습니다. 그것은 단지 충성심만이 아닙니다. 그것은 위로 신에 대한 경배에서부터 밑으로는 현실생활의 가장 비근한 실제적 면에까지 미치고 있습니다.

'사람 앞에 절하는 것'은 다만 빈 시늉이 아닌 이상은 영웅숭배입니다. 우리 형제의 모습 가운데 어떤 신성한 것이 깃들여 있다는 것입니다. 모든 피조물은 노발리스가 말한 것과 같이 "육신에 담긴 신의 계시"라는 것을 인정하는 행위입니다. 인생을 고귀한 것으로 만드는 우아한 예의를 만들어낸 사람들은 또한 시인이기도 합니다! 예의는 허위나 시늉이 아닙니다. 그런 것이 될 수 없습니다. 그리고 충성이나 종교적 숭배는 더 큰 가능성과 필연성이 있습니다.

더욱이 최근 우리의 영웅들 가운데 대다수는 혁명가로 활동했지만, 우리는 이런 사실에도 불구하고 모든 위대한 사람, 모든 진정한 사람은 본질적으로 무질서의 아들이 아닌 질서의 아들이라고 말할 수 있지 않습니까? 진정한 사람이 혁명으로써 일을 해야 한다는 것은 비극적인 숙명입니다. 그는 무정부주의자처럼 보입니다. 그리고 실제로 고통스러운 무질서의 요소가 그의 모든 행동을 사사건건 방해하고 있습니다. 그의 전 영혼은 무질서를 적으로 여기고 극도로 혐오하고 있는데도 말입니다.

그의 사명은 모든 사람의 임무가 그렇듯이 질서입니다. 그가 세상에 존재하는 의의는 무질서하고 혼돈한 것을 규칙적이고 질서 있는 것으로 만드는 데 있습니다. 그는 질서의 사도입니다. 사실 이 세상에서 사람의 모든 일은 '질서를 세우는 일'이 아닙니까? 목공은 거친 나무를 다듬어서 규격에 맞춰 목적과 용도에 알맞게 만듭니다. 우리는 태어날 때부터 무질서의 적입니다. 우리 모두가 우상을 파괴하고 타도하는 일에 나서야만 한다는 것은 비극입니다. 위대한 사람의 경우는 우리의 경우보다 몇 배 더 큰 비극입니다.

그러므로 인간의 모든 일은—가장 광적인 상퀼로티슴까지도—질서를 향해 움직이는 것이며 또한 마땅히 그래야만 합니다. 극도의 광란 속에 휩쓸려 있는 사람이라 할지라도 그는 또한 매순간 질서를 향해 달려가고 있습니다. 그의 생명 자체가 질서를 의미합니다. 무질서는 소멸이며 죽음입니다. 어떤 혼돈이라도 그것이 회전할 '중심축'을 찾지 않는 것이 없습니다. 사람이 사람인 동안은 크롬웰이나 나폴레옹 같은 사람이 상퀼로티즘슴의 필연적 결말이 됩니다.

이상하지 않습니까? 영웅숭배가 모든 사람에게 가장 믿기 어려웠던 그 시대였는데도 다시 나타나서 스스로의 권리를 주장하고, 마침내 모든 사람의 인정을 받게 되었다는 것이 말입니다. 신성한 '정의'는 크게 보면 신성한 '힘'을 의미하는 것입니다!⁶⁾ 오랜 거짓된 형식이 도처에서 짓밟혀 파괴될 때 새로운 진정한 실재가 예기치 않게 나타나 파괴될 수 없는 본질을 드러냅니다. 왕권 그 자체가 사멸하고 폐기된 것으로 보이는 반란의 시대에 크롬웰, 나폴레옹이 다시 왕으로 등장합니다. 이들 두 사람의 역사야말로 이제 우리가 영웅정신의 마지막 국면으로 고찰하려는 것입니다. 낡은 시대가 우리에게 재현됩니다. 왕이 생겨난 과정, 왕권 그것이 처음으로 생기게 된 방식이 이 두 사람의 역사에서 다시 드러난 것입니다.

진실한 영혼의 소유자—크롬웰

우리 잉글랜드에는 많은 내란이 있었습니다. 흰 장미와 붉은 장미의 전쟁, 시몽 드 몽포르의 전쟁⁷⁾ 등 과히 자랑스럽지 않은 전쟁이

---

6) 이 부분은 칼라일이 마치 '힘이 곧 정의'라고 주장한 것처럼 오해하기 쉬운 대목이다. 실제로 그는 이런 이유로 20세기에 접어들어 파시즘의 선구자라는 터무니없는 오해를 받기도 했다. 예를 들면 하우저(Arnold Hauser)는 『문학과 예술의 사회사: 현대편』(백낙청·염무웅 옮김, 창작과비평사, 1978)에서 이렇게 말한다. "가장 크고 유혹적인 목소리는 칼라일의 음성으로서 그는 무솔리니와 히틀러에로의 길을 준비한 마법의 풍적수들 중에서 최초이자 가장 개성적인 인물이었다"(113쪽). 그러나 이 책에서 누누이 반복되듯이 칼라일이 말한 힘은 도덕적인 힘, 성실성을 의미했다. 텍스트를 정독하지 않고 선입견으로 판단하거나 남의 견해를 무비판적으로 답습할 경우 학문이 어떻게 왜곡될 수 있는지를 극명하게 보여주는 사례이다.

7) 잉글랜드 왕 헨리 3세의 전제정치에 반항하여 시몽 드 몽포르(Simon de Monfort) 등의 귀족들이 일으킨 반란이다(1264~65).

많이 있었습니다. 그러나 청교도혁명에는 어느 전쟁에서도 찾아볼
수 없는 의의가 있습니다. 나는 이 전쟁이 진정한 세계사를 형성하기
위한 하나의 세계적인 큰 전쟁, 곧 불신에 대한 신앙의 전쟁이라고
부르려 합니다! 곧 그것은 사물의 진정한 본질을 지키는 사람들과 사
물의 외형과 형식을 지키려는 사람들의 전쟁입니다.

청교도들은 많은 사람들이 보기에는 단지 야만적인 우상파괴자,
맹렬한 형식파괴자들로 보입니다. 그러나 그들은 '거짓된' 형식의
파괴자들이라고 보는 것이 더 정당합니다. 나는 우리가 청교도를 존
경하듯이 대주교 로드(Laud)와 그의 왕 — 찰스 1세 — 을 존경할 줄
알기를 바랍니다. 가엾은 로드는 내가 알기로는 허약한 비운의 인물
이었을 뿐 불성실한 인물은 아니었습니다. 단지 불행한 현학자였을
뿐 결코 그 이상으로 사악한 인물은 아니었다고 생각합니다. 청교도
들에게 심한 조롱거리가 되곤 했던 그의 '꿈'과 미신에는 아름답고
사랑스러운 특징이 있습니다.

그는 말하자면 대학교수 같은 사람이었습니다. 형식, 즉 대학 규칙
을 전 세계로 삼고, 그러한 것이 세계의 생명이며 안전판이라는 관념
을 가진 대학교수였습니다. 그는 이러한 고집불통의 불행한 생각을
가진 채 어느 날 갑자기 대학이 아닌 한 나라의 최고의 자리에 앉혀
져 인간의 가장 복잡하고 뿌리 깊은 관심사를 다스리게 되었습니다.
그는 "모든 사람이 오랜 기품 있는 규칙에 따라 움직여야 한다. 사람
의 구원은 그 규칙을 확대 개량하는 데 있다"고 생각했습니다.

유약한 사람이 그러하듯이 그는 목적을 위해서는 발작적인 열성으
로 일을 전개하며, 분별의 소리와 동정의 부르짖음에 귀를 기울이지
않고 막무가내로 돌진했습니다. 그는 대학생들을 자기의 대학 규칙
에 복종시키려 했으며 다른 아무것도 돌보지 않았습니다. 그는 앞에
서 말한 것과 같이 불운한 현학자였습니다. 그는 세상을 그런 종류의

대학으로만 알았는데, 세상은 그런 것이 '아니었습니다.' 아, 그의 운명은 충분히 가혹한 것이 아니었습니까? 그가 무엇을 범했든지 간에 그는 무서운 보복을 당하지 않았습니까?

형식을 고집하는 것은 훌륭한 일입니다. 종교도 그밖의 다른 모든 것도 형식을 옷처럼 입고 있습니다. '형식'이 있는 세계만이 살 수 있는 유일한 세계입니다. 나는 청교도의 적나라한 무형식을 찬양하려 하지 않습니다. 그것은 내가 애처롭게 생각하는 것입니다. 나는 적나라하지 않을 수 없게 한 그 정신을 찬양할 따름입니다! 모든 실재는 형식의 옷을 입습니다. 그러나 적절하고 진실한 형식이 있는가 하면 거짓되고 적절하지 않은 형식이 있습니다. 간단히 말해서 어떤 실재를 에워싸고 '자라나는' 형식은 그 실재의 본성과 목적에 부합하며 진실하고 좋은 것입니다. 그러나 어떤 실재에 의식적으로 '뒤집어씌워진' 형식은 나쁩니다. 여러분은 이 점을 잘 생각해보기 바랍니다. 그것은 인간이 행하는 모든 의식 절차에서 진실과 허위를 분간하며, 진지한 장중함과 공허한 허식을 구별해냅니다.

형식은 어떤 진실성과 자연적인 자발성이 있어야 합니다. 사람들의 가장 흔한 모임에서조차도 이른바 '틀에 박힌 연설'을 하는 것은 실례가 아닙니까? 단순히 응접실에서 이루어지는 의례일지라도 그것이 시늉에 지나지 않는, 마음의 자발적인 진실에서 우러나온 것이 아닐 때에는 염증이 나게 마련입니다. 그런데 이제 여러분의 지극히 중대한 관심사, 어떤 초월적인 일(이를테면 신에 대한 예배 같은), 그것에 관해 여러분의 온 심령이 너무나 벅찬 감동에 차올라 목소리도 막히고 도무지 말로 '표현'할 길이 없어 굳이 무슨 말을 하느니보다는 차라리 형식 없는 침묵을 택하게 되는 경우가 있다고 가정해봅시다. 이때 누군가 그것을 허황된 의식으로 꾸며서 여러분 앞에 표현하거나 말하려고 나선다면 어떻게 생각되겠습니까? 그런 사람은 스스로에 대한 애정이 있다면 그곳에서 당장 사라지는 편이 좋을 것입니다!

여러분은 지금 외아들을 잃고 말도 안 나오고, 충격을 받아서 눈물도 안 나옵니다. 이때 어떤 싱거운 사람이 실없이 나타나서 그리스식의 장례 축전을 베풀 것을 제안한다고 합시다! 그런 허황된 의식은 받아들일 수 없을 뿐만 아니라, 불쾌하고 참을 수 없습니다. 이것이 옛날 예언자들이 말한 '우상숭배'이며 빈 껍데기 숭배입니다. 모든 진지한 사람이 그것을 지금도 배척하고 앞으로도 계속 배척할 것입니다. 우리는 저 가련한 청교도들의 의도를 일부나마 이해할 수 있습니다. 로드는 우리가 지금 말한 것과 같은 방식으로 성 캐서린 크리드 교회(St. Catherine Creed's Church)를 봉헌하여 허다한 의례적인 절과 동작과 감탄사를 썼습니다. 실로 그는 사물의 본질에 전심하는 진지한 예언자라기보다는 그의 '대학 규칙'에 집착하는 엄격하고 격식만 차리는 현학자입니다

청교도는 이러한 형식을 참을 수 없는 것으로 보고 짓밟았습니다. 그런 것보다는 차라리 아무런 형식도 없는 것이 낫다는 것입니다! 청교도는 아무런 장식도 없는 설교단에 서서 손에는 『성경』 이외에 아무것도 가지지 않고 설교를 했습니다. 실로 그는 자신의 진지한 '영혼'으로부터 사람들의 진지한 '영혼'을 상대로 설교하는 사람이었습니다. 이것이 사실상 모든 종류의 교회의 본질이 아닙니까?[8]

나는 가장 적나라한, 가장 야만적인 진실이 위풍당당한 허울보다 낫다고 봅니다. 뿐만 아니라 만일 그것이 진실하다면 그것은 시간이 경과하는 사이에 '적절한' 외관을 갖추게 됩니다. 거기에는 아무런

---

8) 이런 의미에서 영어권에서는 기독교(Christianity)와 교회교(Churchianity)를 구분해서 쓰고 있다. 『옥스퍼드 영어사전』(*The Oxford English Dictionary*)을 참조.

걱정도, 정말 아무런 걱정도 없습니다. 살아 있는 '사람'이 있으면 그가 입을 '옷'은 있게 마련입니다. 그는 자신의 옷을 발견할 것입니다. 그러나 아무리 좋은 옷이라도 그것이 옷이며 동시에 사람이라고 주장할 수 있겠습니까! 우리는 30만 벌의 붉은 군복을 가지고 프랑스군과 싸울 수는 없습니다. 군복 속에는 반드시 '사람'이 들어가 있어야 합니다.

나는 단언하거니와 허울은 실재와 인연을 끊어서는 결코 안 됩니다. 만일 그렇다면 그런 허울에 대항해서 싸우는 사람이 반드시 있게 됩니다. 왜냐하면 그 허울은 거짓이 되었기 때문입니다. 로드와 청교도 둘 사이에 치러지는 이들 두 적대세력—즉 진실과 거짓—사이의 싸움은 이 세계 자체만큼이나 오래전부터 있었습니다. 그들은 그당시 잉글랜드 전 국토에 걸쳐 치열한 싸움을 했습니다. 혼란스러운 전쟁을 상당한 기간을 두고 치른 끝에 우리 모두에게 여러 가지 결과가 나타났습니다.

청교도들의 시대 직후에 온 왕정복고 시대에는 그들 자신과 그들의 대의에 대한 정당한 평가가 이루어질 가능성이 별로 보이지 않았습니다. 찰스 2세와 그의 로체스터(Rochester)[9] 따위는 그런 사람들의 가치와 의의를 판단할 수 있는 인물들이 아니었습니다. 이 가련한 로체스터 같은 부류들, 그리고 그들이 열어놓은 시대는 인간생활에 어떤 신앙이나 진실이 있을 수 있다는 것을 완전히 망각하고 있었습니다.

청교주의는 교수목에 매달렸습니다. 청교도 지도자들의 시신을 그

---

9) 로체스터 백(伯)(2nd Earl of Rochester)인 존 윌머트(John Wilmot, 1647~80)를 가리킨다. 영국 풍자시를 확립한 시인이며 찰스 2세의 신하이다. 왕정복고 시대에 수많은 정부들과 염문을 뿌린 인물로 유명하다. 말년에 종교적 회심을 경험했으며, 자신의 모든 외설적이고 음란한 작품들을 태워버릴 것을 명령했다.

랬듯이 말입니다. 그런데도 그들의 사업은 계속해서 완수되어갔습니다. 인간의 모든 진실한 사업은 그 사람을 아무리 교수목에 달아맨다 해도 스스로 완성해가는 것입니다. 우리에게는 '인신보호법'이 있고, 자유스러운 대의 선거권도 있습니다. 모든 사람은 자유인입니다. 그렇지 않다면 자유인이 되어야 할 것입니다. 그리고 인간은 자유인이 되게 마련이라고 널리 인정되기에 이르렀습니다. 인생의 기반을 부정한 괴물이 되어버린 전승[10]이 아닌, 진실과 정의의 기반 위에 세운 사람들이야말로 자유인이 아닙니까! 청교도들은 이것을, 그리고 그밖의 수많은 것을 성취했습니다.

이런 일들이 차츰 현저해짐에 따라 청교도들의 성격이 분명해지기 시작했습니다. 그들의 유해는 하나씩 교수목에서 내려졌습니다. 아니, 그들 중 상당수의 사람들은 오늘날 이미 성자의 반열에 오르기도 했습니다. 엘리엇(Eliot), 햄던(Hampden), 핌(Pym), 그리고 러들로(Ludlow), 허친슨(Hutchinson), 베인(Vane) 같은 사람들도 일종의 영웅으로 인정을 받게 되었습니다. 그들은 자유의 나라 잉글랜드를 이룩하는 데 적지 않은 공을 세운 정치적 원로로 인정되고 있는 것입니다. 그들을 사악한 인물들이라고 말하는 것은 오늘날에는 어떤 사람에게도 위험한 일입니다. 저명한 청교도 중에 어느 곳에서건 옹호자를 가지고 있지 않거나 진지한 사람들의 존경을 받지 않는 이가 없습니다.

그런데 내가 생각하기에는 한 사람의 청교도, 우리의 가엾은 크롬웰만은 아직도 교수목에 달린 채로 있으며, 아무도 그를 옹호하지 않습니다. 아무도 그를 대역죄에서 사면해주려고 하지 않습니다. 그는 유능하고 지혜가 충만하며 용기 있는 사람이지만, 대의를 배신한 인

---

10) 교회의 전승(tradition)을 강조하는 가톨릭 교리를 염두에 두고 하는 말이다.

물이라는 것입니다. 이기적 야망과 불성실, 이중인격의 사납고 거친 위선자라는 것입니다. 사람들은 헌법상의 자유를 얻고자 한 저 고상한 투쟁 모두를 그 자신의 이익을 위해 연출된 비통한 익살 광대극으로 만들었습니다. 이것이 사람들이 말하는 크롬웰의 성격입니다. 그들은 또한 크롬웰을 워싱턴(Washington) 등의 인물들과 비교하는가 하면 특히 저 고상한 핌과 햄던 같은 인물과도 비교합니다. 그들에 따르면 크롬웰은 이 두 사람의 고귀한 공적을 이기적 동기로 훔쳐내려다가 그만 망치고 말았다는 것입니다.

크롬웰에 대한 이런 견해는 18세기 같은 시대에서는 있음직한 일이라고 생각합니다. 이미 앞에서 종놈에 대해 말한 것은 그대로 회의주의자에게도 말할 수 있을 것입니다. 곧 그는 영웅을 보아도 알아보지 못합니다! 종놈은 자주색 망토, 금칠한 홀, 호위병과 우렁찬 나팔 소리만 기대합니다. 18세기의 회의주의자들은 규격에 맞는 근사한 형식과 '원칙' 같은 것을 기대합니다. 그들은 '기품' 있어 보이는 말과 행동과 멋지고 똑똑하게 자신을 변론하고, 18세기의 계몽된 회의주의의 지지를 얻을 수 있을 것 같은 말과 행동을 기대하는 것입니다! 종놈이나 회의주의자가 기대하고 있는 것은 결국 같습니다. 어떤 '공인된' 왕의 의상인 것입니다. 그것만 입고 있으면 왕의 지위를 인정하겠다는 것입니다! 그들은 왕이 남루하고 격식에 구애받지 않는 차림으로 오면 그런 사람은 왕이 아니라고 배척합니다.

나는 햄던, 엘리엇, 핌 같은 이들이 진실로 훌륭하고 유용한 인물들이었다고 보는 사람이며, 그들을 낮추어 말하려는 의도는 전혀 없습니다. 나는 이들에 관한 서적으로 내가 얻을 수 있는 것은 모두 탐독했습니다. 그들을 영웅으로서 찬미하고 사랑하며 숭배하려는 마음에서였습니다. 그러나 유감스럽게도 사실을 말한다면 기대를 그다지 만족시키지 못했다고 고백하지 않을 수 없습니다! 그들은 매우 고귀한 인물들입니다. 그들은 정연한 미사여구, 철학, 의회 연설, 선박세, 인민의 왕국 등과 함께 그들 자신의 길을 당당하게 걷고 있습니다. 가장 입헌적인, 그리고 비난할 점이 없는 위엄 있는 사람들입니다.

그러나 그들을 대하는 사람의 마음은 뜨거워지지 않습니다. 다만 생각만으로 그들을 얼마간 숭배하려고 노력할 따름입니다. 사실 이들에 대해 형제애의 불로 마음이 뜨거워지는 사람이 누가 있습니까? 그들은 지극히 무미건조한 사람들이었습니다! 우리는 저 찬양할 만한 핌의 헌정에 관한 웅변에서 그가 "일곱째로, 그리고 마지막으로" 하는 대목에 이르러 흔히 감탄하곤 합니다. 그러나 그것은 세상에서 가장 탄복할 만한 것일지는 모르나 둔중합니다. 납처럼 무겁고, 벽돌 흙처럼 메마릅니다. 요컨대 거기에는 여러분이 취할 만한 것이라고는 거의 아무것도 남아 있지 않음을 느낄 것입니다!

우리는 이러한 명사들을 모두 벽에 달린 선반에 높이 모셔둡니다. 그러나 소박하고 천대를 받는 크롬웰, 그에게는 아직도 인간적인 것이 남아 있습니다. 이 위대하고 야성적인 베어사크(Baresark),[11] 그는 유려한 글로 『인민의 왕국』 따위의 책을 저술하지 못합니다. 또한 그는 재치 있고 규칙성 있게 말하고 일하지 못하고, 어디서나 자기 자신을 위해 말할 매끈한 이야기를 가지고 있지 않았습니다. 그러나 그는 벌거벗은 채 언어의 갑옷을 걸치지 않고 서서 마치 거인처럼 사물의 적나라한 진실과 정면으로 마주 섰습니다! 그는 이런 사람이었습니다. 나는 이런 사람을 다른 모든 종류의 사람들보다 더 높이 평가하는 결점이 있습니다. 흔히 볼 수 있는 번지르르한 명사들, 그런 사

11) 버서커(Berserker)라고도 한다. 고대 북유럽의 전사로 전쟁터에서 광포하기 이를 데 없이 싸웠던 전설적인 괴력과 용맹의 소유자로 알려져 있다.

람들은 대단한 인물이 못됩니다. 손을 더럽히기 싫어하는 사람, 장갑을 끼지 않고는 일에 손을 대지 못하는 사람, 그런 사람들은 달갑지 않습니다!

대체로 말한다면 더 행복한 처지의 청교도들에 대한 18세기의 이 법적 관용도 그다지 중대한 것은 아닙니다. 그것은 다른 것과 마찬가지로 또 하나의 형식주의·회의주의에 지나지 않는다고 말할 수 있습니다. 그들은 잉글랜드의 자유의 기초가 '미신' 위에 놓인 것은 슬픈 일이라고 말합니다. 이 청교도들은 칼뱅주의의 믿을 수 없는 신조, 반(反)로드주의, 그리고 웨스트민스터 신앙고백 등을 들고 나와 무엇보다도 자기들 방식대로 '예배'드릴 수 있는 자유를 요구했다는 것입니다.

스스로 '세금'을 부과할 자유, 그들은 그것을 요구했어야 했다는 것입니다! 그런데 그것이 아닌 신앙의 자유를 주장한다는 것은 미신이고 광신이며, 헌정 원리에 대한 수치스러운 무지에 지나지 않는다고 말합니다. 스스로 세금을 부과할 자유? 납득할 수 있는 이유가 없이는 주머니에 있는 돈을 내놓지 않겠다는 것입니까? 나는 지극히 초라하고 빈약한 세기가 아니고서는 그러한 것을 인간의 첫째가는 권리라고 말하지는 않으리라고 생각합니다. 오히려 정의로운 사람이라면 일반적으로 정부에 대해 저항하려고 결심하기 전에 어떤 형식으로든 '금전 문제'에 앞서는 중대 문제를 염두에 두고 있게 마련입니다! 우리의 세계는 대단히 혼란스러운 세계입니다. 이런 세계에서 선량한 사람은 도저히 참지 못할 정도가 아니라면, 정부가 어떤 모양으로든 그럭저럭 유지되기만 하면 고맙게 생각할 것입니다. 여기 잉글랜드에서, 이 시간에, 납득할 만한 이유가 없다고 세금을 기꺼이 내지 않는다면 내 생각에 그의 일은 잘 되어 나가지 않으리라고 생각합니다! 그는 이곳이 아닌 다른 풍토의 나라로 가보는 것이 좋을 것입니다.

정의로운 사람은 이렇게 말할 것입니다. "세리? 돈? 내 돈을 빼앗아 가라. 네게 그 권한이 있으니. 그렇게 원하니 어서 빼앗아가라. 그와 동시에 너 자신도 사라져버려라. 나는 나대로 일하게 내버려둬라. 나는 아직 여기 있다. 아직 일할 수 있다. 네가 내 돈을 다 빼앗아갔더라도." 그러나 만일 저들이 그에게로 와서 "거짓을 용인하라. 신을 숭배하지 않더라도 숭배한다고 말하라. '네'가 진실이라고 보는 것을 믿지 말고 내가 진실이라고 보는 것을 믿어라!"라고 말한다면 그는 이렇게 말할 것입니다.

싫다, 절대로 싫다! 내 돈지갑을 빼앗아가려면 가라. 그러나 나는 나의 도덕적 자아를 죽일 수는 없다. 돈주머니는 어떤 노상강도라도 내게 권총을 겨누고 빼앗아갈 수 있다. 그러나 나의 도덕적 자아는 나와 나를 만드신 신의 것이지 네 것이 아니다. 나는 죽는 한이 있더라도 저항할 것이다. 그리고 그것을 지키기 위해서는 어떤 종류의 과격한 행동과 고발과 혼란도 감수할 것이다.

청교도들의 저항을 정당화할 수 있는 가장 큰 이유는 이것이라고 생각합니다. 인간의 모든 정당한 항쟁의 정신은 바로 그것이었습니다. 프랑스혁명도 '굶주림'만이 그 원인은 아닙니다. 참을 수 없을 정도로 범람한 허위는 급기야 굶주림과 전면적인 물질의 결핍으로 나타나서 모든 사람의 눈에 '논란의 여지 없이 명백한' 거짓으로 보이게 된 것이 그 원인이었습니다!

'스스로 세금을 부과할 자유'를 원한 18세기에 대해서는 더 이상 언급하지 않기로 합시다. 18세기 사람들이 청교도들이 무엇을 의미했는지도 몰랐다는 것은 우리에게 놀라운 일이 아닙니다. 진실이란 도대체 믿지 않는 사람들이 '진실한' 인간의 영혼, 모든 진실한 것 중 가장 강렬한—이를테면 이 세계를 지으신 이가 우리에게 전하는 음성과도 같은—그것을 어찌 알 수 있겠습니까? 그러한 시대는 '세금' 따위 비근하고 감각적으로 금방 알 수 있는 물질적 이해에 관한 헌정 이론으로 귀착시킬 수 없는 것은 모두 쓰레기 더미라고 배격할 것이 틀림없습니다. 햄던과 핌, 선박세 같은 것은 많은 정치적 웅변의 주제가 되어 빛을 발할 것입니다. 불처럼 빛을 발하지 않는다면 싸늘한 '얼음'처럼 빛을 발할 것입니다. 그리고 물질적 이해관계를 초월하여 고귀한 대의를 천명한 크롬웰은 '광인', '위선자'로 치부될 것입니다.

오래전부터 나는 크롬웰의 거짓 운운하는 주장을 믿을 수 없었습니다. 나는 어떤 위인에 관해서도 그런 이론은 믿을 수 없습니다. 많은 위인들은 역사에 거짓되고 이기적인 인물로 그려졌습니다. 그러나 깊이 생각해보면 그것은 단지 그림이며, 알아볼 수 없는 그림자에 지나지 않습니다. 그런 것을 가지고서는 실제로 존재했던 그대로의 인물을 볼 수 없습니다. 천박하고 믿음을 가지지 않는 세대, 사물의 표면과 가상밖에는 볼 줄 모르는 세대만이 위인에 대해 그따위 관념을 가질 수 있습니다.

'진실한' 영혼의 본질인 '양심'을 크든 작든 가지지 않은 위대한 영혼의 소유자가 있을 수 있습니까? 없습니다. 우리는 크롬웰을 거짓이라고 생각할 수 없습니다. 그의 생애를 오래 연구하면 할수록 더욱 그렇게는 믿어지지 않습니다. 믿어질 리가 있습니까? 그런 증거가 전혀 없는 것입니다.

태산 같은 비난을 받고도, 그리고 진실을 말한 적이 전혀 없고, 항상 교묘한 가짜 진실만을 말한 "거짓말의 왕"이라고 묘사되어 있는데도 아직 단 하나의 거짓도 발견되지 않는다는 것이 이상하지 않습니까? 거짓말의 왕이라면서 그가 말한 거짓은 하나도 드러난 것이 없습니다. 나는 그런 벗을 하나도 보지 못했습니다. 마치 포카크 (Pococke)[12]가 그로티우스(Grotius)[13]에게 마호메트의 비둘기에 대한 '증거'가 어디 있느냐고 묻는 것과 같습니다.[14] 그런 증거는 없습니다. 이런 비난의 괴물은 상대하지 말기로 합시다. 그런 것은 그 사람의 참모습이 아니고 광적인 환영 ─ 증오심과 암흑의 공동 산물인 ─ 입니다.

우리 자신의 눈으로 직접 이 사람의 생애를 보면, 이것과는 전혀 다른 모습이 떠오릅니다. 그의 어린 시절에 대한 이야기들은 비록 왜곡되어 우리에게 전해올망정 모두 그가 열정적이고 사랑스럽고 진실한 사람이었음을 보여주지 않습니까? 그의 예민한 신경과 우울한 성격은 그가 지나치게 진실했음을 보여줍니다. 그의 '유령'에 관한 이야기들, 대낮에 흰 유령이 나타나서 그가 장차 잉글랜드의 왕이 될 것이라고 예언했다는 이야기는 잘 믿어지지 않습니다. 다른 유령 이야기, 즉 크롬웰이 우스터(Worcester) 전투 직전에 검은 유령 ─ 또는 악마 ─ 에게 자기 영혼을 파는 것을 어떤 사관이 보았다는 이야기는 더더욱 믿어지지 않습니다!

그러나 어렸을 때의 올리버가 신경이 예민하고 우울한 기분에 잠겨 있었다는 것은 의심할 수 없을 정도로 잘 알려진 일입니다. 헌팅던에 살던 의사는 필립 워릭 경(Sir Philip Warwick)에게 이런 이야기

---

12) 제2강의 주3)을 참조.
13) 제2강의 주4)를 참조.
14) 포카크가 그로티우스에게 물었습니다. "마호메트가 비둘기를 훈련시켜 자기 귀에 넣은 콩을 쪼아먹게 했다지요? 그리하여 콩을 먹기 위해 날아온 비둘기를 계시천사라고 속였다는데 과연 증거는 있습니까?" 그로티우스는 "아무런 증거도 없다"고 대답했다. 제2강을 참조.

를 들려주었다고 합니다. 즉 흔히 밤중에 불러서 가보면 크롬웰은 심한 우울증에 걸려 곧 죽게 될 것으로 상상하며, "십자가에 대한 망상에 사로잡혀" 있었다는 것입니다. 이런 것은 중요한 의미가 있습니다. 그의 거칠고 완강한 힘 속에 이렇게 깊이 느끼는 성질이 있었다는 것, 그것은 거짓과는 전혀 다른 것을 보여줍니다!

젊은 올리버는 법학을 공부하러 가서는 한동안 청년에게 흔히 있는 방탕에 빠졌다고 합니다. 그러나 곧 이것을 뉘우치고 아주 그만둡니다. 나이 20을 지난 후 얼마 되지 않아 결혼을 하고 착실하고 조용한 생활을 합니다. 전해오는 이야기에 따르면 "그는 도박을 해서 딴 돈을 다 돌려주었다"고 합니다. 그는 그런 종류의 이익이 정말 자기 것이라고 생각하지 않습니다. 이런 '회심'은 매우 흥미롭고 매우 자연스러운 일입니다. 하나의 위대하고 진실한 영혼이 세상의 수렁 속에서 눈을 뜨고 사물의 두려운 '진리'를 봅니다. 시간과 그것의 모든 변화는 영원 속에 수놓여 있다는 것, 그리고 우리의 초라한 이 땅은 천국 또는 지옥의 입구에 지나지 않는다는 것을 봅니다!

세인트 아이브즈(St. Ives)와 엘리(Ely)에서 근면한 농부로 살았던 올리버의 생활, 그의 생활은 진실하고 경건한 사람의 생활 바로 그것이 아닙니까? 그는 세상과 세상의 길을 버렸습니다. 세상이 주는 상은 그를 풍요하게 해줄 수 없었습니다. 그는 땅을 갈고 『성경』을 읽고, 날마다 자기의 하인들을 불러모아 함께 신에게 예배를 드렸습니다. 핍박을 받는 목사들을 위로하고, 설교를 잘하는 사람들을 좋아하고, 자기도 설교를 했습니다. 이웃사람들을 향해 현명하게 처신할 것과 시간을 귀중히 알 것을 권고했습니다. 이 모든 것에 무슨 '위선', '야심', '헛소리' 등이 있습니까? 나는 그의 소망이 하늘나라에 있었으며, 그의 목적은 이 세상 낮은 길을 걸어 저 세상으로 높이 올라가는 데 있었다고 믿습니다. 그는 명성을 원하지 않았습니다. 이 세상에서 얻는 명성이 그에게 무슨 소용이 있었겠습니까? 항상 그의 거룩하신 주의 눈에 바르게 보이기를 원했습니다.

그리고 그가 대중의 눈앞에 나타나게 된 것도 특이합니다. 그가 나타나게 된 것은 다른 누구도 민중의 슬픔을 대신하여 항거하려고 한 사람이 없었기 때문입니다. 나는 베드퍼드(Bedford)의 소택지에 관한 일을 말하는 것입니다. 어느 누구도 당국을 상대로 소송을 일으키려 하지 않았기 때문에 그가 했던 것입니다. 이 사건이 해결되자 그는 다시 조용히 제자리로 돌아가 『성경』을 읽고 땅을 갈았습니다. "세력을 얻는다?" 그의 세력은 지극히 정당한 것이었습니다. 그것은 그가 의롭고 신앙이 깊으며 이성적이고 의지가 굳은 사람이라는 것이 잘 알려진 데서 온 것이었습니다. 이런 식으로 그는 나이 40이 지날 때까지 살았습니다. 바야흐로 노년이 내다보이고 죽음과 영원의 장엄한 문이 보이게 되었습니다. 이때 그가 갑자기 '야망'을 품게 되었다는 것입니까! 나는 의회에서의 그의 사명을 그렇게 해석하지는 않습니다!

그가 의회와 전쟁에서 거둔 성공은 용감한 사람, 누구보다 가슴에 더 많은 결단을 가지고 머리에 더 많은 빛을 가진 사람의 성공이었습니다. 신에 대한 그의 기도, 승리의 신—전란에 휩싸인 세상의 격렬한 충돌 속에서, 던바(Dunbar)에서 포위를 당했을 때의 절망적 상황 속에서, 수많은 전투의 죽음의 우박 속에서, 그리고 우스터 전투에서의 '무상의 은혜'에 이르기까지 한없는 은혜로 그의 안전을 지켜주신 신—에게 드린 그의 감사의 말, 이 모든 것은 심정이 깊은 칼뱅주의자 크롬웰로서는 선하고 참된 것이었습니다. 신을 숭배하지 않으면서 머리 모양이나 내는 경박하고 형식에 치우친 기사들, 신을 생각하는 일이라곤 전혀 없이 신을 떠나서 사는 허영과 불신앙의 왕당파 기사들, 그들에게는 이것이 위선으로 보일 수밖에 없습니다.

왕을 사형에 처하는 데 그가 관여했다는 것도 비난할 일이 못됩니다. 왕을 죽인다는 것은 큰일입니다! 그러나 왕과 전쟁을 하는 경우에는 그 일을 피할 수 없습니다. 일단 전쟁을 시작하면 상대가 죽지 않을 경우 내가 죽게 됩니다. 화해라는 것도 확실치 않습니다. 가능할 수도 있겠으나 가능하지 않을 확률이 더 높습니다. 지금은 널리 인정되는 일이지만, 찰스 1세를 격파한 의회는 그를 상대로 어떤 협정도 맺을 수 없었습니다. 다수파인 장로파는 독립파를 두려워하여 국왕과 협정을 맺기를 열망했습니다. 자기들이 살기 위해서도 협정을 원했습니다. 그러나 성공하지 못했습니다.

저 최후의 햄프턴 궁(Hampton-Court) 협상에서 찰스는 도저히 상대할 수 없는 사람임을 보여주었습니다. 그는 조금도 사태를 이해하지 못하거나 이해하려 하지 않는 사람이었습니다. 그의 머리는 사태의 진상을 전혀 파악하지 못했을 뿐만 아니라, 그의 말은 조금도 자신의 생각을 표현하지 못했습니다. 그에 대해 이처럼 말하는 것은 가혹한 평가를 하려는 것이 아니라 오히려 깊은 동정을 표시하는 것입니다. 이것은 사실이며 부정할 수 없는 일입니다.

왕이라는 명목만을 제외하고는 다 잃어버린 그는 자신이 여전히 형식상 왕의 대우를 받고 있다는 점에 착안했습니다. 그리고 이 정파와 저 정파를 적당히 다루면서 양쪽 다 기만하여 과거의 권력을 회복해보려고 시도했습니다. 아, 그런데 이 두 정파가 모두 왕의 속셈을 알아차렸습니다. 말이 그의 생각과 행동을 알려주지 않는 사람은 상대할 수 있는 사람이 아닙니다. 우리는 그런 사람을 피하거나 처치해버려야 합니다! 장로파는 찰스가 속임수를 쓰고 있으며 믿을 수 없는 인물이라는 것을 누차 확인했으나, 절망을 느끼면서도 찰스를 믿으려 했습니다. 그러나 크롬웰은 그들과 달랐습니다. "그렇게 싸우고 그래 겨우 종잇조각이나 받고 있어?" 그렇게는 못하겠다는 것입니다!

사실 어디서나 우리는 이 사람이 명확한 실제적인 눈을 가지고 있었음을 봅니다. 그는 실제적인 것, 실행할 수 있는 것을 찾아내고, 사태의 진상을 보는 통찰력이 있었습니다. 이러한 지성은 거짓된 사람의 것이 아닙니다. 거짓된 사람은 거짓된 외관과 사이비 진실, 그리고 이익 따위만을 봅니다. 비록 비근한 실천적 진실에 지나지 않는 것이라 해도 그 진실을 분별하려면 진실한 사람이라야 합니다.

전쟁 초기에 크롬웰이 의회군에게 한 말, 즉 "도시 출신의 술집 바텐더나 천박하고 분방한 사람들을 버리고, 그 일을 감당할 정신력이 있는 착실한 자작농으로 군대를 편성하라"고 한 충고는 사실을 꿰뚫어보는 사람의 말입니다. 사실을 들여다보면 그것은 스스로 대답합니다! 크롬웰의 철기병(ironside)은 그의 이러한 통찰력이 구체화된 것입니다. 그들은 신만을 두려워하고 다른 어떤 것도 두려워하지 않는 사람들이었습니다. 잉글랜드 또는 다른 어떤 나라에서도 그들보다 더 진정한 군인들이 땅을 밟고 걸어간 일이 아직 없습니다.

그리고 크롬웰의 다음의 말은 많은 비난의 대상이 되었지만 그것도 그다지 비난할 것이 못 됩니다. "만일 전쟁터에서 왕이 내게 맞선다면 나는 왕을 죽이련다." 왜 죽이지 않겠습니까? 이것은 왕보다 더 높은 존재 앞에 서 있는 사람들에게 한 말입니다. 그들은 자기의 생명보다 더 큰 것을 걸고 싸우는 사람들이었습니다. 의회는 이 전쟁을 가리켜 '왕을 위한 싸움'이라고 짐짓 공식적으로 부를 수도 있을 것입니다. 그러나 우리는 이 말을 이해할 수 없습니다.

우리가 볼 때 그것은 그저 재미로 해보는 일이나 미끈한 형식상의 일이 아니라, 생사를 건 심각한 일입니다. 그들은 그것을 위해 전쟁을 일으키기까지 했습니다. 서로 죽고 죽이는 무서운 혈전, 사람들은 서로 눈에 불꽃을 튀기며 분노하여 싸웠습니다. 인간이 가진 '지옥적인' 요소를 불러낸 것도 그 일을 시도하기 위해서였습니다! 그러면 그것을 해야 합니다. 그것은 해야 할 일이기 때문입니다. 나는 크롬웰이 승리한 것은 당연한 일이라고 생각합니다! 전투에서 죽지 않았으니 그의 승리는 당연합니다. 사물을 보는 눈과 두려움을 모르는 심장을 가진 그가 한자리 한자리 승리에서 승리로 올라가 드디어 헌팅든의 농부가 잉글랜드에서 공인된 가장 강한 사람, 잉글랜드의 실질적인 왕이 되었습니다. 그것은 마술을 빌리지 않더라도 설명할 수 있는 일입니다!

회의주의와 딜레탕티슴, 불성실에 빠진 나머지 성실을 보아도 그것을 알아보지 못하게 된다면 그것은 한 개인과 마찬가지로 한 국민에게도 슬픈 일입니다. 이 세상에서, 온 세상에서 이보다 더 무서운 저주가 있을 수 있겠습니까? 가슴이 죽어 있고 눈이 보이지 않습니다. 지혜가 아직 남아 있다면 그것은 '여우 같은' 지혜에 지나지 않습니다. 그들에게는 진정한 왕이 와도 소용없습니다. 그가 와도 모르니까 말입니다. 그들은 "이것이 너희의 왕이냐?"라고 조롱합니다. 영웅은 무가치한 인간들의 무익한 반대 속에서 영웅적 능력을 낭비하고, 이렇다 할 성공을 거두지 못합니다. 그는 자기 자신을 위해서 영웅적 생애를 완성하며 그것은 위대한 것입니다. 그러나 세상을 위해서는 완성하는 것이 비교적 없습니다.

자연에서부터 곧장 오는 거칠고 소박한 성실성은 법정의 증인석에서 대답할 때는 말이 변변치 않습니다. 여러분의 법정에서 그는 가짜라는 낙인을 받습니다. 여우 같은 지혜는 그의 결점을 탐색합니다. 천 명의 사람을 합친 것만한 가치가 있는 인물이기 때문에 녹스나 크롬웰에 대해서는 "그가 도대체 사람이기라도 했던가" 하고 따지는 논쟁이 2백 년이나 계속 따라다닙니다. 신이 이 땅에 주신 가장 큰 선물이 비웃음 속에 내던져집니다. 마귀를 쫓아내는 신비의 부적을 시

중에서 통용하기에 적합하지 못한 무가치한 도금 주화로 간주하는 것입니다.

이것은 통탄할 일입니다. 이 일은 시정되어야 합니다. 이것이 어느 정도 시정되기까지는 아무것도 시정되지 않습니다. "가짜를 간파한다고요?" 그러십시오. 제발 좀 그러십시오. 그러나 그와 동시에 신뢰할 수 있는 사람을 알아보십시오! 그것을 알지 못한다면 우리의 모든 지식이 무엇이겠으며, 무엇으로써 가짜를 '간파'할 수 있겠습니까? 여우의 교활을 지닌 자는 그것을 지식이라고 생각합니다. 그리고 그것으로써 '간파'합니다. 그러나 그것은 이만저만한 잘못이 아닙니다.

잘 속아 넘어가는 바보는 많습니다. 그러나 모든 바보들 중에 가장 가엾은 바보는 속아 넘어갈까봐 이유 없이 두려워하는 바보입니다. 세상은 존재합니다. 세상에는 진실이 있습니다. 그렇지 않다면 세상이 존재할 이치가 없습니다. 첫째로 무엇이 진실인지를 아십시오. 그러면 비로소 무엇이 허위인지를 간파할 수 있을 것입니다. 그때까지는 결코 허위를 간파할 수 없습니다.

"신뢰할 수 있는 사람을 알라." 아, 그러나 이것은 오늘날에는 어림도 없는 일입니다. 성실한 사람만이 성실을 알아볼 수 있습니다. 영웅만 있으면 되는 것이 아니라 영웅에 적합한 세상이 또한 있어야 합니다. 종놈들의 것이 아닌 세상이 말입니다. 그렇지 않으면 영웅이 와도 거의 아무런 소용이 없습니다! 그렇습니다. 우리로서는 어림도 없습니다. 그러나 그때가 오고야 말 것입니다. 아, 오는 것이 보이니 감사한 일입니다. 그때가 오기까지 우리는 무엇을 가지고 있습니까? 투표함과 선거권, 프랑스혁명 등이 있습니다.

그러나 이 모든 것이 만일 우리가 종놈들 같아서 영웅을 보아도 알아보지 못한다면 다 무슨 소용입니까? 크롬웰 같은 인물이 와도 150년간 우리에게 한 표도 얻지 못했습니다. 그도 그럴 것이 성실치 않은 믿지 못할 불신의 세상은 원래가 사기꾼의 소유물이기 때문입니다! 그런 세상에서는 불행·혼란·허위만이 있을 수 있습니다. 투표함을 가지고 우리가 하는 일은, 오직 우리의 사기꾼의 '형상'을 바꿀 뿐 그것의 본질은 항상 그대로 있습니다.

종들의 세상은 가짜 영웅, 그저 왕의 차림을 한 왕이 지배하지 않을 수 없습니다. 그런 세상이 그의 것이거나, 아니면 그가 그런 세상의 것입니다. 요컨대 우리에게는 둘 중 하나가 남았습니다. 즉 우리는 영웅을, 진정한 지배자와 대장을 좀더 잘 알아보게 되거나 또는 영웅이 못 되는 자의 지배를 영원히 받거나 할 따름입니다. 거리 모퉁이마다 투표함이 있어도 그것으로는 시정할 수 없습니다.

가엾은 크롬웰, 위대한 크롬웰! 그는 말을 갖지 않은 예언자, '말'을 할 줄 몰랐던 예언자입니다. 야생적인 깊이와 열정적인 성실성으로써 소박하고 혼란스러운 가운데 자신을 표현하려고 버둥거리고 있습니다. 우아하고 완곡한 표현을 쓰는 사람들, 화사한 포클랜드(Falkland),[15] 설교조의 칠링워스,[16] 흥정을 잘하는 클래런던[17] 같

---

15) 포클랜드 자작(2nd Viscount Falkland)인 케리(Lucius Cary, 1610~43)를 가리킨다. 1640년에 열린 장기의회에서 왕당파와 청교도 사이를 중재하고자 했다. 하원에서 청교도가 주도권을 장악하자 의회를 떠나 찰스 1세에게 가담하여 국무대신(secretary of state)이 되었다.

16) 칠링워스(William Chillingworth, 1602~44): 잉글랜드의 신학자·논객으로 가톨릭 신자였으나 1634년 가톨릭 신앙을 포기했으며, 청교도혁명 당시 왕당파에 가담했다.

17) 클래런던 백(伯)(1st Earl of Clarendon)인 하이드(Edward Hyde, 1609~74)를 말한다. 잉글랜드의 정치가·역사가로 1640년 단기의회에 선출되어 혁신파로 활약했으나 장기의회에서는 왕당파로 전향했다. 그 후 황태자(나중의 찰스 2세)를 따라 망명하여 역사서 집필과 왕정복고에 진력했다. 왕정복고 후에는 한때 새 정부의 주도적 인물로서 참여했으나, 실정으로 말미암아 실각하고 프랑스로 망명했다.

은 사람들 사이에서 그는 지극히 이상한 존재였습니다! 그를 잘 살펴 보십시오. 혼란스러운 외양과 악마에 대한 망상, 신경쇠약적인 몽상, 거의 절반은 광적인 상태입니다. 그러나 그 내심에는 분명하고 확고한 남자다운 힘이 약동합니다. 일종의 혼돈한 인물이었습니다. 별빛과 화염의 순수한 광명이 그의 끝없는 우울증과 형체 없는 암흑 속에서 움직이고 있는 것입니다!

그러나 이 우울증이 곧 그의 사람됨의 위대성이 아니고 무엇이겠습니까? 격렬한 애정의 깊이와 부드러움, 그의 사물에 대한 동정심, 사물의 핵심에 투철한 통찰력, 사물에 대한 그의 지배력, 이것이 그의 우울증이었습니다. 이 사람의 불행은 인간의 불행이 늘 그렇듯이 그의 위대성에서 온 것입니다. 새뮤얼 존슨도 또한 그런 사람이었습니다. 비탄에 지치고 반쯤 광인이 되어 세상만큼이나 큰 슬픔의 어둠에 싸여 있었습니다. 그것이 예언적 인간, 즉 그의 온 영혼을 가지고 보려고 투쟁하는 인간의 특색입니다.

크롬웰이 한 말의 혼란상태도 나는 이런 견지에서 설명합니다. 그 자신으로서는 내심의 의미가 태양처럼 명백했습니다. 그러나 그것에 옷을 입혀 표현할 재료가 없었습니다. 그는 침묵 속에 살았습니다. 이름 없는 사상의 거대한 바다가 일생 그를 에워싸고 있었습니다. 그리고 그의 삶의 방식 속에서는 굳이 그것에 이름을 지어주거나 말로 표현할 필요가 없었습니다.

나는 예리한 통찰력과 과감한 행동력이 있었던 크롬웰이 마음만 먹었다면 책도 쓸 수 있고 말도 유창하게 할 수 있었으리라고 믿습니다. 그는 책을 쓰는 것보다 더 어려운 일들을 한 것입니다. 그와 같은 종류의 사람은 어떤 일이든지 훌륭하게 처리할 수 있는 사람입니다. 지성이란 말이나 논리를 늘어놓는 것이 아닙니다. 그것은 관찰하고 확인하는 일입니다. 미덕, 남자다움, 영웅기질이란 말솜씨 좋게 알뜰하게 정돈하는 것이 아닙니다. 그것은 무엇보다도 독일어의 'Tugend'에 잘 나타났듯이 용기 그리고 일을 행하는 능력을 의미합니다. 이것을 크롬웰은 가지고 있었습니다.

그는 의회에서 연설을 잘할 수는 없었습니다. 그러나 널리 알려진 것처럼, 그는 열광적인 설교를 할 수 있었으며, 특히 즉석에서 드리는 기도를 대단히 훌륭하게 할 수 있었습니다. 마음에 있는 것을 자유롭게 토로하는 것이다 보니 거기엔 방법이 필요치 않고 열정과 깊이와 성실성만 있으면 충분했습니다. 기도하는 습성은 크롬웰의 현저한 특징이었습니다. 그는 모든 큰일들을 기도로써 시작했습니다. 암담하고 솟아날 구멍이 없을 듯한 곤경에 빠지면 그와 그의 장교들은 언제나 집합하여 몇 시간, 몇 날 동안을 번갈아 기도했습니다. 어떤 확정된 해결책이 그들 마음 속에 떠오를 때까지 기도했습니다. 그들의 표현을 빌리면 "희망의 문"이 보일 때까지 말입니다.

그것을 생각해보십시오. 눈물을 흘리며 타오르는 기도를 드리면서 거룩하신 신을 향해 저희들에게 자비를 베푸시기를, 신의 광명으로 저희들의 앞을 비춰주시기를 호소합니다. 그들은 그리스도의 군대라고 스스로 느꼈습니다. 맘몬과 악마의 거대하고 어두운 탐욕의 세상을 향해 칼을 뽑은 크리스천 형제들의 작은 무리라고 느꼈습니다. 그들은 난국에 빠지고 극단적인 곤란에 부딪혔을 때 신에게 저희들이 하는 일, 곧 신의 일을 저버리지 마시도록 부르짖은 것입니다. 그때 그들 위에 빛이 임합니다. 인간의 영혼이 다른 어떤 방법으로 이보다 더 좋은 빛을 얻을 수 있겠습니까? 이로써 결정된 목적은 가장 선하고 가장 현명하여 이제 더 이상 주저할 것 없이 따를 수 있는 것이 아닙니까?

그들에게 그것은 말하자면 황량한 암흑 속에서 빛을 발산하는 신의 영광, 황폐하고 위험한 길에서 안내자가 되어주는 암야의 불기둥

같았습니다. 사실 그런 것이 아니었습니까? 지금도 마찬가지입니다만, 사람의 영혼은 근본적으로 이 방법 이외에 다른 어떤 방법으로 안내를 얻을 수 있겠습니까? 열렬하게 갈망하는 인간의 영혼은 그와 같이 최고 존재, 모든 광명의 수여자 앞에 경건하게 부복하여 기도─소리를 높여 말로 하는 기도이든 무언의 기도이든─하는 일 말고 어떤 방법으로 안내를 얻을 수 있겠습니까? 다른 방법이 없습니다.

'위선'이라고 말씀하십니까? 그런 소리는 이제 지겨워지기 시작합니다. 그렇게 말하는 사람은 이런 문제에 관해 말할 자격도 없습니다. 그런 사람들은 목적이라고 할 만한 목적을 가져보지 못한 사람입니다. 그들은 편의와 사이비 진실을 약삭빠르게 비교하여 헤아리고, 투표와 보고서를 모으는 데 열중하여 사물의 진리와는 한번도 대결해본 적이 없는 사람들입니다. 크롬웰의 기도는 '웅변'이라 해도 좋고, 그 이상의 것이었다고 말해도 좋습니다. 그의 심령은 기도할 수 있는 심령이었습니다.

사실 그의 연설은 사람들이 아는 것처럼 서투른 것은 아니었다고 생각합니다. 그는 모든 연설자가 목표로 하는 것, 즉 사람의 마음을 움직이는 연설자였습니다. 의회에서도 마찬가지였습니다. 그는 처음부터 무게가 있었습니다. 소탈하고도 정열적인 음성으로 그가 진심으로 하는 말은 언제나 사람들이 잘 이해했고, 사람들은 그 내용이 무엇인지를 알기 원했습니다. 그는 웅변할 생각은 하지도 않았습니다. 웅변을 경멸하고 싫어했습니다. 어떤 말을 할까 미리 생각하는 일이 없이 말했습니다. 그 시대의 취재기자들도 기묘하게 단순하여 식자공에게 자기들의 노트에 적은 그대로를 주었던 것으로 보입니다.

크롬웰이 매사에 미리 치밀한 계획을 하고 주판알을 놓아 철저히 계산을 한 위선자였으며, 세상을 관중으로 삼고 연극을 연출했다는 소문에 비추어 볼 때 그가 평생토록 말에 전혀 주의를 하지 않았다는 사실은 얼마나 이상스러운 증거입니까! 그가 세상에 내던지기 전에 조금도 말을 다듬지 않은 것은 어찌 된 일입니까? 말은 그것이 진실한 말이라면 다듬지 않고 그냥 내던져두어도 스스로 진가를 발휘합니다.

크롬웰의 '거짓말'이라는 것에 대해 한마디 말하고자 합니다. 이 것 역시 본질적으로 같은 문제라고 생각합니다. 모든 당파가 다 그에게 속았다고 생각했습니다. 제각기 그가 '이것'을 의미하는 것으로 생각했고, 그렇게 그가 말하는 것도 들었습니다. 그런데 그가 사실은 '저것'을 의미한 것임을 나중에 알게 되었습니다! 그들은 그가 거짓말 왕이라고 규탄했습니다. 그러나 따지고 보면 그런 시대적 상황에서 이것은 본질적으로 허위의 사람의 운명이 아니라 위대한 인물이 맞이할 불가피한 운명이 아닙니까?

그런 사람은 마음속에 담아두고 말하지 않는 과묵함이 있을 수밖에 없습니다. 만일 그 사람이 자기의 본심을 소매에 달고 다니며 어떤 바보라도 다 건드리게 한다면 그는 오래가지 못할 것입니다! 어떤 사람이든지 유리로 만든 집 속에 살고 있을 필요는 없습니다. 사람은 자기 마음을 남에게—그리고 일을 같이하는 사람에게도—얼마만큼 보여줄 것인지 스스로 판단해야 합니다. 주제넘게 질문하는 사람이 있으면 그 질문자가 그 일에 관해서 아무것도 알지 못하도록 버려두는 것이 좋습니다. 가능하다면 오해를 사지 않도록, 그러나 묻기 전보다 더 아는 것이 전혀 없도록 해두는 것이 상책입니다! 현명하고 성실한 사람은 대꾸할 적당한 말이 떠오르더라도 그런 경우에는 이렇게 대답을 해야 합니다.

크롬웰은 흔히 소규모 부하 집단의 용어를 빌려 자기 마음의 일단을 말했습니다. 모든 당파들은 그가 완전히 자기들의 편이라고 생각했습니다. 그러므로 나중에 크롬웰이 자기들의 편이 아니고 크롬웰 자신의 편임을 보았을 때 모두 하나같이 분개했습니다! 이것이 그의 잘못이었습니까? 그의 생애의 모든 시기에서 그는 아마 이렇게 느꼈을 것입니다. 그런 사람들 사이에서 자기의 깊은 통찰을 설명한다면 그들은 대경실색하게 되고 그들의 평범한 가설은 완전히 허물어지고 만다는 것을, 그리고 그들은 크롬웰과 더불어 더 이상 일할 수가 없게 되고 심지어 그들 자신의 사적 분야에서도 일할 수 없게 되리라는 것을 느꼈을 것입니다.

이것은 무릇 범용한 사람들 속에 섞여 있는 위인들이 처하게 되는 불가피한 입장입니다. 활동적이고 유용하되 그릇이 작은 사람들은 어디에나 있습니다. 그리고 그들의 모든 활동은 제한된 신념과 그릇된 신념, 즉 오류에 근거하고 있습니다. 그러나 그렇다고 해서 그들을 당혹케 한다면 그것이 항상 친절한 일이며 의무이겠습니까? 세상에서 요란한 일을 하는 많은 사람들은 얇은 전통과 관례 위에 서 있습니다. 그 사람으로서는 의심할 수 없는 것이지만, 우리가 볼 때 그것은 믿을 수 없는 기반입니다. 그 사람이 서 있는 그 기반을 깨뜨려보십시오. 그러면 그는 끝없는 심연에 빠집니다! 퐁트넬[18]은 말했습니다. "나는 진리를 손에 가득 가지고 있을지라도 새끼손가락만 펴 보인다."

이론적인 문제에서조차 이것이 사실인데 하물며 실제적인 모든 분야에서야 오죽하겠습니까! '자기의 생각을 가슴 속 깊이 간직'하

---

18) 퐁트넬(Bernard Le Bovier de Fontnelle, 1657~1757): 프랑스의 문인·과학자로 볼테르는 그를 일컬어 루이 14세 시대가 낳은 가장 보편적인 정신이라고 평했다. 그의 저작에는 계몽주의의 특징적인 사상이 맹아 형태로 표현되어 있다.

지 못하는 사람은 큰일을 실행할 수 없습니다. 그런데 우리는 이것을 '위선'이라고 부릅니까? 가령 군대의 장군이 졸병들이 함부로 묻는 질문에 일일이 대답하지 않고 모든 일에 대한 그의 생각을 말하지 않는다고 해서 그를 위선자라고 부를 셈입니까? 나는 크롬웰이 이런 모든 물음을 감탄할 정도로 완벽하게 처리한 것이라고 말하고 싶습니다. 그의 온 생애에 걸쳐서 이렇게 묻는 졸병들의 끝없는 홍수가 주위에 파도쳤습니다. 그는 그들에게 대답했던 것입니다. 이것을 훌륭히 처리할 수 있었던 것으로 보아 그는 진정한 눈을 가진 위대한 사람임이 틀림없습니다. 앞서도 말했듯이 거짓으로 판명된 것은 하나도 없었습니다. 전혀 없었습니다! 그토록 큰 시련을 몸에 감고 있는 사람 가운데 여러분이 위선자라고 말할 수 있는 사람이 어디 있습니까?

크롬웰 같은 인물을 판단할 때 우리가 판단하려는 근거마저 왜곡시키는 널리 퍼진 두 가지의 오해가 있습니다. 그것은 이런 인물들의 '야망', '거짓' 등에 관한 것입니다. 그 가운데 처음 것—야망—은 그들 생애의 종착점을 그 과정, 또는 출발점으로 대치하는 오류라고 할 수 있겠습니다. 크롬웰을 연구한 어떤 통속적인 역사가는 그가 케임브리지셔(Cambridgeshire)의 소택지에서 밭을 갈고 있을 때 이미 잉글랜드의 호국경이 될 결심을 했다고 상상하고 있습니다. 그의 생애는 처음부터 전체 드라마의 줄거리가 미리 다 짜여 있었으며, 그후 차근차근 대본에 따라 모든 교묘한 기만적인 연출법으로 극적으로 전개되어나갔다는 것입니다. 그는 기만적이고 책략적인 위선자, 연극배우였다는 것입니다!

이것은 근본적인 왜곡입니다. 잠깐 생각해보십시오. 사실은 얼마나 다릅니까! '우리'는 도대체 우리의 앞날을 얼마나 내다봅니까? 바로 내일 일만 해도 만사가 몽롱합니다. 온갖 가능성과 불안, 시험, 막연히 빛나는 희망이 뒤얽힌 혼란상태가 아닙니까? 크롬웰의 온 생애는 교활하고 용의주도하게 한 장면씩 극적으로 연출해가기만 하면 다 되는 어떤 줄거리에 맞춰서 미리 정해진 것이 아니었습니다! 어림도 없는 이야기입니다. 우리는 그렇게 보지만, 그에게는 단연코 그렇지 않았습니다.

부인할 수 없는 이 한 가지 사실을 역사가가 유의했다면 얼마나 많은 어리석은 짓이 저절로 없어졌겠습니까! 역사가들에게 물으면 그들은 그것에 유의했다고 말할 것입니다. 그러나 과연 사실이 그러한지 보십시오! 통속적인 역사가는 이 크롬웰의 경우에서 볼 수 있듯이 그것을 전적으로 무시합니다. 가장 우수한 역사가라 할지라도 어쩌다 한번 그것을 생각할 따름입니다. 그것을 사실 그대로 완벽하게 생각하자면 실로 비범한 능력이 필요합니다. 아니, 그것은 불가능합니다. 셰익스피어의 능력, 아니 그 이상의 것이 요구됩니다.

다른 사람의 한평생을 연출하여 그 사람이 본 것을 그 사람의 생애의 모든 시점에서 그 사람의 눈으로 볼 수 있는 사람이 누가 있습니까? 다시 말해 그 사람의 생애와 그 사람을 '역사가들' 따위가 도저히 할 수 없을 정도로 통찰할 수 있는 사람이 누구이겠습니까? 만일 우리가 정직하게 사실대로 그리려고 한다면, 있었던 그대로의 시간적 순서로 나타낸다면, 그리고 지금 우리 앞에 던져진 것처럼 한 묶음으로 취급하려 하지 않는다면 크롬웰에 대한 우리의 이미지를 왜곡시키는 갖가지 뒤엉킨 오해의 절반 이상은 사라질 것입니다.

크롬웰에 대한 또 하나의 오류는 누구나 일반적으로 범하는 것입니다. 이 오류 역시 이 야망에 관련된 것입니다. 우리는 위인들의 야망을 과장합니다. 우리는 그것의 본질을 잘못 알고 있습니다. 위인들은 그런 의미의 야망은 가지고 있지 않습니다. 그런 야망은 용렬하고 변변치 못한 사람이나 가지는 것입니다. 다른 사람들 이상으로 광채를 발산하지 못한다고 해서 불행하게 사는 사람과 자기의 소질과 주장을 관철시키기 위해 노심초사하며 자기 선전을 일삼는 사람, 마치 그것이 신을 위한 일이라도 되는 양 자기를 위인으로 인정하여 뭇사람들 위에 앉히라고 보채는 사람들을 보십시오! 그런 인간들은 해 아래 있는 것 중 가장 가련한 구경거리입니다.

그런 것이 위인입니까? 그는 속이 빈 병적인 인간이며, 사람들 세상에서 왕좌에 앉기보다는 차라리 병원 입원실에 들어가는 것이 낫습니다. 그런 사람을 피하십시오. 그는 조용히 길을 걷지 못하는 사람입니다. 그는 여러분이 쳐다봐주지 않으면, 찬사를 보내지 않으면 신문기사를 써주지 않으면 살지 못합니다. 그 사람은 속이 비어 있는 것이지 위대한 것이 아닙니다. 그는 속에 든 것이 아무것도 없으니까 무엇이 있다고 말해주기를 굶주린 듯이 목마른 듯이 열망합니다. 사실 위대한 사람, 또는 어느 정도의 건전성과 실속이 속에 들어 있는 사람다운 사람 가운데 이런 식의 고민을 하는 사람은 아무도 없습니다.

알아듣지 못할 소리로 떠드는 군중에게 인정받는 것이 크롬웰에게 무슨 필요가 있습니까? 그를 지으신 신이 이미 인정하고 있지 않습니까? 크롬웰, 그는 이미 거기 있습니다. 사람들이 인정하든 않든 그들은 그를 다르게 만들지는 못합니다. 머리가 희게 되고 인생도 내리막길에 이르러 세상만사에 영원한 것이 없음을 알게 될 나이에 이르기까지 그는 땅을 갈고 『성경』을 읽는 것으로 만족했습니다. 그러한 그가 노년이 다 되어서 더 견딜 수가 없어서 자기를 거짓에 내다 팔았다는 것입니까! 금칠을 한 마차를 타고 의사당에 드나들며 종이 보따리를 든 서기들이 "이것을 결정해주십시오, 저것을 결정해주십시오" 하고 따라다니는 것이 부러워서 말입니까! 그리고 그 결정이라는 것도 극도의 슬픔에 빠진 상태에서는 누구도 완벽하게 할 수 없는 데도 말입니까!

크롬웰에게 금칠한 마차가 무슨 소용이 있습니까? 오래전부터 그의 삶에는 큰 의미가, 하늘에서 온 공포와 영광이 있지 않았습니까? 이 세상에서 한 인간으로서의 그의 존재는 금칠한 마차의 필요성쯤은 초월한 것이었습니다. 사망·심판·영원, 이런 것이 그가 생각하고 행하는 모든 것의 배경으로 이미 존재했습니다. 그의 모든 삶은 사상의 큰 바다—인간의 말로는 도저히 이름을 붙일 수 없는—에 둘러싸여 있었습니다. 그 당시 청교도 예언자들이 읽었던 신의 말씀, 위대한 것은 그것뿐이지 다른 모든 것은 그에게 아무런 의미도 없었습니다.

나는 이런 사람을 '야심적'이라고 하고, 앞에서 말한 것처럼 허풍선이로 비유하는 것은 지극히 어리석은 일이라고 생각합니다. 크롬웰은 아마 이렇게 말할 것입니다. "너의 금칠한 마차와 만세를 부르는 군중들, 너를 따라다니는 서기들, 너의 권세와 중대한 용무들을 그대로 가지고 있어라. 그러나 나는 나대로 둬달라. 내게는 이미 '너무도 충만한 생명'이 있다." 자기 시대의 잉글랜드에서 가장 위대한 정신이었던 새뮤얼 존슨도 야망을 가지고 있지 않았습니다. 보즈웰 그 인간이 글을 써서 인기를 끌려고 한 것이지, 위대한 노(老) 새뮤얼은 자기 집에 머물러 있었습니다. 사색과 슬픔에 싸여 있는 세계적인 영혼, 그에게 광대놀이나 인기가 무엇을 해줄 수 있단 말입니까?

아, 나는 다시 강조합니다. 저 위대한 '침묵'의 사람들! 세상의 시끄러운 미치광이 짓을 돌아다볼 때 말에 별로 의미가 없고 행동에 별로 가치가 없으니 그들은 '침묵'의 위대한 왕국을 사랑합니다. 여기저기 산재하여 각자 자기의 분야에서 묵묵히 생각하고, 침묵 속에서 일하는 그들, 아침 신문에 이름이 실리는 일도 없는 고결하고 말없는 사람들! 이런 사람들이 세상의 소금입니다. 이런 사람을 전혀 또는 별로 갖지 못한 나라는 딱한 처지에 놓여 있습니다. '뿌리'가 없는 삼림, 다만 잎과 가지로만 된, 곧 시들어 없어질 삼림입니다.

우리가 만일 외면적인 것, 입으로 말하는 것밖에는 가진 것이 없다면 우리의 앞길은 절망입니다. 침묵, 위대한 침묵의 왕국, 별보다도 높고 죽음의 나라보다 더 깊은 그 세계! 그것만이 위대하고 다른 모든 것은 작습니다. 우리 잉글랜드 민족이 우리의 그 '침묵할 줄 아는 위대한 소질'을 오래도록 간직하고 있기를 희망합니다. 술통 위에 올라서서 입심 좋게 지껄이며 장터의 모든 사람들이 보는 앞에서 말 연습을 부지런히 하지 않으면 살 수 없다는 사람들은 뿌리 없는 삼림이 되도록 내버려두십시오! 솔로몬은 말했습니다. "말해야 할 때도 있지만, 또한 침묵을 지켜야 할 때도 있다"고 말입니다.

새뮤얼 존슨은 돈이 필요해서 글을 쓰지 않을 수 없었다고 했지만, 존슨이 그런 필요성의 압박을 받지 않는다고 합시다. 그러한 위대한 침묵의 존슨에게 누군가가 "왜 당신도 일어나서 말하지 않소? 당신의 학설을 선포하고 당신의 학파를 형성하지 않소?"라고 묻는다면 그는 이렇게 대답할 것입니다. "나는 지금까지 내 생각을 입 밖에 내지 않았습니다. 다행히 아직까지는 내 생각을 마음속에 간직할 수 있었고, 그것을 말해야 할 만큼 심한 강제도 받지 않았습니다. 나의 '학설'은 도대체가 선포하기 위한 것이 아닙니다. 그것은 내 자신이 살아가는 지침입니다. 그것이 나의 학설의 큰 목적입니다. 아, 명예라고요? 참 그렇겠습니다. 그러나 조각상(彫刻像)에 대해 카토[19]가 말

---

19) 카토(Cato Major, 기원전 234~149): 로마의 정치가·학자이다. 농민의 아들로 태어나 청년시대에는 한니발 전쟁에 참가했다. 재무관(204), 법무관(198), 집정관(195)을 지냈다. 당시 스키피오 가(家) 등을 중심으로 상류사회에 헬레니즘의 화려한 풍조가 유행했으므로 고대 로마의 실질적이고 강건한 생활로 복귀할 것을 주장했다.

했듯이 여러분의 광장에 있는 많은 조각상들은 이렇게 묻는 것이 좋지 않겠습니까? 카토의 조각상은 어디에 있느냐고요."

나는 이제 이 침묵에 대조되는 야망에 두 가지가 있음을 말하고자 합니다. 그 하나는 전적으로 나쁩니다. 그러나 다른 하나는 찬양할 만하고 또 불가피합니다. 자연은 위대한 침묵의 사람 새뮤얼을 오랫동안 침묵하도록 하지 않았습니다. 다른 사람들 위에 서서 빛을 발산하겠다는 이기적 소망은 전적으로 초라하고 비참한 것임을 아십시오. "위대한 것을 찾느냐? 찾지 말아라"라는 말은 실로 진실입니다.

그러나 모든 사람은 자연이 그 사람을 만든 크기에 따라 자기를 발달시켜 자연이 부여한 것을 남김없이 말과 행동으로 나타내려는 억제하기 어려운 성향이 있습니다. 이것은 타당하고 불가피합니다. 아니 그것은 사람에게 주어진 의무입니다. 지상에서의 인생의 의의는 여기에 있다고 말해도 좋을 것입니다. '자아'를 전개하는 것, 자기의 역량으로 할 수 있는 일을 하는 것입니다. 그것은 인간으로서는 하나의 필연이며 우리가 생존하는 제일 조건입니다. 콜리지(Coleridge)[20]는 "아기가 말을 배우는 것은 이 필연을 느끼고 하는 일"이라는 아름다운 말을 남겼습 니다.

따라서 우리는 이렇게 말합니다. 야망에 대해 그것이 좋은지 나쁜지를 결정하려면 생각해야 할 것이 둘이 있습니다. 즉 자리를 탐내는 마음뿐만 아니라, 그 사람이 그 자리에 적합한가 하는 것, 그것이 문제입니다. 그 자리가 그 사람의 것일 수도 있습니다. 그 자리를 차지할 자연적 권리, 아니 의무가 그에게 있을 수도 있습니다. 수상이 되고자 한 미라보의 야망을 어떻게 비난하겠습니까? 만일 그 자리에 앉음으로써 이익이 되는 일을 할 수 있는 사람이 프랑스에서 그 사

람뿐이었다면 말입니다. 그가 그처럼 자기의 역량을 의식하지 않았다면 오히려 얼마나 더 좋았겠습니까! 그러나 이때 가련한 네케르(Necker)는 그 자신이 아무런 좋은 일도 할 수 없었는데도, 그리고 그가 아무 일도 할 수 없다는 것을 익히 알고 있었는데도 버림을 받았다고 해서 상심한 채 앉아 있었습니다. 기번[21]이 이 사람의 일을 개탄한 것도 당연합니다. 자연은 이 위대한 침묵의 사람 존슨에게 말하려고 노력하라고 명령했습니다. 어쩌면 지나칠 정도로 말입니다.

예를 들어 여러분이 숨어 살고 있는 용감한 새뮤얼 존슨에게 가서 나라와 온 세계를 위해 무한히 귀하고 신성한 일을 할 수 있음을 알려주었다고 상상해보십시오. 완전한 천국의 율법을 이 땅 위의 법으로 만들 수 있다고, 그가 날마다 드리는 기도, "당신의 나라가 임하옵소서"가 드디어 이루어졌다고 말입니다. 만일 그에게 "이것이 가능하다, 실천할 수 있다, 슬픔에 싸인 침묵의 사람 새뮤얼이 이 일에 부름을 받았다"는 것을 납득시킬 수 있다면 그는 어떻게 하겠습니까! 그의 온 심령은 불처럼 타올라 신성한 빛을 발산하고, 고매한 선언과 행동을 취하려는 결심이 솟아올라 모든 슬픔과 걱정을 뿌리치고, 모든 고통과 반발을 무시했을 것입니다. 그의 존재의 어두운 요소는 모두 찬란한 광명과 번개로 우렁차게 피어났을 것입니다. 이것이야말로 진정한 야심입니다!

이제 크롬웰의 경우가 실제로 어떠했는지를 생각해보십시오. 오래 전부터 신의 교회는 고통을 겪어왔습니다. 진리의 진정한 설교자들은 감옥에 던져지고 매를 맞으며 형틀에 달리고 귀를 잘렸으며 신의 복음은 무가치한 인간들에게 유린되었습니다. 이 모든 것이 그의 영

---

21) 기번(Edward Gibbon, 1737~94): 영국의 역사가로 대표작으로는 『로마제국 쇠망사』(The History of the Decline and Fallo of the Roman Empire, 1776~88)가 있다.

혼에 무거운 짐이 되었습니다. 오랜 세월을 두고 그는 이 광경을 바라보았습니다. 침묵으로, 기도로 말입니다. 땅에서는 구원이 올 데가 보이지 않으니 인자한 하늘에서 그것이 올 것을 굳게 믿었습니다.

이제 보십시오, 여명이 밝아옵니다. 12년 동안 침묵으로 기다리던 끝에 온 잉글랜드가 움직입니다. 다시 한 번 의회가 열려야 합니다. 정의는 소리를 가지게 될 것입니다. 형언할 수 없는 굳은 희망이 다시 땅에 왔습니다. 그러한 의회의 의원이 된다는 것은 할 만한 일이 아닙니까? 크롬웰은 땅을 갈던 보습을 내던지고 그리로 달려갔습니다.

그는 거기 가서 말했습니다. 진지함과 자명한 진리로 가득 찬 투박한 말이 나오는 것을 우리는 볼 수 있습니다. 그는 거기에서 일했습니다. 강건한 진리의 거인처럼 싸웠습니다. 포탄이 비 오듯 해도 그 무엇 하나 두려워하지 않고, 앞으로 또 앞으로 나아갔습니다. 마침내 그의 대의가 승리를 거두고 한때 그렇게 강하던 적은 형체도 없이 사라지고, 드디어 희망의 여명은 승리와 확신의 찬란한 광채가 되었습니다.

그가 잉글랜드에서 가장 강한 인물, 온 잉글랜드의 영웅으로서 서게 된 것, 이것은 무엇을 의미했습니까? 그리스도의 복음의 법이 이제 세상에 확고히 설 수 있게 되었습니다! 존 녹스[22]가 설교단에서 '경건한 상상'으로나 꿈꾸었을 신정정치, 그것을 가장 험난한 실제 사회의 혼돈 상태를 경험한 이 실천적인 인물은 '실현'할 수 있는 것이라고 생각했습니다. 그리스도의 교회에서 가장 높은 사람들, 가장 경건하고 현명한 사람들이 이 나라를 지배해야 합니다. 마땅히 그래야만 합니다. 이것이 진리, 신의 진리가 아닙니까? 그리고 진리라면

---

22) 제4강의 주2)를 참조.

이것이 바로 해야 할 일이 아닙니까? 잉글랜드의 가장 강하고 실천적인 지성은 대답합니다. "그렇다!"

나는 이런 것을 고상하고 참된 일이라고 부릅니다. 이것이야말로 정치가나 인간이 마음 속에 품을 수 있는 가장 고상한 것이 아닙니까? 녹스가 이것을 주장했다는 것은 대단한 일입니다. 그러나 크롬웰은 세상의 본질에 대한 그의 위대하고 건전한 인식과 경험으로써 그 일을 했습니다. 역사는 이런 사례를 단 한 번밖에 보여주지 않는다고 생각합니다. 나는 그것을 프로테스탄티즘의 절정이며, 이 땅 위에서 구현된 '성경에 대한 신앙' 중에서 가장 영웅적인 국면이라고 생각합니다. 이것이 우리 가운데 한 사람에게 계시되었다고 상상해 보십시오. 우리는 무슨 방법으로 정의가 불의에 대해 완전히 승리하게 하며, 우리가 갈망하고 기원하던 모든 것이 잉글랜드와 모든 나라의 최고의 복리가 되도록 할 수 있습니까!

아는 체하며 '위선을 간파하는' 민첩하고도 노련한 여우의 지혜는 가련한 것입니다. 잉글랜드는 지금까지 크롬웰 같은 정치가를 단 한 사람밖에 가지지 못했습니다. 이런 큰 목적을 심중에 둔 정치가는 한 사람밖에는 보이지 않습니다. 1,500년 동안 단 한 사람, 그런데 그가 받은 대우는 앞서 말한 것과 같습니다. 그에게는 수백 또는 수십 명의 지지자가 있었고, 수백만 명의 반대자가 있었습니다.

만일 잉글랜드 전체가 그를 중심으로 단결했더라면, 그랬더라면 잉글랜드는 그리스도적인 나라가 되었을 것입니다! 그러나 사실은 아직까지도 여우의 지혜는 그대로 남아 있습니다. 그리고 "악인들로 가득 찬 세계에서 단결된 행동으로 선을 이끌어낸다"는 절망적인 문제를 풀려고 앉아 있습니다. 이것이 얼마나 어려운 문제인지를 여러분은 대법원 같은 곳에서 볼 수 있습니다! 마침내 하늘의 정당한 분노로, 또한 하늘의 크나큰 은총으로, 사태가 정체되기 시작하였습니다. 그리고 이 문제의 해결은 모든 사람에게 절망적인 것이 되었습니다.

크롬웰과 그의 일로 돌아가도록 합시다. 흄과 그를 따르는 많은 사람들은 다음과 같은 견해로 나를 반박합니다. 즉 "크롬웰은 처음에는 진실했다. 맨 처음에는 진실한 '광신자'였다. 그러나 차츰 앞길이 트임에 따라 '위선자'가 되었다"는 것입니다. 이 광신자·위선자 이론은 흄이 퍼뜨린 것으로, 그후 점점 널리 퍼져 마호메트와 그밖의 많은 사람들에게도 적용되었습니다.

이것을 깊이 생각해보십시오. 그 속에서 무엇인가를 보게 될 것입니다. 그러나 많은 것 또는 전부는 결코 아닙니다. 진실한 영웅의 마음은 이렇듯 비참하게 전락하지 않습니다. 태양은 불순한 것을 내뿜어 표면에 점이 생기게 됩니다. 그러나 태양은 그것 때문에 꺼지지는 않습니다. 태양이 태양 아닌 것이 되거나 암흑의 덩어리가 되지는 않습니다! 위대하고 심오한 크롬웰이 그렇게 된 적은 없다고 생각합니다. 결코 없다고 생각합니다. 사자의 심장을 가진 자연의 아들, 안타이오스(Antaeus)[23]처럼 그의 힘은 그의 어머니인 땅에 딛고 있음으로써 얻은 것이었습니다. 땅에서 들리면 위선과 공허가 되고, 그의 힘은 사라집니다.

우리는 크롬웰을 완전무결한 사람, 절대 잘못을 범하지 않는 사람, 불성실을 가지지 않은 사람이었다고 주장하려는 것은 아닙니다. 그는 '완전'이니 '흠 없는 행동'이니 운운하는 어설픈 교수님은 아니었습니다. 그는 현실의 참된 일을 헤치고 거친 길을 가르며 나아가는 억센 인물이었습니다. 물론 많은 실수가 있었습니다. 시시때때로 불

---

23) 그리스 신화에서 해신 포세이돈(Poseidon)과 땅의 여신 가이아(Gaia) 사이의 아들이며 북아프리카의 거인이다. 땅(Gaia)과 접촉하고 있는 동안은 불사신이었으나 헤라클레스에게 공중으로 끌어올려져 교살되었다.

성실과 과오, 많은 실수가 있었습니다. 이것은 그도 잘 알고 있는 사실입니다. 신도 크롬웰도 잘 알고 있었습니다! 태양은 여러 번 어두워졌습니다. 그러나 태양 자체가 어둠이 되지는 않았습니다.

크롬웰의 마지막 말, 죽음을 기다리고 누워 있을 때 한 말은 크리스천 영웅의 말이었습니다. 신에게 드린 끊어진 기도, "나와 나의 대의를 신은 심판하소서. 사람은 할 수 없으니 신께서 정의와 자비로 하소서"라는 기도였습니다. 이것은 가장 감동적인 말입니다. 그의 고역과 죄가 모두 끝난 이제, 그는 그의 투박하고 위대한 영혼을 그를 지으신 신에게 이렇듯 올려보낸 것입니다.

나는 이런 사람을 위선자라고는 단 한 번일망정 부르고 싶지 않습니다! 그가 위선자와 연극배우였고, 그의 생애는 다만 연극에 지나지 않았다는 것입니까? 폭도의 갈채에 굶주린 공허하고 어리석은 협잡꾼이라는 것입니까? 그는 머리가 희게 될 때까지 세상사람 눈에 띄지 않은 채 초야에 묻혀 아주 잘 지냈습니다. 그런데 이제 실질적인 잉글랜드 왕으로 공인되어 아무런 비난도 받지 않고 있을 때 느닷없이 위선자와 연극배우가 되었다는 것입니까?

사람은 왕의 마차와 외투가 없으면 살 수 없습니까? 서류 꾸러미를 든 서기들이 따라다니면서 결재해달라고 졸라대는 것이 그렇게도 축복할 일입니까? 천진한 디오클레티아누스[24]도 채소를 가꾸기를 더 좋아했고, 그리 대단할 것도 없는 조지 워싱턴도 그렇게 했습니다. 진정한 사람이면 누구든지 그렇게 할 수 있고, 또 원할 것입니다. 왕으로서 자기의 일이 끝나면 끝나기가 무섭게 당장 왕위 같은 것은

---

24) 디오클레티아누스(Gaius Aurelius Valerius Diocletianus, 245?~313): 로마의 황제(284~305)이다. 군인황제 시대의 혼란을 종식시키기 위해 권력의 분할과 제위 상속법의 확립, 황제 권력의 강화라는 세 가지 점에서 로마제국을 재편성했다. 기원후 305년 스스로 제위에서 물러났다.

집어치웁니다!

　그러나 나는 인간의 모든 행동에서 어디서나 왕이 필요하다는 것을 말하고자 합니다. 전쟁상태에서 아군에게는 지휘관이 없고 적에게는 지휘관이 있을 경우 어떻게 되는지를 생각하면 그것은 놀랄 만큼 뚜렷이 증명됩니다. 스코틀랜드의 경우가 그 좋은 예입니다. 스코틀랜드 국민은 청교주의에 거의 거족적이었습니다. 모두 한마음으로 열광했습니다. 잉글랜드와는 전혀 다른 모습이었습니다.

　그러나 스코틀랜드에는 위대한 크롬웰이 없었습니다. 비겁하게 우물쭈물하는, 장사꾼 같은 아가일[25] 따위의 인물만 있었습니다. 그들

---

25) 아가일(Archibald Campbell Argyll, 1607~61): 스코틀랜드의 반(反)왕당파 지도자이다. 잉글랜드 왕 찰스 1세와 의회 사이에 벌어진 내란(청교도혁명) 때 활약했으며 스코틀랜드를 잠시나마 정치적·종교적으로 잉글랜드의 지배에서 벗어나게 했다. 1626년 추밀고문관으로 정계에 입문한 그는 1637~38년 스코틀랜드의 감독제 폐지를 주장하고 찰스 1세가 잉글랜드의 예배의식을 강요하는 것에 대항해 스코틀랜드의 장로교를 지키기로 맹세하는 국민서약에 서명함으로써 왕의 총애를 잃었다. 정치적 주도권을 획득하면서 스코틀랜드의 왕당파 지도자 몬트로즈 백작 제임스 그레이엄과 심하게 반목했는데 그는 계속 정치적인 책략에서 그레이엄을 제압했다. 1638년 아버지의 아가일 백작 작위를 이어받았으며 1641년 찰스 1세가 서약파에 대한 양보의 일환으로 취한 조치로 후작 작위를 받았다. 그후에는 당시 장로파가 지배하고 있던 잉글랜드 의회파와 동맹수립에 착수했다. 그의 부대가 1644년 의회파 편에 서서 북부 잉글랜드를 점령하고 있는 동안 그는 스코틀랜드에 남아 몬트로즈를 방어했다. 그는 1645년 2월 인버로치에서, 그리고 8월에는 킬사이스에서 몬트로즈에게 패했으나 9월 13일 필러포 전투에서 결정적인 승리를 거두었다. 1648년 스코틀랜드 왕당파가 잉글랜드 침공에 실패하자 그는 에든버러에 새 정부를 세우고 의회파 지도자 올리버 크롬웰과 동맹을 맺었다. 그러나 크롬웰 휘하의 독립파가 찰스 1세를 처형해(1649.1.30) 스코틀랜드인들의 반감을 삼으로써 동맹관계는 끝이 났다. 아가일은 거의 자포자기한 심정으로 서약파들이 찰스 1세의 아들을 스코틀랜드로 초빙하는 것을 묵인하고 1651년 1월 1일 그를 국왕 찰스 2세로 즉위시켰다. 찰스 2세가 1651년 9월 잉글랜드에서 패하자 아가일도 크롬웰에게 굴복했다. 크롬웰이 죽자 1660년 찰스는 마침내

가운데 누구 하나도 진리에 대한 진실한 가슴을 가지고 있지 않았습니다. 진리를 위해 감히 몸을 던지려 하지 않았습니다. 그들에게는 지도자가 없었습니다. 그 나라에 흩어져 있던 기사들은 한 사람의 지휘자 몬트로즈[26]를 가지고 있었습니다. 모든 기사들 중 가장 고상하고 세련되고 씩씩한 사람, 영웅적 기사라고 부를 수 있는 사람이었습니다.

잉글랜드 왕위에 올랐고 곧바로 아가일을 크롬웰의 공화국에 협력했다는 이유로 체포해 이듬해 에든버러에서 참수시켰다.

26) 몬트로즈(James Graham Montrose, 1612~50): 영국혁명(청교도혁명) 때 스코틀랜드에서 잉글랜드의 찰스 1세를 위해 싸워 여러 차례 빛나는 승리를 거두었던 스코틀랜드의 장군이다. 1626년 아버지의 몬트로즈 백작 작위를 물려받았으며 세인트앤드루 대학에서 공부했다. 1637년 스코틀랜드에 잉글랜드 국교 예배의식을 강요하려는 찰스 1세의 시도에 맞서 스코틀랜드의 장로교 보호를 서약하는 헌장에 서명했다. 그러나 그는 본질적으로 왕당파였으므로 스코틀랜드의 강력한 반(反)왕당파 지도자인 아가일 백작 8세(나중에는 아가일 후작 1세) 아치볼드 캠벨의 숙적이 되었다. 서약파군에서 싸우면서 1640년 8월 잉글랜드 북부를 침공하여 점령했으나 아가일과 벌인 정치대결에서 패해 1641년 6월부터 11월까지 에든버러에 감금당했다. 1644년 서약파들이 왕에 대항하는 잉글랜드 의회의 편에 서서 잉글랜드를 침공했을 때 찰스는 그를 스코틀랜드군의 부사령관으로 임명했으며, 3개월 뒤에는 몬트로즈 후작(그리고 킨카르딘 백작) 작위를 수여했다. 1644년 8월 스코틀랜드의 하일랜드로 진군한 그는 하일랜드인과 아일랜드인을 규합해 탁월한 전술로 한 해 동안 티버뮤어·애버딘·인버로치·올던·앨퍼드·킬사이스 등의 주요전투에서 눈부신 승리를 거두었다. 찰스는 그를 스코틀랜드의 부총독 겸 총사령관으로 임명했다. 그러나 1645년 6월 왕당파군이 네이즈비 전투에서 결정적으로 패배하자 그의 군대는 와해되었고, 9월에는 필리포에서 잔여부대마저 궤멸당했다. 1646년 유럽대륙으로 도망쳤으나 망명해 있던 찰스 2세의 배려로 1650년 3월 1,200여 명을 이끌고 스코틀랜드로 돌아왔다. 4월 27일 카비스데일 전투에서 패배한 그는 지난날 그를 보호해주겠다고 했던 애신트의 닐 매클라우드 때문에 붙잡혀 5월 에든버러 시장에서 교수형에 처해졌고 능지처참당했다. 마지막까지도 그는 자신이 충신이었을 뿐 아니라 진정한 서약파였음을 항변했다.

어쨌든 한편에는 왕이 없는 부하들만 있고, 다른 한편에는 부하 없는 왕이 있었습니다! 왕이 없는 부하들은 아무 일도 못하지만, 부하 없는 왕은 무언가 일을 해낼 수 있습니다. 이 몬트로즈는 약간의 아일랜드와 스코틀랜드 고지의 야만적인 사람들—그들 중에는 총을 가진 사람도 별로 없었습니다—을 거느리고 잘 훈련된 청교도 군대에 돌풍처럼 달려들어 거듭해서 다섯 번이나 휩쓸어버렸습니다. 그는 한동안 스코틀랜드 전역을 완전히 장악했습니다. 한 사람뿐이었지만 그는 사람이었습니다. 백만의 열정적인 군중이 있다 해도 그 한 사람이 없었다면 해낼 수 없었습니다!

아마 청교도혁명의 처음부터 끝까지 없어서는 안될 가장 중요한 인물은 크롬웰이었을 것입니다. 통찰력을 발휘하고 행동하며 결정할 수 있는 사람, 불안정한 와중에서 부동의 기둥이 될 수 있었던 사람, 그 명칭은 어찌 되었든 간에 그는 뭇사람들의 왕이었습니다.

그런데 바로 다음과 같은 점에 크롬웰의 문제가 있습니다. 그의 다른 모든 행위에 대해서는 옹호자를 찾을 수 있으며 그 행위들은 대체로 정당화되었습니다. 그러나 그가 잔부의회(Rump Parliament)[27]를 해산시키고 호국경의 지위에 오른 것은 아무도 용서할 수 없는 일입니다. 그는 이미 사실상 잉글랜드의 왕, 승리한 편의 우두머리가 되었는데도 왕의 옷이 탐나서 그것을 입기 위해 자기를 팔고 파멸을 산 것처럼 보입니다. 이 문제를 좀더 자세히 보기로 하겠습니다.

---

27) 1648년 11월, 의회군이 국왕의 재판을 의회에 요구했으나 장로파 의원들이 무시하자 의회군은 12월 1일 국왕을 연금하고 6일에는 의회 내의 장로파 의원들을 추방했다. 남은 의원은 60~70명으로 그들은 순수한 독립파였던 것으로 보인다. 이 잔부의회는 1649년 1월 국왕을 재판하기 위한 고등재판소의 설치, 국왕 처형 등 민주화를 추진했다. 그러나 의회 자체는 부패하여 의회군의 분노를 사게 되었고, 1653년 4월 20일에 크롬웰은 무력으로써 이를 해산시켰다. 'Rump'에는 '엉덩이'란 뜻이 있다.

잉글랜드, 스코틀랜드, 아일랜드가 이제 모두 청교도 의회에 항복했을 때 그것을 어떻게 처리하는가 하는 실질적인 문제가 생겼습니다. 신이 위임해주신 이 나라들을 어떻게 다스릴 것입니까? 장기의회에서 남은 수십 명의 의원으로 구성된 잔부의회는 아직 최고 권한을 가지고 있었으나 그들을 언제까지나 그대로 둘 수는 없는 일이었습니다. 도대체 어떻게 처리할 것입니까? 헌정 이론가들이라면 쉽게 대답을 찾을 수 있는 문제일지도 모릅니다.

그러나 정말 문제의 현실적 사태를 투시하는 크롬웰로서는 그보다 더 복잡한 문제가 있을 수 없었습니다. 그는 의회에게 그들은 어떤 결정을 원하느냐고 물었습니다. 의회가 의사표시를 해야 할 문제였습니다. 그러나 자기들이 흘린 피로 승리를 산 군인들은, 비록 절차에는 어긋나는 일이지만 자기들도 발언권을 가져야 되겠다고 생각했습니다! "그토록 많은 피를 흘리고 고작 종이 한 장을 받고 물러설 수는 없다. 우리를 통해 승리를 얻은 신의 복음의 법이 이 땅에서 이루어져야 하며 이루어지도록 노력해야 한다!"는 것이었습니다. 크롬웰은 말했습니다.

이 문제가 3년 동안 의원들의 귀에 들려왔다. 그러나 그들은 아무런 대답도 하지 못하고 그저 토론만을 되풀이했을 뿐이다. 아마 의회란 원래 그런 것인지도 모른다. 아마 이런 경우에는 어떤 의회라도 그저 그런 토론을 계속하는 것 이외에 아무런 해답도 줄 수 없었으리라! 그러나 이 문제는 대답을 요구하며 대답하지 않을 경우 스스로 대답을 하게 된다. 여기 있는 그대들 60명은 국민이 증오하고 멸시하는 존재가 되어 이미 '엉덩이(Rump) 의회'라는 이름까지 듣고 있는 터에 거기에 그대로 앉아 있을 수는 없다. 그러면 누가, 또는 무엇이 그 다음에 올 것인가? 자유의회, 선거권, 헌정상의 형식 등이 우리에게 다가온다. 우리는 그것에 대답을 하든지 그렇지 않으면 그것에 잡아먹히든지 해야 한다! 헌정상의 형식이니 의회의 권리니 하고 지껄이는 것이 누구냐? 그대들은 왕을 죽이고 프라이드 숙청(Pride's Purge)[28]으로 그대들의 대의에 방해가 되는 자들은 모조리 강자의 법으로 추방했다. 그대들은 이제 겨우 5, 60명이 남아서 입씨름을 계속하고 있다. 형식으로써가 아니라 현실의 사실로써 우리가 어떻게 할 것인지 말하라!

그들이 어떻게 대답했는지는 오늘날까지도 알려지지 않았습니다. 근면한 고드윈[29]도 알지 못합니다. 가장 있음직한 일로 생각되는 것은 이 가련한 의회는 아직 스스로 해산할 의지도 없었고, 또 사실상 그것은 불가능했다는 것, 그리고 막상 해산해야 할 단계에 이르자 그들은 다시 10회 내지 20회에 걸쳐 휴회를 거듭하여 크롬웰을 더 이상 참을 수 없게 만들었다는 것입니다. 그러나 우리는 의회를 위해 가장 호의적인 가설을 취해보기로 합시다. 설령 그것이 진실이 아니고 또 지나칠 정도로 호의적이라고 하더라도 가장 호의적인 가설을 채택하기로 합시다.

이 가설에 따르면 위기가 절정에 다다랐을 때 한편에는 크롬웰과 장교들이 모이고, 다른 한편에는 50~60명의 잔부의회 의원들이 모였습니다. 이때 돌연히 크롬웰은 잔부의회가 절망한 나머지 매우 유례없는 답변을 하기로 했다는 소식을 들었습니다. 즉 그들은 시기와

---

28) 영국혁명의 과정에서 장로파가 혁명이 진전되자 위협을 느끼고 왕과 타협하여 혁명을 저지하려 했을 때 혁명 세력이 이들을 제거하기 위해 취한 조치이다(1648). 프라이드(Pride) 대령의 군대가 이 일을 실행했기 때문에 이 이름이 붙여졌다.

29) 고드윈(William Godwin, 1756~1836): 영국의 철학자 · 역사가 · 저술가이다.

절망에 빠진 채 군대를 배제시키기 위해 일종의 선거법 개정안——잉글랜드 전국에서 선출된 사람들로 의회 구성, 균등한 선거구로 전국 분할, 자유선거권 등——의 의회 통과를 서두른다는 것이었습니다! 몹시 의심스러웠지만, 그들로서는 아무런 의심도 없었습니다. 크롬웰은 말합니다.

개정안, 전국적 자유선거? 아니 왕당파만 해도 말을 못하고 있을 뿐 사라진 것은 아니니 수적으로는 아마 우리보다 훨씬 더 많을 것이다. 잉글랜드의 대중은 항상 우리의 대의에 무관심하여 그저 방관상태에서 복종하고 있을 따름이다. 우리가 우세하다는 것은 무게와 힘으로 따질 때 이야기지, 머릿수를 헤아려서 하는 이야기가 아니다. 그런데 이제 그대들이 개정안을 들고 나오니 우리가 칼로써 간신히 얻은 모든 것은 다시 망망한 바다로 밀려나가, 다만 하나의 희망, 희미한 가능성이 되고 만다. 그런데 신의 권능과 우리의 올바른 손으로 싸워 얻어 우리가 지금 여기 가지고 있는 것은 그따위 '가능성'이 아니라 '확실성'이다.

크롬웰은 반항하는 의원들에게로 가서 개정안을 통과시키기 위해 서두르던 그들을 제지하고 그들에게 명령했습니다. "가버려라. 이 이상 한마디도 더 늘어놓지 말라." 우리는 그를 용서할 수 없습니까? 우리는 그를 이해할 수 없습니까? 이 모든 일을 가까이에서 직접 목격한 존 밀턴[30]은 그에게 칭송을 보냈습니다. 진실이 형식을 쓸어내

30) 밀턴(John Milton, 1608~74): 시인으로 영국혁명 초기부터 청교주의의 논객으로 활약했으며 크롬웰의 호국경 체제 하에서는 외국어 비서관(Secretary for Foreign Tongues)으로 재직했다. 혁명 초기 밀턴의 사상과 행동에 대해서는 밀턴 지음, 박상익 옮김, 『언론 자유의 경전 아레오파기티카』(소나무, 1999)를

버린 것입니다. 잉글랜드에 사는 진실한 사람들의 대부분은 이 필요성을 인정하리라고 나는 생각합니다.

그러므로 강하고 용감한 사람은 모든 종류의 형식과 피상적 논리를 적으로 돌리고 잉글랜드의 진정한 사실에 호소하여 사실이 그를 지지할 것인지 아닌지를 물었습니다. 그가 합헌적인 방법으로 다스리려 하고 그를 지지하는 의회를 얻으려고 노력했으나 그것이 실패로 돌아갔다는 것은 이상한 일입니다. 그가 소집한 최초의 의회, 즉 베어본스 의회(Barebone's Parliament)[31]라는 것은 말하자면 일종의 명사들의 의회였습니다. 전국 각지로부터 저명한 성직자와 주요 청교도 장교들이 종교적 명성과 세력, 그리고 참된 대의에 대한 충성심이 뛰어난 사람들을 지명하고, 그들을 소집하여 정책을 세우게 했습니다. 그들은 과거에 이미 행해진 일을 인준하고 앞으로의 일을 계획했습니다.

사람들은 그들을 조롱하여 베어본스 의회라고 불렀는데, 아마 바본[32]이라는 사람의 나무랄 데 없는 이름을 그렇게 고친 것으로 보입니다. 그는 아주 훌륭한 사람이었습니다. 그들의 일도 조롱거리가 아니었습니다. 가장 심각한 현실 문제였습니다. 이들 청교도 명사들로

참조.

31) 크롬웰이 소집한 의회(1653년 7월 4일부터 12월 12일까지 존속). 잔부의회가 무력으로 해산된 후 잉글랜드 전국 각주의 독립파 교회가 발탁하여 크롬웰이 소집했다. 당연히 의원들은 모두 독립파였다. 그러나 5개월 만에 해산되고 새로이 호국경 시대(1653~59)를 맞이하게 되었다. 'barebone'이란 '말라깽이'라는 뜻이다.

32) 바본(Praise-God Barbone, 1596~1679): 잉글랜드의 설교자로서 많은 청중의 관심을 모았다. 잔부의회가 해산된 후 크롬웰은 독립파 중심으로 새로운 의회를 구성하였는데, 사람들은 이 의회를 조롱하는 의미에서 바본(Barbon)의 이름을 슬쩍 바꿔 '베어본스 의회'(Barebone's Parliament)라는 별명으로 불렀다.

서는 그리스도의 법이 어느 정도까지 잉글랜드의 법이 될 수 있을 것인가 하는 커다란 시험이었습니다. 그들은 지혜가 있는 사람, 미덕이 있는 사람이었으며, 그들의 대부분은 신앙이 깊은 사람이었다고 생각합니다. 그들은 대법원을 개혁하려고 노력하다가 실패하고 무너진 것으로 보입니다! 그들은 힘에 겹다고 스스로 해산하고, 그들의 권한을 크롬웰 장군에게 위임했습니다.

그는 이것을 어떻게 처리할 셈이었습니까? '현역 및 예비역 전군의 총사령관' 크롬웰 장군은 이 유례없는 중대한 시국에, 잉글랜드에 남겨진 단 하나의 권위로서, 잉글랜드와 완전한 무정부상태 사이에 오직 자기만이 있다는 사실을 봅니다. 그것은 그때 그 상황에서 그의 지위와 잉글랜드의 지위에 관한 부인할 수 없는 사실이었습니다. 그는 어떻게 할 것입니까? 생각하고 생각한 끝에 그 사실을 수락합니다. 정식으로 공적인 의식을 갖추어 신과 사람들 앞에서 엄숙히 선언할 것을 결심합니다. "그렇다, 사실이 그러하다. 최선을 다하겠다!"

호국경직, 정부기구, 이런 것들은 외적인 형식에 지나지 않는 것으로서, 법관과 주요 관리들이, 즉 '장교 및 국가 요인 회의'에 의해서 입안되고 인준된 것입니다. 그러나 일의 실제에 관해 말하자면 당시의 상황에서는 무정부상태가 되든지, 아니면 호국경 체제가 되든지 양자택일의 길밖에 없었습니다. 청교도의 잉글랜드는 그것을 받아들이거나 거부하거나 하는 도리밖에 없었습니다. 그러나 청교도의 잉글랜드는 호국경 체제 때문에 자멸에서 구제되었습니다! 청교도들은 말은 하지 않았어도 불평이 있었을 것입니다. 그러나 진정한 의미에서 대체로 고맙게 생각하고 올리버가 취한 이 이례적 조치를 수락했습니다. 적어도 그와 청교도들은 합심하여 그것을 성공시켰고, 마지막에 이르기까지 더욱 잘 해나갔습니다. 그러나 의회의 명백한 절차에 호소할 때가 되어, 그들은 상당히 곤란해했고 그것을 어떻게 해야 좋을지 몰랐던 것입니다.

올리버의 두 번째 의회[33]는 정부기구에서 정한 규정으로 선출된
것으로, 사실은 이것이 그의 '최초의' 정규 의회였습니다. 그러나 얼
마 되지 않아 호국경의 권한, 왕위 찬탈 등의 난문제에 부딪혀 법정
최단 시일에 해산되고 말았습니다. 이 사람들에 대한 크롬웰의 마지
막 연설은 주목할 만합니다. 그의 세 번째 의회[34]에 대해서도 그는
같은 어조로 그들의 현학과 완고성을 규탄합니다. 이러한 그의 연설
은 모두 투박하고 혼란스럽습니다. 그러나 지극히 진지해 보입니다.
그것은 성실하지만 서툰 사람의 연설입니다. 그는 자기의 체계 없는
위대한 사상을 말로 표현하기보다는 행동에 옮기는 것이 익숙한 사
람이었습니다! 그와 같이 넘쳐나는 의미를 감당할 말이 없었던 것입
니다.

그는 "섭리의 탄생"이라는 말을 자주 씁니다. 이 모든 변천, 이렇
게 많은 승리와 사건들은 그나 또 어떤 사람들이 예견하거나 연극으
로 꾸며낸 것이 아니었습니다. 그런 것이었다고 고집스럽게 주장하
는 사람은 맹목적이며 신을 모독하는 것입니다! 크롬웰은 무서운 분
노로써 이 점을 역설합니다. 당연한 일입니다. 완전히 혼돈 속에 던
져진 세상에서 암중모색하며 저 원대한 사업을 벌일 때, 크롬웰이 모
든 것을 '예견' 하고 나무토막에 줄을 잡아맨 인형극을 연출하듯 했
다는 것입니까! 그는 말합니다.

이런 일은 아무도 예견할 수 있는 것이 아니다. 단 하루 만에 무슨

---

33) 호국경 체제 아래의 첫 번째 의회를 가리킨다. 1654년 9월에 소집되어 1655년
   1월 22일에 크롬웰이 해산했다.
34) 호국경 체제 아래의 두 번째 의회를 가리킨다. 1656년 9월 17일에 소집되어
   1658년 2월 4일에 크롬웰이 해산했다.

일이 생길지 아무도 알지 못한다. 그것은 다만 '섭리의 탄생'이다. 신의 손이 우리를 인도하여 우리는 마침내 활짝 트인 승리의 고개에 올라서게 되고, 신의 대의는 이 나라들에서 개가를 올리게 될 것이다. 그 결과 여러분도 모여 하나의 의회를 구성하고, 어떻게 하면 모든 것을 조직화하여 세상일을 잘 다스려나갈 수 있는지를 말하게 된 것이다. 현명한 의견으로 이 일을 돕는 것이 여러분의 사명이다. 여러분은 잉글랜드의 어떤 의회도 일찍이 가져보지 못한 기회를 가지고 있다. 그리스도의 법, 정의와 진리의 법이 어느 정도라도 이 나라의 법이 되어야 했다. 그런데 그렇게는 하지 않고 탁상공론에 빠져, 합헌성을 따지며 내가 이 자리에 있게 된 것을 트집 잡고 법조문이 이러니저러니 한다. 그리고 모든 것을 다시 혼돈속에 돌려보내고자 한다. 그 이유는 내가 공증인의 종잇조각을 가지고 있지 않고 전쟁의 소용돌이 속에서 들려온 신의 음성을 따라여러분의 지도자가 되었기 때문이다! 그 기회는 지나갔다. 언제 다시 올 것인지 알 길이 없다. 여러분은 헌정에 관한 논의를 일삼아왔다. 그러나 그리스도의 법이 아닌 맘몬의 법이 아직도 이 나라를지배하고 있다. 여러분과 나 어느 쪽이 옳은가? 신이여 심판하여가려주옵소서.

이것이 그들에 대한 크롬웰의 마지막 말이었습니다. "여러분은 그형식적인 헌법을 손에 들고 있다. 그리고 나는 '비'형식적인 투쟁·목적·사실 및 행동을 가지고 있다. 신이시여, 저들과 나를 심판하여가려주옵소서!"

우리는 앞에서 크롬웰의 활자화된 연설들이 얼마나 얽히고 혼돈된것인지를 말했습니다. 대부분의 사람들은 "고의적으로 모호하고 의미가 통하지 않게 한 것이며, 책략적으로 조리 없는 말투를 써서 본성을 감춘 위선이다!"라고 평합니다. 그러나 나는 그렇게 보지 않습니다. 나는 그의 연설들을 통해 비로소 크롬웰의 본질, 그의 가능성을 엿볼 수 있었습니다. 그가 무엇을 의미하고 있다고 믿고, 애정을 가지고 그것이 무엇일까 찾아보도록 하십시오. 그러면 이 부스러지고 투박하고 두서없는 소리 속에 진정한 '말'이 숨겨져 있음을 알게 됩니다. 이 말주변 없는 사람의 위대한 심령 속에 하나의 의미가 있다는 것을 알게 됩니다! 그때서야 비로소 그가 하나의 사람이었다는 것을 알게 될 것입니다. 그가 수수께끼 같은, 이해할 수도 없고 믿을 수도 없는 괴물이 아님을 알게 될 것입니다.

크롬웰에 관한 역사나 전기들은 신앙이 깊은 사람을 알지도 못하고 이해하지도 못하는 천박하고 회의주의적인 시대에 씌어진 것이라, 크롬웰의 연설 자체보다 훨씬 더 모호합니다. 그런 것들 속에서 우리가 보는 것은, 무한한 암흑과 공허뿐입니다. 혁명 당시 왕당파였던 클래런던도 청교도들의 봉기 이유가 "분노와 질투"라고 말했습니다. 평범하고 소박하고 조용한 사람들이 괴팍한 변덕과 가설에 부추겨져서 보습과 일을 버리고, 왕 중에서도 가장 유리한 입장에 있던 왕에 대항하여 불같은 분노와 혼란스러운 전쟁에 뛰어들었다는 것입니다! 그것이 사실일 수 있습니까? 회의주의는 믿음을 저술하는 데 훌륭한 소질이 있을지도 모릅니다. 그러나 사실 그것은 자신의 권한을 넘어서는 일입니다. 그것은 마치 장님이 광학의 법칙을 제정하는 것과 같습니다.

크롬웰의 세 번째 의회도 두번째 의회와 같은 암초에 부딪혀 깨졌습니다. 언제나 문제는 헌정상의 형식이었습니다. "네가 어떻게 그 자리에 앉게 되었는가? 우리에게 공증인의 종잇조각을 보여라!" 이것이었습니다. 장님 같은 현학자들입니다. "그래 너희들을 의회로 만든 그 권력, 아니 그 이상의 권력이 나를 호국경으로 만들었다! 만일 내가 가진 호국경의 지위가 아무것도 아니라면, 그 호국경직이 만든 너희들의 의회라는 것은 도대체 무엇이란 말인가?"

의회가 모두 실패로 돌아가면 남은 길은 전제정치밖에 없었습니다. 군사독재관들이 각각 한 지역씩 맡아서, 의회의 법령으로 안된다면 무력으로써 모든 왕당파와 다른 반대파를 강제하는 것입니다. "진실이 여기 엄연하니 형식이 무슨 수로 감당하겠는가! 나는 나아가겠다. 밖으로는 억압받는 프로테스탄트를 보호하고, 안으로는 공정한 법관들과 현명한 행정관들을 임명하며 진정한 복음의 전파자들을 소중히 하겠다. 잉글랜드를 그리스도적인 잉글랜드로, 고대 로마보다 더 위대한 나라로, 프로테스탄트 세계에서 제일가는 나라로 만들기 위해 최선을 다하겠다. 신이 내게 생명을 주시는 날까지!"

법의 승인도 받지 못하면서 왜 그 자리를 그만두고 하야하지 않았느냐고 외치는 사람들이 많습니다. 그것은 오해입니다. 그는 그만둘 수가 없었습니다. 피트, 퐁발,[35] 수아쐴[36] 등 옛부터 많은 수상들이 여러 나라를 다스렸습니다. 그들의 말은 그들이 그 지위에 있는 동안은 법률이었습니다. 그러나 우리의 이 수상은 사임할 수 없는 처지였습니다. 찰스 스튜어트와 왕당파가 그를 죽이려고 사임하기만을 기다리고 있었습니다. 그의 대의와 그를 다같이 죽이려고 기다리고 있었습니다. 시작한 이상 물러설 수도 돌아갈 길도 없었습니다. 그가 돌아갈 길은 무덤밖에 없었습니다.

---

35) 퐁발(Pombal, 1699~1782): 포르투갈의 정치가로 수상으로 재임했다(1756~77). 계몽적 정치가로 포르투갈의 근대화를 추진하다가 귀족층의 반감을 사서 실각했다.

36) 수아쐴(Choiseul, 1719~85): 프랑스의 정치가·외교관으로 외무장관·육군장관·해군장관 등을 지냈다. 18세기 유럽에서 가장 뛰어난 외교관 중의 한 사람이다.

만년의 크롬웰에 대해서는 동정을 금치 못합니다. 그는 신이 자기에게 부과하신 짐이 무겁다고 항상 탄식합니다. 그것은 죽을 때까지 짊어져야 할 무거운 짐이었습니다. 오랜 전우인 허친슨 대령[37]의 부인이 전하는 것에 따르면, 대령은 한번은 부득이한 일로 마지못해 크롬웰을 만나러 갔습니다. 크롬웰은 매우 정답고 친절한 태도로 '그를 현관까지 배웅하면서' 오랜 전우의 정리로 보아 화해하자고 요청하면서, 예전부터 그토록 다정했던 전우들에게 오해와 버림을 받는 것이 지극히 슬프다고 술회했습니다. 그러나 공화주의의 틀 속에 갇힌 허친슨은 불쾌한 표정을 그대로 가지고 돌아갑니다. 이때 크롬웰의 머리는 이미 하얗고 그의 강한 팔은 오랜 고역으로 쇠약하게 되어갔습니다!

나는 또한 언제나 아들의 궁전에서 함께 지냈던 그의 노모를 가엾게 생각합니다. 매우 용감한 부인으로 아주 정직하고 신앙이 깊은 가정생활을 하고 있었습니다. 그러나 어디에서 총소리만 들리기만 하면 아들이 총에 맞은 것이나 아닌지 불안해했습니다. 크롬웰은 날마다 적어도 한번은 늙은 어머니에게로 가서 어머니 눈으로 자식이 살아 있는 것을 보도록 하지 않으면 안되었습니다. 불쌍한 늙은 어머니였습니다!

이 사람이 얻은 것이 무엇입니까? 그는 마지막 날까지 심한 투쟁과 고통의 일생을 살았습니다. 명성, 야망, 역사의 자리? 그의 시체는 사슬에 달렸으니 그것이 역사의 자리를 차지한 것입니까! 과연 그는 역사에 자리를 차지했습니다. 그러나 그 자리란 불명예와 비난, 암흑과 치욕의 지위였습니다. 오늘날까지도 그렇습니다. 내가 오늘 이 자리

---

37) 허친슨(John Hutchinson, 1615~64): 청교도 군인이며 하원의원(1646년 이후)으로 왕정복고 후 투옥되었다.

에서 그가 악인도 거짓말쟁이도 아니고 정말 정직하고 성실한 사람이었다고 말한다고 해도, 그것은 무분별한 일이 아닌 줄 압니다! 명복을 빕니다. 이 모든 것에도 불구하고 그는 우리를 위해 많은 것을 이룩하지 않았습니까? 우리는 그의 위대하고 험난한 영웅적 생애를 편안히 넘어서 걸어가며, 거기 도랑에 던져진 그의 시체를 밟고 넘어갑니다. 우리는 그를 넘어 디딜 때에 발길로 찰 것까지는 없지 않겠습니까! 영웅을 편히 쉬게 하십시오. 그가 상대한 것은 '인간'의 심판이 아닙니다. 또 인간은 이때까지 그를 제대로 심판하지도 못했습니다.

이 청교주의가 1688년에 진정되어 일단 가라앉고, 이 일의 결말이 평온해진 후 꼭 101년이 지났을 때 훨씬 심각하고도 진압하기 어려운 폭발이 일어났습니다. 그것은 프랑스혁명이란 이름으로 만인에게 알려진 것입니다. 그것은 앞으로도 오랫동안 사람의 기억 속에 남을 것입니다. 정당하게 말한다면, 그것은 프로테스탄티즘의 제3막, 결말이라고 할 만한 것입니다. 실재와 사실이 가상과 허위로 멸망해갈 때 인류는 혼란스러운 폭발과 더불어 진실로 복귀한 것입니다. 우리는 잉글랜드의 청교주의를 제2막이라고 부릅니다. 그것은 "성경은 진리이다. 성경에 따라 살자"는 부르짖음입니다. 루터가 "교회에서 신의 진리에 따라 살자"고 말한 데 대해 크롬웰은 "교회에서나 국가에서나, 정말 신의 진리에 따라 살자"고 외쳤습니다.

사람은 실재로 돌아가야만 합니다. 가상 속에서 살지는 못합니다. 우리는 프랑스혁명, 즉 제3막을 결말이라고 부를 수 있습니다. 왜냐하면 저 야만적인 상퀼로티즘 이하로 인간이 떨어질 수는 없기 때문입니다. 그들은 어느 때 어떤 경우에도 부인할 수 없는 가장 적나라한 사실, 그 위에 서서 거기서부터 다시 신념을 가지고 건설을 시작해야만 했습니다. 프랑스혁명도 잉글랜드의 그것과 마찬가지로 왕을 가지고 있습니다. 이 왕 역시 공증인의 종잇조각을 가지지 않았습니다. 우리는 근대에 등장한 두번째의 왕 나폴레옹을 잠시 살피도록 하겠습니다.

야망으로 혼탁해진 진실―나폴레옹

나로서는 나폴레옹이 크롬웰만큼 위대한 사람이라고는 생각하지 않습니다. 그의 승리는 온 유럽에 걸치고, 크롬웰은 대체로 작은 잉글랜드에 머문 사람이지만, 그의 승리는 말하자면 그가 올라선 '장대'에 지나지 않습니다. 그것에 올라섰다고 사람의 키가 더 커지는 것은 아닙니다. 그에게서 나는 크롬웰 같은 성실성을 볼 수 없습니다. 훨씬 부족한 종류의 것입니다. 오랜 세월을 두고 이 우주의 두렵고 이름을 붙일 수 없는 존재와 더불어 조용히 걷는 일, 즉 크롬웰의 이른바 '신과 함께 걷는 일,' 그리고 그것으로만 얻을 수 있는 신념과 힘, 세상에 알려지지 않은 지위에 만족하고, 때가 오면 하늘에서 내리는 번갯불처럼 폭발하는 잠재적인 사상과 용기, 이런 것이 나폴레옹에게는 없었습니다!

나폴레옹은 이미 신을 믿지 않는 시대에 태어났습니다. 그 시대는 모든 침묵과 잠재력은 공허한 것으로 생각하고 있었습니다. 그는 청교도의 『성경』에서가 아니라, 변변치 못한 회의주의적 『백과전서』에서 출발하지 않으면 안 되었습니다. 그것이 그의 한계였습니다. 그러나 그만큼이라도 도달할 수 있었다는 것은 매우 훌륭한 일입니다. 그의 치밀하고 신속하고 모든 의미에서 명석한 성격은 아마 우리의 위대하고 혼돈되고 모호한 크롬웰의 성격에 비교하면 그릇이 작을 것입니다.

더욱이 나폴레옹은 '말하고자 애쓰는 말 못하는 예언자'가 아닙니다. 그에게는 협잡꾼의 요소가 더러 섞여 있습니다! 흄이 주장한 광신자·위선자 운운하는 가설은 크롬웰이나 마호메트 같은 사람보다 나폴레옹의 경우에 더 잘 적용될 듯싶습니다. 사실 크롬웰과 마호메트의 경우는 그 가설을 엄밀히 따져볼 때 하등의 진실성도 가지고 있지 않습니다. 그러나 나폴레옹의 경우는 처음부터 비난의 대상이 될 수 있는 야망이 보이며, 그것이 마침내 그를 정복하여 그와 그의 일을 파멸로 몰아넣습니다.

나폴레옹의 시대에는 "전황보고처럼 거짓말이다"라는 말이 하나의 격언이 되었습니다. 그는 구실만 있으면 거짓도 서슴지 않았습니다. 적을 속이기 위해서, 부하들의 사기 진작을 위해서 따위의 구실을 내세웠습니다. 그러나 거짓을 위한 구실이란 있을 수 없습니다. 사람은 어떤 경우에도 거짓을 말할 자유가 없습니다. 결국 나폴레옹도 거짓말을 하지 않았더라면 좋았을 것입니다. 그날 그 시간을 초월하여 다음날도 계속될 목적이 있는 사람이라면 거짓을 말하는 것이 무슨 소용이 있겠습니까? 거짓은 드러나고 파멸적인 징벌이 임합니다. 거짓을 말하는 사람은 그 다음에는 진실을 말하더라도, 그것을 믿어주지 않으면 멸망하게 될 경우에도 믿어주는 사람이 없습니다. "늑대야!" 하고 고함친 어린아이의 옛이야기 그대로입니다. 거짓은 무(無)입니다. 무에서 유를 만들 수는 없습니다. 결국 아무것도 얻지 못하고 모든 노력이 수포로 돌아가고 맙니다.

그러나 나폴레옹도 일종의 성실성이 있기는 했습니다. 우리는 불성실성 가운데 표면적인 것과 본질적인 것을 구별해야 합니다. 그의 외면적인 술책과 기만적인 행위는 매우 많으며 또 신랄하게 비난받을 만한 것입니다. 그런데도 그는 진실에 대한 어떤 본능적인 뿌리 깊은 감정이 있었고, 사실이라는 기반 위에 서 있었습니다. 부리엔[38]

이 전하는 것에 따르면 이집트로 항해하는 배 위에서 어느 날 밤 그를 수행한 학자들은 신이란 있을 수 없다는 것을 토론하며 열을 올리고 있었습니다. 그들은 별의별 논리를 다 동원하여 자기들이 만족할 수 있을 정도로 증명까지 했습니다. 나폴레옹은 별이 총총한 밤하늘을 올려다보며 대답했습니다. "대단히 현명들 하십니다. 그러나 저 모든 것을 누가 만들었을까요?" 무신론적 논리는 그로부터 물처럼 흘러 떨어지고, 위대한 사실이 그를 정면으로 응시합니다. "저 모든 것을 누가 만들었을까요?"

생활에서도 그대로입니다. 위대한 모든 사람, 이 세상에서 승리를 쟁취할 수 있는 모든 사람이 그러하듯이, 그는 모든 복잡한 것을 헤치고 사물의 실제적 핵심을 꿰뚫어보며 그것을 향해 곧장 나아갑니다. 그의 튈르리(Tuileries) 궁전 관리인이 새로운 실내장식을 가리키면서 얼마나 훌륭하고 저렴한지를 자랑할 때, 나폴레옹은 별로 대꾸하지도 않고 가위를 가져오라고 하더니 커튼에 달린 금술 두 개를 잘라 주머니에 넣고 지나갔습니다. 며칠 후 적당한 시기에 그는 이것을 꺼내어 실내장식 담당자를 아찔하게 만들었습니다. 그것은 황금으로 만든 것이 아니라 번쩍거리는 금박이었던 것입니다!

세인트 헬레나(Saint Helena)에서도 그는 마지막 날까지 실제와 진실을 주장했습니다. "왜 떠들며 불평하는가? 그래야 아무 결과도 없다. 할 수 있는 것은 아무것도 없다. 아무 말도 하지 말라. 아무것도 할 수 없다면." 그는 가련한, 불평하는 부하에게 이렇게 말합니다. 거기에서의 그는 말하자면 병적인 투덜거림 한가운데 서 있는 하나의 침묵의 힘이었습니다.

---

38) 부리엔(Louis-Antoine Fauvelet de Bourrienne, 1769~1834): 프랑스의 외교관으로 나폴레옹의 개인비서였다. 저서로 『나폴레옹 회고록』(*Mémoires sur Napoléon*)이 있다.

따라서 그에게는 믿음이라고 부를 수 있는 것, 그 나름으로 진정한 믿음이 있지 않았습니까? 프랑스혁명을 통해 천명된 이 새롭고 거대한 민주주의는 하나의 억제할 수 없는 사실이며 이 사실은 온 세계가 그의 구세력과 제도를 다 동원해도 억누를 수 없습니다. 이것은 그의 진정한 통찰이었습니다. 그리고 이것은 그의 양심과 열정을 동반했습니다. 즉 이것은 하나의 믿음이었던 것입니다. 그리고 그는 그것의 막연한 의미를 제대로 해석한 것이 아닙니까? "능력 있는 자에게 성공의 길이 열려 있다." 이것은 사실 진리입니다. 아니 진리의 전부입니다. 프랑스혁명 또는 다른 어떤 혁명이 의미할 수 있는 모든 것을 포함합니다.

나폴레옹은 처음에는 진정한 민주주의자였습니다. 그러나 그는 본질상 그리고 또 군인이라는 직업의 영향도 있어, 민주주의가 만일 진정한 것이라면 무질서일 수는 없다고 알고 있었습니다. 그는 무질서에 대해서는 깊은 증오심이 있었습니다. 1792년 6월 20일 그는 부리엔과 함께 커피점에 앉아 있었습니다. 그때 성난 군중이 그 옆을 지나갔습니다. 그는 이 무질서한 떼거리를 진압하지 못하는 당국자들에 대해 심한 경멸을 나타냈습니다. 그런데 8월 10일에는 왜 아무도 이 가련한 스위스인들을 지휘하지 않는가, 지휘관만 있으면 그들은 이길 수가 있을 텐데 하며 이상히 여겼습니다.

민주주의에 대해 이런 신념이 있으면서도 무질서를 이렇게 미워한 그 점이 나폴레옹으로 하여금 그의 모든 위업을 완성케 했던 것입니다. 저 찬연한 이탈리아 원정으로부터 레오벤 평화조약(Peace of Leoben)[39]에 이르기까지 그의 신조는 "프랑스혁명의 개가를 올려

---

39) 엄밀히 말하면 레오벤 가(假)조약이다. 1797년 4월 18일 오스트리아 레오벤에서 나폴레옹과 오스트리아 사이에 맺은 조약이다. 나폴레옹은 독단적으로 이 조약을 체결하고 오스트리아에 베네치아를 주는 대신, 롬바르디아 지방을

라, 그것을 감히 협잡물이라고 부르는 오스트리아 협잡꾼들에 대해 이것을 주장하라!"였습니다. 그러나 그는 강력한 권위가 얼마나 필요한지를 절실히 느낍니다. 그것 없이는 프랑스혁명은 성공도 유지도 못할 것을 느낍니다. 저 파멸적인, 스스로에 대해서도 파멸적인 프랑스혁명을 제어하여 혁명의 본질적 목적을 달성하고, 그것을 조직화하여 다른 조직체들과 함께 존속할 수 있게 하며, 공연한 파괴만으로 그치지 않게 하려는 것, 이것이 그의 생애의 진정한 목적 아니었습니까? 이것이 그가 실제로 한 일이 아니었습니까?

바그람(Wagram)에서, 아우스테를리츠(Austerlitz)에서 그는 승리를 거듭했습니다. 이 사람은 사물을 보는 눈과 행동하고 실천하는 정신을 가지고 있었습니다. 그는 자연스럽게 왕위에 올랐습니다. 모든 사람은 그가 사실 왕이 될 만한 인물임을 인정했습니다. 행군하는 병졸들도 흔히 말했습니다. "파리에 있는 변호사 나부랭이들, 모두 말뿐이고 하는 일은 없어! 일이 이 모양으로 잘못된 것이 뭐가 이상해? 파리로 가서 우리의 '꼬마 하사'를 거기에 앉혀야겠어!" 그들은 파리로 가서 그를 거기에 앉혔습니다. 그들과 온 프랑스가 그랬습니다. 제1통령, 황제 그리고 유럽 정복 — 라 페르(La Fère) 연대의 일개 포병 중위가 스스로를 역사상 가장 위대하다고 생각한 것도 이상하지 않을 정도가 되었습니다.

그러나 바로 이때 치명적인 사기꾼 기질이 고개를 쳐들었습니다. 그는 사실에 대한 종래의 믿음을 버리고 가상을 믿게 되었습니다. 오스트리아 왕조, 교황령, 그리고 옛날의 거짓된 봉건제도 같은 것에 마음을 두게 되었습니다. 한때 이것이 모두 허위임을 너무도 잘 알고

포기하게 하고 오스트리아령 네덜란드를 할양할 것을 약속받았다. 프랑스의 총재정부는 가조약 체결을 뒤에 승낙했으며, 캄포 포르미오 조약에서 이것을 확인했다.

있었는데도 말입니다. 그는 '나폴레옹 왕조'가 창건되자 프랑스혁명의 의의가 그것뿐이라고 생각하게 되었습니다! 이 사람은 '심한 환상에 사로잡혀 거짓말을 믿게' 되었습니다. 그것은 무섭고도 확실한 일이었습니다.

그는 이제 진실과 허위를 보아도 구별을 못하게 되었습니다. 거짓에 마음을 넘겨준 사람이 치르는 가장 무서운 벌입니다. 자아와 거짓된 야심이 이제 그의 신이 되었습니다. 일단 자기기만에 항복하게 되면 또 다른 기만들이 계속해서 뒤따릅니다. 이 사람은 종이로 만든 형편없는 무대배경과 금박과 허황된 의식 등으로 자신의 위대한 진실을 덮어싸고, 그렇게 함으로써 그것이 더 진실하게 만들어질 수 있다고 생각했습니다. 그 스스로는 가톨릭교회를 근절시키는 방법 — '종교의 백신'(la vaccine de la religion) — 이라고 생각하면서도 그는 마치 가톨릭교회를 부활시키기라도 하려는 듯이 교황과 종교협약(Concordat)[40]을 맺었습니다. 그의 성대한 대관식, 노트르담 대성당에서 이탈리아의 늙은 괴물의 주재로 치른 성유식[41]에 대해 오즈로[42]는 이렇게 말했습니다. "그 호화로운 허식에는 무엇 하나 빠진 것이 없었다. 그따위 짓거리를 없애려고 생명을 바친 50만의 사람들이 없었을 뿐이다!"

---

40) 1801년에 나폴레옹(제1통령)과 교황 피우스 7세 사이에 맺어진 협약으로 1905년 정교분리법 공포로 폐지될 때까지 존속하였다. 이 협약으로 교황이 가톨릭교회의 수장이라는 것은 인정되었지만 성직자의 임면에 대해서는 국가와 협조하게 되었다.
41) 1804년 12월 2일 교황 피우스 7세의 주재로 파리의 노트르담 성당에서 치른 대관식을 말한다.
42) 오즈로(Augereau, 1757~1816): 나폴레옹 치하에서 이탈리아에서 프랑스군에게 일련의 눈부신 승리를 안겨준 군사적 천재이다. 그러나 말년에는 나폴레옹에게 심한 반감을 갖게 되었다.

크롬웰의 취임식은 검과 『성경』으로 거행되었습니다. 정말 '진정한' 취임식이었습니다. 검과 성경을 들었을 뿐 아무런 괴물도 필요치 않았습니다. 이것이야말로 청교도 정신의 '진정한' 상징이며 그것의 참된 장식이고 표시가 아닙니까? 청교도 정신은 이 둘을 가장 진정한 의미에서 사용했으며, 이제 이 둘을 기반으로 서고자 했습니다. 그러나 나폴레옹은 실책을 범했습니다. 그는 인간이 '잘 속는 바보'라는 점을 지나치게 믿었습니다. 인간에게서 굶주림과 '잘 속는 것' 이외에 더 깊은 사실을 보지 못했습니다! 잘못이었습니다. 구름 위에 성을 쌓는 사람처럼 그의 성도 그도 다 허물어지고 세상에서 사라졌습니다.

아, 우리 모든 사람에게는 이 사기꾼의 소질이 있습니다. 유혹이 강하면 그것이 더 두드러지게 될 수도 있습니다. "우리를 시험에 들지 않게 하옵소서!" 그러나 이 소질이 자라난다면 그것은 치명적인 일입니다. 그것이 섞이는 모든 일은 지극히 덧없는 것이 되지 않을 수 없으며, 제아무리 크게 보이더라도 그것은 본질적으로 작습니다. 나폴레옹이 한 일도 그처럼 요란스러운 소리를 냈건만 그것이 무엇이었습니까? 말하자면 온 하늘을 가득 채운 화약폭발의 섬광에 지나지 않았고, 마른 풀밭에 일어난 화염에 지나지 않았습니다. 일시적으로 온 세상이 연기와 불에 싸인 듯이 보였지만 그러나 그것은 잠시 동안의 이야기입니다. 그것은 이내 사라지고, 유구한 산천과 하늘의 별, 그 아래 깔린 인자한 땅은 여전히 거기 있습니다.

바이마르 공(Duke of Weimar)은 친구들에게 늘 말했습니다. "용기를 잃지 말라. 나폴레옹은 불의이고 거짓이니 오래가지 않는다"고 말입니다. 이것은 진실한 교훈입니다. 나폴레옹이 세상을 심하게 짓밟고 전제군주처럼 억압하면 할수록, 그에 대한 세상의 반동은 언젠가는 더욱 강해질 것입니다. 불의는 비싼 이자로써 빚을 갚습니다.

나폴레옹은 그에게 가장 좋은 포병 군수기지를 잃거나 가장 좋은 연대를 바다에 수장하는 편이 저 가련한 독일의 서적상 팔므(Palm)[43]를 총살하는 것보다 유리했을 것입니다! 아무리 두껍게 페인트칠을 하더라도, 불의를 횡포와 살인과 불의가 아닌 것으로 만들어낼 수 없습니다. 그것은 사람들의 마음 속 깊이 각인되었습니다. 그 일이 생각날 때마다 사람들의 마음 속에 억제하고 있던 불꽃이 그들의 눈에 타올랐습니다. 때가 오기를 기다렸습니다. 드디어 때는 왔습니다. 독일은 일어났습니다.

나폴레옹의 업적이란 결국 그가 정의로써 한 일, 자연이 그의 법칙에 따라 인준한 일만 남게 될 것입니다. 그가 가진 진실만 남고, 그 이상은 조금도 더 남지 않을 것입니다. 그 나머지는 모두 연기이고 쓰레기입니다. "능력 있는 자에게 성공의 길이 열려 있다." 저 위대한 그의 참된 메시지, 그것은 모든 곳에서 분명하게 실현되어야만 하는 것이었지만, 그는 그것을 지극히 분명치 않은 상태로 내버려두었습니다. 그는 하나의 위대한 초벌 그림(bauche), 거친 미완성의 계획이었습니다. 어떤 위인이 그렇지 않겠습니까? 그러나 아, 너무나 조야한 상태에서 버려지고 말았습니다.

세상에 대한 그의 견해는, 세인트 헬레나에서 한 말에 나타난 것을 보면 실로 비극적인 것을 느끼게 합니다. 그는 모든 것이 끝장났다는 것, 자기가 이곳 바위섬 위에 내던져졌다는 것, 그래도 세상은 여전히 돌아가고 있다는 것에 대해 가장 솔직한 경탄을 느낍니다. 프랑스는 위대합니다. 그러나 따지고 보면 그가 곧 프랑스입니다. 그는 이렇게 말합니다. "잉글랜드도 근본적으로 말하자면 프랑스의 섬이다.

---

43) 팔므(Johann Phillip Palm, 1768~1806): 독일의 서적상인으로 나폴레옹 및 독일에서 벌이는 프랑스군의 활동을 비난했다가 나폴레옹의 명령으로 체포되어 총살형을 당했다.

프랑스에게 그것은 또 하나의 올라롱(Oleron) 섬[44]에 지나지 않는다." 본질적으로, 나폴레옹의 의미에서 본질적으로 그렇습니다.

그러나 사실을 보십시오. "여기 내가 있다." 그는 그 말을 이해하지 못합니다. 사실이 그의 계획과 일치하지 않는다는 것을 그는 이해하지 못합니다. 프랑스는 절대로 위대하지 않고 그는 프랑스가 아니라는 것을 이해하지 못합니다. 그렇지 않은 것을 그렇다고 믿은 강한 망상! 그가 한때 가졌던 치밀하고 현명하고 단호하며 강건하고 진실하던 이탈리아인 기질은 프랑스적인 짙은 허세의 분위기 속에 싸여 거의 다 사라졌습니다.

세상은 나폴레옹의 생각처럼 짓밟히고 다져져서 프랑스와 그를 올려 세울 받침대가 되려 하지 않았습니다. 세상은 전혀 다른 목적이 있었습니다! 나폴레옹의 놀라움은 실로 컸습니다. 그러나 이제 무슨 소용이 있습니까? 그는 그가 갈 데로 가고 자연도 그가 갈 길로 갔습니다. 일단 진실과 결별한 그는 도리 없이 공허 속에서 허둥지둥할 뿐입니다. 구원의 길은 없습니다. 그는 인간이 일찍이 맛보지 못했던 슬픔으로 그 속에 빠졌습니다. 그의 위대한 가슴은 터져 죽을 수밖에 없었습니다. 가엾은 나폴레옹, 그는 위대한 역량을 낭비하고 쓸모없는 존재가 되었습니다. 우리의 마지막 위인입니다!

그는 두 가지 의미에서 우리의 마지막 위인입니다. 여러 시대와 여러 나라를 다니면서 영웅들을 찾아 연구하던 우리의 여정을 이제 여기에서 그쳐야 하기 때문입니다. 내게 많은 아픔도 주었으나 또한 많은 기쁨도 준 이 일을 그치는 것은 아쉽습니다. 영웅숭배라고 내가 이름 지은 이 주제는 거창하고 중요하고 광범한 것입니다. 그것은 이

---

44) 대서양의 비스케이(Biscay) 만에 면한 프랑스의 섬으로 프랑스에서 두 번째로 큰 섬이다. 가장 큰 섬은 코르시카(Corsica)이다.

세상에서 인류가 당면한 가장 중대한 일의 심연으로 깊이 들어가는 것이며, 오늘날 이것을 해명한다는 것은 커다란 의의가 있습니다.

6일이 아니라 6개월 동안 이 일을 했다면 우리는 더 큰 성과를 거둘 수 있었을 것입니다. 나는 길이나 터보겠다고 말했습니다만, 과연 그렇게 할 수 있었는지 나로서는 알지 못합니다. 나는 발을 들여놓기 위해 지극히 거칠게 파헤쳐야만 했습니다. 아무런 연결도 설명도 없이 불쑥 내던진 말로 독자의 인내심을 시험하게 된 적도 여러 번 있었습니다. 관용, 인내, 솔직성, 그리고 호의와 친절 등에 대해 이 자리에서는 언급을 피하고자 합니다. 교양, 명성, 아름다움, 지혜 등 잉글랜드의 가장 훌륭한 것을 다 갖춘 분들이 저의 부족한 강연을 경청해주셨습니다. 만감이 교차합니다. 모든 분들에게 감사를 드리며 축복을 빕니다.

토머스 칼라일 연보

1795   12월 4일 스코틀랜드 서남부 덤프리스셔(Dumfriesshire) 에클페칸
(Ecclefechan)에서 출생했다. 제임스 칼라일(James Carlyle)의 둘째
아들이자, 그의 두 번째 결혼에서 얻은 맏아들로 태어났다. 제임스
칼라일의 직업은 석공이었지만 나중에 영세농이 되었다. 제임스는
확고한 신념을 지닌 칼뱅교도로서, 그의 성격과 생활방식은 아들에
게 깊고 지속적인 영향을 주었다. 칼라일은 어머니만이 아니라 8명
의 형제자매한테도 헌신적이었고, 가족에 대한 깊은 애정은 변함이
없었다.

1806   토머스는 에클페칸에서 시골학교를 다닌 뒤, 1805년 에클페칸에서
6마일 떨어진 애넌 아카데미(Annan Academy)로 보내졌지만, 이곳
에서 급우들에게 심한 시달림을 받았음이 틀림없다.

1809   에든버러 대학교에 진학하여 폭넓은 독서로 지식을 쌓았지만, 엄밀
한 계통을 밟아서 학문에 정진하지는 않았다. 아버지는 그를 성직
자로 만들 생각이었지만 토머스는 성직자라는 직업에 점점 회의를
느끼게 되었다.

1814   수학에 소질이 있는 그는 애넌에서 수학 교사 자리를 얻었다.

1816   커콜디(Kirkcaldy)에 있는 다른 학교로 옮겨 가르치기 시작했는데,
이 학교에는 스코틀랜드의 목사이며 신비론자인 에드워드 어빙

(Edward Irving)이 교사로 재직하고 있었다. 어빙은 칼라일이 깊은 존경과 애정을 바친 몇 사람 중 한 사람이다. 칼라일은 나중에 이렇게 말했다. "어빙이 아니었다면, 나는 인간과 인간의 영적 교감이 무엇인지 끝내 알지 못했을 것이다." 두 사람의 우정은 어빙이 1822년에 런던으로 옮겨 설교자로 명성을 얻은 뒤에도 계속되었다. 그후 몇 년 동안은 칼라일에게 힘겨운 시절이었다. 가르치는 일이 적성에 맞지 않아 결국 교사직을 포기했다.

1819   12월에 그는 법률을 공부하러 에든버러 대학교로 돌아갔고, 이곳에서 인생의 어떤 의미도 확신하지 못한 채 3년 동안 외롭고 비참한 날들을 보냈다. 결국 그는 성직자가 되겠다는 생각을 포기했다. 그는 가정교사로도 일했고 언론계에도 잠시 종사했지만 여전히 가난하고 외로웠으며 격렬한 정신적 갈등을 겪었다.

1821   일종의 개종을 체험했다. 몇 년 뒤 그는 『의상철학』(衣裳哲學, *Sartor Resartus*)에서 이 개종을 소설화했다. 이 개종의 특징은 그를 지배한 생각이 부정적(신에 대한 사랑이 아니라 악마에 대한 증오)이었다는 점이다. 그가 모든 것을 정말로 책에 묘사한 대로 체험했는지는 의심스럽지만, 이런 격렬함은 분명 고통받고 반항적인 칼라일 정신의 특징이다. 이 비참한 몇 년 동안 그는 독일을 진지하게 연구하기 시작했다. 그가 가장 감탄하고 좋아한 것은 언제나 독일문학이었다.

1824   그는 특히 괴테를 가장 존경했고 이해에 괴테의 『빌헬름 마이스터의 수업시대』(*Wilhelm Meister's Apprenticeship*)를 번역해 출판했다. 한편 에든버러와 던켈드(Dunkeld)를 비롯한 여러 지역에서 잠깐씩 가정교사로 일하면서 방랑생활을 했다.

1826   10월 17일에 칼라일은 해딩턴(Haddington)에 사는 유복한 의사의 딸로 지적이고 매력적이지만 약간 변덕스러운 제인 웰시(Jane Welsh)와 결혼했다. 웰시는 어빙의 제자였고 칼라일과는 5년 동안 사귄 사이였다. 그들을 괴롭힌 망설임과 경제적 근심은 서로 나눈 편지에 기록되어 있다. 평소에는 그토록 자신만만한 칼라일이 미래의 아내에게 구혼할 때는 나약하고 간청하는 말투를 자주 쓴 것이 흥미롭다. 연애시절에는 이처럼 조심스러운 애인이었음에도 결혼

한 뒤에는 제멋대로이고 까다로우며 화를 잘 내는 남편이 되었다. 그들 부부는 서로에게 강한 애정을 품고 있었으나 결혼생활은 말다 툼과 오해로 얼룩졌다.

1828 결혼 초에 칼라일 부부는 주로 덤프리스셔 주의 크레이겐퍼툭 (Craigen-puttock)에서 살았고, 칼라일은 『에든버러 리뷰』(*Edinburgh Review*)에 글을 기고하고 『의상철학』을 썼다. 처음에는 책을 출판해 줄 출판사를 찾기가 무척 어려웠으나 결국 큰 인기를 얻고 대성공 을 거두었다. 신랄함과 익살이 뒤섞인 이 책은 자서전과 독일철학 의 환상적인 혼합물이었다. 이 책의 주제는, 지금까지 인간의 가장 깊은 확신을 형성해온 지적인 틀은 이제 죽었고 시대에 맞는 새로 운 틀을 찾아야 하지만, 이 새로운 종교 체계의 지적인 내용은 좀처 럼 찾아내기 어렵다는 것이다. 저자는 "새로운 신화체계, 새로운 표 현수단과 옷으로 종교의 '신성한 정신'을 표현하는 것"에 대해 말 하고 있지만 그 새로운 옷이 어떤 것이어야 하는지에 대해 명쾌하 게 밝히지 않는다.

1834 원하는 일자리를 얻지 못하자 아내와 함께 런던으로 이사하여 체인 로(Cheyne Row)에 정착했다. 1년이 넘도록 글을 썼으나 한 푼도 벌 지 못한 그는 저축해둔 돈이 바닥날 것을 두려워하면서도 타협을 거부하고 야심적인 역사책 『프랑스혁명』(*The French Revolution*)을 쓰 기 시작했다. 그가 일부 완성한 원고를 밀(J. S. Mill)에게 빌려주었 다가 화재가 나는 바람에 모두 불타버린 이야기는 널리 알려져 있 다. 이 사고가 일어난 뒤에 칼라일은 너그럽고 쾌활한 투로 밀에게 편지를 썼는데, 그의 야심, 성공적인 문필생활에 전적으로 의존했 던 그의 형편, 궁핍, 헛수고가 되어버린 몇 개월 동안의 작업, 이제 버릇이 된 우울증, 걸핏하면 화를 내는 성급한 성격 등을 고려하면 이것은 정말 주목할 만한 일이다. 사실 그는 사소한 괴로움보다는 오히려 크고 끔찍한 시련을 더 쉽게 견딜 수 있었던 것 같다. 원고를 잃은 뒤 그는 맹렬히 그 원고를 다시 쓰기 시작했다.

1836 『의상철학』이 단행본의 형태로 미국에서 첫선을 보였고, 그 결과 에 머슨(R. W. Emerson)을 비롯한 수많은 추종자가 미국에 생기게 되

었다.

1837 연초에 『프랑스혁명』 원고가 완성되었고 발표되자마자 진지한 찬사와 대중적 성공을 얻었으며, 사방에서 강연 요청이 쇄도했다. 이리하여 경제적 어려움은 해결되었다. 역사를 '신의 경전'으로 보는 견해에 충실한 칼라일은 프랑스혁명을 군주와 귀족계급의 어리석음과 이기주의에 대한 필연적인 심판으로 간주했다. 이 견해는 방대한 양의 자세한 증거 자료, 그리고 때로는 뛰어난 인물묘사로 뒷받침되었다.

1840 『차티스트 운동』(*Chartism*)에서 그는 종래의 경제이론에 대한 신랄한 반대자로 등장하지만, 이 책에는 급진적·진보적인 요소와 반동적인 요소가 기묘하게 몽롱해진 상태로 뒤섞여 있었다.

1841 『영웅숭배론』(*On Heroes, Hero-Worship, and the Heroic in History*)을 출판했다. 그가 이 책에서 논한 영웅들은 신(이교의 신화), 예언자(마호메트), 시인(단테와 셰익스피어), 성직자(루터와 녹스), 문필가(존슨·루소·번스), 군주(크롬웰과 나폴레옹) 등이다. 특히 루터와 단테를 탁월하게 다루었다.

1843 『과거와 현재』(*Past and Present*)를 출간했다. 이 책은 "우리의 빈약한 세기를 명확히 설명할 수 있을지도 모른다는 희망을 품고 〔……〕 약간 먼 과거의 세기로 〔……〕 뚫고 들어가려고" 애썼다. 이 책에서 그는 중세 수도원장의 현명하고 강력한 규칙과 부드럽지만 혼란스러운 19세기의 상황을 대조했다. 그 자신 교조적인 그리스도교 신앙을 거부했고 로마 가톨릭교회에 특별한 혐오감을 품고 있었음에도, 중세의 규칙을 편들었다.

1845 방대한 『올리버 크롬웰의 편지와 연설』(*Oliver Cromwell's Letters and Speeches*)을 썼다. 영국인들 가운데 그가 가장 이상적인 인물로 꼽은 사람은 크롬웰이었다.

1850 『현대 논설』(*Latter-Day Pamphlets*)을 썼다.

1858~65 1857년부터 또 다른 영웅인 프리드리히 대왕을 집중적으로 연구하기 시작하여, 『프리드리히 대왕으로 부르는 프로이센 왕 프리드리히 2세의 역사』를 발표했다. 이 무렵 그의 정치적 입장은 1855년 4

월에 망명한 러시아 혁명가 헤르첸(A. I. Herzen)에게 쓴 편지에서 어느 정도 짐작할 수 있다. 이 편지에서 그는 다음과 같이 말했다. "나는 전에도 그랬지만 지금은 어느 때보다도 더 '보통 선거'에 기대를 품고 있지 않습니다. 그 제도를 어떤 식으로 수정해도 전혀 기대를 가질 수 없음은 마찬가지입니다." 이어서 그는 "'의회의 장광설', 자유언론, 그리고 인원수를 세는 일이 초래할 완전한 무정부상태(불행히도 나는 그렇게 판단합니다)"에 대해 언급했다. 그의 격렬한 정신은 두 가지 요소로 이루어져 있었다. 하나는 악덕을 공공연히 고발하려는 칼뱅주의자의 진지한 소망이고, 또 하나는 버릇처럼 신경질을 부리는 성급함이었다. 이런 성미 때문에 그는 자주 자신을 질책했지만 끝내 이 약점을 극복하지 못했다.

1865   에든버러 대학교의 총장 자리를 제의받았다.

1866   4월에 행한 총장 취임사가 『책의 선택에 관하여』(*On the Choice of Books*)라는 제목으로 출판되었다. 그가 에든버러에서 성공을 거둔 직후 아내가 런던에서 급사했다. 제인은 해딩턴에 묻혔고 남편이 쓴 비명(碑銘)이 교회에 안치되었다. 아내를 잃은 슬픔에서 칼라일은 끝내 완전히 벗어나지 못했다. 그는 아내가 죽은 뒤에도 다시 15년 동안 거의 칩거 상태로 울적하게 살았다.

1875   역사서 『노르웨이의 초기 왕들: 존 녹스의 초상화에 관한 평론』(*The Early Kings of Norway: Also an Essay on the Portraits of John Knox*)이 출판되었다.

1881   2월 5일 세상을 하직했다. 웨스트민스터 사원이 그의 묘지로 제의되었지만 칼라일은 자신의 소원대로 에클페칸 묘지에 누워 있는 부모 곁에 묻혔다. 『회고록』(*Reminiscences*)이 출판되었다.

찾아보기

416

지은이 토머스 칼라일(Thomas Carlyle, 1795~1881)

영국의 역사가·문인으로 독실한 칼뱅주의자인 부모에게 종교적 감화를 받으며
성장했다. 에든버러 대학에 다니면서 계몽주의의 영향으로 심각한 종교적 회의에
빠졌으나 칸트, 피히테 등의 독일 선험철학을 통해 정신적 위기를 극복했다.
교회·신조·성사 등 모든 종교 형식을 거부하면서도 칼뱅주의의 확고한 도덕성을
견지했으므로 '신학 없는 칼뱅주의자'(Calvinist without Theology)로 불린다.
괴테의 『빌헬름 마이스터의 수업시대』를 영어로 번역했으며, 『의상철학』
『프랑스혁명』『영웅숭배론』『과거와 현재』『크롬웰 서한·연설집』등을
저술·편집했다. 존 스튜어트 밀(John Stuart Mill)에게
『프랑스혁명』 원고를 빌려주었다가 밀의 실수로
원고가 불에 타 없어진 유명한 에피소드가 있다.
에든버러 대학교의 총장을 지냈으며, 밀과 더불어 빅토리아 시대
영국 지성계의 양대 산맥으로 꼽힌다.

옮긴이 박상익(朴相益)

우석대학교 명예교수(서양사)다. 동대학 인문사회과학대학 학장을 지냈다.
종교·문학·역사의 학제적 연구에 관심을 두고 저술과 번역에 힘쓰고 있다.
지은 책은 『번역은 반역인가』(푸른역사, 2006), 『밀턴평전: 불굴의 이상주의자』
(푸른역사, 2008), 『나의 서양사편력 1, 2』(푸른역사, 2014),
『성서를 읽다: 역사학자가 구약성서를 공부하는 법』(유유, 2016),
『번역청을 설립하라』(유유, 2018) 등이 있고, 『김교신 전집(전 8권)』
(부키, 2001~2002)의 복간을 기획했다.
옮긴 책은 『호메로스에서 돈키호테까지』(푸른역사, 2001),
『뉴턴에서 조지 오웰까지』(푸른역사, 2004), 『의상철학』(한길사, 2008),
『러셀의 시선으로 세계사를 즐기다』(푸른역사, 2011),
『언론자유의 경전 아레오파기티카(전면개정판)』(인간사랑, 2016),
『새로운 서양문명의 역사(상)』(소나무, 2014) 등이 있다.

HANGIL GREAT BOOKS 183

영웅숭배론

지은이 토머스 칼라일
옮긴이 박상익
펴낸이 김언호

펴낸곳 (주)도서출판 한길사
등록 1976년 12월 24일 제74호
주소 10881 경기도 파주시 광인사길 37
홈페이지 www.hangilsa.co.kr
전자우편 hangilsa@hangilsa.co.kr
전화 031-955-2000~3 **팩스** 031-955-2005

부사장 박관순 **총괄이사** 김서영 **관리이사** 곽명호
영업이사 이경호 **경영이사** 김관영 **편집주간** 백은숙
편집 최현경 박희진 노유연 이한민 박홍민 김영길
마케팅 정아린 **관리** 이주환 문주상 이희문 원선아 이진아
디자인 창포 031-955-2097
인쇄 예림 **제책** 경일제책사

제1판 제1쇄 2003년 9월 15일
제1판 제2쇄 2005년 8월 30일
개정판 제1쇄 2023년 3월 6일

값 32,000원

ISBN 978-89-356-7814-3 94080
ISBN 978-89-356-6427-6 (세트)

한길그레이트북스 인류의 위대한 지적 유산을 집대성한다